演讲与口才

主　编　芈凌云　王智宁　许红华
副主编　龚　荒　毛　帅　金　丹

中国矿业大学出版社
·徐州·

图书在版编目(CIP)数据

演讲与口才 / 芈凌云,王智宁,许红华主编.

徐州：中国矿业大学出版社,2024.11. — ISBN 978-7-5646-6515-9

Ⅰ.H019

中国国家版本馆 CIP 数据核字第 2024BK1279 号

书　　名	演讲与口才
主　　编	芈凌云　　王智宁　　许红华
责任编辑	陈红梅
出版发行	中国矿业大学出版社有限责任公司
	（江苏省徐州市解放南路　邮编 221008）
营销热线	（0516）83885370　83884103
出版服务	（0516）83995789　83884920
网　　址	http://www.cumtp.com　E-mail:cumtpvip@cumtp.com
印　　刷	苏州市古得堡数码印刷有限公司
开　　本	787 mm×1092 mm　1/16　印张 16.75　字数 418 千字
版次印次	2024 年 11 月第 1 版　2024 年 11 月第 1 次印刷
定　　价	48.00 元

（图书出现印装质量问题,本社负责调换）

前　言

党的二十大报告指出,全面贯彻党的教育方针,落实立德树人根本任务,培养德智体美劳全面发展的社会主义建设者和接班人。在万物互联的数智时代,"全面发展"的时代要求呼唤大学生进一步提升演讲与口才素养。然而,与高校大学生的学习需求相匹配的通用教材仍然缺乏,现有来自国外团队富有西方色彩的教材对中国文化的理解存在局限。随着演讲与口才领域的理论和实践的不断更新,"演讲与口才"课程亟须一本有针对性的、理论与实践互哺、充分融合中华文化特色并能发挥"文化思政"价值引领作用的适用教材。

基于此,本书坚持以习近平新时代中国特色社会主义思想为指导,坚持知识传授与"文化思政"价值引领相结合,在充分挖掘大学生学习需求和特点的基础上,从演讲与口才理论知识学习、实践技能实训、多元化应用场景洞察等方面着力,设计了包含"基础篇—技能篇—拓展篇"的进阶式篇章结构。模块化的教材内容设计力求适配不同专业背景的学习需求,并兼顾课堂教学的规范化与灵活性。同时,力图帮助学生在言语表达的逻辑与感染力、演讲内容组织、演讲风格体现、现场表达状态等方面学到充分的理论知识与实践技巧。

本书分为三篇、十章,具体篇章结构如下:

基础篇:介绍和普及演讲与口才的有关基础理论知识。本篇包括口才的魅力、朗诵的艺术、演讲的力量三章。其中,第一章"口才的魅力"旨在帮助学生理解沟通中口才的重要性、了解好口才的标准和基础、掌握沟通中有效表达和有效倾听的基本要求。第二章"朗诵的艺术"旨在向学生普及朗诵的基本功、朗诵语言表达的技巧以及朗诵艺术创造的基本要求,为演讲中的声音表达奠定基础。第三章"演讲的力量"主要阐明演讲的主要类型、特点、功能、演讲中的自信心、道德观以及演讲中的听众心理。

技能篇:提供从素材准备到具体演讲过程中涉及的理论知识和技能知识。本篇包括演讲内容、演讲风格、演讲状态三章。其中,第四章"演讲内容"重点培养学生在演讲内容的素材准备、结构设计和技巧运用等方面的技能。第五章"演讲风格"从锻炼声音、态势语言的运用、入场到退场的关键点等方面帮助学生掌握演讲风格的要点。第六章"演讲状态"通过身体模式、心灵之眼、演讲信念和反复演练四个方面帮助学生掌握演讲的身心状态和状态控制技巧。拓展篇:为强化学以致用,将理论知识、技能知识更好地应用到不同场景的演讲实践中提供帮助。本篇包括多样化的演讲类型、多场合的情境演讲、多目标的口才应用、数字时代的演讲与口才四章。其中,第七章"多样化的演讲类型"向学生展示命题演讲、即兴演讲、竞聘演讲等的注意事项及实际应用。第八章"多场合的情境演讲"从大学生的实际应用情况和发展需求出发,介绍了职场、会议、庆典等多种场景中的演讲要点和实践方法。第九章"多目标的口才应用"介绍了新时代大学生群体现实应用需求较高的四种口才类型,包括社交口才、谈判口才、面试口才和宣讲口才。第十章"数字时代的演讲与口才"在帮助学生了解数字时代演讲与口才的机遇与挑战的基础上,介绍了数字时代演讲的特点和技巧、口才的发展与表达,并提供数字时代的演讲与口才实践案例赏析。

本书的特色体现为以下三个方面:

(一)"文化思政"价值引领

本书结合演讲与口才有关教学内容与中国特色文化与思想,将"价值引领·文化思政"元素浸润到各章案例和经典演讲赏析中,旨在提升学生演讲与口才知识技能的同时,发挥"文化思政"的价值引领作用,以德促学,以学养德,深度挖掘课程蕴含的丰富思想道德追求、家国情怀、优秀传统文化、社会主义先进文化、社会主义核心价值观等,厚植中华文化优秀基因。

(二)进阶式模块化篇章设计

全书设计"基础篇—技能篇—拓展篇"的进阶式篇章结构,以满足学生的不同学习需求以及教师的个性化课程设计需求。一方面,可以让学生根据自己对基础知识、技能知识和高阶应用的不同需求进行选择性学习;另一方面,可以让教师根据教学目标和教学对象进行个性化课程设计,提升学生学习兴趣和教师教学效果。

(三)嵌入数字化的时代特征

"数字时代的演讲与口才"一章结合了新时代数字化技术和工具的特征,创新性地提出数字时代演讲的特点和技巧,并辅以数字化演讲与口才的经典案例,打破传统演讲与口才的限制,帮助学生适应数字化时代的演讲与口才应用。

本书由中国矿业大学经济管理学院芈凌云教授、王智宁教授、许红华副教授担任主编,龚荒副教授、毛帅副教授和金丹副教授任副主编。具体编写分工如下:芈凌云教授编写第一章、第四章、第五章与第六章,王智宁教授编写第二章和第三章,许红华副教授编写第七章,龚荒副教授编写第八章,金丹副教授编写第九章,毛帅副教授编写第十章,最后由芈凌云教授带领团队对全书进行了统稿、定稿。

感谢所有编者付出的心血与真知灼见!同时,衷心感谢中国矿业大学出版社陈红梅编辑,她的悉心投入和严谨认真促进了本书的不断完善和顺利出版。

在本书编写过程中,我们参考并吸收了国内外诸多学者在演讲与口才方面的研究成果,引用了诸多相关案例、文献资料、演讲文本和视频资源等,衷心地向这些成果的作者、编者、贡献者和平台致以最诚挚的感谢!

特别申明:本书所采用的案例、优秀演讲的文本和视频资料等仅用于教学目的,其版权归属原权利人,在此表示感谢!

本书既可作为高校大学生"演讲与口才"课程的通用教材,也可作为企事业单位开展员工培训的教材或参考书。虽然编者团队已经做出了许多努力,但鉴于水平有限,书中难免存在不当之处,在此恳请广大读者不吝赐教,以便修正、完善。

编　者

2024 年 10 月

目 录

基 础 篇

第一章　口才的魅力 ⋯⋯⋯⋯⋯⋯⋯⋯⋯⋯⋯⋯⋯⋯⋯⋯⋯⋯⋯⋯⋯⋯⋯⋯⋯⋯ 3
　第一节　为什么要有好口才 ⋯⋯⋯⋯⋯⋯⋯⋯⋯⋯⋯⋯⋯⋯⋯⋯⋯⋯⋯⋯⋯⋯⋯ 4
　第二节　好口才的标准 ⋯⋯⋯⋯⋯⋯⋯⋯⋯⋯⋯⋯⋯⋯⋯⋯⋯⋯⋯⋯⋯⋯⋯⋯⋯ 8
　第三节　好口才的基础 ⋯⋯⋯⋯⋯⋯⋯⋯⋯⋯⋯⋯⋯⋯⋯⋯⋯⋯⋯⋯⋯⋯⋯⋯⋯ 10
　第四节　有效表达与有效倾听 ⋯⋯⋯⋯⋯⋯⋯⋯⋯⋯⋯⋯⋯⋯⋯⋯⋯⋯⋯⋯⋯⋯ 16
　本章小结 ⋯⋯⋯⋯⋯⋯⋯⋯⋯⋯⋯⋯⋯⋯⋯⋯⋯⋯⋯⋯⋯⋯⋯⋯⋯⋯⋯⋯⋯⋯ 26

第二章　朗诵的艺术 ⋯⋯⋯⋯⋯⋯⋯⋯⋯⋯⋯⋯⋯⋯⋯⋯⋯⋯⋯⋯⋯⋯⋯⋯⋯⋯ 28
　第一节　为什么要练习朗诵 ⋯⋯⋯⋯⋯⋯⋯⋯⋯⋯⋯⋯⋯⋯⋯⋯⋯⋯⋯⋯⋯⋯⋯ 29
　第二节　朗诵的基本功 ⋯⋯⋯⋯⋯⋯⋯⋯⋯⋯⋯⋯⋯⋯⋯⋯⋯⋯⋯⋯⋯⋯⋯⋯⋯ 33
　第三节　朗诵语言表达的技巧 ⋯⋯⋯⋯⋯⋯⋯⋯⋯⋯⋯⋯⋯⋯⋯⋯⋯⋯⋯⋯⋯⋯ 35
　第四节　朗诵艺术创作的基本要求 ⋯⋯⋯⋯⋯⋯⋯⋯⋯⋯⋯⋯⋯⋯⋯⋯⋯⋯⋯⋯ 38
　本章小结 ⋯⋯⋯⋯⋯⋯⋯⋯⋯⋯⋯⋯⋯⋯⋯⋯⋯⋯⋯⋯⋯⋯⋯⋯⋯⋯⋯⋯⋯⋯ 46

第三章　演讲的力量 ⋯⋯⋯⋯⋯⋯⋯⋯⋯⋯⋯⋯⋯⋯⋯⋯⋯⋯⋯⋯⋯⋯⋯⋯⋯⋯ 47
　第一节　为什么要练习演讲 ⋯⋯⋯⋯⋯⋯⋯⋯⋯⋯⋯⋯⋯⋯⋯⋯⋯⋯⋯⋯⋯⋯⋯ 48
　第二节　演讲的自信心 ⋯⋯⋯⋯⋯⋯⋯⋯⋯⋯⋯⋯⋯⋯⋯⋯⋯⋯⋯⋯⋯⋯⋯⋯⋯ 56
　第三节　演讲的道德观 ⋯⋯⋯⋯⋯⋯⋯⋯⋯⋯⋯⋯⋯⋯⋯⋯⋯⋯⋯⋯⋯⋯⋯⋯⋯ 60
　第四节　演讲的听众心理 ⋯⋯⋯⋯⋯⋯⋯⋯⋯⋯⋯⋯⋯⋯⋯⋯⋯⋯⋯⋯⋯⋯⋯⋯ 63
　本章小结 ⋯⋯⋯⋯⋯⋯⋯⋯⋯⋯⋯⋯⋯⋯⋯⋯⋯⋯⋯⋯⋯⋯⋯⋯⋯⋯⋯⋯⋯⋯ 72

技 能 篇

第四章　演讲内容 ⋯⋯⋯⋯⋯⋯⋯⋯⋯⋯⋯⋯⋯⋯⋯⋯⋯⋯⋯⋯⋯⋯⋯⋯⋯⋯⋯⋯ 75
　第一节　精心准备，凡事预则立 ⋯⋯⋯⋯⋯⋯⋯⋯⋯⋯⋯⋯⋯⋯⋯⋯⋯⋯⋯⋯⋯ 76

第二节　巧设结构,起承转合"抓住"听众 82
　　第三节　善用技巧,让你的演讲锦上添花 94
　　本章小结 102

第五章　演讲风格 103
　　第一节　锻炼声音,展现自信与专业 105
　　第二节　态势语言,此处"无声胜有声" 111
　　第三节　修炼风格,言如其人显魅力 116
　　第四节　出场退场,演绎精彩演讲之旅 122
　　本章小结 133

第六章　演讲状态 134
　　第一节　身体模式,让情感表达更强烈 135
　　第二节　心灵之眼,关注能激发积极情绪的事物 138
　　第三节　转变信念,信念决定你的表现 140
　　第四节　反复演练,千锤百炼出真金 145
　　本章小结 153

拓 展 篇

第七章　多样化的演讲类型 157
　　第一节　命题演讲 158
　　第二节　即兴演讲 162
　　第三节　辩论演讲 168
　　第五节　沟通型演讲 173
　　本章小结 183

第八章　多场合的情境演讲 185
　　第一节　求职面试表达 186
　　第二节　竞聘演讲 191
　　第三节　就职演讲 193
　　第四节　述职演讲 195
　　第五节　会议演讲 197
　　第六节　庆典演讲 203
　　本章小结 208

第九章　多目标的口才应用 209
　　第一节　社交口才 210

第二节　谈判口才 …………………………………………………… 219
　　第三节　面试口才 …………………………………………………… 226
　　第四节　宣讲口才 …………………………………………………… 230
　　本章小结 ……………………………………………………………… 237

第十章　数字时代的演讲与口才 …………………………………… 239
　　第一节　数字时代演讲与口才的机遇与挑战 ……………………… 240
　　第二节　数字时代演讲的特点与技巧 ……………………………… 244
　　第三节　数字时代口才的发展与表达 ……………………………… 251
　　第四节　数字时代的演讲与口才实践案例分析 …………………… 256
　　本章小结 ……………………………………………………………… 259

参考文献 ……………………………………………………………………… 260

基 础 篇

第一章　口才的魅力

【学习目标】

① 了解口才的重要性,理解为什么要有好口才。
② 掌握好口才的标准。
③ 理解拥有好口才的基础。
④ 掌握有效表达与有效倾听的重要性、技巧与策略。

【引导案例】

"口才"一词在《现代汉语词典》(第七版)中的解释为:名词,说话的才能。那么,什么是好口才呢？好口才又会产生什么样的影响呢？

下面通过典故《晏子使楚》,让我们感受好口才的无穷魅力。

晏子被派遣到楚国去。楚人知道晏子身材矮小,在大门的旁边开一个小洞请晏子进去。晏子不进去,说:"出使到狗国的人从狗洞进去,今天我出使到楚国来,不应该从这个洞进去。"迎接宾客的人只好带晏子改从大门进去。

晏子拜见楚王。楚王说:"齐国没有人可派吗？竟派你做使臣。"晏子严肃地回答说:"齐国的都城临淄有七千五百户人家,人们一起张开袖子,天就阴暗下来;一起挥洒汗水,就会汇成大雨;街上行人肩膀靠着肩膀,脚尖碰脚后跟,怎么能说齐国没有人呢？"楚王说:"既然这样,那么为什么会打发你来呢？"晏子回答说:"齐国派遣使臣,各有不同的规矩,那些有德有才的人被派遣出使到有德有才的君主所在的国家,那么无德无才的人被派遣出使到无德无才的君主所在的国家。我晏婴是最不贤、没有德才的人,所以只好出使到楚国来了。"

晏子在面对楚国国君考验时,以出色的口才和智慧,以及精准的分析和巧妙的回应赢得了国君的信任与合作。他临大节而不辱,娴于辞令,出妙语而制胜。其思维的敏捷性、论辩的严密逻辑性以及作为政治家、外交家的气量风度,均给读者留下难以磨灭的印象。由此可见,好口才不仅是信息传递的工具,更是在人际交往等活动中取得成功的关键。了解什么是好口才、掌握如何拥有好口才至关重要。

本章第一节将介绍为什么要有好口才;第二节从"言之有理""言之有物""言之有情""言之有序""言之有趣""言之有文"等六个层面解析好口才的标准;第三节探讨拥有好口才所要具备的五大基础;第四节从沟通的定义、障碍及如何克服出发,帮助读者掌握如何进行有效表达与有效倾听。

第一节 为什么要有好口才

古有"一言而兴邦,一言而丧邦"之说,足见说话的重要性。到了现代社会,口才的价值又有了更新、更丰富的内容。说话能力的高低直接影响一个人的人脉和前途。社交的得心应手、求职的轻松过关、职场的平步青云、谈判的无往而不利等都有赖于良好的表达能力。

三百六十行,行行要口才。在整个人类社会的活动中,一个人是否会说话,是否拥有好的口才,其工作成就必定会大不一样。一个人如果谈吐有障碍,或者表达能力不足,则会被人低估他的能力,甚至会被人扭曲形象。一个人即使思想如星星般熠熠生辉、即使勤奋得如一头老黄牛、即使知识渊博得像一部百科全书,但若缺乏良好的谈吐能力,则往往成功的概率比其他人要小得多,也往往难以达到自己的理想目标。

本节将介绍口才的定义以及口才的特征,并从口才的个人价值、社会价值和事业价值展开论述口才为什么如此重要。

一、什么是口才

(一)口才的定义

所谓口才,是指人们运用口头语言表情达意的才能,是一个人在交谈、演讲和论辩等口语交际中,根据特定的交际目的和任务,结合特定的语境,运用准确、得体、生动的有声语言,并辅之以恰当的态势语表情达意,达到特定交际目的、取得良好交际效果的口头表达能力。简单地说,口才就是一个人说话的才能。口才使口语表达有了较高的技巧和艺术水平。

口才的内涵是口语表达的内容,没有口语表达,口才就无从谈起。口语表达能力的强弱,就是口才水平高低的体现。锻炼口才、培养口才就是锻炼口语表达的技巧,培养出众的口语表达能力。

(二)口才的特征

1. 综合性

口才是口语表达能力、技巧、知识和智慧相结合而形成的才华和素质,所以综合性是其本质特征。首先,口才是心理、生理的综合;其次,口才是一个人素质能力的综合;最后,口才是手段方式的综合。

2. 平等性

参与交际活动的人在人格和机会上是平等的,没有尊卑、主次之分。在交谈中,每个人根据自己的实际情况阐述自己的立场,表明自己的观点;在相互倾听的基础上,以口头语言为载体,在了解别人观点的同时,使别人了解自己的观点。

因此,在交际活动中,在人格上互相尊重、礼貌待人,在表达过程中礼让谦和、平等待人,这样才能保证口才的平等性。

3. 随机性

交际活动中的口头表达与逻辑性、目的性非常明晰的演讲、辩论等活动不同,具有典型的随机性特征。首先,交流的话题是随机的;其次,语言的使用是随机的;再次,交流的人员是随机的;最后,表达的方式也是随机的。

4. 制约性

在交际活动中,要充分考虑交际活动的环境、交流对象和交谈话题等制约条件。首先,在交际活动中,表达者要注意自己所处的环境,切不可说不合时宜的话,以免造成误会和尴尬。其次,在交际活动中,所选的话题具有制约性。涉及个人隐私的话题在社交场合是不能提的。不仅如此,人们还应当根据不同的对象选择不同的话题,并且使自己的话题与对方的话题相呼应;否则,就容易导致交谈失败。

二、为什么口才如此重要

(一) 口才的个人价值

1. 口才是与人沟通的桥梁

说话是人与人之间建立关系的基本条件,也是建立和谐人际关系、工作沟通的语言工具。语言是沟通的桥梁,人们为了语言沟通的顺畅发明了不少现代化仪器设备,但最根本的还是人与人之间的语言交流。要取得好的交流效果,就必须训练口才。在这一意义上,口才便是沟通的桥梁。

2. 口才是人际交流的工具

生活在社会中的人千差万别,每个人对事、对问题的认识,不可能都完美、正确。通过口才这一工具,我们可以与别人切磋、沟通、交换意见,在不断的修正中达成共识。只有这样,我们的思想才会进步,境界才会提高。

只有将自己的思想表现出来,我们才能够和别人交流,这样别人才能了解你。交流的方式有很多,可以是文字、表情、手势、动作,但更普遍的、用得最多的则是口语。民谚云:"听君一席话,胜读十年书。"管子也曾说过:"心司虑,虑必顺言,言得谓之知。"意思是,心生思想,思想由言语来表达,表达出来,别人就知道了。这就是思想交流。此外,发挥口才的工具作用,个人的喜、怒、哀、乐也可以得到排解、宣泄,既可以净化自己的心灵,又可以增进与别人的友谊,消除人与人之间的隔阂。

3. 口才是互相了解的窗口

口才是一个人思维本领、认识高度、知识底蕴等的综合表现。在很多情况下,社会、组织对一个人的认识、了解以及人与人之间的认识、了解,都是通过说话实现的。一个人思想怎样、水平如何,听他说话、同他谈话就可得知。

孔子曾说过："始吾于人也，听其言而信其行；今吾于人也，听其言而观其行。"孔子看人，首先要听其言。有时，当组织、个人需要尽快认识、了解某人时，听其说话、同其谈话就是最直接、最有效的手段。所谓"一见如故""相见恨晚"，也是在"谈"了之后才有的感受。

（二）口才的社会价值

1. 政治风云中一言抵九鼎

古今中外的执政者和有识之士，历来看重说话的重要性。

我国很早就有这方面的文字记载。《论语·子路》中"一言而兴邦，一言而丧邦"强调了在治理国家时，统治者或关键人物的言论具有决定性作用。西汉宗室大臣刘向说得更具体："百行之本，一言也。一言而适，可以却敌；一言而得，可以保国。"（《说苑·谈丛》）他把说话当作百行之本，这是非常有见地的。

纵观历史，横看现实，成功的政治家无不以自己高超的说话水平取胜。他们机敏睿智、伶牙俐齿、巧发奇中、一言九鼎，为维护国家、民族的利益，或游说、或劝谏、或答辩、或谈判、或演讲、或辩论。同时，他们以其高超的说话水平叱奸佞于朝堂，醒群众于街衢；化干戈为玉帛，挽狂澜于既倒。

2. 军事战争中一言胜百师

口才不只是说话，在特殊的年代，口才更能体现出它的重要性。

在中国漫长的历史进程中，涌现出一大批凭"三寸之舌"而能"一言兴邦，一言丧邦"的杰出游说家。春秋战国时期纵横家的出现，更是形成了"一怒而诸侯惧，安居而天下熄"的局面。他们的口才，或出言有序，如铜壶滴漏；或滔滔不绝，似大河奔流；或旁敲侧击，如曲径通幽；或不盖不遮，似单刀直入；或妙语不绝，如咳珠唾玉；或句无单出，如芙蓉并蒂；或信口出之，似草木共生。

3. 交际活动中良言胜重礼

说话水平体现出一个人语言的说服力、吸引力、感染力，在交际中所起的作用是不可估量的。戴尔·卡耐基认为，一个人的成功，85%取决于社交，15%取决于才能。由此可见，说话在交际活动中十分重要。

在人际交往中，谈话的精粗、优劣能够反映一个人的文化修养和道德水平，并对他人产生不同的心理效应，这是不容忽视的。

古时候，有个年轻人骑马赶路，时至黄昏，住处还没着落。忽见前面来了一位老农，他便在马上高声喊道："喂，老头儿，这里离旅店还有多远？"老人回答道："五里！"年轻人策马飞奔，向前驰去。结果一跑十多里，仍不见人烟。他暗想，这老头真可恶！非得回去整整他不可。他一边愤愤地抽打马匹往回走，一边生气地自言自语道："五里，五里，什么五里！"猛然，他醒悟过来，这"五里"不就是"无礼"的谐音吗？当他再次见到那位老农时，老农正在路边等候他。他急忙翻身下马，亲切地叫了一声："老大爷。"话没说完，老人便说："你已经过了可以投宿的地方，如不嫌弃，可到我家一住。"

由此可见，在很多场合，几句话就能决定很多事情。在人际交往活动中，为达到良好的交往效果，必须重视口才的培养，在生活实践中不断提高自己的语言交流艺术，这是迈向成功之门必不可少的一步。

（三）口才的事业价值

1. 求职面试，三分人才、七分口才

现代社会才华横溢的人层出不穷，要想为自己谋求一份理想的职业并不是一件容易的事，到处都充满着激烈的竞争和挑战。要想在面试中脱颖而出，需要多种才能和资本，而良好的口才已经成为现代人谋职成功的必备条件之一。

有两位给领导开车的司机，由于单位裁员，必须让其中一个离职。于是，两人竞争上岗。第一位司机大概讲了十来分钟，他说："我将来要还能开车，一定把车收拾得干净利索，遵守交通规则，保证领导的安全，做到省油……"第二位司机没用三分钟就结束了，他说："我过去遵守了三条原则，现在我还遵守着三条原则，如果今后用我，我还将遵守三条原则：第一，听得，说不得；第二，吃得，喝不得；第三，开得，使不得。我过去这样做，现在这样做，今后还这样做。"

在领导心目中，第二位司机说得更好。为什么呢？"听得，说不得"是指领导坐在车上研究一些工作，往往在没公开之前都是保密的，司机只能听、不能说，说了就是泄密。"吃得，喝不得"意思是司机要经常陪领导到这儿开会、到那儿参观，最后总得吃饭，但是千万不能喝酒，要保证领导的生命安全。"开得，使不得"就是只要领导不用车的时候，自己也绝不为了个人私利开车，公私分明。这样的司机谁会不用呢？

在求职面试中，口才能够展现一个人的沟通能力、表达能力和说服力，还能帮助求职者在面试中展现自己的个性和魅力。此外，口才还能够帮助求职者在面试中处理问题和应对挑战，展示自己解决问题的能力和应变能力。

在求职面试中，好口才是吸引面试官、突出求职者并使其取得成功的关键。通过充实自己的知识储备、不断提升口才技巧和自信心，求职者就能够将口才优势转化为竞争优势，为自己的职业发展铺就成功之路。

2. 好口才是成功的基础

一个人的说话技巧可以显示他的智慧和能力。口才好的人说话使人佩服，无论是立身处世，还是交友待人，都一定会获得许多帮助。

好口才是成功的基础，它赋予人们与人沟通、影响他人和解决问题的能力。无论是在职场、社交场合，还是在日常生活中，良好的口才都能够为人们赢得更多机会，建立良好的人际关系。好口才不仅是一种技巧，而且是一种能力和品质的体现。通过培养良好的口才，可以为个人和事业的成功铺就坚实的基石。

3. 好口才能助人平步青云

人与人之间的沟通，尤其是与上司沟通，懂得如何说话、说些什么、怎么把话说到对方心坎里，这些可能改变人的一生。

在现代社会中，好口才也是实现职场平步青云的关键。职途坦荡很多时候是靠一张嘴铺出来的。埋头一声不吭的人，即使他满腹经纶、才华横溢，如果道不出来，那么他的能力也很难被发现。卓越的说话技巧能让人的职业生涯加倍轻松。好口才赋予人们在职场中的竞争力和影响力，帮助人们实现个人和职业目标，迈向成功之巅。

第二节　好口才的标准

拥有好口才、能说会道是每个人的愿望。那么,什么才是好口才呢?俗话说:"良言一句三冬暖,恶语伤人六月寒。"说话看似简单,但要把话说得有水平、有意思、有效果却不那么简单,而要做到口吐莲花、能言善辩、打动人心就更加不容易了。

本节将从"言之有理""言之有物""言之有情""言之有序""言之有趣""言之有文"等六个方面展开论述好口才的标准、技巧和魅力。

一、言之有理,构建有力论证

"言之有理"是指言辞或论述合乎逻辑、合理和合情,强调了言辞的合理性和说服力。

俗话说:"以理服人心服,以力服人身服。"中国是礼仪之邦,自古就流传着"以礼待人,以理服人"的名言。对于简单的事情,用一两个典型事例,再加上简明、扼要的分析,就可以讲清楚其中的道理;对于复杂的事情,必须全方位、多层次、多角度地进行一系列的说服工作,从多方面展开心理攻势,并以严密的逻辑推理相辅佐,引导对方同你一起得出结论。

"有理走遍天下"。说服别人的关键在于把"理"说透。"理"性越强,越要注意用事实说话、佐证,否则就会因教育对象缺乏感性体验,影响对"理"的理解、消化和吸收。因此,高明的说客常常采用类比的手法,用事实充实大道理,联系实际把道理讲实。

二、言之有物,方能令人信服

"言之有物"是指言辞或表达包含实际内容,具有真实性和说服力。它强调了言辞所传递的信息或观点是有实质性意义和内在含义的,而不是空洞的言辞。

言之有物的表达不是指形式上的华丽辞藻,而是通过准确的措辞、清晰的逻辑和恰当的例证,真实而有力地表达观点或传递信息。这样的言辞往往能够引起听众的共鸣,并产生深远的影响。

所谓言之有物,就是让语言充实起来、丰满起来、生动起来、鲜活起来。言之有物的讲话,或清楚叙事,或富含哲理,或寓情明志,或抒发实感,或针砭时弊,或畅想未来。总之,要内容翔实、深刻厚重,这样才能使人听后有所得、有所思、有所感、有所悟。

三、言之有情,激发情感共鸣

"言之有情"是指言辞或表达具有真实的情感,强调了言辞的情感表达和感染力。

《孙子兵法》中有:攻城为下,攻心为上。这是一切兵法的核心思想,也是一条历练口才的原则。单靠理性论据去说服人,过程太长而且往往还靠不住,应该首先对情感产生影响。说服别人动摇、改变、放弃己见或信服、同意、采纳你的主张,实质上是一场从精神上征服人心的"战斗",但又不能使对方有丝毫被迫接受的感觉。

如何让自己的表达"言之有情"呢?需要掌握以下几点:

由人及情——以典型人物为"动情点":在表达中,切忌空泛地"煽情",表达情感应有所依托。以现实生活中的典型人物为"动情点",由人及情,情因人生,可以有效地唤起听众的情感共鸣。

由事及情——以典型事例为"动情点":在表达中,把浓郁的情感寓于典型事例的叙述之中,以此为"动情点",由事及情,融情于事,使表达者要表达的情感有所依附,更易于听众感知,从而取得唤起听众情感共鸣之效。

由景及情——以典型情景为"动情点":在表达中,表达者还可以对某些有助于突出主题的典型情景进行铺陈渲染,以此为"动情点",并由景及情,情景交融,唤起听众的情感共鸣。

由物及情——以典型物品为"动情点":在表达中,表达者还可以以某些典型物品作为表达情感的契机,以此为"动情点",由物及情,托物言情,形象直观,刺激强烈,能较好地唤起听众的情感共鸣。

四、言之有序,层层递进主题

"言之有序"是指言辞或表达有条理、有组织和有系统,遵循一定的顺序和结构。

《文心雕龙·总术》曰:"乘一总万,举要治繁。"也就是说,写文章要突出中心。"一"是主题;"万"是万种变化,即全部材料。因此,说话也应"乘一总万",抓住中心。一个人在说话的时候,只有思维清晰、主题明确、重点突出、条理清楚、层次分明、内容正确、词句妥帖、语言得体,才容易让听者心服口服。

几乎所有的演讲题材都可以利用一定的时间顺序、空间顺序或者事物发展的逻辑顺序来展开。比如时间顺序,可以按照过去、现在、将来"三段式"的顺序来表达,也可以从某一天开始进行倒叙或向前叙述。在空间顺序上,首先可以立足于某个点,然后由此向外拓展;或者按照方位来处理,如北方、南方、东方和西方。此外,有些演讲题材本身就具有其内在的逻辑顺序。

要想带给听众一种井然有序、条理分明的印象,最简单的方法就是在演讲过程中明确地表示:现在你先讲哪一点,接下来再讲哪一点。例如,"我要讲的第一点是……,第二点是……"通过这样的表述,能让听众更好地理解和跟随表达者的思路。

五、言之有趣,幽默中打动人

"言之有趣"是指言辞或表达生动有趣,耐人寻味,强调了言辞的幽默性和趣味性。

幽默是一种艺术,是人生中不可缺少的调味剂。真正的幽默,诙谐而不失风度、滑稽而不粗俗、精练而不烦冗。同时,幽默虽然只是短短的几句话或简单的动作,却常常能胜于千言万语的描述与雄辩,使别人明白你要表达的事实和道理,并轻易地接受、为之折服,顺利地达到劝解、说服的效果。

传说汉武帝晚年很希望自己长生不老。一天,他对侍臣说道:"相书上说,一个人鼻子下面的'人中'越长,寿命就越长,'人中'长一寸,能活百岁。不知是真是假?"东方朔听了这话,知道皇上又在做长生不老之梦了。皇上见东方朔似有讥讽之意,面有不悦之色地喝道:"你怎么敢笑话我?"东方朔脱下帽子,恭恭敬敬地回答道:"我怎么敢笑话皇上呢?我是在笑彭祖的脸太难看了。"汉武帝问道:"你为什么笑彭祖呢?"东方朔答道:"据说彭祖活了800

岁,如果真像皇上刚才说的,'人中'就有八寸长,那么他的脸岂不是有丈把长吗?"汉武帝听了,也哈哈大笑起来。

在这个故事中,东方朔以幽默的语言,用笑彭祖的办法来讽刺汉武帝的荒唐,整个批驳过程机智含蓄、风趣诙谐,令正在发怒的皇上不禁哈哈大笑起来,很愉快地接受了这种批驳。

幽默有趣,一方面,既可以很好地表达自己的观点,又可以使别人在舒畅的心情中接受自己的观点;另一方面,可以营造辩论场上的氛围,获得优势。在某些场合,恰当地使用幽默的口才,借助轻松、愉快的氛围,能使对方消除对抗情绪,从而取得论辩的胜利。

六、言之有文,尽显语言之韵

"言之有文"是指言辞或表达文雅得体,有文化和内涵,强调了言辞的艺术性和美感。

《左传》曰:"言之无文,行而不远。"意思是写文章或者说话没有文采,就不能传播得久远。这体现了"言之有文"的重要性。"言之有文"是一个比较高层次的要求,需要说话者具备相当的语言表达能力和文化素养。具体而言,"言之有文"的表现主要在于用词得体精准、表达清晰,有一定的文学修养,有深度和内涵。

"言之有文"意味着在演讲中巧妙地运用修辞手法,如比喻、排比、夸张等,增添演讲的韵律和美感。它要求表达者词汇丰富,避免陷入枯燥的表达,并且以一个个闪烁的字眼勾勒出思想的层次和维度。

"言之有文"还涉及句子的构造和节奏。通过变化丰富的句型,可以使听众心驰神往地随着表达者的言辞起伏。在这个过程中,表达者是一个言语艺术家,将思想与情感编织成一幅美丽的图景。

"言之有文"还要求保持信息的清晰性和可理解性。通过精心挑选的词汇和优雅的句子,使演讲更富深度和内涵。"言之有文"不仅可以让演讲更加引人入胜,还能够在听众心中留下深刻的印象,让表达者的思想和观点在言辞之间熠熠生辉。

第三节 好口才的基础

宋代诗人陆游有诗云:"汝果欲学诗,工夫在诗外。"要想学写诗,首先要"务重其身而养其气"。学说话、练口才也是这样,要想掌握说话艺术、做个成功的交际者,就必须先练好自己的内功。

本节将从道德素养、才能素养、学问素养、见识素养和勤学苦练出口才五个方面论述好口才的基础。道德、才能、学问和见识的良性循环与相互促进有助于好口才的锻炼。此外,良好的口才还建立在不断练习的基础上,本节最后一部分将阐述好口才的练习方法。

一、道德素养

法国启蒙思想家狄德罗说过:真理和美德是艺术的两个密友。你要当作家、当批评家吗？请首先做一个有德行的人。

道德素养是一个人的思想意识、文化素养、道德观念的集中体现，有好坏优劣之分。口语表达作为一种社会现象，具有道德实质。任何口语表达（社交、演讲、论辩、谈判、推销等）中，都要包含一定的伦理道德观念并以一定的方式体现出来。

从宏观上讲，口才艺术的首要目的就是要通过口语表达，卓有成效地提高人们认识世界和改造世界的能力。一名优秀的口语表达者应该是一位教育者，如果自己没有较高的道德修养，又谈何去教育别人？从微观上讲，面向听众演讲、答问，和别人论辩、谈判等，总是企图影响他人的思想感情、行为举止，目的总是不外乎让听众相信什么、承认什么、应允什么。因此，说话者不免是某种思想观念、某种伦理道德的体现者和宣传者。在口语表达中，只有品德高尚的人才会受到人们的尊重和信赖，言论才能在听众中产生积极的影响。

首先，说话可以表露说话者的道德观念和思想品质，即"言为心声"。因此，只有具备了高尚的道德素养，才能成为真善美的代言人。

其次，高尚的道德人格，是说话者给人以道德启示和精神力量的前提和保证。也就是说，只有品行端正的人说话才会受到别人的尊重和信赖，他所宣传的伦理道德才会直接影响别人，并且被人们所接受。

再次，思想品质直接决定着说话者谈论问题的方法、角度和水准，也影响着说话者的风格、姿态和神情。思想品质高的人总是坚强、勇敢、执着地追求生活的目标，富有成效地学习、工作，并且有效地从事表达活动。

要想成为一名优秀的口才表达者、演讲家，就必须具有高尚的道德品质和情操。因此，我们必须提高自己的道德和情操的修养，提升道德境界，做一名与时俱进、道德高尚、德才兼备的新时代人才。

二、才能素养

一个人要想有好口才，就应具备较高的思维能力、组织能力、表达能力、表演能力、交际能力、应变能力和写作能力。

（一）思维能力

思维是一种分析、判断、推理的认识过程。思维能力强，表现在说话时思路清晰，概括能力强，逻辑推理严密。思维能力是口才施展的根本，思维能力的强和弱与口才的好和差成正比。语言的模糊源于思维的模糊。当然，并不排除有的人思维能力强，而口才却不好。但是，若没有较强的思维能力，就根本谈不上有口才，更谈不上是好口才。因此，在口才训练中我们应该重视思维能力的强化。

（二）组织能力

组织能力包括组织材料、组织语言等方面的能力。组织材料的能力无论是在演讲、辩论中，还是在社交、谈判或推销中，都非常重要。它可以使人们在有限的时间内选择出恰当的材料，并组织成一个有机的整体，以便说服、打动听众。语言组织能力直接影响口语的表达效果。口才是一门语言艺术，如何运用简练的语句来表达博大精深的思想，用优美动听的语句来激发、感染听众，使语言听起来娓娓动听、令人折服，这就要求表达者具有高超的语言组织能力。

(三) 表达能力

表达能力是指将内部语言迅速转化为外部语言的能力。内部语言是指思想、思维；外部语言是指说出来的话。表达和思维是密切联系的，一个人组织语言的速度跟得上说话的速度，便具有较强的口语表达能力。具体地说，表达能力是指按照思维所设定的内容，迅速组织语言，使其符合条理性、得体性要求的一种能力。

(四) 表演能力

表演能力是指说话者对自己吐字发声的技巧、眼神、表情、手势和姿态等手段的综合运用能力。善于发挥表演能力能使表达取得意想不到的效果，因为人们在听一个人讲话的内容时，也在看这个人的动作姿态。如果这些动作、姿态与谈话内容和谐一致，且表现得生动得体，自然会给听者留下深刻的印象。

(五) 交际能力

交际能力是指人在人际交往中对语境、对象的分析能力和适应能力。口语交际是交际双方在同一时空中进行的，说话者不但要考虑如何表达，而且要考虑听者如何接受，以及听者的瞬间心理和情绪。交际能力强的人，常常要分析自己的交际对象和周围的一切，无论在何种情况下，都要做到礼貌、委婉、得体和有分寸。交际是否成功取决于说话者在语言运用过程中事先对人际关系的把握。同样办一件事，在同等条件下，甲能办成，乙却办不成，其交际能力发挥着很大的作用。

(六) 应变能力

在话语交际中，有人突然向你发问或突然出现一件预想之外的事情，非你表态不可，或者你以某种身份出席某个集会，别人突然要求你讲几句等诸如此类的情况，都需要有语言应变能力。语言应变能力是指说话者针对具体交流情景中出现的各种因素，灵活、恰当和迅速地调整谈话内容，以快速处理语言交流中出现的各种意外情况的能力。

有效地运用语言应变能力，对于言谈中各种各样的意外情况可以"化险为夷"，使自己免于陷入尴尬的处境。

(七) 写作能力

演讲、作报告和教学等都离不开文稿写作，只有文稿写得"精"，口语表达才能"妙"。"精"是指文才，写作要重点明确、中心突出、观点鲜明、材料新颖，具有缜密的逻辑推理性；"妙"是指以文才助口才，文稿要适合说话者的"口味"，口语表达才能以情动人、以理服人、以诚感人。在说话艺术和听众中，如果写作能力差，口语表达就不能发挥正常的水平，甚至会使人产生误解。

三、学问素养

庄子曰："水之积也不厚，则其负大舟也无力。"口才水平的提高，必须以广博的学问为基础。学问越充实、越广泛、越深厚，口语表达就越能内容丰富、说理透辟、联想巧妙、得心应手。如果学问浅薄、孤陋寡闻，口语表达必然贫乏枯燥、呆板生硬、捉襟见肘，无法与听众会心地交流思想感情。

纵观古今中外一切成功的口语表达，无不闪烁着智慧的光芒，演说家掌握的知识就是启迪人们心智的一把钥匙。马克思、恩格斯、毛泽东等无产阶级革命家和鲁迅、闻一多等都是学识渊博、才华横溢、具有很高学术造诣和文化修养的学者，同时又是出类拔萃的演讲家。正因为他们博览群书，汲取了人类优秀的文化成果，所以才能在自己的演讲中旁征博引、纵横古今，同时说理透彻、见解深刻，从而使演讲产生巨大的说服力。

丰富的社会经验和生活经历，基本的社会科学和自然科学知识，传统文化中的精华等，都是说话中不可缺少的辅助材料。乡土人情、风俗习惯、历史典故和逸闻趣事都可能成为表达中精彩的"浪花"，信手拈来，皆成妙趣，使言谈产生情理交融、深入浅出的神奇魅力。如果没有对社会基础知识的掌握，便难以对丰富多彩的世界有深刻的认识，说出的话也会变得单调、枯燥和呆板。

现代社会，人们接收信息既多又快，无论是自然科学，还是社会科学，从理论到实践、从计划到实施的时间已经缩得非常短。同时，现代社会的知识正处于爆炸时代，每隔 7 至 10 年，世界知识的总量就会翻一番。美国未来学大师托夫勒认为，我们的社会环境里，知识就是变化。因此，只有不断地学习，不断地补充新知识，思想才能博大精深，讲话才能内容充实、见解新颖。

四、见识素养

《红楼梦》中有副对联：世事洞明皆学问，人情练达即文章。古语曰：读万卷书，行万里路。这些都说明人需要不断地在社会生活中增长见识。

在培养口才的过程中，见识素养是构建扎实基础的重要一环。拥有广博的见识和丰富的知识储备是成为优秀演讲者和辩论者的关键要素之一。通过不断扩展我们的视野，我们就能够拓宽思维的边界，提升对世界和社会的理解。

培养见识素养的方法多种多样。首先，广泛阅读各类书籍和文章，涵盖新闻、历史、文学、科学等领域，可以让我们接触不同学科的知识，拓宽认知范围。其次，关注时事，紧跟社会、政治和文化的发展，了解各种观点和立场，可以培养对复杂问题的综合分析能力。

积极参与讨论和辩论活动，是提升见识素养的重要途径。通过与他人的交流和互动，我们可以拓宽思维，增强论证和辩驳的能力。此外，提升文化素养也是培养见识素养的重要方面。通过了解和欣赏各类艺术、音乐、电影等作品，我们能够提升对多元文化的理解和欣赏能力。

保持好奇心和求知欲是培养见识素养的关键。保持开放的心态，愿意接受新观点和挑战自己的观点，持续学习和探索新的领域，不断拓宽自己的知识和视野，我们就能够培养出深度思考和广度思维的能力，为口才的发展奠定坚实的基础。

通过注重见识素养的培养，我们能够以更加深入和有力的方式表达自己的观点，引领听众的思维和情感，从而成为一位卓越的语言表达者。

五、勤学苦练出口才

（一）好口才是练出来的

"台上三分钟，台下十年功"，口才并不是一种天赋的才能，它是靠勤奋学习、刻苦训练得来的。古今中外所有口若悬河、舌辩滔滔的演讲家，所有能言善辩、口才出众的雄辩家，所有口齿伶俐、善于应酬的交际家,都不是天生的,都是在后天的努力和苦练的基础上,靠自信、勇气、拼搏、锻炼造就而成的。

古代希腊演说家德谟斯蒂尼斯从小口吃,讲话讲不清楚,也非常害怕当众讲话,但他立志成为一名演说家。为矫正口吃,使口齿清楚,他将小石头含在嘴里不断地练习说话。他曾经把自己关在一个黑屋子里练习,为了避免别人打搅,竟把头发剃去一半,成了阴阳头,硬逼着自己专心致志地练习口才。经过12年刻苦磨炼,他终于走上成功之路。

口才不是天生谁都有的,主要是后天练出来的。我们要想练就一副过硬的口才,就必须一丝不苟,刻苦训练。华罗庚先生在总结练"口才"的体会时说过:"勤能补拙是良训,一分辛苦一分才。"

练口才不仅要刻苦,还要掌握一定的方法。科学的方法可以使你事半功倍,提高你训练口才的效率。当然,根据每个人的学识、环境、年龄等的不同,练口才的方法也会有所差异,但只要选择最适合自己的方法,加上持之以恒的刻苦训练,那么你就会在通向"口才家"的大道上迅速成长起来。

(二)好口才的练习方法

1. 速读法

"速读"就是快速地朗读。这种训练方法的目的在于锻炼人口齿伶俐、语音准确、吐字清晰。

方法:找来一篇演讲词或一篇文字优美的散文。首先拿来字典、词典把文章中不认识或弄不懂的字、词查出来,搞清楚,弄明白,然后开始朗读。一般开始朗读的时候速度较慢,逐次加快,一次比一次读得快,最后达到你所能达到的最快速度。

速读法的优点是:不受时间、地点的约束,无论何时、何地,只要手头有一篇文章就可以练习,而且还不受人员的限制,不需要别人的配合,一个人就可以独立完成。当然,也可以找一位同学听听你的速读练习,让他帮助你找出速读中出现的问题。例如,哪个字发音不够准确,哪个地方吐字还不清晰等,这样就更有利于你有目的地进行纠正、学习。还可以用录音机把你的速读录下来,然后自己听一听,从中找出不足,进行改进。如果有老师指导就更好了。

2. 背诵法

背诵法的着眼点在"准"上。背诵的演讲词或文章一定要准确,不能有遗漏或错误的地方,而且在吐字、发音上也一定要准确无误。

方法:第一步,先选一篇自己喜欢的演讲词、散文、诗歌。第二步,对选定的材料进行分析、理解,体会作者的思想感情。这是要花点工夫的,需要我们逐句逐段地进行分析,推敲每一个词句,从中感受作者的思想感情,并激发自己的感情。第三步,对所选的演讲词、散文、诗歌等进行一些艺术处理,如找出重音、划分停顿等,这些都有利于准确表达内容。第四步,在以上几步工作的基础上开始背诵。在背诵的过程中,也可分步进行。首先,进行"背"的训练,也就是先将文章背下来。在这个阶段不要求声情并茂,只要能达到熟练记忆就行,并在背的过程中自己进一步领会作品的格调、节奏,为准确把握作品打下更坚实的基础。其次,是在背熟文章的基础上进行大声朗诵。将背熟的演讲词、散文、诗歌等大声地背诵出来,随时注意发声的正确与否,而且要带有一定的感情。最后,用饱满的情感、准确的语言和语调进行背诵。

3. 复述法

简单地说,复述法就是把别人的话重复地叙述一遍。这种方法在课堂上使用得较多。例如,老师让同学们看一段幻灯片,然后请同学们复述幻灯片的情节或人物的对话。这种训练方法的目的在于锻炼人的记忆力、反应力和语言的连贯性。

方法:选一段长短合适、有一定情节的文章。最好是小说或演讲词中叙述性强的一段,请朗诵较好的同学进行朗读,最好能用录音机把它录下来,听一遍复述一遍,反复多次,直到能完全把这个作品复述出来。在复述的时候,可以把第一次复述的内容录下来,然后对比原文,看能复述下多少,重复进行,看多少遍自己才能把全部的内容复述下来。这种练习绝不仅在于背诵,而且在于锻炼语言的连贯性。如果能面对众人复述就更好了,它还可以锻炼你的胆量,使你克服紧张心理。

4. 模仿法

我们每个人从小就会模仿,模仿大人做事,模仿大人说话。其实模仿的过程也是一种学习的过程。我们小时候学说话是向父母、周围的人学习、模仿。我们练口才也可以利用模仿法,向这方面有专长的人模仿。这样天长日久,我们的口语表达能力就能得到提高。

方法:① 专人模仿:在生活中寻找口语表达能力强的人,模仿他们的精彩演讲;② 专题模仿:选择某个特定的主题,寻找相应的素材进行模仿;③ 随时模仿:在生活中看电影、看电视等,随时跟着演员、播音员等进行模仿。

在进行模仿练习时,一要注意选择适合自己的对象进行模仿,二要选择那些对自己身心有好处的语言动作进行模仿。模仿法是一种简单易学、娱乐性强、见效快的方法,经过勤学苦练,定会早日见效。

5. 描述法

描述法就是将看到的景、事、物、人用描述性的语言表达出来。描述法没有现成的演讲词、散文、诗歌等作为你的练习材料,而要求你自己去组织语言进行描述。所以,描述法训练的主要目的就在于训练语言组织能力和语言的条理性。

方法:选择一幅画或一个景物作为描述的对象。第一步,对要描述的对象进行观察。有了观察,描述才有基础。第二步,描述。描述时一定要抓住对象的特点,要有顺序地进行描述,抓住特点进行描述。语言要清楚、明白,要有一定的文采。描述的时候也允许有联想与想象,让描述更生动。

6. 角色扮演法

所谓角色扮演法,就是要我们学演员那样演戏,扮演作品中出现的不同的人物。当然,这个扮演主要是在语言上的扮演。

方法:选一篇有情节、有人物的小说、戏剧为材料。对选定的材料进行分析,特别要分析人物的语言特点。根据作品中人物的多少,找同学分别扮演不同的人物角色,比比看谁最能准确地扮演自己的角色。也可以一个人扮演多个角色,以此培养自己的语言适应能力。

这种训练的目的在于培养人的语言的适应性、个性，以及适当的表情、动作。这种训练法要求"演"的成分很重，它不仅要求声音洪亮、充满感情、停顿得当，还要求能绘声绘色、惟妙惟肖地把人物的性格表现出来，而且要配有一定的动作和表情。从这个角度来看，这项训练是有一定难度的，但只要我们朝着这个方向努力，就会成功。

7. 讲故事法

讲故事可以训练人的多种能力。因为故事里面既有独白，又有人物对话，还有描述性和叙述性的语言，所以讲故事可以训练人的多种口语能力。

方法：一是分析故事中的人物。故事的情节性是十分强的，而且故事的主题大都是通过人物的语言、行动表现出来的，我们在讲故事之前就要先研究人物的性格特征以及人物之间的关系。二是掌握故事的语言特点。故事的语言不同于其他文学形式的语言，其最大的特点是口语性强、个性化强。当我们拿到一份材料时，不要马上就开始练习讲，而要先把材料改编一下，改成适合我们讲的故事。三是反复练讲。对材料做了以上的分析、加工以后，我们就可以开始练讲。通过反复练习达到对内容的熟悉，使自己的感情与故事中人物的感情相融合，做到惟妙惟肖地表现人物性格，语言生动形象。

训练口才的方法很多，并不仅限于以上几种。在练口才时，你一定也会总结出一些适合自己的训练方法。只要此法对练口才有益、有效，就不失为一种好的方法。另外，也不要拘泥于一种方法、抱住一种方法不放，不妨找几种适合自己的方法，见缝插针，相信这种综合训练收效更大。

第四节 有效表达与有效倾听

有效表达与有效倾听是与他人交流、向他人展示口才的重要基础。本节将介绍什么是沟通、有效沟通表达的障碍及如何克服、什么是倾听、有效倾听的障碍及如何克服，帮助学生理解有效表达与有效倾听的重要性、技巧与策略。

一、什么是沟通

（一）沟通的定义

沟通就是以相互理解的方式从一方向另一方的信息传递。意义的传达与被理解是沟通的关键，具体如下所述：

沟通是意义的传递。如果信息和想法没有被传递到，则意味着沟通没有发生。也就是说，说话者没有听众或写作者没有读者都不能达成沟通。

沟通中传递的信息包罗万象，既可以是单纯的信息交流，也可以是思想、情感、态度和价值观的综合交流。

沟通的目的是达到双方相互理解，而非意见一致。良好的沟通应是准确理解信息的意义，而不是沟通双方达成一致的意见。

沟通是一个双向的、互动的反馈和理解过程。如果预料的结果并未出现,接收者并未对发送者发出的信息做出反馈,那就没有达成沟通,则需要反思沟通的方式与方法了。

(二) 沟通的过程与类型

1. 沟通的过程

沟通是一个复杂的过程,涉及信息源(发送者)、接收者(听众)、编码和解码、目标(目的)、背景或环境、信息、通道或媒介、反馈、噪声等九大要素。沟通过程涉及的两个黑箱操作过程:一个是发送者对信息的编码过程,另一个是接收者对信息的解码过程。这两个子过程之所以被称为黑箱操作过程,是因为我们无法检测而且也难以控制这两个过程,这是人脑的思维和理解过程。前者是反映事实、事件的数据和信息如何经过发送者的大脑处理、理解并加工成双方共知的语言的过程,而后者是接收方如何就接收到的数据和信息经过搜索大脑中已有的知识,并与之相匹配,从而将其理解、还原成事实、事件等的过程。

(1) 发送者

发送者是拥有信息并试图进行沟通的人。他们引发沟通过程,决定以谁为沟通对象,并确定沟通的目的。作为发送者,在实施沟通前,必须首先在自己丰富的记忆里选择出试图沟通的信息,并进行恰当的组织。另外,发送者的动机、态度、技能、情绪状态等都可能影响沟通的效果。

(2) 接收者

接收者是指信息的接收人。接收者在接收携带信息的各种特定符号之后,必须根据自己的已有经验,将其转译成信息源试图传达的知觉、观念或情感。这是一个复杂的过程,包括一系列注意、知觉、转译和储存的心理动作。对这一要素要考虑的问题包括:是什么促使他们接收信息?他们对发送者的建议是积极的还是消极的?有一个还是几个听众?哪些听众是关键的?哪些是次要的?哪些是还没有考虑到的?另外,信息接收者个人的知识、经验、心态、倾听技巧、身份等对于所接收的信息具有筛选、过滤和加工的作用。

(3) 编码和解码

编码是发送者把自己的思想、观点与情感等信息根据一定的语言、语义规则翻译成可以传递的符号形式的过程,发送者的词汇和知识在这里起着重要的作用。解码是信息接收者的思维过程,是信息接收者根据自己已有的经验和参考框架把所接收的符号进行翻译、解释的过程。接收者得到的信息与发送者的本意可能相似也可能不同。发送者应明白,不管自己的期望如何,在接收者头脑中所进行的解码只反映接收者自己的情况。

(4) 目标

目标是指沟通想寻求的结果,分析整个沟通过程所要解决的最终问题。在沟通之前我们要对目标及其实现的成本进行比较。然后思考:目标有价值吗?它和同等重要或更重要的目标相冲突吗?沟通双方将怎样评价其风险和成果?简言之,就是要回答"怎样才算沟通成功"的问题。

(5) 背景或环境

背景是指沟通发生的情境。它影响沟通的每一个因素,同时也是影响整个沟通过程的关键因素。在沟通过程中,许多意义是由背景提供的,甚至词语的意义也会随背景而改变。

因此，在制定沟通策略之前，要确保了解这些背景。

（6）信息

信息是指沟通主体（发送者和接收者）要分享的思想感情。信息事实上是经过发送者编码的物理产品。当我们说的时候，说出的话是信息；当我们写的时候，写出的内容是信息；当我们绘画时，画出的图是信息；当我们做手势的时候，手的动作、面部的表情是信息。信息受到三个因素的影响：用于传递意义的编码或信号群、信息本身的内容以及对编码和内容的选择与安排。

（7）通道或媒介

通道是指沟通信息所传达的方式。这是发送者把信息传递到接收者那里所借助的手段，如面谈、信函、电话、会议、计算机网络、政策条例、计划、工作日程等。哪种媒介能把信息最有效地传递给每个重要的听众？实际上，"媒介本身就是信息"，你在做出媒介选择时就已经在传递着相应的信息。例如，你送给办公室同事一份备忘录，可能表示你不愿与他面对面交谈。

心理学家研究发现，在各种方式的沟通中，影响力最大的仍是面对面的沟通。因为除了词语本身的信息外，还有发送者整体心理状态的信息，这些信息使得发送者与接收者可以发生情绪的相互感染。此外，在面对面沟通的过程中，发送者还可以根据接收者的反馈，及时调整自己的沟通过程，使其变得更加适合于接收者。

2. 沟通的类型

从沟通的媒介来看，可以将沟通分为言语沟通和非言语沟通。

言语沟通是指以词语符号为载体实现的沟通。言语沟通是所有沟通形式中最直接的方式。因此，言语表达的能力是口才的基础。口语表达能力体现在传达信息的准确性和表达信息的可接受性两个方面。

非言语沟通是相对于言语沟通而言的，是指通过身体动作、体态、语气、语调等方式交流信息、进行沟通的过程。在沟通中，信息的内容部分往往通过言语来表达。非言语表达的作用主要表现在两个方面：一是辅助言语沟通，使其所要交流的信息更明白易懂，使沟通的效果更好；二是非言语的沟通能显示出一种真实性，特别是情感上的真实性。对信息接收者而言，留意沟通中的非言语信息十分重要。尤其要注意两者之间的矛盾之处。这些矛盾信息常常意味着"行动比言语更响亮"。

（三）沟通的意义

沟通无论对个人还是对组织，都有重要的意义。

1. 沟通对个人的意义

首先，从马斯洛的需要层次论考察，无论是生理需要、安全需要，还是社交需要、尊重需要和自我实现需要，都需要在沟通过程中获得满足。因为没有一定的沟通形式与他人联系且产生作用，就无法体现个人在固有的社会网络中的交流范围、受尊重的程度与自我实现的程度；沟通能够调节情绪与促进感情交流，减少人际的内部冲突，促进相互理解。

其次，沟通能力在一定程度上对个人的职业发展有很大影响。2005年，美国某咨询公司进行了一项调查，在谈到世界500强企业家的成功因素时，300位较成功的企业管理人中有85%的人认为,之所以成功是因为他们跟人沟通的能力更胜一筹。

2. 沟通对组织的意义

首先,沟通是组织与外部环境之间建立联系的桥梁。任何组织在生产经营活动中都要与政府行政管理部门、供应商、债权人、投资者、竞争者、顾客等产生各种各样的关系。组织必须了解他们的需要和要求,然后才能采取措施予以满足,而这只有通过沟通才能实现。

其次,沟通是组织协调各方面活动,实现科学管理的手段。要达到科学管理,管理者就必须了解组织内部的信息,即管理对象的各个方面或管理对象在管理过程中的活动特点及其变化的各种信息、情报和资料。通过这些信息,管理者可以了解员工的需求、士气、态度与意见,了解各部门之间的关系和工作效果,借此进行有效控制,指挥整个组织的活动,协调各环节的关系。

再次,沟通是满足员工的心理需要,实现领导者激励下属的基本途径。领导者应运用领导艺术,采取各种符合员工心理和行为规律的激励措施调动其积极性。而这一切行之有效的前提包括:一方面,领导要了解下属的需要;另一方面,下属也要了解领导者的意图和想法,这就需要通过沟通来实现。

最后,沟通是成功变革的关键。变革是组织发展过程中所面临的重大机遇和挑战,而变革过程必然会遇到各种阻力和障碍,管理中沟通的目的在于消除这些障碍,甚至把不利因素转化为有利因素,实现变革。

二、有效沟通表达的障碍及如何克服

(一)有效沟通表达的障碍

1. 能力因素障碍

能力因素障碍主要表现为三个方面:第一,目的不明确,如果沟通主体对自己将要传递的信息内容、交流的目的不明确,将导致沟通的其他环节无法正常进行;第二,表达能力不佳,如果用词不当、口齿不清、逻辑混乱、模棱两可,都会产生噪声并造成传递失真,使接收者无法了解其所要传递的真实信息;第三,忽略非语言因素的运用,如果沟通者不懂得运用非语言沟通的技巧、忽视非语言沟通,或者非语言的暗示与实际要表达的意思不一致,会导致信息接收者产生困惑。例如,领导表扬下属时面部表情很严肃甚至皱眉头,会让下属觉得困惑。

2. 沟通者的知觉偏差

认知或知觉过程是人们依赖自己的知识和经验对所获得的信息进行选择、解释和评价的心理过程。人们在沟通过程中,会把信息转换成对他人有意义、被理解的符号或文字。在转换过程中,会将过去发生的事件、经验,现在的动机和对未来的预期等作为参考,而接收者也会依赖自己的一个特别的参考框架来解读这些信息。在沟通过程中,常常出现先入为主、刻板效应、晕轮效应、选择性知觉等认知偏差,导致误解在沟通中时常出现,因此认知上的差异是有效沟通的主要障碍之一。

3. 心理因素障碍

(1)沟通焦虑。尽管很多人都害怕在公众面前讲话,但沟通焦虑所产生的问题比这严重得多,它会影响一整类沟通技术的使用。

（2）自我中心。人们习惯于关注自我,总认为自己才是对的。在倾听过程中,过于注意自己的观点,喜欢听与自己观点一致的意见,对不同的意见往往置若罔闻,这样会错过聆听他人观点的机会。

（3）拒绝倾听。拒绝倾听表现在一些沟通者漫不经心,自高自大,拒绝倾听上级和下级的意见,这或者源于"我知道所有的事情"的优越情绪,或者源于"我一无是处"的自卑情绪。

（4）不信任。信息发送者与接收者双方如果相互猜疑,会增加抵触情绪,影响交流。如果沟通的一方认为信息给自己带来危害时,他就会对这些信息做一些有利于自己的加工,这样就会造成信息失真,另一方将收到不完整甚至错误的信息。

4. 情绪因素障碍

不同的情绪感受会使个体对同一信息的解释完全不同。任何极端的情绪体验,都可能阻碍有效沟通。当人们处于狂喜或盛怒的状态时,由于不能进行客观、理性的思维活动,而代之以情绪性的判断,就会阻碍有效沟通。

（二）克服沟通表达障碍的途径

1. 学会积极倾听

人际沟通始于聆听,终于回答。没有积极主动的倾听,也无法实现良好有效的沟通。有研究者指出,一般人每天有70％的时间用于沟通活动。在每天用于沟通的时间中,45％的时间用于倾听,30％的时间用于交谈,16％的时间用于阅读,9％的时间用于书写。沟通是双向的行为,要使沟通有效,双方都应当积极投入交流。当发言者发表自己的见解时,倾听者也应当认真地倾听。

2. 直接且清楚的语言表达

使用一些易于理解并且尽可能清楚的语句有利于沟通。专业术语或特殊词汇只有在双方都理解的基础之上才能使用,应尽量避免冗长、专业的语句。同时,也要避免枯燥、乏味的语言表达,避免不必要的重复。

3. 利用反馈技术,形成双向沟通

在促进信息沟通的有效方法中,信息反馈是重要的一种。信息反馈是将信息沟通变成一种双向的信息流动。例如,信息发送者通过提问、讨论等方式来确定信息接收者是否真正了解信息。一般的反馈技术是观察接收者迷惑或明白的神态、脸部的表情活动等。当然,这种反馈技术仅用于面对面的信息交流。对于信息发送者来说,最好的反馈技术无疑是让信息接收者再重述一遍所接收的信息。

4. 选择适当的沟通气氛和时机

紧张、压抑和焦虑是有效沟通的障碍。当双方的情绪都非常低落时,那么最好推迟沟通,找一个彼此都感觉比较平静的时间再交谈。有个比较好的环境和氛围同样重要,双方可以确定一个时间,并根据谈话内容选择一个安静的场所,双方均能平静而不受干扰地探讨一些问题。

5. 注意恰当地使用非语言沟通

在倾听他人的发言时,还应当注意通过非语言信号来表达对对方谈话的关注。当你在听到他人讲话时,对方可能通过观察你的表情,判断你是否认真倾听和真正理解。因此,与说话者进行目光接触可以使你集中精力、减少分心的可能性并鼓励说话的人。另外,沟通时应展现恰当的面部表情,有效的倾听者会将所听到信息的有关情况表示出来。例如,赞许性的点头、疑惑性的摇头等,这些非语言信号都是在表明是否在认真倾听以及是否听懂。

三、什么是倾听

(一) 倾听的定义

国际听力学会将倾听定义为"对口头或非语言信息接收、构建意义并做出反应的过程"。这个定义描述了有效倾听者的行为。

倾听学者朱迪·布劳内尔认为,不管听众和演讲者在实际距离上相隔有多远,他们都是同一个沟通事件中的伙伴。因此,无论你是上千听众中的一员,还是聚光灯下的演讲者,你都有责任成为一个更有效的倾听者。作为演讲者,你要适应听众的倾听习惯;而作为听众,你的倾听能力会影响你能否准确、不带偏见地理解,以及理性地评价和完全掌握你所听到的内容。

倾听是耗费精力的过程。研究人员发现,积极有效的倾听者会出现血压上升、心跳加快甚至流汗等症状。随着科技的进步,我们接收到信息的数量和速度也在增加,倾听者面临一个不断变化和不断复杂化的倾听环境,有效的倾听同样需要有所预备和集中注意力。

在沟通过程中,沟通的质量主要取决于倾听的有效性。这意味着不仅要在倾听中理解对方语言中介绍的事实,更要设法判断对方传达过来的感情、观念和观点,只有这样,才能全面而准确地掌握信息,并正确做出反应。倾听者还要注意对方的非言语沟通,看是否支持他所做的言语沟通。忽视非言语信息,往往会降低沟通效果,形成沟通障碍。只有学会倾听,才能学会更好的表达。

(二) 倾听的类型

1. 鉴别式倾听

有差别地倾听回答了这样一个问题:我能否正确地去看或者去听?鉴别式倾听是指清晰地区分出一种语言的声音和词汇,并辨认非语言线索(如微笑或耸肩)的能力。

2. 理解式倾听

理解式倾听是指以关注、接纳和深入理解对方的意图、感受和观点为目标的一种倾听方式。它要求倾听者全神贯注地倾听,并努力理解对方所传达的信息,而不仅仅是字面意义。理解式倾听强调与对方建立连接,通过积极的肯定性回应、提问和总结来确保正确理解对方的意思。这种倾听方式有助于建立信任、促进共鸣,并为有效的沟通和良好的人际关系的建立奠定基础。

3. 同理心倾听

同理心倾听是指以关注和理解他人的感受、需求和经历为中心的一种倾听方式。它强

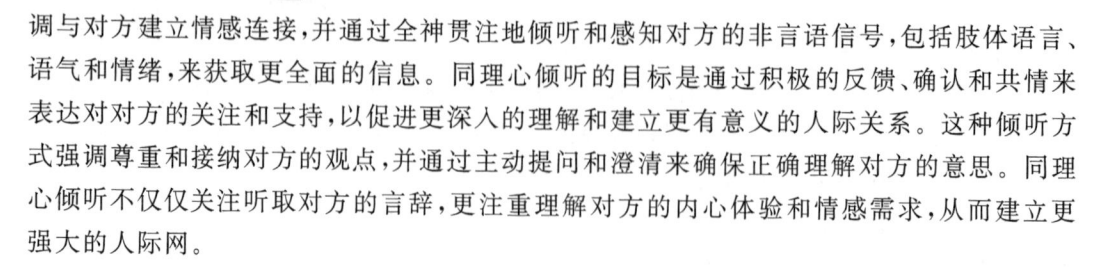

调与对方建立情感连接,并通过全神贯注地倾听和感知对方的非言语信号,包括肢体语言、语气和情绪,来获取更全面的信息。同理心倾听的目标是通过积极的反馈、确认和共情来表达对对方的关注和支持,以促进更深入的理解和建立更有意义的人际关系。这种倾听方式强调尊重和接纳对方的观点,并通过主动提问和澄清来确保正确理解对方的意思。同理心倾听不仅仅关注听取对方的言辞,更注重理解对方的内心体验和情感需求,从而建立更强大的人际网。

4. 分析式倾听

分析式倾听是一种专注于对方的观点、逻辑和论证的倾听方式。它强调对信息的分析和理性思考,以更深入地理解对方的观点,并做出适当的评估和回应。分析式倾听者倾向于提出问题、寻求逻辑上的一致性,挑战或补充对方的论据。他们关注思维的逻辑结构和事实的准确性,以促进深入的讨论和思维的交流。分析式倾听强调批判性思维和推理能力,通过评估对方观点的合理性和逻辑性,进一步发展自己的思考能力和见解。这种倾听方式对于学术和专业领域的讨论、辩论和问题解决非常有价值,但在日常对话中也可以应用,以促进更富有洞察力和建设性的交流。

5. 欣赏式倾听

欣赏式倾听是指以赞赏、肯定和尊重对方的观点、感受和经历为基础的一种倾听方式。它强调对对方的价值和多样性的认可,并表达对其所表达的观点和情感的肯定。欣赏式倾听者通过积极的非言语回应、鼓励性的语言和肢体语言,传达对对方的尊重和接纳。他们尽力理解对方的观点,并努力从对方的角度去看待问题。这种倾听方式鼓励对方自由表达,建立积极的情感连接,以促进共情和建立亲密关系。欣赏式倾听可以在个人关系、咨询和辅导等领域中发挥重要作用,帮助对方感到被理解和支持,增进彼此的信任和关系的深度。

四、有效倾听的障碍及如何克服

(一)有效倾听的障碍

1. 不重视倾听

在与人谈话沟通的过程中,我们常常忽视了倾听的重要性,往往乐于表达自己的观点和意见,却忽略了倾听他人的声音。表达给予我们满足感和成就感,而倾听则需要我们有耐心和专注。然而,好的口才不仅要能说会道,更要具备倾听他人的能力。

2. 注意力受外界干扰

在倾听的过程中,我们常常容易受到外界的干扰。这些干扰可能来自环境的嘈杂、手机的消息提示或者我们自己的杂念。这些干扰会使我们无法专注于他人的讲话,影响我们对信息的接收和理解。为了有效地倾听,我们需要创造一个宁静的环境,减少干扰,确保我们能够全神贯注地聆听对方的表达。

3. 没有掌握倾听的技巧

倾听是一项技巧,需要我们不断地学习和实践。倾听并不仅仅是听到声音,而且要理解对方的意图和感受。我们需要学会主动倾听、用非言语方式表达理解和关注,并善于提出问题来进一步了解对方的观点。缺乏倾听技巧会阻碍与人沟通过程中的有效倾听。

4. 急于发言

我们可能因为急于表达自己的观点或意见而忽略他人的讲话。这种急于发言的心态会阻碍我们真正聆听他人的声音。

5. 偏见和假设

我们的偏见和假设可能导致我们对他人的观点和意见持有固定的立场。这会使我们过滤或忽略那些与我们的观点不同的信息,从而阻碍有效的倾听。

6. 防御

缺乏倾听有时候也许是出于对所得信息的抵触情绪使防卫机制起了作用。有些处在管理者位置的人偶尔不得不批评手下的工作人员。后者会因为不认可这种批评而采用干脆不听的态度,旨在躲避令人不快的信息。

(二) 克服倾听障碍的途径

在倾听过程中,我们可以采取一系列技巧来克服倾听障碍并提升倾听的效果。

1. 使用目光接触

通过与说话者建立目光接触,我们传达出对其的尊重和关注。这种非言语的沟通方式能够让说话者感到被重视,增强沟通的亲密感和有效性。

2. 展现赞许性的点头和恰当的面部表情

通过点头和面部表情,我们可以表达对说话者的认同和赞许。这些肢体语言的运用能够鼓励对方继续表达,并建立起更好的互动氛围。

3. 避免分心的举动或手势

在倾听过程中,避免分心和分散注意力的举动或手势。例如,看表、心不在焉地翻阅文件、拿着笔乱写乱画等,会使说话者感觉到你很厌烦或不感兴趣。另外,这也表明你并未集中精力,因而很可能遗漏一些说话者想传递的信息。

4. 提问

批判性的倾听者会分析自己所听到的内容,并提出问题。积极提问是倾听的重要组成部分。通过提出问题,我们能够深入了解对方的观点和意图,使得说话者知道你在倾听,从而促进更深入的对话和交流。

5. 复述

复述是指用自己的话重述说话者所说的内容。有效的倾听者常常使用这样的语句:"我听你说的是……"或"你是不是这个意思"。为什么要重述已经说过的话呢?有两个原因:一是核查你是否认真倾听;二是进行精确性的机械控制。用自己的语言复述说话者所说的内容并将其反馈给说话的人,可以检验自己理解是否正确。这种复述的做法有助于澄清误解,使双方达成共识并理解。

6. 避免中间打断说话者

尊重说话者,避免在其发言过程中插话,让对方表达完整思想后再做回应,这能够体现我们对对方观点的尊重和重视。

7. 不要多说

大多数人乐于畅谈自己的想法而不是聆听他人说话。很多人之所以倾听,因为这是能让别人听自己说话的必要付出。尽管说话可能更有乐趣,而沉默使人不舒服,但是我们不可能同时做到听和说。在倾听过程中,应避免过多的自我陈述和废话。倾听是为了理解对方,而不是为了展示自己的观点。保持适度的回应和陈述,以便更好地聆听对方的表达。

8. 使听者与说者的角色顺利转换

在大多数工作情境中,听者与说者的角色在不断转换。有效的倾听者能够使说者到听者、听者回到说者的角色转换十分流畅。从倾听的角度而言,这意味着全神贯注于说者所表达的内容,即使有机会也不去想自己接下来要说的话。

通过运用这些倾听技巧,我们能够更好地倾听他人,建立良好的沟通和人际关系。有效的倾听不仅体现了我们对他人的尊重和关注,还能够促进深入的交流和理解,为我们在职场和生活中取得成功奠定坚实基础。

高效沟通＝有效表达＋有效倾听,良好的口才确实需要我们同时具备说话和倾听的能力。我们拥有两只眼睛和两只耳朵,但只有一张嘴巴,这是提醒我们在表达中要注重倾听和观察,而不仅仅是说话。良好的口才需要我们兼顾说和听的能力。口才的魅力不在于说话多少,而在于能够准确地传递信息和观点,引发共鸣和理解。

【案例赏析与思考】

以下演讲出自《我是演说家》节目,该节目邀请来自五湖四海的演讲者,旨在通过竞技形式,发出新时代的强音。本案例演讲者是来自北京大学的王帆。请赏析该案例,并思考章节习题。

做一个怎样的子女

王帆

我是一名"80后"。顾名思义,"80后"就是指1980年到1989年出生的人,对吧!但是在中国,"80后"还有一层比较特殊的含义,是指在20世纪80年代初中国正式实施计划生育政策之后出生的第一代独生子女。我们一出生,就得了一个国家级证书,叫"独生子女证"。这个证可以保证我们能够独享父母的宠爱,但是这个证也要求我们要承担赡养父母的全部责任。最开始我觉得:如果想做一个好女儿,那我肯定得挣很多的钱,然后让我爸妈过上特别好的生活。我从上大学开始就经济独立,我所有的假期都在工作,所以我的父母几乎一整年都见不到我两次。对于很多像我这样在外求学、工作打拼的独生子女来说,咱们的父母都变成了空巢老人。

有一天,我妈给我打电话说:"早上你爸坐在床边儿在那掉眼泪,说想女儿了。"你知道我当时第一反应是什么吗?哟,至于吗?您这大老爷们儿还玻璃心呢,天天给自己加戏。但是,后来有一次我回家,那个下午,我永远记得,老爸侧坐在窗前,虽然依旧虎背熊腰,但背板儿没有以前直了,头发也没以前挺了,他摆弄着窗台上的花儿说了一句:"爸爸没有妈妈了,爸爸没有妈妈了。"大家觉得这句话在表达什么?悲伤?软弱?求呵护?我只记得我小的时候如果梦到我妈不要我了,我就会哭醒,我就会特别难过,但我从来都没有想过,"爸爸没有妈妈了"是一种什么样的感觉!我发现:这个在我印象当中无比坚不可摧、高大威猛的男人,突然间老了。"爸爸没有妈妈了",表达的不是悲伤,也不是软弱,而是依赖。

父母其实是我们最大的依赖,而当我们的父母失去了他们的父母,他们还能依赖谁呢?所以在那一刻我才意识到:父母比任何时候都需要我,而且他们后半辈子能依赖的只有我,我得养他们、陪他们,把我所有的爱都给他们,就像他们一直对我那样儿。我要让他知道:即使你没有妈妈了,你还有我。所以从那以后,我愿意适当地推掉一些工作、聚会,我挤时间多回家,我陪他们去旅行,而不再是把钱交到旅行社,让别人带他们去。因为我明白了一点:赡养父母绝对不是把钱给父母让他们独自去面对生活,而应该是我们参与他们的生活,陪伴他们一起享受生活。

所以,我每次回家,就会带我妈去洗浴中心享受一把。有一次我正给我妈吹头发,旁边一位阿姨说:"你女儿真孝顺。"我妈说:"大家都说女儿是小棉袄,我女儿——羽绒服!"幸亏没说军大衣。那阿姨又说:"我儿子也特孝顺,在美国,每年都回来带我们出去旅游。"说着说着,阿姨还把手机掏出来了,给我妈看照片,说:"你看我儿子多帅,一米八五的大个,年薪也好几十万。"我当时有点觉得话锋不对,为什么呢?当一位阿姨向你的妈妈展示她儿子的照片儿,并且报上了身高、体重、年薪的时候,笑的都是相过亲的,你懂得。就在这个时候,阿姨说了一句让我们全场人都傻了的话,她说:"可惜不在了,不在了。"原来就在去年,阿姨唯一的儿子在带着他们老两口去旅行的高速公路上车祸身亡。在那一刻,我真的不知道说什么才能安慰那位阿姨,我就想伸出手去抱抱她。可是,当我伸出手的那一刻,阿姨的眼泪就开始哗哗地往下流,我抱着她都能感受到她身体的颤抖,我也能够感受到她是多么希望有个孩子能抱一抱她。也就是从那一刻起,我特别害怕,我不再是害怕父母离开我,我怕我会离开他们。而且经过这件事,我对于"身体发肤受之父母,不敢毁伤"这句话有了更深刻的理解。原来我只觉得这句话是说:我应该珍惜自己的身体,珍惜自己的生命,别让爸妈担心。但是现在我发现,不仅如此,我们对待别人也要这样,因为每一个人都意味着一个家。

所以,现在每次在跟父母分别的时候,我都会紧紧地抱抱他们,在他们脸上亲一下。可能像拥抱、亲吻这种事,对于我们大多数的中国父母来讲,一开始是拒绝的,但是请大家相信我,只要你坚持去做,你用力地把她(他)搂过来,再狠狠地在她(他)脸上亲一下,慢慢地她(他)就会习惯。像我现在和我妈分别的时候,我妈就自然地把脸送过来。他们知道,你在表达爱。

我想,作为独生子女,我们确实承担着赡养父母的全部压力,但是我们的父母同样承担着世界上最大的风险。可是他们从不言说,也从不展现自己的脆弱。你打电话他们说家里

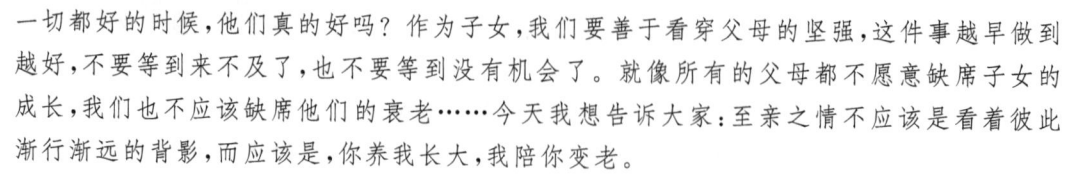

一切都好的时候,他们真的好吗?作为子女,我们要善于看穿父母的坚强,这件事越早做到越好,不要等到来不及了,也不要等到没有机会了。就像所有的父母都不愿意缺席子女的成长,我们也不应该缺席他们的衰老……今天我想告诉大家:至亲之情不应该是看着彼此渐行渐远的背影,而应该是,你养我长大,我陪你变老。

请结合本章内容,思考以下问题:

1. 这篇演讲稿从哪些方面体现了好口才的标准?请结合教材内容具体举例分析。
2. 谈一谈你认为拥有这样的口才表达需要哪些能力和基础?可以通过哪些努力达到?
3. 请观看该演讲的原视频,并回答:在观看过程中,你能做到有效倾听吗?为什么?

《做一个怎样的子女》演讲视频
演讲人:王帆
音频来源:优酷平台
发布人:优酷用户现名叫"启民1951"

【本章实训】

实训一:口才训练

1. 请挑选一些优秀的演讲案例,如历史名人的演讲、TED演讲等,观看这些演讲,结合本章学习的好口才的标准,分析为什么这些演讲可以成为好口才的表达。
2. 请自选一篇名人演讲稿进行模拟练习,锻炼自己的口才。
3. 请走上班级讲台,面对老师和同学,大声做1分钟的自我介绍,让老师和同学们快速记住你。

实训二:有效表达与有效倾听训练

1. 请选择一个话题或问题,两三个同学一起进行讨论,并总结和分享最后的观点或结论。在此过程中,请注意使用有效沟通表达的技巧。
2. 一位同学开始组成语,组完后点另一位同学的名字让其接龙。不能重复点同学的名字。起立组词时,不能与前面的同学重复。如果实在要重复,那得说"我和谁组的词一样,也是××"。通过此项活动,锻炼同学们的倾听能力和记忆力。

本章小结

本章从为什么要有好口才入手,对口才的定义进行了界定。简而言之,口才就是一个人说话的才能。口才具有综合性、平等性、随机性和制约性的特征。随后从口才的个人价值、社会价值和事业价值三个方面解析了为什么口才如此重要。

好口才有哪些判断标准呢？本章从"言之有理""言之有物""言之有情""言之有序""言之有趣""言之有文"等六个层面分析了好口才的标准，并进一步从道德素养、才能素养、学问素养、见识素养、勤学苦练出口才等五个方面指出了好口才应具备的基础。

本章通过丰富的中国优秀传统口才案例、名人演讲与事例等，传递民族精神和传统文化。在提高学生口语表达能力的同时，帮助学生树立积极的职业观、人生观和价值观。通过本章的学习，使学生充分理解良好的口才所能发挥的无穷魅力。

第二章 朗诵的艺术

【学习目标】

① 了解朗诵的意义以及朗诵的内容。
② 熟悉并理解如何准备朗诵。
③ 掌握朗诵的基本功和语言表达技巧。
④ 理解并掌握朗诵艺术的基本要求。

【引导案例】

朗诵是指以一定的语调、语音、语气和节奏,将文学作品或其他文字表达出来的一种艺术表演形式。朗诵可以展现出文字的韵律美、情感美和语言美,是一种富有感染力的表演艺术。

下面的一则民间故事讲述了一个叫作邹忌的人如何通过朗诵来提高自己的才能和修养。

据传,邹忌是春秋时期的一位名士。他年轻时并没有惊人的才华和学问,但是非常喜欢朗诵。他常常背诵古代经典和名人名言,并在朋友面前大声朗诵,以展示自己的才华和修养。有一次,邹忌去拜访一位名士,对方问他:"你学过什么?"邹忌回答道:"我学过朗诵。"名士非常惊讶,认为朗诵只是一种表演艺术,并不是真正的学问和才华。于是他对邹忌说:"你能不能用朗诵来解释一下圣人的学说?"邹忌听后沉思片刻,然后开始了一段朗诵。他用铿锵有力的声音朗诵了《易经》中的一段经文,并加以解释和阐述。他的朗诵不仅有富有感情的表演和语气,还有准确的语音和节奏,让人们感受到这段经文所传达的深刻含义和哲理。听完邹忌的朗诵,名士非常惊叹,并认为邹忌不仅精通朗诵艺术,而且对经典学问也有深刻的理解和领悟。从此以后,邹忌的声望和地位得到了极大的提升,成为当时社会上备受推崇的名士之一。

这个故事告诉我们,朗诵不仅是一种表演艺术,更是一种提升自己修养和才华的有效途径。通过朗诵,我们可以更深入地理解和领悟经典学问,并将其运用到日常生活中。同时,朗诵也可以帮助我们提高自己的表达能力和语言技巧,让我们更好地与他人交流和沟通。

在现代社会中,朗诵已经成为一种重要的文化活动。很多人通过参加朗诵比赛、诗歌朗诵会等活动来锻炼自己的朗诵技巧和表达能力。此外,在学校教育中也普遍开设了朗诵课程,帮助学生更好地理解和领悟古代经典文化,并提高自己的语言表达能力。

通过这则故事,我们可以看到朗诵在中国传统文化中的重要地位以及它对于个人修养和才华提升的积极作用。无论是在古代还是现代,朗诵都是一种具有深远意义的文化活动,值得我们继承和发扬。

本章的第一节将介绍朗诵的意义及作用;第二节着重介绍朗诵的基本功;第三节探讨一些朗诵语言的表达技巧;第四节着重介绍进行朗诵艺术创造的一些基本要求。

第一节 为什么要练习朗诵

一、什么是朗诵

(一) 朗诵的定义

朗诵,即大声朗读,就是把文字作品转化为有声语言的创作活动。朗,即声音的响亮有力;诵,即背诵。朗诵,就是用响亮有力的声音,结合各种语言手段来完善地表达作品思想感情的一种语言艺术。朗诵是口语交际的一种重要形式,不仅可以提高阅读能力、增强艺术鉴赏力,而且可以陶冶性情、开阔胸怀、文明言行、增强理解,有效地培养对语言词汇细致入微的体味能力,确立口语表述最佳形式的自我鉴别能力。因此,要想成为口语表述与交际的高手,就不能漠视朗诵。

(二) 朗诵的特征

1. 文学性

朗诵的内容一般都是诗歌、散文、小说等文学作品。一些非文学作品,如社论、书信等,一旦作为朗诵材料,往往也会偏向于表现某个人的某种思想感情,自然带上明显的文学色彩。文学艺术也是语言的艺术。作品中的人物形象、故事情节都是运用语言表现的。有声语言最能显示语言的风采和魅力。文学作品通过朗诵可以再现作品描写的人物形象、环境气氛和生活场景,充分发挥它的艺术魅力和教育作用。

2. 艺术性

朗诵是一种比较精细、高级的有声语言艺术。一是朗诵者必须具备一定的文学修养,要能分析欣赏各种体裁的文学作品,这是朗诵表情达意的前提。二是朗诵者必须具备一定的语言修养,要熟练掌握标准发音和发声技巧,并善于正确地运用语调语气,这是明确表情达意的关键。三是朗诵者必须具备一定的舞台表演艺术的修养,要敢于在大庭广众之中说话,要能正确地发音,有自然的表情,这是朗诵表情达意的重要条件。四是朗诵者必须具备一定的政治思想修养、社会知识修养,这是朗诵表情达意的基础。朗诵艺术就是以上各方面修养的综合体现,缺少哪一方面的修养都不可能成为一名合格的朗诵者。

3. 表演性

朗诵一般都是在舞台上或在大庭广众之中进行的。朗诵者必须具备一定的表演技能,要有优美的语音、端庄的仪态以及丰富的表情。朗诵者还可以适当化妆,可以运用灯光布景,可以进行配乐。所有这些,都是为了增强朗诵艺术的表演效果。只要是朗诵,即使是在小的范围内进行,都会带有表演的性质。朗诵者要向听者显示自己的文学素养和口语艺术才能,听者总要对朗诵者的文学修养、口语才能和表达效果等进行评价,这些都具有表演活动的明显特点。

二、为什么朗诵如此重要

朗诵是一种通过口头表达和表演文本的方式来提高语言技能和艺术表达方式的练习。朗诵是一项非常重要的语言技能,可以帮助朗诵者提高口语表达能力、培养语感、扩大词汇量以及增强自信心。

(一)朗诵的个人价值

1. 培养语感

语感是指人们对语言的感知和理解能力。通过朗诵,朗诵者可以更好地理解语言的节奏、韵律和语调,从而培养出更好的语感。语感对于语言的运用和理解非常重要,通过练习朗诵,朗诵者可以更好地掌握语言的结构和语法规则,使朗诵者的语言运用更加得心应手。

2. 扩大词汇量

朗诵可以帮助朗诵者扩大词汇量,更好地理解和运用词汇。通过朗诵,朗诵者可以接触更多的词汇和表达方式,这些词汇可以在朗诵者的写作和口语中使用。练习朗诵可以帮助朗诵者更好地理解和运用词汇,提高朗诵者的语言能力和阅读理解能力。

3. 提高记忆力

朗诵可以帮助朗诵者提高记忆力。在朗诵过程中,朗诵者需要不断地熟悉和理解文本的内容和表达方式,这有助于提高朗诵者的记忆力和注意力。通过不断地练习和记忆文本中的关键词语和句子,朗诵者可以逐渐提高自己的记忆力和注意力水平。这种提高可以帮助朗诵者在学习和工作中更加高效地处理信息,并更好地完成任务和达成目标。

(二)朗诵的社会价值

1. 传承传统文化

朗诵在传承文化方面发挥着重要的作用。朗诵是传统文化的重要组成部分,可以将经典名著和古代文化传承下去。通过朗诵,人们可以更好地理解和欣赏文学作品,领略到语言的美感和艺术魅力,感受到作品所传达的思想和情感。同时,朗诵也是一种文化交流方式,可以促进不同地区、不同民族之间的文化交流和理解。朗诵可以帮助人们更好地了解和传承传统文化。中国传统文化博大精深,其中包括了许多重要的经典名著和文化遗产。通过朗诵这些经典名著和文化遗产,人们可以更深入地了解传统文化的内涵和精髓,从而更好地传承和发扬中华民族的优秀传统文化。因此,朗诵在传承文化方面具有重要的作用。

2. 提高人文素质

朗诵在提高人文素养方面发挥着重要的作用。朗诵是一种语言艺术形式,可以帮助人们更好地理解和欣赏文学作品,提高人文素养和审美能力。通过朗诵,人们可以领略到语言的美感和艺术魅力,感受到作品所传达的思想和情感,还可以帮助人们提高对文学作品的理解和欣赏能力。朗诵需要准确地发音、流畅地表达和生动地刻画形象,要求人们对文学作品有深入的理解和领悟。通过朗诵,人们可以更好地领略到作品中的情感和意义,提高对文学作品的理解和欣赏能力。此外,朗诵还可以帮助人们提高审美能力。朗诵需要表现出作品中的情感,要求人们具备真挚的情感和高尚的品德。因此,朗诵在提高人文素养方面具有重要的作用。

3. 提高心理健康

朗诵在提高人们心理健康方面发挥着积极的作用。朗诵需要用响亮有力的声音来表达作品的思想和情感,让听众能够清晰地听到每一个字和每一个音节。通过朗诵,人们可以舒缓压力、放松身心、缓解精神压力和情绪不良,还可以帮助人们减轻焦虑和压力。朗诵需要在情感上与作品融为一体,要求人们具备真挚的情感和高尚的品德。因此,朗诵在提高人们心理健康方面具有积极的作用。

(三)朗诵的事业价值

1. 提高口语表达能力

朗诵是一种非常有效的提高口语表达能力的方式。通过朗诵,朗诵者可以学会清晰地发音、掌握语调的变化、培养口语的流畅度和自然度。这些技能对于日常口语交流和演讲都非常有帮助。练习朗诵可以帮助朗诵者更好地掌握语言,使其口语表达能力得到提高。

首先,朗诵可以帮助朗诵者更好地掌握发音技巧。发音是口语表达的基础,只有正确的发音才能使朗诵者的表达更加清晰和准确。通过朗诵,朗诵者可以练习发音的细节,如音调、音长和发音部位。通过不断地练习,朗诵者可以更加准确地掌握各种音素的发音方法,使朗诵者的口语更加清晰明了。

其次,朗诵可以帮助朗诵者掌握语调的变化。语调是语言的音乐性,它能够通过声音的高低、快慢和强弱来表达情感和意义。通过朗诵,朗诵者可以更好地感知和理解语调的变化,培养出更加自然的语调。这不仅使朗诵者的口语更加有节奏感和趣味性,还能更好地传达情感和思想。

最后,朗诵可以帮助朗诵者提高口语的流畅度和自然度。在朗诵过程中,朗诵者需要不断地调整自己的语速、语音和语调,以适应文本的需要。这种练习可以帮助朗诵者培养出更加自然的口语表达方式,使朗诵者的讲话更加流畅和自然。

2. 增强自信心

朗诵是一种提高口语表达能力和语言组织能力的方法,可以帮助人们提高自我认知和自我理解、提高思维能力和创造力以及减少社交焦虑,还可以帮助朗诵者逐渐形成自信的心态,不断增强自信心。

首先,朗诵可以帮助我们更好地了解自己,提高自我认知和自我理解。通过朗诵,人们可以反思自己的语调、语气、表情等方面的表达方式,从而更加清晰地认识自己。这样,人们就可以更好地了解自己的优点和不足,从而更有针对性地进行自我改进。另外,朗诵还可以帮助人们更好地理解和表达自己的情感和情绪。在朗诵的过程中,人们可以通过模拟不同情境和角色,来表达自己的情感和情绪。这样,人们就可以更好地了解自己的内心世界,增强自己的情商和人际交往能力。

其次,朗诵可以帮助人们提高思维能力和创造力。通过朗诵,人们可以更好地理解和分析文学作品、历史事件等内容,从而增强自己的人文素养。同时,朗诵还可以帮助我们更好地理解和分析问题,提高我们的思维能力和创造力。在朗诵的过程中,人们可以通过模拟不同情境和角色,来锻炼自己的想象力和创造力。这样,在日常生活和工作中,人们就可以更加灵活地思考问题,提出更加独特和创新的解决方案。同时,朗诵还可以帮助人们更好地理解人类文化和历史,从而增强其文化修养和审美能力。朗诵者拥有更强的能力,就会以更加平和的心态面对突如其来的问题,表现出更强的自信心。

最后,朗诵可以帮助人们减少社交焦虑,增强自信心。社交焦虑是一种常见的心理问题,很多人在面对陌生人或公众场合时会感到紧张和不安。通过朗诵,人们可以反复练习某些场合下的对话和表达方式,从而让自己更加熟悉和自信。此外,朗诵还可以帮助人们练习面对他人的眼神和注视,从而逐渐适应公众场合的氛围和压力。

3. 培养专注力和耐心

朗诵成功的关键点之一在于保持高度的专注力和耐心。因此,朗诵者需要全神贯注地阅读和理解文本,从而培养出更好的专注力和耐心。

首先,朗诵需要朗诵者专注于文本的内容和表达方式,这有助于提高朗诵者的专注力。在朗诵过程中,朗诵者需要认真阅读文本,理解其中的意义和情感,并注意发音、语调和语速等细节。专注力训练可以帮助朗诵者在学习和工作中更加集中注意力,提高工作效率和准确性。

其次,朗诵需要朗诵者花费大量的时间去练习和熟悉文本,这有助于培养朗诵者的耐心。在朗诵过程中,朗诵者需要不断地反复练习,熟悉文本的内容和表达方式以及掌握各种技巧和情感表达方式。这种练习需要耐心和毅力,只有不断地坚持和努力,才能取得进步和提高。

4. 培养表达能力和交流能力

朗诵可以帮助朗诵者培养表达能力和交流能力。在朗诵过程中,朗诵者需要通过声音、语调和语速等手段来表达文本中的情感和意义。这种表达能力的训练可以帮助朗诵者在学习和工作中更好地表达自己的观点和想法,以及与他人进行更有效的交流和沟通。

总之,练习朗诵对于个人的语言技能、自信心和表达能力都有很大的帮助。通过不断地练习和努力,朗诵者可以提高自己的口语表达能力、培养语感、扩大词汇量以及增强自信心。这些好处对于个人发展和职业生涯都有很大的帮助。因此,朗诵者应该积极地练习朗诵,不断提高自己的语言技能和表达能力。

第二节　朗诵的基本功

朗诵是一种通过声音和语言来传达情感和信息的艺术形式，需要运用基本功来达到良好的表达效果。下面详细介绍朗诵的必要基本功及其方法或技巧。

一、练声

"练声"是每一个学习朗诵者必须要每天持之以恒练习的。练声的方法各不相同，只有进行正确科学的声音练习才可以达到事半功倍的效果。以下是一些练声的入门方法：

第一，绵顺呼吸练习。首先，气泡音和口部操的练习，因为每天起床的时候，声音系统都还在"睡眠"的状态，而通过气泡音和口部操的练习，可以让练习者的声音系统逐一苏醒。其次，呼吸调整，特别是朗诵的初学者，需要重点调整呼吸，找到初步的胸腔共鸣，在呼吸调节的过程中，请每一次都深吸到底，吸气的过程中，感受两肋扩张，膈肌下沉。可以感受到"闻花香"的感觉。这样的呼吸训练可以进行20次，慢慢感受到胸腔共鸣的感觉。

第二，口腔与喉部控制训练。首先，"啊"的延长音的训练，"啊"的延长音训练，是一个必练环节，这个训练有两个方面的意义。一方面，在发声的环节中，需要让练习者找到"啊"的合适的共鸣点，正是所谓的"声挂前腭"，气息通畅，喉部放松，声音明亮。另一方面，这种训练还可以帮助练习者们找到合适的口腔控制，即提、打、挺、松等全套动作是否做到规范，和"啊"有关的音节在汉语普通话中占很大的比例，因此"啊"是否能一步到位正确地练习，决定着练声是否有效合理。其次，"啊"的虚实变化练习，是在用声状态和口腔状态不便的情况下，利用喉部的控制，练习虚实变化。有的练习者只会用实声，有的练习者只会用虚声。因此，练习者要加强该部分的练习。

二、节奏

在进行朗诵时需要在合适的时机进行语气、语速和情感的转换以达到更好的朗诵效果，因此，在朗诵的过程中掌握好节奏就至关重要。增强朗诵节奏掌握的方法和技巧如下：

第一，深入理解文本和韵律规律。在朗诵之前需要仔细研读所要朗诵的文本，并理解其中的韵律规律。文本一般都有明显的韵律，比如平仄、重音、押韵等。有了正确的韵律感知能力和理解力，才能更好地把握朗诵中的表达效果和情感沟通。

第二，注意语速适度。语速是朗诵时十分重要的要素之一。如果讲话过快，会影响对特定词汇的重视和处理；反之，则会使整体节奏变得无聊乏味。可以根据不同的文章类型和内容，选择合适的语速，让朗诵的语速更鲜活、更自然。

第三，处理好语速的自然感。在朗诵中，应该注重快慢度的激发，使节奏充满感染性和情感表现。尤其是在一些重点表述的瞬间，可以适度加速、冲刺，强调下一个目标文本；而在描述或阐述更为深入的部分，则要以自然流畅为基础，并保存很好的空气动力，使用恰当的停顿以转移听众注意力。

第四，加强节奏和语调技巧。节奏是朗诵技巧中非常重要的要素，能够在朗诵中细化文字的情感表达和意义体现。通常会在一些关键部分敲定节拍、给出先决条件、处理后续组成要素等工作中起到推手效果。通过变换音频处理，可以最大限度地展现由节奏产生的音乐性和韵律上的变异性。另外，语调也是十分关键的技能，如何准确发出最适合的语音，包括爬升的音高与降低的沉淀、词汇语气、呼吸的起伏、表达质量等都是构成合理语调的决定因素。

第五，注意情感和表现的意识。在朗诵中，需要熟悉文本带给人们不同的情感和意图，并在朗诵中尝试通过声调优化和语气变化来更好地表达这些情感，可以通过训练自己的想象力、感知能力和实践经验强化对相应文本的理解和记忆度，以包容、宽容和沉着的态度面对文字或思想产生的各种预料外突破。

三、语气

所谓语气，"语"是我们的有声语言，即通过声音表现出来的语句；"气"是朗读时支撑有声语言的气息状态，即具有声音和气息合成形式的语句流露出来的气韵。然而，这些或弱或强的气韵是我们通过声音表达情感的基础。因此，在朗诵中能够熟练地进行不同语气的表达与转换具有重要意义。下面是关于语气训练的一些方法与技巧：

第一，语调训练。语调是指语言中音高的变化，是语气的重要组成部分。语调训练的目的是让朗诵者掌握正确的语调表达方式，使语气更加生动有力，更能够吸引听众。朗诵者可以进行升调、降调和平调的训练，以更好地掌握语调的变换。升调练习是指，练习将声音由低到高抬升的方式，使语气表达更加生动有力。降调练习是指，练习将声音由高到低降落的方式，使语气表达更加沉稳有力。平调练习是指，练习将声音保持平稳的方式，使语气表达更加自然流畅。

第二，情感表达训练。情感表达是指朗诵者在朗诵过程中通过语气、肢体语言等方式来表达情感，使听众能够更好地理解和感受到朗诵的内涵和情感。情感表达训练，可以通过模拟情感、情感转换和情感记忆的方法进行。其中，情感模拟是指通过模拟不同的情感，如喜悦、悲伤、愤怒等练习语气和肢体语言的表达方式。情感转化是指通过将自己的情感转化为朗诵的情感来提高情感表达的能力。情感记忆是指通过记忆和理解朗诵的内容和情感使情感表达更加自然、贴切。

第三，听力训练。听力训练是指通过多听优秀的朗诵作品来提高对语气的敏感度和理解能力，从而更好地掌握语气表达的技巧。听力训练可以通过多听优秀作品、分析优秀作品和自我评估的方式进行训练。其中，多听优秀作品是指通过多听优秀的朗诵作品提高对语气的敏感度和理解能力。分析优秀作品是指通过对优秀作品的分析和理解掌握语气表达的技巧和方法。自我评估是指通过对自己朗诵作品的录音进行评估，进而发现自己存在的问题并加以改进。

四、站姿

对于朗诵者而言，朗诵者的站姿可以反映其个人的整体气质。因此，朗诵者在进行朗诵时应该时刻注意自身的站姿和状态。以下是关于站姿的一些标准要求：

第一，朗诵的标准站姿。在朗诵过程中，需要整个人的身体保持一个笔直状态，精神是处于饱满的情况,能够做到站姿标准,两眼要正视前方,双脚的重心落在两脚之间,从侧面来看整个人的身体都是处于一个庄重挺拔的状态。为了达到这样的标准站姿,朗诵者日常训练站姿时可以采用贴墙练习法,使自己的头、双肩、臀部、双腿和脚后跟紧贴墙壁,挺胸、用力吸气,使小腹和臀部内缩,让后背和腰部也尽量去贴近墙壁,以这样的姿势进行站立,时间从1分钟开始逐渐延长。为了避免练习时的枯燥乏味,还可以在练习过程中放些好听的音乐。

第二,女生的站姿。女生需要呈丁字步站立,整体保持一个挺拔向上的状态,特别强调做到挺胸收腹,嘴角保持微笑,从而呈现出好的精气神和面貌。

第三,男生的站姿。男生需要双脚与肩同宽站立,整体的重心都放在双脚上,男生整体的体态表现都是处于一个挺拔的状态,在发声的时候要能够做到气息从腹部进行发出。

第三节 朗诵语言表达的技巧

朗诵是一种通过声音和语言来传达情感和信息的方式,而语言表达是朗诵中非常重要的一个方面。在进行朗诵时,掌握必要的语言表达技巧,可以事半功倍地表达出朗诵者想要表达的感情。

一、发声技巧

朗读者在发声时需要掌握一些技巧,如果随意开口发声,就会打乱朗诵的整体节奏和听感。因此,需要掌握以下必要的实用朗诵发声技巧:

第一,练习高音发声。朗读的时候练习高音是个很好的方式,可以通过模仿发出"u"的声音来进行练习,还可以进行真假声音的转换。需要注意的是,在练习时要关注自己声带的接受程度。

第二,活动面部肌肉。进行朗诵之前先活动一下面部区域的肌肉,其实这相当于一种热身的动作,可以帮助朗诵者更好地控制自己的发声。在进行面部肌肉活动时,可以让自己的面部肌肉从斜侧来进行拉动,感受自己的头皮以及耳朵的拉扯感。

第三,练习共鸣发声。在朗读时,可以使用口腔共鸣、头腔共鸣、胸腔共鸣发声的方式进行练习,进而可以感受到身体振动的不同效果。比如,头腔共鸣的目的就是让声音变得清亮和高昂,而胸腔共鸣就是让声音变得浑厚和有气势。

第四,进行腹部发力。所谓腹部发力,就是进行小腹吸气,即储气,这可以帮助人们更好地发声。腹部发力可以通过发出"嘿哈"的声音来进行练习。

第五,进行唇舌练习。唇部和舌部的单独练习可以帮助朗诵者更好地进行声音控制,进而实现更好的朗诵效果。唇部与舌部练习可以通过绕口令的方式进行训练。唇部可以练习"八百标兵奔北坡,炮兵并排北边跑,炮兵怕把标兵碰,标兵怕把炮兵炮"的绕口令;舌部可以练习"牛郎年年恋刘娘,刘娘连连恋牛郎。牛郎恋刘娘,刘娘念牛郎,郎念娘来,娘恋郎"的绕口令。

二、停顿技巧

在朗诵时,不仅要注意发声,还要学会适时地停顿,掌握好停顿技巧可以实现更加良好的朗诵效果。需要注意的是,停顿的前提是正确把握朗诵文本的表达意义,朗诵的停顿不能改变文本的原意。以下是一些常见的停顿技巧:

第一,标点停顿。标点停顿,顾名思义,就是根据标点符号进行停顿。书面语中的标点符号有着不可忽视的作用,朗诵的停顿必须服从于标点符号。一般而言,句号、问号与感叹号的停顿比分号的停顿略长;分号的停顿又要比逗号的停顿要长;而冒号的停顿具有较强灵活性,其停顿有时相当于句号,有时又相当于分号,而有时又和逗号一致,具体情况需要结合具体语义来推断。

正像达尔文发现有机界发展规律一样,马克思发现了人类历史发展规律,即历来为纷繁芜杂的意识形态所掩盖的一个简单事实:///人们首先必须吃、喝、住、穿,/然后才能从事政治、科学、艺术、宗教等;//所以,直接的物质生活资料的生产,从而一个民族或一个时代的一定的经济阶段,便构成了基础,人们的国家制度,法的观点、艺术以至宗教观念,/就是从这个基础上发展起来的,因而也必须由这个基础来解释,而不是像过去那样做得相反。

这段文字中有标点的地方,朗诵时必须加以停顿,并且需要根据不同的标点符号进行不同长短的停顿。

第二,语义停顿。朗诵文本时,在语义表达的适当位置稍作停顿,给予听众一段时间来消化听到的内容,以便于听众更好地理解朗诵的内容与朗诵者想要表达的思想感情。因此,在进行逗留停顿练习时,应当先选择一段适合练习的文本,然后准确地理解朗诵文本的表达思想,确定好朗诵者的表达情感,最后仔细分析句子的结构和意义,找出适合停顿的位置。例如:

被你从你的公馆门口/一脚踢开的/那个讨钱的老太婆//现在怎么样了?

在朗诵这句话时,朗诵者应该在"老太婆"处进行停顿,才能将语意比较明晰地传达给听众。如果一口气念下去,中间不作停顿,则必然混沌一片,模糊不清。

桌子放在堂屋中央,系长桌帏,她还记得照旧去分配酒杯和筷子。"祥林嫂,你放着吧,我来摆。"四婶慌忙地说。她讪讪地缩了手,又去取烛台。"祥林嫂,你放着吧,我来拿。"四婶又慌忙地说。

但是,根据语义,有时存在标点符号的地方也不需要进行停顿。以上句中画线的地方可以不停顿,一气读出,这样处理可以突出朗诵文本中人物四婶的紧张心理,反映出对吃人封建礼教的深刻揭露和鞭挞。

三、语调技巧

语调,即说话的腔调,是指一句话里快慢轻重的配置与变化。语调在朗诵中发挥着重要的作用,一句话的词汇意义加上语调意义才是说话者表达的完全意义。同样的文本,朗诵者使用不同的语调会表达出天差地别的意义。常见的语调有以下四种:

第一,升调。升调的调子平而升高,用于表达反问、疑问、惊讶、兴奋和号召等语气。

第二,降调。降调的调子先平而后降,用于表达肯定、感叹、请求、沉重、惭愧等语气。

第三,平调。平调的调子无明显的高低变化,用于表达严肃、平静、庄重、冷漠、思索等语气。

第四,曲调。曲调的调子先升高而后降低,曲折变化,用于表达含蓄,夸张、反语、讽刺、怀疑、意外和惊奇等语气。

常见的语调技巧包括:

第一,语调的升降。在重要的词汇或短语后面使用升调,可以使语气显得更加生动有力,同时也可以引起听众的注意。在语句末尾使用降调,可以使语气显得更加沉稳有力,同时也可以使语言更加自然流畅。

第二,抑扬顿挫。通过使用抑扬顿挫的方式,即在语言中使用不同的音高、音量和节奏,使语气更加丰富多彩,从而吸引听众的注意。

第三,模拟情感。通过模拟不同的情感,如喜悦、悲伤、愤怒等,调整语调和节奏,以表达情感,使听众更能够理解和感受到朗诵的内涵和情感。

四、音色技巧

朗诵中的音色是指朗诵者发出的声音所具有的音质和音调特征。每个人的声音都有其独特的音色,在朗诵中,通过运用不同的音色技巧,可以使声音更加生动有趣,增强朗诵的表现力。例如,通过调整音高、控制喉咙、运用气息、注意发音、运用共鸣等技巧,可以使声音或高昂、明亮,或低沉、沙哑,以适应文本中的情感和意境。同时,在朗诵中还需要注意语调的变化、咬字的使用、速度的掌控等因素,使音色抑扬顿挫,增强朗诵的表现力。因此,朗诵中的音色是朗诵者发声的重要方面,需要通过不断地练习和运用技巧来不断提高。以下是一些音色的技巧:

第一,调整音高。通过调整音高,使声音或高昂、明亮,或低沉、沙哑,以适应文本中的情感和意境。朗诵者在训练的过程中可以从低音开始,逐渐提高音高,直到达到自己的极限。每次练习时可以稍微提高一点音高,逐步提高对音高的掌控能力。

第二,控制喉咙。通过控制喉咙的紧张程度和松弛程度,使声音更加柔和或有力,以适应不同的朗诵场合。朗诵者可以着重训练喉部肌肉,通过喉部肌肉的训练来增强对喉咙的控制能力,可以通过吹口琴、吹笛子等乐器等方式进行喉部肌肉的训练。

第三,运用气息。通过运用气息的长短和强弱,使声音更加自然流畅或有节奏感,以增强朗诵的表现力。朗诵者可以通过加强肺活量来更好地运用气息,如通过进行有氧运动和深呼吸训练。

第四,运用共鸣。通过运用共鸣来增强声音的穿透力和表现力,使朗诵更加生动有趣。朗诵者可以先开始加强口腔和鼻腔的共鸣,通过一些特殊的练习方法,如通过"咕噜咕噜"的发音练习加强口腔和鼻腔的共鸣效果。

五、态势语言技巧

除了声音和语言的表现外,朗诵者还需要注重态势语言的表现,包括面部表情、肢体动作和眼神交流等。通过合理的态势语言表现,朗诵者可以更好地传递文本的情感和思想,增强表达的感染力和艺术性。以下是一些态势语言表达的技巧:

第一，良好的姿势。朗诵者首先应该有一个良好的姿态，不同的姿态会体现出不同的精神面貌。拥有良好姿态的朗诵者，在舞台上一站，就能立刻引起受众的关注和喜爱。因此，朗诵者平时应该多进行站立训练，提升自身的姿势形象。

第二，正确的手势。朗诵者在进行朗诵时姿态不是一成不变的，当朗诵者的情绪受到朗诵文本内容的变化而受到感染时，朗诵的动作姿态应该随之发生变化，而最容易变化也是最容易感染听众的姿态变化就是手势变化，不同的手势变化会引发受众不同的感受。朗诵者在练习时可以选择对着镜子进行练习，不断揣摩手势变化以实现更好的表达效果。

第三，恰当的眼神。人们常说"眼睛是心灵的窗户"，因为人们交流时首先关注眼睛。同样，听众的视线焦点也一般集中于朗诵者的眼睛上，听众会从朗诵者的眼神中了解朗诵者的神态与情绪。因此，朗诵者要时刻注意自身的眼神变化，在朗诵的过程中要注意同听众的眼神交流。

第四，合适的表情。如果说眼睛是心灵的窗户，那么表情就是心灵的大门。听众更为便利地了解朗诵者的神情与情绪的方式就是观察朗诵者的表情。因此，在进行朗诵时，朗诵者应该根据不同的文本内容，进行恰当的表情变化。朗诵者可以在进行朗诵练习时录制视频，练习结束后对照朗诵的文本内容，选择恰当的表情来展示文本的感情色彩。

第四节 朗诵艺术创作的基本要求

朗诵艺术是一种通过声音和语言表达情感和思想的艺术形式，要求朗诵者在对文本的理解和感悟上进行创造性的表达。那么，如何进行朗诵艺术的创作呢？

一、深入理解文本

朗诵艺术的核心是对文本的理解和表达。在进行朗诵创作之前，朗诵者需要深入理解文本的背景、主题、情感和思想，从而在表达时能够准确地传达文本的内涵和意义。朗诵者需要通过阅读、思考和研究，对文本进行深入分析和理解，从而为创造性的表达打下基础。深入理解文本是朗诵艺术创造的基本要求之一，对于朗诵的表达效果和情感传递具有非常重要的意义。

深入理解文本可以帮助朗诵者建立正确的理解框架，从而更好地把握文本的情感和思想。在朗诵过程中，朗诵者需要在对文本的内涵和意义有深刻理解的基础上进行创造性表达。如果朗诵者对文本的理解存在偏差或不足，就无法准确地传达文本的情感和思想，甚至可能导致表达效果不佳。

深入理解文本可以帮助朗诵者增强情感传递的效果。在朗诵过程中，情感传递是朗诵者的核心任务之一。如果朗诵者对文本中的情感元素理解不足或不准确，就难以通过声音和语言将情感传递给听众。通过对文本的深入理解，朗诵者可以更加准确地把握情感元素，并通过适当的语调和语气进行表达，从而增强情感传递的效果。

深入理解文本可以帮助朗诵者提高表达的连贯性。在朗诵过程中，朗诵者需要在对文本的理解和感悟上进行创造性的表达,而这种表达需要具备较高的连贯性和逻辑性。通过对文本的深入理解,朗诵者可以更好地把握文本的逻辑关系和情感线索,从而在表达时更加连贯和自然。

深入理解文本可以帮助朗诵者增加表现力。在朗诵过程中,表现力是朗诵者的关键能力之一。通过对文本的深入理解,朗诵者可以更好地挖掘文本中的情感和思想,并通过创造性的表达将其呈现出来,从而增加表现力,使听众更加真实地感受到文本的情感和思想。

深入理解文本可以帮助朗诵者提高自我修养。在朗诵过程中,朗诵者需要在对文本的理解和感悟上进行创造性的表达,而这种表达需要具备较高的文化素养和语言表达能力。通过对文本的深入理解,朗诵者可以不断扩展自己的知识面和文化视野,提高自己的文化修养和语言表达能力。

综上所述,深入理解文本对于朗诵艺术创造至关重要,不仅可以帮助朗诵者建立正确的理解框架,增强情感传递效果,提高表达连贯性和表现力,还可以帮助朗诵者扩展知识面,拓宽文化视野,提高自我修养。因此,在朗诵艺术创作过程中,朗诵者应该充分重视对文本的深入理解和研究,不断提高自己的文本解读能力和表达能力,从而创造出更加优秀的朗诵作品。

二、掌握语言表达技巧

朗诵艺术需要朗诵者掌握一定的语言表达技巧,包括语音、语调、语速、语气和情感的把握等。朗诵者需要通过训练和实践,掌握这些技巧,从而在表达时能够更好地传递文本的情感和思想。同时,朗诵者还需要根据不同的文本和情境,恰当地运用语言表达技巧,创造出个性化的表达方式。掌握语言表达技巧对于朗诵艺术创造非常重要,因为它是实现准确、生动、有感染力的表达的基础。

掌握语言表达技巧可以帮助朗诵者提高表达的准确性。在朗诵过程中,准确性是表达的核心要求之一。如果朗诵者没有掌握语言的表达技巧,就难以准确地传达文本的情感和思想,甚至可能会出现误解或歧义。通过掌握语言表达技巧,如语音、语调、语速、语气等,朗诵者可以更好地控制表达的过程和效果,提高表达的准确性。

掌握语言表达技巧可以帮助朗诵者增强表现力。在朗诵过程中,表现力是朗诵者的关键能力之一。如果朗诵者掌握了语言的表达技巧,就能够通过声音和语言将文本的情感和思想生动地呈现出来,增强表现力。例如,通过运用适当的语调和语气,朗诵者可以表现出不同的情感色彩,使听众更加真实地感受到文本的情感和思想。

掌握语言表达技巧可以帮助朗诵者更好地传递情感和思想,使听众更容易理解和感受文本的内涵和意义。

掌握语言表达技巧可以帮助朗诵者增加个人特色。在朗诵过程中,个人特色是朗诵者的核心竞争力之一。如果朗诵者掌握了语言表达技巧,就能够根据自己的个性和特点创造出个性化的表达方式,使自己的朗诵作品更具特色和魅力。

掌握语言表达技巧可以帮助朗诵者提高自我表达能力。在朗诵过程中,朗诵者需要具备一定的自我表达能力,包括声音的掌控、语言的运用等。通过掌握语言表达技巧,朗诵者可以更好地掌控自己的声音和语言,提高自我表达能力,从而更好地完成朗诵作品。

综上所述,掌握语言表达技巧对于朗诵艺术创作至关重要。它可以帮助朗诵者提高表达的准确性、增强表现力、提高听众的理解和感受、增加个人特色以及提高自我表达能力。因此,在朗诵艺术创作过程中,朗诵者应该充分重视对语言表达技巧的掌握和应用,不断提高自己的语言表达能力,从而创造出更加优秀的朗诵作品。

三、发挥想象力和创造力

朗诵艺术需要朗诵者发挥想象力和创造力,通过对文本的二次创作,将文字转化为具有艺术性的有声语言。朗诵者需要根据文本的内容和情感,发挥自己的想象力和创造力,通过形象化的表达方式,将文本中的情节、人物和情感生动地呈现出来,使听众能够更好地理解和感受文本的内涵和思想。发挥想象力和创造力是朗诵艺术创造的基本要求之一,对于朗诵的表达效果和情感传递具有非常重要的意义。

发挥想象力和创造力可以帮助朗诵者丰富表达方式,使朗诵作品更加生动、有趣。在朗诵过程中,表达方式是朗诵者的关键能力之一。如果朗诵者没有发挥想象力和创造力,就难以创造出多样化的表达方式,使朗诵作品显得单调、乏味。而通过发挥想象力和创造力,朗诵者可以挖掘文本中的潜在元素,将其转化为具有个性化的表达方式,使朗诵作品更加丰富多彩。

发挥想象力和创造力可以帮助朗诵者增强情感传递的效果。在朗诵过程中,情感传递是朗诵者的核心任务之一。如果朗诵者能够通过发挥想象力和创造力,将文本中的情感元素生动地呈现出来,就能够增强情感传递的效果,使听众更加真实地感受到文本的情感和思想。

发挥想象力和创造力可以帮助朗诵者提高表达的生动性。在朗诵过程中,生动性是表达的核心要求之一。如果朗诵者能够通过发挥想象力和创造力,将文本中的情节、人物、场景等元素生动地呈现出来,就能够提高表达的生动性,使听众更加深入地理解和感受文本的内涵和意义。

发挥想象力和创造力可以帮助朗诵者提高创新能力。在朗诵过程中,创新能力是朗诵者的关键能力之一。通过发挥想象力和创造力,朗诵者可以不断探索新的表达方式和技巧,从而提高创新能力,使自己的朗诵作品更加具有创新性和独特性。

综上所述,发挥想象力和创造力对于朗诵艺术创造至关重要。它可以帮助朗诵者丰富表达方式、增强情感传递效果、提高表达的生动性、增加个人特色以及提高创新能力。因此,在朗诵艺术创作过程中,朗诵者应该充分重视发挥想象力和创造力,不断挖掘文本中的潜在元素,创造出更加生动、有趣、个性化的朗诵作品。

四、注重情感表达

情感是朗诵艺术的灵魂,是连接朗诵者和听众之间的桥梁。在朗诵过程中,朗诵者需要注重情感的表达,通过声音和语言传递出文本的情感和思想。朗诵者需要深入挖掘文本中的情感元素,通过适当的语调和语气表现出不同的情感色彩。同时,朗诵者还需要注重自我感受和体验,将个人情感融入作品中,使听众能够更加真实地感受到文本的情感和思想。

注重情感表达是朗诵艺术创造的基本要求之一,对于朗诵的表达效果和情感传递具有非常重要的意义。

注重情感表达可以帮助朗诵者提高表达的感染力。在朗诵过程中,感染力是表达的核心要求之一。如果朗诵者能够注重情感表达,通过声音和语言将情感传递给听众,就能够提高表达的感染力,使听众更加深刻地理解和感受文本的内涵和意义。

注重情感表达可以帮助朗诵者增强听众的共鸣。在朗诵过程中,听众的共鸣是朗诵者的关键目标之一。如果朗诵者能够注重情感表达,与听众建立情感共鸣,就能够增强听众的共鸣,使听众更加愿意接受和理解文本的情感和思想。

注重情感表达可以帮助朗诵者提高自我感受能力。在朗诵过程中,自我感受能力是朗诵者的关键能力之一。通过注重情感表达,朗诵者可以更加深入地感受文本的情感和思想,从而提高自我感受能力,更好地完成朗诵作品。

综上所述,注重情感表达对于朗诵艺术创造至关重要。它可以帮助朗诵者增强情感传递效果、提高表达感染力、增强听众共鸣、提高自我感受能力。因此,在朗诵艺术创作过程中,朗诵者应该充分重视情感表达,不断挖掘文本中的情感元素,通过声音和语言将情感传递给听众,创造出更加生动、感人、具有感染力的朗诵作品。

五、保持真实性和自然性

朗诵艺术的表达需要保持真实性和自然性,这是让听众更好地理解和感受文本的关键。在朗诵过程中,朗诵者需要避免过度夸张或过分表演化的表达方式,而是要尽可能地保持真实和自然的态度,让听众感受到一种亲切和真实的情感交流。同时,朗诵者还需要注重语言的准确性和流畅性,避免重复、错误用词或结巴等问题,使语言表达更加清晰、连贯和自然。

保持真实性和自然性也是朗诵艺术创造的基本要求之一,对于朗诵的表达效果和情感传递具有非常重要的意义。

保持真实性和自然性可以帮助朗诵者建立与听众的情感连接。在朗诵过程中,情感连接是朗诵者的关键目标之一。如果朗诵者能够保持真实和自然的态度,通过声音和语言传递出文本的情感和思想,就能够建立起与听众之间的情感连接,使听众更加愿意接受和理解朗诵者的表达。

保持真实性和自然性可以帮助朗诵者增强听众的认同感。在朗诵过程中,听众的认同感是朗诵者的关键目标之一。如果朗诵者能够保持真实和自然的表达方式,使听众感受到一种真实的情感交流,就能够增强听众对朗诵者的认同感,使听众更加深入地理解和感受朗诵作品的意义和价值。

保持真实性和自然性可以帮助朗诵者提高表达的真实性。在朗诵过程中,真实性是表达的核心要求之一。如果朗诵者能够保持真实和自然的表达方式,避免过度夸张或过分表演化的表达方式,就能够提高表达的真实性,使听众更加深入地理解和接受朗诵者的表达。

保持真实性和自然性可以帮助朗诵者保持作品的原创性。在朗诵过程中,原创性是作品的核心要求之一。如果朗诵者能够保持真实和自然的表达方式,根据自身对文本的理解和感悟进行个性化的表达,就能够保持作品的原创性,使朗诵作品具有独特的艺术魅力和价值。

综上所述,保持真实性和自然性对于朗诵艺术创造至关重要。它可以帮助朗诵者建立与听众的情感连接、增强听众的认同感、提高表达的真实性、保持作品的原创性。因此,在朗诵艺术创作过程中,朗诵者应该充分重视保持真实性和自然性的要求,通过真实的情感交流和自然的表达方式,创造出更加生动、感人、具有感染力的朗诵作品。

六、尊重文本原意

在进行朗诵创作时,朗诵者需要尊重文本原意,准确地传达文本的情感和思想。在表达过程中,朗诵者需要遵循文本的逻辑和情感线索,不过分地进行个人发挥或主观解读。同时,朗诵者还需要对文本中的重点词汇和句子进行突出强调,以更好地传递文本的情感和思想。尊重文本原意同样也是朗诵艺术创造的基本要求之一,对于朗诵的表达效果和情感传递具有非常重要的意义。

尊重文本原意可以帮助朗诵者传达准确的情感和思想。在朗诵过程中,朗诵者应该准确传达文本中的情感和思想,使听众能够正确理解和接受。如果朗诵者对文本进行了随意篡改或曲解,就会导致传达的情感和思想与文本原意不符,可能会引起误解或歧义。

尊重文本原意可以帮助朗诵者保持作品的完整性。在朗诵过程中,朗诵者应该保持作品的完整性,避免对文本进行过度删减或添加。如果朗诵者对文本进行了过度的删减或添加,就会导致作品的不连贯和缺失,可能会影响听众对作品的理解和感受。

尊重文本原意可以帮助朗诵者尊重作者的艺术创作。在朗诵过程中,朗诵者应该尊重作者的艺术创作,避免对文本进行过度解读或主观曲解。如果朗诵者对文本进行了过度解读或主观曲解,就会导致作品的艺术价值受损,可能会影响听众对作品的欣赏和评价。

尊重文本原意可以帮助朗诵者提高朗诵的艺术水平。在朗诵过程中,朗诵者应该根据文本的内容和特点进行创造性表达,但这种创造性表达应该建立在尊重文本原意的基础上。如果朗诵者能够准确把握文本的情感和思想,并通过个性化的表达方式将其生动地呈现出来,就能够提高自己的朗诵艺术水平,使听众更加愿意接受和理解自己的表达。

综上所述,尊重文本原意对于朗诵艺术创造至关重要。它可以帮助朗诵者传达准确的情感和思想、保持作品的完整性、尊重作者的艺术创作以及提高自己的朗诵艺术水平。因此,在朗诵艺术创作过程中,朗诵者应该充分尊重文本原意,准确理解文本的情感和思想,并在表达上进行创造性的发挥,从而创造出更加生动、感人、具有感染力的朗诵作品。

七、注重态势语言的表现

注重态势语言的表现是朗诵艺术创造的基本要求之一,对于朗诵的表达效果和情感传递具有非常重要的意义。

注重态势语言的表现可以帮助朗诵者增强表达的生动性。在朗诵过程中,态势语言是一种辅助性的表达方式,可以帮助朗诵者更加生动地呈现文本中的情节、人物和情感。通过运用适当的态势语言,如肢体动作、面部表情、眼神交流等,朗诵者可以让听众更加真实地感受文本的情感和思想。

注重态势语言的表现可以帮助朗诵者提高听众的关注度。在朗诵过程中,听众的关注度是朗诵者的关键目标之一。如果朗诵者能够运用适当的态势语言,如微笑、怒视、手势等,吸引听众的注意力,就能够提高听众的关注度,使听众更加愿意接受和理解朗诵者的表达。

注重态势语言的表现可以帮助朗诵者丰富表达的多样性。在朗诵过程中,表达的多样性是朗诵者的关键要求之一。如果朗诵者能够运用适当的态势语言,如肢体动作、面部表情、眼神交流等,创造出多样化的表达方式,就能够丰富表达的多样性,使朗诵作品更加生动、有趣、具有感染力。

综上所述,注重态势语言的表现对于朗诵艺术创造至关重要。它可以帮助朗诵者增强表达的生动性、提高听众的关注度、丰富表达的多样性以及增强情感传递的效果。因此,在朗诵艺术创作过程中,朗诵者应该充分重视态势语言的表现,根据文本的内容和特点,运用适当的态势语言辅助表达,从而创造出更加生动、感人、具有感染力的朗诵作品。

总之,朗诵艺术创作的基本要求包括深入理解文本、掌握语言表达技巧、发挥想象力和创造力、注重情感表达、保持真实性和自然性、尊重文本原意以及注重态势语言的表现。这些要求是相互联系、相辅相成的,只有全面地满足这些要求,才能创造出优秀的朗诵作品。

【案例赏析与思考】

《七子之歌》是近代爱国主义诗人闻一多于1925年3月在美国留学期间创作的组诗作品。诗人在这一组诗作品里用拟人化的手法,把中国的澳门、香港、台湾、威海卫、广州湾、九龙岛、旅顺和大连等七个被割让、租借的地方比作祖国母亲被夺走的孩子,让他们来倾诉"失养于祖国、受虐于异类"的悲哀之情,"以抒其孤苦亡告,眷怀祖国之哀忱",从而让民众从漠然中警醒,振兴中华,收复失地。全诗整体构架均齐、各节匀称、富于建筑美、韵律回旋起伏、一唱三叹、饶有深致。请赏析该案例,并思考本章节习题。

七子之歌

闻一多

邶有七子之母不安其室。七子自怨自艾,冀以回其母心。诗人作《凯风》以愍之。吾国自《尼布楚条约》迄旅大之租让,先后丧失之土地,失养于祖国,受虐于异类,臆其悲哀之情,盖有甚于《凯风》之七子,因择其中与中华关系最亲切者七地,为作歌各一章,以抒其孤苦亡告,眷怀祖国之哀忱,亦以励国人之奋斗云尔。国疆崩丧,积日既久,国人视之漠然。不见夫法兰西之 Alsace-Lorraine 耶?"精诚所至,金石能开。"诚如斯,中华"七子"之归来其在旦夕乎!

澳门

你可知"妈港"不是我的真名姓?
我离开你的襁褓太久了,母亲!

但是他们掳去的是我的肉体,
你依然保管我内心的灵魂。
那三百年来梦寐不忘的生母啊!
请叫儿的乳名,
叫我一声"澳门"!
母亲! 我要回来,母亲!

香港

我好比凤阙阶前守夜的黄豹,
母亲呀,我身份虽微,地位险要。
如今狞恶的海狮扑在我身上,
啖着我的骨肉,咽着我的脂膏;
母亲呀,我哭泣号啕,呼你不应。
母亲呀,快让我躲入你的怀抱!
母亲! 我要回来,母亲!

台湾

我们是东海捧出的珍珠一串,
琉球是我的群弟,我就是台湾。
我胸中还氤氲着郑氏的英魂,
精忠的赤血点染了我的家传。
母亲,酷炎的夏日要晒死我了,
赐我个号令,我还能背水一战。
母亲! 我要回来,母亲!

威海卫

再让我看守着中华最古老的海,
这边岸上原有圣人的丘陵在。
母亲,莫忘了我是防海的健将,
我有一座刘公岛作我的盾牌。
快救我回来呀,时期已经到了。
我背后葬的尽是圣人的遗骸!
母亲! 我要回来,母亲!

广州湾

东海和硇州是我的一双管钥,
我是神州后门上的一把铁锁。
你为什么把我借给一个盗贼?
母亲呀,你千万不该抛弃了我!
母亲,让我快回到你的膝前来,
我要紧紧地拥抱着你的脚踝。

母亲！我要回来,母亲！

九龙岛

我的胞兄香港在诉他的苦痛,
母亲呀,可记得你的幼女九龙?
自从我下嫁给那镇海的魔王,
我何曾有一天不在泪涛汹涌!
母亲,我天天数着归宁的吉日,
我只怕希望要变作一场空梦。
母亲！我要回来,母亲！

旅顺,大连

我们是旅顺,大连,孪生的兄弟。
我们的命运应该如何地比拟?
两个强邻将我来回地蹴蹋,
我们是暴徒脚下的两团烂泥。
母亲,归期到了,快领我们回来。
你不知道儿们如何的想念你!
母亲！我们要回来,母亲！

请结合本章内容,思考以下问题:

1. 请用本章学到的知识,分析这篇诗歌体现了作者闻一多先生怎样的情感。

2. 请用本章学到的知识,分析如果自己是朗诵者会采用什么样的技巧来展示这首诗歌的情感。

3. 在观看该诗歌的朗诵视频后,你认为朗诵者很好地表达了这篇诗歌的语义与感情了吗?为什么?

【本章实训】

1. 请寻找一些适合进行朗诵的优秀材料,如中国古代诗词和现代诗等,阅读这些文本材料,结合本章关于朗诵的技巧内容,分析如何可以将文章的感情进行良好的表达。

2. 请寻找一段优秀的朗诵视频,进行模仿跟练,锻炼自己的朗诵能力。

3. 请录制一段自己的朗诵视频,并请老师和练习者观看,请老师和练习者指出自己的不足。

本章小结

本章从为什么要练习朗诵入手,对朗诵的定义进行界定。简言之,朗诵就是把文字作品转化为有声语言的创作活动。朗诵具有培养语感、扩大词汇量和提高记忆力等个人价值,传承传统文化、提高人文素质和提高心理健康等社会价值,以及提高口语表达能力、增强自信心、培养专注力和耐心等事业价值。

朗诵的基本功有哪些?本章从练声、节奏、语气、站姿等四个方面介绍了朗诵的基本功。

朗诵语言表达的技巧有哪些?本章介绍了发声技巧、停顿技巧、语调技巧、音色技巧、态势语言技巧等五种朗诵语言表达的技巧。

朗诵艺术创造的基本要求有哪些?本章从深入理解文本、掌握语言表达技巧、发挥想象力和创造力、注重情感表达、保持真实性和自然性、尊重文本原意、注重态势语言的表现等七个方面介绍了朗诵艺术创作的基本要求。

本章通过中华民间传说故事、近代爱国诗人事迹及诗歌等,传递优秀传统文化和爱国主义精神,在提高学生朗诵水平的同时,可以帮助学生培养爱国主义精神和民族自豪感,树立起正确的价值观念。通过本章的学习可以让学生充分感受到朗诵的魅力。

第三章　演讲的力量

【学习目标】

① 认识演讲的力量,理解练习演讲的重要性和必要性。
② 学习如何培养自信心去克服公众演讲的紧张情绪。
③ 理解演讲中的道德要求和责任。
④ 了解演讲的听众心理,掌握引起听众兴趣和使听众保持关注的技巧。

【引导案例】

演讲又称讲演、演说。"演讲"这一概念最早见于《荷马史诗》。相传双目失明的行吟诗人荷马,常年云游各地,演讲关于特洛伊战争的英雄事迹。在我国,"演说"一词较早出现在《北史·熊安生传》中,曰:"公正于是具问所疑,安生皆为一一演说,咸究其根本。"那么,演讲的魅力是什么呢?我们为什么要练习演讲?

下面请欣赏 2022 年 8 月 20 日晚,第 12 届北京国际电影节闭幕式上,靳东的演讲——《致敬光影·电影中再相逢》,一起感受一下演讲的力量。

电影和人生哪个更大?如果让我们去追问蓝天野老师,他一定会说:"年轻人,这还算是问题吗?"是啊,戏比天大,是他们这代人的座右铭。他 18 岁入党,即投身"北平进步戏剧运动",从此一生不舍戏剧。他曾经说:"只要党需要我,只要观众需要我,我就要发好光和热。"84 岁的他,受伤不下舞台;93 岁的他,连演 11 场大戏。他重生了那个仙风道骨的姜子牙,他演活了《渴望》里慈眉善目的老爷爷。荧屏让他忘却岁月,舞台让他永葆激情,走下舞台意犹未尽的蓝先生深夜写下一行字:戏长久,不言别。被周总理称为"中国最美丽女性"的百岁银幕女神秦怡老师,用自己的一生见证和书写着电影史诗,她是那么优雅明秀,她是那么温润铿锵;她不仅是过去年代的绚烂史诗,更是当今时代女性的英姿光影。光影下,新生力量当不辱使命;光影下,年轻女性要善于担当,让你们的美跨越时间的长河,让岁月成为无尽的欢歌。是谁用诗意镜头,记录着地球四季的呼吸与脉动?是谁用敬畏之情,抒写着时间之旅的浩瀚与美丽?是雅克·贝汉先生,我们亲切地称他为"多多"。从6岁参演电影到享誉世界,从威尼斯著名演员到纪录片导演,我们多么希望《放牛班的春天》可以在雁栖湖重新绽放,让《天堂电影院》重映,演绎不老的童年。多多先生,我们仍记得5年前您的期许:想拍一部电影,讲述一个少年身骑大鸟飞遍美丽中国的故事。斯人已逝,幽思长存。戏比天大的训告,是我们对老艺术家们的尊崇和告慰;不忘初心的信念,是我们这一代人追求艺术的来时路、向之行。让我们笃行致远,永葆初心。我们总会唱响电影的片尾曲,但相信电影人的精彩永不落幕!

《致敬光影·电影中再相逢》演讲视频
演讲人:靳东
资源来源:哔哩哔哩视频平台
发布人:B站用户"现名上岸了但要继续拿 offer"

靳东的演讲通过引用老艺术家们的故事和表达对电影和戏剧的热爱,传达了对艺术的尊崇和追求,鼓励人们坚守初心、追求艺术的力量和意义。他沁人肺腑的演讲引得台下很多演员不停地擦拭眼角,流下了感动的泪水。这便是演讲的力量,他的这番演讲缘何动人,又有哪些演讲技巧呢?

本章第一节将介绍为什么要练习演讲,练习演讲的重要性是什么;第二节将从理解演讲的自信心、如何建立演讲的自信心和克服公共演讲的恐惧三个方面来展开介绍;第三节是对演讲的道德观的介绍;第四节为大家分析演讲的听众心理,以便了解演讲的听众心理特点,提高演讲的影响力。

第一节　为什么要练习演讲

本节将探讨为什么演讲是一个重要的技能,以及我们为什么应该积极练习它。通过了解演讲的重要性和影响力,我们将了解练习演讲的理由。

一、认识演讲

(一)演讲的概念

演讲作为一种以语言为工具进行宣传教育的社会活动形式,有着渊远的发展历史,古今中外,凡是在历史发展的重要关头,每当社会激烈变革之时,演讲的特殊功能就表现得更加突出。演讲作为一种艺术,与我们所熟知的朗诵、谈话、报告、讲课等又是不同的。

1. 演讲与其他社会语言活动

(1)演讲

演讲是一种公众演讲形式,通常在正式场合或特定活动中进行。演讲者有明确的目标和主题,通过语言和口才技巧向听众传达信息、观点或故事。演讲的重点是在一定时间内对特定主题进行全面阐述,并与听众建立联系,影响他们的思想、情感或行为。

(2)朗诵

朗诵是指将文学作品、诗歌、戏剧等文字内容以特定的语调、韵律和表达方式口头演绎出来。朗诵通常强调对文学作品的艺术表达和情感传递,重点在于准确、生动地传达作品的意境和情感。与演讲不同,朗诵更注重对文字本身的演绎和感染力的展示,而不是向听众传递特定信息或观点。

(3)谈话

谈话是指人与人之间进行的口头交流和互动。谈话通常是一种非正式的对话形式,它可以在各种场合发生,如朋友之间的交谈、会议中的小组讨论等。谈话的目的是共享信息、交流思想、建立联系和促进理解。相对于演讲和报告,谈话互动性更强,参与者可以相互提问、回应和交换意见。

(4)报告

报告是一种向特定受众传达信息或研究结果的形式化演讲。报告通常在学术、科学、商业等领域中进行,目的是向听众提供详细的数据、分析和结论。报告往往是基于研究或调查的结果,并且具有较高的专业性和形式化要求。与演讲不同,报告更注重对事实、数据和结果的准确呈现以及对听众的信息需求的满足。

(5)讲课

讲课是一种教学活动,教师或专家向学生或听众传授特定领域的知识和技能。讲课通常在教育机构、研讨会或培训课程中进行,目的是通过系统性的教学方法和讲解来促进学习。讲课强调教师对知识的传授和学生对知识的消化和理解。与演讲和报告不同,讲课更注重教育和学术性质,强调对特定学科或课程内容的全面讲解和教学方法的运用。

总之,演讲侧重于公众演讲形式,传达信息、观点或故事;朗诵强调对文学作品的艺术表达;谈话是非正式的口头交流和互动;报告着重于传达信息或研究结果;讲课是教学活动,向学生传授特定领域的知识和技能。尽管这些在目的、形式和特点上略有不同,却都是口头表达的方式,用于在不同场合和目的中与他人进行沟通和交流。

2. 一个成功的演讲通常具备的条件

(1)目标明确

成功的演讲应该有明确的目标和意图。演讲者应该清楚自己希望通过演讲实现什么,是要传达特定的信息、影响听众的态度或行为,还是激发情感或启发思考。

(2)受众导向

演讲者需要了解自己的受众是谁,并根据受众的背景、兴趣和需求来选择合适的语言风格、词汇和说服技巧。演讲应该与听众建立联系,引起他们的兴趣,并与他们共享共鸣点。

下面是董宇辉在直播间卖玉米时说的一段话。

有时候妈妈看你玩得太累了,把你喊回来,锅里煮出了自己家地里摘的玉米,香气扑鼻,你用筷子戳着拿在手上边啃边跑。你跑的时候,背后的阳光温暖,洋洋洒洒地落在地上,它在你面前投下了跟你一样大小的影子,你边跑边追,嘴里头那一口玉米,淡淡地回甘,扑鼻得香。好多年后,你到现在都记得。你时常记得,在仲夏夜的风里,你们坐在院子里乘凉,树叶沙沙响,天空偶尔飞过一两只不知名的鸟,发出清脆的叫声。你一个手里拿着筷子戳着的玉米棒子在啃,一个手里还贪心地抱着水井里刚取出来的冰镇西瓜。大人们在忙着说他们的事情,有时候低声细语,有时候开怀大笑。你不关心,那个时候人间的事情还没有经历。多年后,你回忆起来,其实那个玉米的味道记不太清楚了,但你清楚记得是那些仲夏的夜里头,繁星点缀,微风吹过树叶沙沙作响。那时候你头也不疼,颈椎也不疼,也不会在睡醒失眠的夜里辗转反侧,也不会在睡醒的早晨感觉头昏脑胀。那时候你爸妈身体还很健康,他们年轻、平安喜乐,爷爷奶奶也陪在你身边,你其实不是想玉米,你是想当年的自己。

> 董宇辉直播视频
> 演讲人:董宇辉
> 资料来源:腾讯视频

每个人都有童年,董宇辉抓住这一点去与直播间的听众产生共鸣,运用自然、平淡、真诚的话语,再加上文化底蕴的加持,让网友们直呼:"我就买个玉米,你把我整哭了!"

(3)清晰的结构和逻辑

成功的演讲应该具备清晰的结构和逻辑。它应该有引言(用于吸引听众的注意力和引入主题)、主体(包含核心内容和论据)和结尾(总结演讲,并给出明确的结论或呼吁)。

(4)强有力的内容和证据支持

演讲内容应该具备相关性、可信度和说服力。演讲者应该使用恰当的语言和说话技巧来表达观点,并提供合适的例子、数据、事实或引用来支持自己的论点。

(5)吸引人的语言和表达

成功的演讲需要使用清晰、生动、恰当的语言来吸引听众。演讲者可以运用修辞手法、讲故事、幽默等方式来增强演讲的说服力和吸引力。

我希望同学们能够认真地想一想,我的内心现在拥有怎样的恐惧?我心中现在拥有什么样的害怕?我是不是太在意别人的眼光了?因为这些东西,我的生命质量是不是受到了影响?因为所有这些东西,我不敢迈出生命中的第一步,以至于我的生命之路再也走不远。如果是这样的话,请同学们勇敢地对你们的恐惧和别人的眼神说一声"不,我是我自己的"。谢谢大家。

> 《摆脱恐惧》
> 演讲人:俞敏洪
> 音频来源:哔哩哔哩视频平台
> 发布人:B站用户"克服社交恐惧症"

俞敏洪在演讲中采用了反问和排比的修辞手法,反问使得语气强烈,激发听众的思考;排比增强语势,提升了语言的说服力和感染力。

(6)肢体语言和声音控制

演讲者的肢体语言、面部表情和声音控制在演讲中起着重要的作用。自信的姿态、眼神接触、适度的手势以及声音的音量、节奏和语调都可以帮助传达信息和与听众建立连接。

(7) 实践和反馈

成功的演讲需要实践和反馈。演讲者可以通过多次练习来熟悉演讲内容,并注意自己的语言和肢体语言。此外,接受观众的反馈和评估也是提升演讲水平的重要途径。

(8) 时间控制和适度的互动

成功的演讲应该控制好时间,不过分超时或过于仓促。此外,适度地与听众互动可以增强演讲的参与感和共鸣,例如提问、引导思考或与听众分享故事。

演讲的目的可以是多样的,包括:传授知识、解释观点、影响观众的态度或行为、激励、娱乐等。

(二) 演讲的类型

演讲的类型多种多样,根据不同的目的、内容和形式可以划分为以下几种常见类型:

1. 信息性演讲

这种演讲旨在向听众传达特定的知识、信息或事实。它可以是关于某个主题的介绍、解释或说明,旨在提供听众所需的信息,增加他们的理解和知识。

2. 说服性演讲

这种演讲的目的是影响听众的观点、态度或行为。演讲者会提出自己的观点和论据,并试图说服听众接受或支持这些观点。说服性演讲常见于政治、社会问题、公益活动等领域。

3. 激励性演讲

这种演讲旨在激励听众,激发他们的积极性、动力和目标实现。演讲者会分享个人经历、成功故事或鼓舞人心的话语,以激发听众的内在潜能和追求卓越的意愿。

4. 应召演讲

这种演讲是在重要活动或会议上作为主要讲话人发表的演讲。它通常具有特殊的重要性和影响力,旨在为活动设定主题、引导思考或提供指导方向。

5. 庆典演讲

这种演讲常见于庆典、毕业典礼、婚礼等特殊场合。它可以是致辞、祝贺或纪念性讲话,旨在向听众表达庆祝、祝贺或纪念的情感和意义。

6. 报告演讲

这种演讲通常用于学术、科学、商业等领域,旨在向听众提供详细的数据、分析和研究结果。报告演讲强调对事实、研究成果和专业知识的准确呈现。

7. 教育讲座

这种演讲通常用于教育机构、研讨会或培训课程中,旨在向学生或听众传授特定领域的知识和技能。教育讲座强调系统性的教学方法和讲解,帮助听众学习和理解特定学科或课程内容。

除了以上列举的类型,还有许多其他特定领域的演讲,如科技演讲、商业演讲、政治演讲、比赛演讲等。不同类型的演讲有不同的目的和要求,演讲者需要根据具体情境和受众需求选择合适的演讲类型,并运用相应的技巧和策略来达到预期的效果。

二、演讲的特点和功能

(一)演讲的特点

1. 公众性

演讲是一种公众演讲形式,通常在特定场合或活动中进行。演讲者面对一群人,通过口头表达向观众传递信息、观点或故事。因此,演讲具有公众性和集体性的特点。

2. 目的性

演讲通常有明确的目标和意图。演讲者希望通过演讲实现特定的目标,如传达信息、说服观众、激励听众等。演讲的内容、结构和语言都是为了达到特定的目的。

3. 肢体语言和声音控制

演讲者的肢体语言、面部表情和声音控制在演讲中起着重要的作用。姿势自信、眼神接触、手势运用以及声音的音量、节奏和语调都可以帮助传达信息和与听众建立连接。肢体语言和声音控制能够增强演讲的表达力和说服力。

4. 互动性

演讲并不是单向的传递,而是具有一定程度的互动性。虽然听众通常不会直接发言,但演讲者可以通过提问、引导思考或与听众分享故事等方式与听众建立联系,激发他们的思考和参与感。

5. 时间控制

演讲需要控制好时间,确保在给定的时间内完成演讲,并保持节奏紧凑且连贯。时间控制是演讲者的一项重要技巧,可以确保演讲内容的完整性和吸引力。

6. 影响力和启发性

演讲的目标之一是产生影响力和启发性。通过言辞、表达和内容,演讲者可以引起听众的共鸣、激发听众的情感、启发听众的思考,并在听众中产生积极的影响和行动。

这些特点共同构成了演讲的独特性和魅力。演讲者通过精心准备和运用相关技巧,可以有效地利用演讲的特点来达到预期的效果,并与观众建立良好的沟通和共享信息的平台。

(二)演讲的功能

1. 传递信息和知识

演讲是向听众传递信息和知识的重要手段。演讲者可以通过语言和说话技巧将特定的信息、观点、研究成果、经验教训等传达给听众,帮助他们增强理解和增长知识。

2. 影响听众观点和态度

演讲可以影响听众的观点、态度和信念。通过运用说服技巧、提供有力的论据和引导思考,演讲者可以试图改变听众对特定问题的看法,促使他们接受新的观点或改变行为。

在公元前5世纪的中国春秋时期,那时候的中国分裂成了各个小国家,相互争斗不休。其中一个国家叫作齐国,国王为齐宣王。有一天,齐宣王决定将国家的重要决策委托给他的大臣们来决定,于是他召集了全国最优秀的大臣们开会。在会上,每位大臣都有机会陈述自己的观点和建议。其中有一位大臣名叫管仲,他是齐国的重要谋士,也是一位出色的演讲家。管仲深知演讲的力量,他的目标是说服其他大臣支持他的观点,以实现国家的利益。管仲认为,齐国应该与周围的敌对国家建立友好关系,以达到稳定和发展。然而,其他大臣并不认同他的观点,认为应该采取强硬的立场,通过战争征服其他国家。首先,管仲用清晰而有力的语言描述了当前国家的困境和战争给人民带来的痛苦。然后,他详细分析了与邻国建立友好关系的好处,如经济繁荣、社会稳定和人民幸福。他还列举了历史上一些成功的例子,证明了友好外交政策的可行性。管仲的演讲非常动人,不仅打动了其他大臣,而且打动了齐宣王。最终,在管仲的努力下,大臣们一致同意采取友好外交政策,与邻国建立和平关系。

这个故事告诉我们,演讲是具有强大力量的。通过巧妙地运用言辞和逻辑,演讲者可以影响他人的思想和行动,甚至改变历史的进程。在我国古代,管仲通过一场精彩的演讲成功说服了其他大臣,为国家带来了和平与繁荣。

3. 激发情感和动力

演讲可以激发听众的情感和动力。通过分享个人经历、鼓舞人心的话语、感人的故事等方式,演讲者可以唤起听众内在的情感,激发他们的积极性和动力以实现目标。

4. 娱乐和启发

演讲可以提供娱乐和启发。通过运用幽默、故事、演绎等手法,演讲者可以吸引听众的注意力,带给他们愉悦和享受,并在演讲中融入有趣的思考和启发性的观点。

5. 促进交流和共享

演讲是一种交流和共享信息的形式。演讲者通过语言和表达与听众建立联系,创造沟通的平台,促进思想、观点和经验的交流与分享。演讲可以在听众中建立共鸣、启发对话和促进交流。

6. 建立影响力和领导力

演讲可以帮助演讲者建立影响力和领导力。通过言辞、表达和演讲技巧的运用,演讲者可以在听众中树立自己的形象和权威,增加影响力,并发挥领导作用。

综上所述,演讲具有传递信息、影响观点、激发情感、娱乐启发、促进交流和建立影响力等多种功能。演讲者可以根据特定的目标和需求,灵活运用演讲的功能来实现预期的效果和影响。

三、练习演讲的重要性

(一)演讲改写历史重塑命运

说起为什么要练习演讲,我们也许会想到《论语·子路》中的话:"一言可以兴邦,一言可以丧邦。"或者是出自《战国策》的名言:"一言之辩重于九鼎之宝;三寸之舌强于百万雄师。"拿破仑也曾说过:"一支笔,一条舌,能抵三千毛瑟枪。"而这些话也并非唬人的大话,历史上国内外不乏通过演讲改变命运和通过演讲改写历史的例子。

战国时期,纵横家苏秦凭借三寸不烂之舌游说六国,终于身挂六国相印,结成抗秦联盟;其同窗好友张仪则凭其口舌之才游说六国亲秦,最终拆散了合纵,与苏秦一同演绎战国末期"群雄混乱"的场面;三国时期军事家诸葛亮仰仗旁征博引之口,舌战群儒,促成孙刘联盟。

20世纪30年代,当罗斯福就任总统时,美国正面临经济危机。面对几乎绝望的人民,罗斯福在就职演说中鼓励人民忍耐并支持自己的领导:"首先请让我表明我的坚定信念:我们唯一不得不恐惧的,就是恐惧本身——一种莫名其妙、丧失理智、毫无根据的恐惧,它把人转退为进所需的种种努力化为泡影。"美国人民因此备受鼓舞,恢复了信心,美国从此走出经济危机的阴影。

1940年,在野十多年的丘吉尔临危受命,以战时首相的身份领导反德国纳粹侵略的战争。在不列颠战役进入高潮阶段时,他发表了名为《少数人》的著名演讲,这篇演讲让英国士兵和民众群情激愤,同仇敌忾,誓与德寇血战到底,最终扭转了战役的局势。

1944年6月,盟军司令蒙哥马利元帅在诺曼底登陆中对担负突击任务的士兵发表了演讲。他这样说道:"你们在干一件无与伦比的伟大事业!世界将通过你们变一番模样,历史将为你们树一座丰碑,写上:你们是迄今最伟大的军人!这个世界上从未有过的壮举,将要由你们来完成。你们最终将成为英雄回到家里,同你们的亲人团聚。"在这伟大演讲的号召下,士兵们勇敢作战,他们以最无畏的战斗精神奔向战场,排山倒海,势如破竹。历史也因此而改变。这就是演讲的力量,也是口才的力量。它虽然无形,却是最好的兴奋剂。如果使用得当,它所起的作用是无可比拟的。

1963年8月23日,马丁·路德·金组织了美国历史上影响深远的"自由进军"运动。他率领一支庞大的游行队伍向首都华盛顿进军,为美国的黑人争取人权。他在林肯纪念堂前向25万人发表了著名的演说——《我有一个梦想》,为反对种族歧视、争取平等发出呼号。

著名演讲家尼克·沃伦特出生于澳大利亚,他因罕见的先天性缺陷而没有四肢。尽管面临着巨大的困难和挑战,他没有放弃,反而通过演讲和分享自己的故事,鼓舞了无数人的心灵,成为一位国际知名的励志演讲家。尼克的演讲以鼓舞人心、积极向上的态度为核心,他通过讲述自己的成长经历和克服困难的故事,向人们传达了勇气、希望和坚持的重要性。他的演讲内容涵盖了自尊、自信、积极心态、克服困难和实现梦想等方面,触动了无数听众的内心。尼克以自己为例,向人们展示了无论面临怎样的困境,都可以找到内心的力量和积极的态度。他告诉人们,生活中的困难并不能定义一个人的价值,真正重要的是我们如何面对困难并努力实现自己的目标。尼克的演讲不仅在个人层面上鼓舞和激励人们,也在全球范围内产生了积极的影响。他的故事和演讲成为了许多人的动力,激发了人们对生活的热情和追求幸福的决心。

这些历史故事无一不是演讲力量的真实写照,不仅改变了历史的发展轨迹,而且影响着一个人的命运。

（二）演讲对于个人的意义

对于大多数普通人而言，我们一生中可能很少有机会去做重于九鼎之宝、强于百万雄师的演讲。但是，这并不意味着我们不需要练习演讲，演讲对于每个普通人同样也具有重要意义。《人类简史》一书中提到，人和动物本质的区别就是人具有跨时空协作的能力，而演讲恰恰是发挥这种能力的重要途径之一。演讲赋予了我们分享知识、互相启发的能力；演讲赋予了我们跨越自身区别、互相连接的能力；演讲让我们更好地认识自我、提升自我；演讲使我们能够通过别人的眼睛看世界，并且将彼此的世界相融合，所以演讲的力量是无穷的。下面列出我们要练习演讲的几个理由：

1. 提升自信和表达能力

练习演讲可以帮助人们克服公众演讲的紧张和恐惧，提高自信心，使人们学会在观众面前自信地表达自己的想法和观点，从而提高人们在社交和职场中的表达能力。

2. 发展沟通技巧和批判性思维

演讲是一种有效的沟通方式，练习演讲可以培养人们的沟通技巧。通过练习演讲，人们学会如何清晰地传达信息、组织思维、使用合适的语言和说话技巧。经过长期训练和实践所得的本领，在日常交际生活中，拥有更丰富的学识、敏捷的应对、良好的修养都很容易冲破种种人际关系的障碍，比一般人更能迅速、有效地与人际交往和沟通。此外，演讲也培养了批判性思维，帮助人们分析问题、整理逻辑和提供有力的论证支持。

3. 提高职业竞争力

在职场中，良好的演讲技巧能够提高个人的职业竞争力。能够自信地演讲和展示专业知识，使人们在工作中更具有影响力，提高职业形象和增加职业发展机会。

4. 建立和谐人际关系和网络

练习演讲提供了与同行、潜在雇主和行业专家互动的机会。通过演讲，人们可以扩展人际关系，建立有价值的职业网络，从而增加职业发展的机会。

5. 增强领导力和影响力

古希腊哲学家苏格拉底曾经说过："世间有一种成就可以使人很快完成伟业，并获得世人的认识，那就是讲话令人喜悦的能力。"通过练习演讲，人们可以提升自己的领导力和影响力。能够清晰地表达想法和观点以及有效地传达信息，使人们在工作、社交和社区领导中更具有说服力和影响力。领导要担负起社会责任，带领企业朝着更高的目标前进，就要有自己的方法，把想法和思考快速地传递给下属，而演讲就是上、下级沟通的桥梁。对于领导而言，演讲是最为关键的技能。

6. 发表观点和倡导变革

演讲是表达个人观点、倡导特定问题和社会变革的有效方式。通过练习演讲，人们可以发表自己对社会问题的观点和意见，促进公共对话和社会进步。

7. 个人成长和自我实现

练习演讲是一个挑战自我的过程，能够帮助人们克服自身的限制和提高发展潜力。通过不断练习和反思,人们能够提高自我意识、自我管理和个人成长,实现自己的目标和梦想。演讲家都不是天生的,而是后天实践造就的,是经过艰苦的多方面的努力才成功的。当我们看到演讲家在讲台上口若悬河、滔滔不绝地讲述时,我们自然会对他那悦耳的声音、和谐的语调及优美的态势语等由衷地赞叹,这是讲台上的功夫。而比这更重要的是演讲家讲台下的功夫,那就是他必须具备站在时代前沿的精深的思想、渊博的学识和丰富的阅历,这需要努力地学习与钻研。同时,他还必须具备敏锐的观察力、准确的判断力、敏捷的思维力、迅速的应变力和较强的记忆力。

第二节　演讲的自信心

通过这一节,我们将了解到自信心对于演讲者的重要性及演讲对于培养自信心的重要性;将讨论如何克服公共演讲的恐惧以及如何通过演讲增强内在的自信,并学习一些技巧来处理舞台上的紧张情绪。通过实践和反馈,我们可以逐步提高自己的演讲技能和表达能力。

一、理解演讲的自信心

在演讲中,自信心是一种内在的力量,可以影响演讲者的表达和影响力。理解演讲的自信心意味着明确其含义和重要性。演讲者面临的挑战包括公众注意力的集中、言辞的流畅以及在压力下保持自然和镇定。自信心帮助演讲者表达自己的想法和观点,使听众更容易接受演讲内容。

(一) 演讲的自信心含义

演讲的自信心是指演讲者对自己能力和表达的自信和信任。它不仅是一种情绪状态,更是一种内在的力量和态度。演讲者具备自信心时,他们相信自己具备必要的知识、技能和经验,能够清晰、准确地表达自己的观点和思想。自信心使演讲者在舞台上展现从容和自然的形象,与听众建立真实的连接以及影响他们的思想和情感。

(二) 演讲的自信心重要性

首先,自信心是演讲者影响力的关键要素。当演讲者自信地表达自己的观点和信息时,他们能够更好地吸引听众的注意力和兴趣。自信的演讲者能够以清晰、连贯的语言和适当的肢体语言来传达信息,从而增加演讲的说服力和影响力。自信的表达方式使听众更容易接受和理解演讲者的观点,进而改变他们的想法和行为。

其次,自信心使演讲者能够以自然、流畅和有力的方式表达自己。自信的演讲者能够自如地运用适当的肢体语言、声音和语调来支持他们的演讲内容。他们使用恰当的词汇和句子结构,结合良好的语言节奏和表达技巧,使演讲更加生动、引人入胜,并帮助听众更好地理解和记住演讲的内容。

再次,演讲的自信心有助于树立演讲者的积极形象。自信的演讲者给人留下积极、有能力和可靠的印象,展示出的自信心和自我认同感使听众对他们产生信任和尊重。自信的演讲者被认为是专业和可靠的,这有助于提升他们的个人形象和职业发展。此外,自信的演讲者在社交场合中也更容易与他人建立良好的关系和连接。

最后,演讲的自信心有助于演讲者克服困难和应对挑战。当演讲者面临舞台上的压力、公众的关注和评价时,自信心使他们能够保持冷静和镇定,并以积极的心态面对挑战。自信的演讲者相信自己的能力和准备,他们对演讲的目标和意义有清晰的认知。这种自信心使他们能够更好地处理演讲中的意外情况和问题,并快速调整自己的表达方式以应对挑战。

二、如何建立演讲的自信心

建立演讲的自信心需要一些具体的方法和策略,具体如下:

第一,培养自尊和自我认同,通过认识自己的价值和独特之处来建立自信心的基础。自尊是对自己价值的认可和尊重,而自我认同是对自己的身份和角色的认同。通过培养自尊和自我认同,我们可以建立起积极的自我形象,从而增强自信心。

第二,积极的思维方式和自我肯定对于建立自信心至关重要。积极思维意味着以积极的态度看待自己和周围的世界。我们可以通过重塑自己的思维模式,转变负面思维,培养积极的心态。自我肯定是指对自己能力和成就的肯定和赞美。我们可以通过总结和认可自己的优点、成就和进步,增强自我肯定,从而建立起更强大的自信心。

第三,目标设定和充分准备也是建立自信心的关键。设定明确的目标和制订可行的计划,可以帮助我们有方向地前进,增强自信。充分准备演讲内容、了解听众需求和期望,可以让我们在演讲中感到更加自信和有把握。在准备过程中,我们可以练习演讲、熟悉演讲材料,并通过反馈和改进来提高演讲质量。准备充分和熟悉演讲内容将帮助我们在演讲中感到更加自信和有把握。

第四,与他人进行沟通和交流是建立自信心的重要环节。通过与他人分享自己的想法和观点,我们可以增强自己在与他人交往中的信心和表达能力。参加辩论、演讲比赛或小组讨论等活动是提高交流能力的有效途径。在这些场合中,我们可以锻炼自己的说服力和逻辑思维,并在与他人的互动中获得反馈,从而增强自信心。

第五,注重身体语言也是建立自信心的重要方面之一。身体语言包括姿势、眼神接触、手势等非语言元素。保持良好的姿势和直视对方的眼神会给人一种自信和专注的形象。通过注意个人形象和仪态,我们可以增强自身的气场和自信心。在演讲中运用恰当的手势和身体语言也能够更好地表达自己的思想和情感。

第六,扩展自己的知识和技能也可以为建立演讲自信心增添动力。不断学习和提升个人能力,可以使我们在演讲中拥有更强的实力和底气。阅读相关领域的书籍、参加专业培训、跟随优秀的演讲者学习等方式都可以帮助我们增强自信心。

三、克服对公共演讲的恐惧

对公共演讲的恐惧感是常见的,但可以采取一些策略和技巧来克服它。首先,我们需要了解演讲焦虑的根源和常见的恐惧感,探讨焦虑的身体和心理反应,并解释为什么我们会感到害怕。然后,我们介绍一些应对策略,如放松技巧、认知重构等。这些方法可以帮助我们减少焦虑感,建立自信心,并逐步克服公共演讲的恐惧。

(一)认识恐惧的来源

当人们感到公共演讲恐惧时,其原因通常是多方面的。下面将从个人、听众角度来详细说明。

1. 个人方面

(1) 自尊心低

个人自尊心的低下可能导致对他人评价的过分敏感,担心在大庭广众之下被贬低或嘲笑。这种自我怀疑和对他人看法的过度关注会增加演讲恐惧。

(2) 自我怀疑

缺乏自信心和对自己能力的怀疑可能使人害怕在公众面前表达意见或展示技能。担心自己无法胜任演讲任务或无法满足听众的期望而会增加演讲恐惧。

(3) 社交焦虑

社交焦虑是一种常见的情绪困扰,许多人都会经历。它表现为对与陌生人互动和展示自己感到不安,主要是因为担心无法赢得他人的认同和接受。

(4) 完美主义倾向

某些人追求完美,担心在演讲中出现错误或失误。他们对自己过高的期望会增加压力,并使他们害怕被别人批评或评判。例如,一个人可能害怕在重要会议上发表演讲,因为他们担心忘词或未能回答问题,这可能损害他们的职业声誉。

(5) 准备不充分

如果个人对演讲的话题不够熟悉或没有足够的准备,就会担心在演讲时出现错误、遗漏关键信息,增加紧张情绪。准备不充分是导致演讲焦虑的常见原因之一。当个人对演讲的话题不够熟悉或没有足够的准备时,会担心自己在演讲时出现错误或遗漏关键信息,从而增加紧张情绪。

(6) 性格特点

一些人天生内向、害羞或紧张,更容易感到公共演讲的压力。

2. 听众方面

(1) 评判和批评

担心听众对演讲内容、表达方式或演讲者本身进行负面评价和批评,这可能会影响个人的自尊心和形象。人们往往担心自己的演讲不够好,无法满足听众的期望,或者担心自己的观点会引起争议或不被接受。

(2) 观众的期望和需求

演讲者可能感到压力,因为他们需要达到听众的期望和满足听众的需求。不同的听众可能对演讲的目的、内容和风格有不同的需求,演讲者可能会担心无法满足这些需求而导致演讲失败。

(3) 观众的反应和互动

演讲者可能担心观众的反应和互动,特别是在需要与观众进行互动的演讲中,担心观众的不理解、不认同或不积极参与,这些可能会增加演讲者的紧张感。

(4) 观众的多样性

观众来自不同的文化背景,他们可能有不同的价值观、信仰和习俗。演讲者可能担心自己的演讲内容和方式是否能够适应不同文化背景的听众,担心自己的观点或表达方式会引起误解或冲突。这种不确定性和担忧可能增加演讲者的恐惧感。观众的兴趣和知识水平可能存在差异。演讲者还可能担心自己的演讲内容是否能够吸引和满足不同兴趣和知识水平的听众,担心自己的演讲会过于专业或过于简单,无法与观众建立共鸣和理解。这些担忧可能导致演讲者感到不安和恐惧。

(二)克服恐惧的技巧和策略

当面对公众演讲时,以下技巧和策略可以帮助克服焦虑并提高演讲表现。

1. 准备充分

准备充分是成功演讲的关键。一定要研究演讲主题,收集相关资料,并制定一个清晰的大纲,多次练习演讲,熟悉演讲内容,增强自信心。

2. 深呼吸和放松

在演讲前进行深呼吸和放松练习,有助于缓解紧张情绪。深呼吸可以帮助放松身体和大脑,减少焦虑感。

3. 视觉化成功

想象自己成功地完成演讲,获得观众的认可和赞赏。通过视觉化成功,可以增强自信心,并减少演讲焦虑。

4. 注意身体语言

身体语言是演讲中非常重要的一部分。保持良好的姿势,保持眼神接触,运用手势和面部表情来增强演讲效果。自信的身体语言可以传达出自信和专业形象。

5. 与观众建立联系

与观众建立联系可以减少紧张情绪。在演讲开始时,尝试与观众进行眼神接触,微笑并展现友好的姿态。可以提问观众,与他们互动,使演讲更具参与感。

6. 掌握演讲技巧

学习一些演讲技巧,可以提升演讲的效果和自信心。

7. 使用故事和例子

通过讲述故事和使用生动的例子,可以吸引观众的注意力并更好地传达观点。这样的演讲方式可以使演讲更生动有趣,同时也能够让演讲者更加自信地表达自己。

8. 控制语速和节奏

在演讲中,控制语速和节奏非常重要。不要过快地讲话,也不要过慢,保持适当的节奏可以更好地传达信息,并让观众更容易理解。

9. 使用视觉辅助工具

使用视觉辅助工具,如幻灯片或演示文稿,可以组织演讲内容,并提供可视化的支持。确保视觉辅助工具简洁明了,不要过于拥挤或充满文字。表格、图像和关键词的使用可以更好地传达信息。

10. 处理紧张情绪

如果感到紧张,尝试使用一些应对策略来缓解焦虑。深呼吸、放松肌肉、积极思考和自我鼓励都是有效的方法。还可以尝试一些放松技巧,如冥想或渐进性肌肉放松。

11. 练习和经验

演讲技巧需要不断地练习和经验积累。越多地参与演讲,越能熟悉演讲的过程和要求。寻找机会参加公开演讲活动、演讲比赛或其他社交场合,以提高自己的演讲技巧和自信心。

12. 接受反馈

接受他人的反馈是提高演讲能力的关键。请朋友、家人或导师给予演讲方面的建议和意见。从他们的反馈中学习,并不断提高自己的演讲技巧。

13. 积极思考

保持积极的思维模式对于克服演讲焦虑至关重要。相信自己的能力,相信自己的演讲有价值,并相信自己能够成功地传达信息。

克服公众演讲焦虑需要时间和实践,只有不断地练习、准备和积极思考才能逐渐提高自己的演讲能力和克服焦虑。每个人都有紧张和焦虑的时候,这是正常的,关键是要学会管理和控制这些情绪,以便能够自信地面对公众演讲的场合。相信自己的价值和能力,相信自己的演讲对观众有价值,这将帮助我们克服焦虑并展现最好的演讲表现。

第三节 演讲的道德观

本节将介绍演讲的道德观,即在演讲过程中应遵守的伦理规范和原则及其重要性。下面将探讨演讲者应该如何从事诚实、尊重和负责任的演讲活动,了解和遵守演讲的道德规范将使我们成为更有声望和受欢迎的演讲者。

一、演讲者的道德责任

道德观是指一个人对于道德价值和原则的看法和信仰。它涉及个人对于什么是对与错、善与恶的理解和判断。道德观可以影响一个人的行为和决策以及他们与他人的互动方式。

(1)诚实守信

始终保持诚实和守信,不夸大事实或故意误导听众;提供准确的信息,并避免故意误导或欺骗听众。

(2)尊重他人

尊重听众的观点、信仰和背景;避免使用冒犯性的语言或行为,并尊重听众的权利和尊严。

(3)公正客观

保持公正和客观,不偏袒任何一方;提供全面的信息,让听众能够形成自己的判断。

(4)谦逊谨慎

保持谦逊和谨慎,不自负或傲慢;要意识到自己的知识和观点有限,并对听众的反馈和意见持开放态度。

(5) 社会责任感

意识到自己在演讲中的社会责任和影响力;确保演讲内容对社会产生积极的影响,避免传播错误的信息或鼓励不道德的行为。

(6) 尊重时间和承诺

准时开始演讲,遵守时间限制,并履行承诺。

(7) 保护隐私和保密

尊重他人的隐私和保密信息,避免在演讲中透露他人的个人信息或敏感信息。

通过遵循这些道德观,演讲者可以建立起与听众之间的信任和尊重关系,增强演讲的影响力和说服力。此外,演讲者还能够树立良好的形象和声誉,使自己在职业和社交领域中获得更多机会和支持。需要注意的是,道德观是一个持续发展和提升的过程。演讲者应该不断反思和审视自己的道德观,以确保其与时俱进并符合社会的期望和价值观。总之,道德观对于演讲者而言是塑造其形象和影响力的基石,拥有正确的道德观可以帮助演讲者与听众之间建立信任的关系并赢得尊重,从而增强演讲效果和说服力。

二、道德观对于演讲者的重要性

对于演讲者而言,道德观非常重要,因为演讲是一种公众表达和影响他人的行为。演讲者的道德观将直接影响他们的演讲内容、态度和行为方式。

(一) 信任和可靠性

拥有良好的道德观可以建立演讲者与听众之间的信任关系。听众会更愿意接受来自一个诚实、可靠的演讲者的信息和观点。演讲者如果在演讲中展现出高尚的道德观,如诚实、正直和可靠性,他们就能够赢得听众的信任和尊重。

(二) 影响力和说服力

道德观对于演讲者的影响力和说服力至关重要。当演讲者表现出道德高尚的品质时,如公正、尊重和谦逊,他们的观众更有可能被他们的演讲所说服和影响。道德观可以增强演讲者的说服力,使他们的观点更具有可信度和影响力。

"神舟飞船"总设计师戚发轫讲过这样一段话:

我搞"东方红三号"的时候,和德国人有很多的合作,每年都聚几次。搞卫星的时候,我知道他们的情况,所以德国人就问我:"戚先生,你们一年发射两艘飞船,你们有什么好办法,能告诉我吗?"我说:"第一,保密,我不能告诉你;第二,我告诉你,你们也做不到。"德国人接着说:"不可能啊,中国人都做到了,我们德国人就做不到?"我说:"我到你们德国去,你们搞卫星的时候,星期一、星期五绝对不做精密的重要工作,为什么呢?星期五,就打算明天怎么玩了,分心、不集中;星期一,心还没收回来。你们'以人为本',在星期一、星期五是不做重要的精密的工作的,怕分心出问题。我们怎么干?是白天干,晚上干,星期六、星期天也在干,而且逢年过节都在干。我们中国人凭什么能比你干得好干得快?就凭这点精神。

戚发轫要讲的是中国航天人拼搏奋斗的精神,但他没说一些高大上的话语,反而是通过与外国同行相聚时的谈话,用以小见大的方式烘托了中国航天人的勤奋与刻苦。他的讲述就像是生活中跟朋友聊天，让人感到亲切、真诚。

（三）社会责任感

作为演讲者，拥有正确的道德观可以帮助他们意识到自己在社会中的责任和影响力。演讲者应该意识到他们的言论和行为对听众和社会的影响，并承担起相应的社会责任。拥有正确的道德观可以帮助演讲者更好地理解和履行自己的社会责任，确保他们的演讲对社会产生积极的影响。

（四）建立良好形象

道德观对于演讲者的形象和声誉至关重要。一个道德高尚的演讲者会给人留下积极的印象，被认为是值得尊敬和信赖的人。这种良好的形象可以帮助演讲者在职业和社交场合中取得成功，并为他们赢得更多的机会和支持。

总之，道德观对于演讲者而言非常重要，因为它不仅影响着他们的演讲效果和说服力，还塑造了他们的形象和声誉。一个道德高尚的演讲者能够赢得听众的信任和尊重，增强他们的影响力和说服力。此外，道德观还帮助演讲者意识到自己的社会责任，并确保他们的演讲对社会产生积极的影响。更重要的是，拥有正确的道德观可以帮助演讲者建立良好的形象，为他们在职业和社交领域中取得成功创造更多机会。因此，作为演讲者，我们应该时刻关注和培养自己的道德观，确保我们的演讲行为符合道德标准。

三、践行演讲道德观的建议

作为演讲者，践行演讲道德观是非常重要的。以下几种方法可以帮助你更好地践行演讲道德观。

1. 诚实和透明

在演讲中，始终保持诚实和透明。不要夸大事实或故意误导听众。提供准确的信息，并确保你的观点和陈述是真实可信的。

2. 尊重听众

尊重听众的观点和意见，不要贬低或嘲笑他人。避免使用冒犯性的语言或言论，尊重听众的多样性和背景。

3. 避免歧视和偏见

在演讲中，避免使用歧视性的语言或表达偏见。尊重每个人的权利和尊严，不论听众的种族、性别、宗教、性取向、残疾或其他身份特征如何，确保演讲内容是包容和平等的。

4. 尊重知识产权

在演讲中，确保使用的引用、图片、视频等内容符合知识产权法律和道德规范。尊重他人的创作成果，遵守版权规定，并在必要时进行适当的引用和致谢。

5. 尊重隐私

在演讲中，尊重他人的隐私权。避免公开或泄露他人的个人信息或敏感信息，除非获得了他们的明确授权。如果需要引用他人的个人经历或故事，确保事先征得他们的同意，并尊重他们的意愿。

6. 尊重时间限制

在演讲中,遵守规定的时间限制。不要超时或占用其他人的时间。准备好演讲内容,确保能在规定的时间内传达清晰的信息,同时给予听众足够的时间提问或参与讨论。

7. 尊重专业道德

作为演讲者,遵守专业道德规范是至关重要的。避免利用演讲平台进行不当的推销、宣传或操纵听众。确保演讲内容是客观、中立和有价值的,而不是为了个人或商业利益而进行误导或欺骗。

8. 倾听和回应

在演讲中,倾听听众的问题、意见和反馈,并尽可能地回答和解答。尊重听众的参与和贡献,鼓励积极的互动和讨论。

9. 持续学习和改进

作为演讲者,应不断学习知识和改进自己的演讲技巧。关注行业的最新发展和趋势,参加培训和研讨会,与其他演讲者交流经验和见解。通过不断学习和反思,提高自己的演讲能力和专业水平。

10. 尊重舞台和场地

在演讲中,尊重舞台和场地的规定和要求。遵守场地的安全规定,不要损坏设备或场地。确保你的演讲内容和行为与场地的规范相符,以维护良好的演讲环境。

11. 尊重竞争对手

在演讲中,尊重竞争对手的努力和成就。避免使用贬低、攻击或诋毁竞争对手的言词。相反,鼓励公平竞争和相互尊重,以促进行业的发展和进步。

12. 关注社会责任

作为演讲者,关注社会责任是践行演讲道德观的重要方面。选择演讲主题和内容时,考虑其对社会的影响和意义。鼓励积极的变革和社会进步,传递正面的价值观和信息。

总之,践行演讲道德观需要诚实、尊重、透明和专业。通过遵守道德准则,可以建立信任、增强影响力,并与听众建立良好的关系。同时,不断学习知识和改进自己的演讲技巧,关注社会责任,尊重他人的权利和尊严,都是成为一位优秀演讲者的关键要素。演讲不仅能传递信息,更能塑造观众的思想和情感。因此,以道德为指导,用言词和行为展现出高尚的品质和价值观,你会成为一个更好的演讲者。

第四节 演讲的听众心理

这一节将探讨深入了解听众心理对于成功演讲的重要性,学习如何洞察听众的需求、兴趣和情感反应,以便更好地与他们进行有效的沟通。通过了解听众心理,从而提高自己的影响力和说服力。

一、理解听众心理的重要性

无论我们是在商业会议、学术讲座还是公共演讲中，理解听众的心理状态和需求对于演讲的有效性和影响力至关重要。我们都知道，演讲的目的是与听众建立联系，传达信息并引起共鸣。然而，如果我们没有深入了解听众的心理，那么演讲可能会失去效果，无法真正触动他们的内心。因此，理解听众心理是一项不可或缺的技能，它可以帮助我们塑造演讲的内容和方式，更好地满足听众的期望和需求。

（一）定位演讲的目标和内容

每个听众都是独特的个体，拥有不同的背景、经验和兴趣。通过了解听众的心理状态和期望，我们可以调整演讲的重点和语言，以确保与他们产生共鸣。例如，如果我们知道听众对某个特定话题感兴趣，就可以在演讲中加入相关的案例研究或实际应用，以提高他们的参与度和兴趣。付子堂的演讲《让他们为你而骄傲》中有这样一段内容：

今天，有不少家长、亲人来参加毕业典礼。各位同学一定要记住：他们是此生最疼爱你的人；你有责任为他们的幸福生活而自强不息，你有责任让他们为你而骄傲。"理想很丰满，现实很骨感"。或许，你暂时还没有满意的工作；或许，曾经的爱情、理想可能会被社会现实击得粉碎；或许，在前行的路上，有着更加浓重的黑色，还有着更多的失望甚至绝望……但是，千万不可妄自菲薄，更不必羡慕嫉妒恨他人"高富帅"的际遇；而一定要有自信：我能，我行！我有责任去奋斗、去打拼、去追梦，有责任让父母永远以我为骄傲。

现场听众，是演讲中不可忽视的交流对象。倘若演讲者在演讲中巧妙地照应一下听众、了解听众的基本情况，就能够在特殊时境强化演讲的现场感，从而营造出相互交融的演讲气氛，提高听众的兴趣和参与度。

（二）选择合适的沟通方式和语言风格

不同的听众有不同的沟通偏好和理解能力。通过理解听众心理，我们可以更好地选择合适的沟通方式和语言风格，以满足不同听众的需求和偏好。有些人更喜欢听故事，因为故事能够激发情感和想象力，使他们更容易理解和记忆。而有些人更喜欢看图表和数据，因为这些可以提供具体的信息和统计数据，使他们更容易理解和分析观点。此外，我们还可以结合不同的沟通方式，例如在演讲中使用图表和数据来支持我们的故事，以满足不同听众的需求。通过选择合适的沟通方式和语言风格，我们能够更好地与听众建立连接，增强他们对演讲内容的理解和接受度。这样，我们的演讲就能够更有效地传达信息，引起听众的兴趣和共鸣。

（三）提高演讲的影响力

当我们能够准确把握听众的心理状态时你可以选择恰当的语言、故事和例子来传达信息。通过与听众产生共鸣，激发他们的情感反应，引发思考，并激励他们采取行动。一个深入了解听众心理的演讲将更好地引导听众的思考和行动，从而实现演讲的影响力。

孟晚舟在一次演讲中讲到了年轻人择业的问题，具体如下：

因为我儿子今年初三，所以我之前跟他交流过，他大学应该读什么专业。我记得当时我就跟儿子说了一句话："不管你将来选择什么样的职业，一定不要选择和机器竞争的职业。等你毕业的时候，人工智能一定会方兴未艾，你那个时候去和机器竞争，你根本不是它的对手。"工业革命,人的一些工作由机器来承担,它解决了人的体力问题;而信息革命,它将解决人的智力问题。因此,我们会看到在未来10年、20年,很多工作将会被机器承担,而我们在择业的时候,就要考虑还有什么样的工作是机器承担不了的。

信息革命与择业,这是很宏大的主题。但是,孟晚舟却从一个妈妈的角度展开演讲,从自己对儿子的择业建议切入主题,让整个演讲更加富有生活气息,也更加有说服力。即使是宏大的主题,也与生活有交集,从演讲主题和普通人生活的交集切入,让听众觉得这个演讲和我有关,是贴近我的生活的。这样,他们会对演讲更感兴趣。

(四)避免误解和沟通障碍

不同的人有不同的沟通偏好和理解能力。通过了解听众的心理特点,我们可以选择合适的沟通方式和语言风格,以确保我们的信息能够被听众准确理解和接受。这样,我们就能够避免误解和沟通障碍,确保我们的演讲能够真正传达我们想要表达的意思。因此,理解听众心理对于演讲的有效性和影响力至关重要。通过深入了解听众的心理状态和需求,我们能够与他们建立联系,提高演讲的影响力,并避免误解和沟通障碍。

二、听众心理的基本原理

在进行演讲或交流时,了解听众的心理状态和需求是确保有效沟通的关键。理解听众心理的基本原理可以帮助我们更好地与他们建立联系,提高演讲的影响力。下面介绍一些关键的听众心理原理。

(一)情感共鸣

人们在听取演讲或交流时,往往会寻找与自己情感共鸣的内容。因此,了解听众的情感需求是至关重要的。通过使用情感化的语言、故事和例子,激发听众的情感共鸣,使他们更容易接受和理解我们的观点。

(二)个体差异

每个人都是独特的,拥有不同的背景、经验和价值观。因此,我们需要意识到听众之间的个体差异,并尽可能地适应他们的需求。这意味着我们需要调整语言和表达方式,确保信息能够被不同类型的听众所理解和接受。

(三)注意力的限制

人们的注意力是有限的资源,特别在演讲或交流过程中,我们需要采取措施来吸引和保持他们的注意力。一种方法是通过使用引人注目的开场白或故事来吸引听众的兴趣。此外,我们还可以通过使用视觉辅助工具、变化语速和音调、提问等方式来吸引听众的注意力。

(四)认知负荷

听众在接收信息时,会面临认知负荷的挑战,而过多的信息或复杂的语言结构可能会使他们感到困惑或无法理解。因此,我们需要简化和组织我们的信息,以减轻听众的认知负荷。使用清晰简洁的语言、结构化的演讲框架、重点强调关键信息和重要观点,这样可以帮助听众更好地理解和记忆所传达的内容。也可以通过语音的变化、重复关键词或短语以及使用视觉辅助工具如幻灯片或图表来强调重点,从而帮助听众更好地集中注意力,并减轻他们在接收信息时的认知负荷。

（五）情境适应

了解听众所处的情境和背景是非常重要的。不同的场合和环境可能会对听众的心理产生影响。例如，在正式的商务会议上，听众可能更注重实际的数据和事实；而在非正式的社交聚会上，他们可能更关注娱乐和轻松的内容。因此，我们需要根据情境适应我们的演讲风格和内容，以满足听众的期望和需求。

第四届鲁迅文学奖颁奖典礼在鲁迅先生的故乡——浙江绍兴举行，时任中国作家协会主席铁凝有感而发，热情致辞。

一踏入鲁迅先生的故里，我就真切地感到文学的气场、气韵生动起来，鲜活起来。鲁迅先生的风骨，穿越了70年的时光，在这个庄重而清明的夜晚，与我们每个人的内心相对。云山苍苍，江水泱泱；先生之风，山高水长……鲁迅文学奖给作家带来的不仅是荣誉，更重要的是责任。我们相聚在这里，就是要继承鲁迅精神，积极履行人类灵魂工程师的职责。继承鲁迅精神，就是要像鲁迅先生那样心怀广大，致力于文学对社会现实的关怀与担当；就是要像鲁迅先生那样，用极富创造性的艺术形式表现一个时代、一个民族的精神品貌。因此，对我们来说，今天在这里，不是终点，而是一个新的起点。

铁凝首先真切地抒发了自己"一踏入鲁迅先生的故里"的内心感受，接着诚挚地表达了对文学工作者的"满怀敬意"，继而深刻地阐述了文学的价值和鲁迅文学奖的意义，最后明确地指出了鲁迅文学奖给作家带来的"责任"，号召大家向新征程迈进。这些针对性很强的情理和事理材料，不仅切合了颁奖典礼的特定场合，而且突出了"鲁迅文学奖"的活动主题，给现场观众以思想的启发和精神的激励。

（六）参与互动

听众更倾向于参与有互动的演讲体验。通过提问、引导讨论或邀请听众分享他们的观点，我们可以增加他们的参与感和兴趣。这种互动不仅可以提高听众的参与度，还可以增强他们对演讲内容的记忆和理解。此外，互动还可以帮助我们更好地了解听众的需求和反馈，从而调整我们的演讲策略。

（七）情绪管理

听众的情绪状态对他们对演讲的接受程度和反应产生重要影响。我们需要注意并管理听众的情绪，以确保他们保持积极的态度和情绪。通过使用积极的语言、鼓励和赞美，我们可以激发听众的积极情绪，并建立良好的演讲氛围。

了解听众心理的基本原理是成为一位出色演讲者或交流者的关键。通过情感共鸣、个体差异的适应、注意力的限制、认知负荷的管理、情境适应、参与和互动以及情绪管理，我们可以更好地与听众建立联系，提高演讲的影响力。在与听众交流时，我们应该始终牢记这些原理，并灵活运用它们来满足听众的需求。通过理解听众心理的基本原理，我们可以更好地把握演讲的节奏和内容，使我们的信息更易于理解和接受。同时，我们也能够更好地与听众建立信任和产生共鸣，从而实现更有效的沟通和交流。因此，作为一位演讲者或交流者，我们应该不断学习和探索听众心理的基本原理，并将其应用于我们的演讲和交流实践中，以更好地满足听众的需求，提供有意义和有影响力的演讲体验。

三、影响听众心理的因素

在进行演讲或交流时,了解影响听众的因素是至关重要的。不同的因素可以对听众的接受程度、情感反应和行为产生影响。下面将从个人因素和情境因素两个方面去介绍影响听众心理的因素。

(一)个体特征

每个人都有独特的个体特征,包括性格、价值观、经验和知识背景等。这些因素会影响听众对信息的接受和理解。了解听众的个体特征可以帮助我们调整演讲或表达的方式,以便更好地与他们建立联系并满足他们的需求。

1. 性格

不同的人具有不同的性格特点,有些人可能更加开放和外向,容易接受新的观点和想法,而其他人可能更加保守和内向,更喜欢稳定和熟悉的内容。因此,在与听众交流时,需要根据他们的性格特点来选择合适的语言和表达方式。

2. 价值观

人们的价值观是根深蒂固的信念和原则,往往影响他们对信息的接受和态度。因此,了解听众的价值观可以帮助我们选择合适的论据和例子,以便与他们的价值观相契合,增加他们对观点的认同感。

3. 经验和知识背景

每个人都有不同的经验和知识背景,这些背景会影响他们对特定主题的了解和兴趣。在与听众交流时,需要考虑他们的经验和知识水平,以适当的方式传达信息,避免使用过于专业化或过于简单化的术语。

(二)情境因素

除了个体特征外,情境因素也会对听众产生影响。了解并适应不同的情境可以帮助我们更好地与听众互动和沟通。

1. 社会文化背景

不同的文化和社会背景会对人们的价值观、信仰和行为产生影响。在与跨文化听众交流时,需要尊重和理解他们的文化差异,避免使用可能引起误解或冲突的言辞和行为。

2. 交流环境

交流环境的氛围和条件也会影响听众的接受程度。例如,嘈杂的环境、不舒适的座位或缺乏注意力的因素都可能影响听众的专注度和理解能力。为了最大限度地不影响听众,应选择一个适合的环境,提供良好的声音和视觉条件以及舒适的座位和氛围。

3. 时间和地点

时间和地点也是影响听众的重要因素。在不同的时间和地点,听众的注意力和情绪状态可能会有所不同。例如,早上的会议,人们可能更加清醒和专注;而晚上的演讲活动,人们可能更加疲劳和分散注意力。因此,需要根据时间和地点的特点调整演讲或交流的策略,确保能够吸引和保持听众的兴趣。

4. 目的和期望

听众对交流的目的和期望也会影响他们的反应和参与程度。如果听众期望获得具体的信息或解决特定的问题，那么我们需要提供清晰和有针对性的内容。如果听众期望获得启发或情感共鸣，那么我们可以运用故事、情感化的语言和演讲技巧来满足他们的期望。

5. 外部干扰

外部干扰因素，如噪声、干扰性的视觉元素或其他人的干扰，都可能影响听众的专注度和理解能力。因此，应尽量减少干扰，创造一个有利于有效交流的环境。

了解影响听众的因素对于成功的演讲和交流至关重要。个体特征如性格、价值观和知识背景以及情境因素（如社会文化背景、交流环境和时间地点），都会对听众的接受程度和反应产生影响。了解听众的个体特征和适应不同的情境，通过调整演讲策略，更好地与听众建立联系，满足听众的需求，从而有效地影响听众，实现交流目标。

四、应对听众心理的策略

在进行演讲或交流时，了解和应对听众的心理状态和需求是至关重要的。通过采用适当的策略，更好地与听众建立联系。

（一）研究听众

在准备演讲或交流内容之前，了解听众的背景、兴趣和期望是至关重要的。通过调查、观察或与听众进行交流，获得关于他们的信息，从而更好地满足他们的需求。

（二）创造共鸣

与听众创造情感共鸣是有效沟通的关键。通过使用个人故事、情感化的语言和相关的例子，我们可以引起听众的情感共鸣，使他们更容易理解和接受我们的观点。

下面是原北京大学校长周其凤在一次毕业典礼上的演讲。

其实，我想今天在座每一位都能理解——今天的泪水蕴含了太多、太多！四年的燕园感怀，四年的执着求索，29楼的银杏树黄了又绿，图书馆后的小径身影依稀。36、37楼总书记含笑挥手、深情问候，学一食堂门前总理大步走来，我们人潮如海。蓦然回首，未名湖畔再一次垂柳如烟。四年的青春岁月，已经永远铭刻在记忆深处，而你们每个人都已经羽化成蝶，即将展翅高飞。此时此刻，这一滴泪水中有伤感，有眷恋，有欢乐，有遗憾，是感恩的心在颤动，是希望的火在升腾！

而我此时的心情，或许你们经常传唱的一句歌词更能够表达：我送你离开，千里之外，你无声黑白……

抛开离愁别绪，和所有的典礼一样，或许我应该接着说几句祝愿的话，但我更愿意在这告别的仪式上首先向你和你们的家长描绘你们在我心中留下的深刻印记。

你们是被称为"80后"的一代，因为你们大多数人生于1988—1989年，所以甚至可以称得上是80后中的末代。关于"80后"，你们刚被社会关注的时候口碑似乎不太好。在我的观察中，你们的确有不同于"60后""70后"的特点：你们经常在校长信箱给我留言，宿舍里怎么没有空调，甚至没有电风扇；为什么洗澡要好多人共用一个大浴池，没有自己私人的空间；为什么食堂总是人满为患，经常要站着吃饭。这些是我们当年上大学的时候想都没想过的事,即便当时我们6个人、8个人一个宿舍,而我们对食堂的想象力还停留在吃饱就好的水平。我就觉得,你们这一代的确有些娇气,有些浮躁。但在你们的抱怨中,学校同时也在加大改造的力度,至少你们中很多同学已经不用再穿着拖鞋、拿着脸盆到公共大浴池洗澡了;在盛夏的时候,床头已经可以吊一个简单的风扇。虽然学校条件依然有限,但我看到你们抱怨归抱怨,你们快乐地融入集体氛围中,在不够完美的环境中汲取着知识的养分,体验着创新的愉悦,陶冶着情操,磨炼着意志品质;你们以开放的心态,在与国外政要、学术巨擘的交流中,在模拟联合国的讲坛上,随时迸发着智慧和自信。我发现,"80后"其实很率真,很可爱。

2010年北大周其凤校长本科毕业演讲视频
演讲人:周其凤
资料来源:腾讯视频

身为院士和校长的周其凤并没有说教,而是以校园一份子、以同为学习者的身份和姿态,将自己深受触动的两件事娓娓道来,不仅很好地与学子们建立情感纽带,而且引起了演讲者和听众的共鸣。这种共赴未来、共情共勉的演讲,会使大家留下持久的深刻印象,懂得该怎样去走好自己的人生之路。

(三)考虑听众的利益

在演讲或交流过程中,我们应该始终将听众的利益放在首位,了解他们的需求和期望,并提供与他们相关的信息和解决方案。

(四)使用清晰简洁的语言

避免使用过于专业化或复杂的术语,以免让听众感到困惑。使用简洁明了的语言,确保信息易于理解和消化。同时,使用具体的实例和图像化的描述,可以帮助听众更好地理解和记忆所传达的信息。

(五)交互与参与

与听众建立互动和参与是保持听众兴趣和专注的重要策略。通过提问、引发讨论或组织小组活动,激发听众的思考和参与,增强他们对话题的兴趣和投入感。

(六)调整演讲风格

不同的听众有不同的偏好和习惯。因此,应根据听众的特点和背景调整演讲风格。例如,对于年轻的听众,可以采用更活泼、互动性强的演讲方式;对于专业领域的听众,可以使用更专业、技术性的语言。富有幽默感的语言能创造轻松愉悦的演讲氛围,拉近演讲者与听众的距离,使演讲达到意想不到的效果。下面是马克·吐温在一次集会时发表的演说。

就在上个星期,盖特警长向深表忧虑的家长发表了主题为"本市青少年犯罪现象出乎意料地减少"的演讲。我和深怀忧虑的家长们听后都很兴奋,并为我们敬爱的警长送上了我们热烈的掌声。出乎意料的是,他事后不得不坐出租车回家,因为在会议结束后,他走到停车场,发现自己的车身下垫着木头,轮胎不见了。多了一张纸条,上面写着:"请原谅,我们还只是个孩子。"我感到庆幸,我的两条腿还在,我是走着来的,还可以走着回去。

马克·吐温的语言充满了幽默感,辛辣地讽刺了不作为和撒谎的警长。演讲的语言一旦具有了幽默感,就变得活泼、生动和有趣,同时会产生一种出乎意料的效果。

(七)注意非语言沟通

除了言语表达外,我们还应该注意非语言沟通的重要性。身体语言、面部表情和声音的调节都可以传达出我们的自信和真诚。通过保持良好的姿态、眼神接触和适当的手势,可以增强我们与听众的连接。

(八)灵活应对反馈

在与听众互动的过程中,应积极倾听他们的反馈和意见。因此,可通过提供机会让听众提问、回答他们的疑问或邀请他们分享观点等方式实现。对于负面反馈,应保持冷静并以积极的态度对待,以便改进我们的演讲或交流方式。

(九)适应不同的听众类型

不同的听众可能具有不同的心理特点和需求。有些人可能更注重逻辑和事实,而有些人可能更注重情感和个人体验。因此,应灵活地调整策略,以满足不同类型听众的需求,并确保信息能够与听众产生共鸣。

(十)引导和激励听众

在演讲或交流中,可以采用一些策略来引导和激励听众。这些策略包括:设定明确的目标和行动计划,鼓励听众采取行动,分享成功故事和激励性的报告。通过激发听众的动力和积极性,可以帮助他们更好地接受和应用传达的信息。

应对听众心理的策略是成功演讲和交流的关键。通过研究听众、创造共鸣、考虑听众的利益、使用清晰简洁的语言、交互与参与、调整演讲风格、注意非语言沟通、灵活应对反馈、适应不同的听众类型以及引导和激励听众,我们可以与听众建立更强大的连接和产生更大的影响力。通过运用这些策略,我们能够更好地满足听众的需求,增强他们的参与度和理解力,并最终实现我们的沟通目标。在实践中,应不断学习和改进策略。通过观察和反思演讲或交流的经验,发现哪些策略是有效的,而哪些策略需要调整或改进。同时,也可以向其他成功的演讲者或沟通专家寻求建议和指导,进一步提升表达能力。

【案例赏析与思考】

请欣赏下面的演讲,并结合本章的学习内容进行赏析,完成章节练习。

过有品位的大学生活

朱林生

著名作家柳青说过:"人生的道路虽然漫长,但紧要处常常只有几步。"大学四年就是你们人生最要紧的一步。怎样才能走好这一步、过一种有品位的大学生活?我想给大家推荐一组四则运算。

用梦想做加法,大学生活会更加充实。一份调查报告显示,排在"大学遗憾排行榜"首位的是"不知道自己想要什么"。可见,很多同学对为什么上学、将来要做什么、要过怎样的生活、成为什么样的人等基本问题缺乏思考,没有梦想。梦想催生志向,立志是一切成功的前提。你们的四年大学生活注定是极不平凡的。面对时代变革和历史机遇,同学们要勇担重任,立鸿鹄志,为国献身,为民请命,把"个人梦"融入"中国梦"的伟大事业,在实现中华民族的伟大复兴中实现人生价值。

用自律做减法,大学生活会更加高效。自律是一个人获得更高成就的重要品质。自律,就是自我管理和自我约束,做自己应该做的事,不做自己不应该做的事。以往的事实告诉我们,不少同学进入大学后犹如脱缰的野马、断线的风筝,在戳手机、打网游、刷朋友圈、看偶像剧中蹉跎岁月、迷失自己。所以自律并非与生俱来,舍弃更需要坚毅与智慧。希望同学们从今天做起,从点滴做起,从早睡早起、规律作息、坚持阅读、经常锻炼等日常生活做起,养成高度自律的习惯。

用奋斗做乘法,大学生活会更加精彩。奋斗是青春的底色,只有持续奋斗才能实现由量变到质变。希望同学们在奋斗过程中找到自己的兴趣所在,在奋斗过程中学会团队合作。大学的学习生活更强调团结合作,有效的合作可以帮助你们丰富知识、拓宽眼界、碰撞思想。希望同学们尽快融入各种团队,在合作中学会整合优质资源,最大限度地发挥个人优势,努力实现人生价值的倍增。

用豁达做除法,大学生活会更加从容。在大学里,同学们不仅要学习知识、提升能力,更要涵养品格。进入大学,你们不可避免地要经受挫折的历练、浮躁的诱惑、蜕变的痛苦、喧嚣的干扰。这就需要大家涵养豁达的品格,而涵养豁达的品格,形成坚毅的力量,最有效的途径就是与书为友,养成坚持阅读经典的好习惯,通过广泛涉猎,打破视野的局限,克服思维的障碍,在质疑中形成自己的判断,在感悟中开阔自己的心胸,在熏陶中升华自己的灵魂。

最后,真诚希望同学们能通过这样的"加减乘除",把自己经营好,在运筹帷幄中提升大学生活的品位,成就精彩的未来!

请结合本章内容,思考以下问题:
1. 这篇演讲稿从哪些方面体现了演讲的力量?请结合教材内容具体举例分析。
2. 请分析演讲者在演讲时采用了什么样的语言风格,是如何引发听众共鸣的。

【本章实训】

1. 观看一场著名演讲的视频,如马丁·路德·金的《我有一个梦想》或其他你喜欢的演讲。仔细观察演讲者的表达方式、姿态、肢体语言和声音运用。
2. 撰写一篇观后感,结合本章内容,分享你对该演讲的感受和学到的演讲技巧。
3. 你认为这位演讲者是怎样通过自信、道德观和针对听众心理等三方面成功传达演讲内容的?

本章小结

  本章深入探讨了演讲的力量,将其划分为四个关键部分:为什么要练习演讲,演讲的自信心,演讲的道德观,演讲的听众心理。

  通过这些内容的学习,加深读者对演讲技巧和演讲的重要性的理解,认识到演讲的力量是一种重要的社交技能,不仅可以在个人生活中提升交流能力,还可以在职业发展中推动个人成长。同时,了解演讲过程中需要考虑的伦理和心理层面。我们要不断练习演讲,增强自信,遵循道德标准,关注听众心理,努力成为更优秀、有影响力的演讲者。

技 能 篇

第四章　演讲内容

【学习目标】

① 了解演讲内容及其构成。
② 熟悉并理解如何准备演讲内容。
③ 掌握演讲内容的结构以及各结构在演讲中的作用。
④ 理解并掌握演讲内容的表达技巧。

【引导案例】

演讲内容就是演讲者要说的将文字、图片、故事、统计资料、比喻信息、饼状图以及数据按照一定顺序组织在一起,从而产生某种意义。

那么,什么是好的演讲内容呢?下面是张三为了激励他的员工、提高团队绩效所开展的演讲。

大家好!我叫张三,是这里的总经理。很高兴能站在这里发表我的演讲,我已经在这家公司工作16年了,期待这一天很久了。虽然我过去始终对我的工作充满热情和期待,但我过去确实是那种经常说"这可能永远也做不到"的人。我以前从来不相信我们能获得如今已有的市场份额。因此,今天我想让你们知道我对我们即将要做的事情是多么激动。我想让这里的每个人都做出承诺。我想让你们今天从这里走出去之后准备好承担重任。我知道我们可以做到这一点。运用新技术,再加上我们每个人的全情投入,我相信本季度我们的市场份额可以从10%提高到15%。

假如你是一名员工,这段演讲内容是否对你产生了激励作用?恐怕没有!因为整个演讲中,张三谈论的始终是他自己,除了他本人,可能不会再有人在意他说什么。听众不会自动对演讲者说的内容产生兴趣,他们并不在乎演讲者可以说出多少事实,听众只关注自己。当演讲者试图影响他人时,起作用的并不是演讲者自己想说的内容,而是听众想知道、想感觉到的东西。为了影响听众,演讲内容应当符合他们的需求,聚焦于他们最关注的东西。

为了更直观地感受这两种演讲内容的差距,请看张三另一次的演讲。

对你们许多人来讲,今年是艰难的一年。我们这个团队取得的成就已经证明了你们的毅力和承诺。我们的市场份额提高了,我们的产品正在改变更多人的生活。这一成绩的取得只依赖一件事,那就是你们的努力。谢谢你们!现在,尽管我们在竞争中保持领先,但是对手就在身后,且正向我们不断靠近。所有人都记得当我们遥遥领先于对手时我们是多么的自豪。现在,我们必须比以前更加努力工作,体现出我们对客户的服务水平是首屈一指的。现在是利用企业已创文化、已定战略及已得声誉,显示我们本色的时候了。我们每天都要努力,向人们展示我们的产品和服务仍然是市场上最好的。你们会与我并肩作战吗?

对比上述两段演讲内容,你有什么感觉?恐怕这次演讲的激励效果会更加显著一些。因此,好的演讲内容一定是从听众入手,传达与听众相关的信息。演讲者需要向自己提出的问题不是"我可以向他灌输多少信息",而是"要让他采取行动,他需要知道和感觉到什么"。不要用数据或者观点对听众进行轰炸,而是要学会如何快速地形成清晰的思维结构,从而引导听众经历一种体验。

本章第一节将介绍准备演讲内容的过程;第二节着重讲说话的体系结构;第三节探讨一些特别的技巧,通过使用故事、比喻、生动的语言、重复及问答等技巧,使演讲更加丰富。

第一节 精心准备,凡事预则立

为什么要在准备上花时间?如果没有准备,演讲的意向就不是明确的——你只不过是将你所想的大声说出来而已。如果不准备,演讲就很可能会变成演讲者想当然地只谈论自己想说而非听众需要知道的内容。如果没有换位思考听众的需要,那么演讲内容可能并不能获得回应或只获得很少的回应。因此,在想好说什么之前,演讲者首先要知道为什么要说这些话。

准备一个演讲内容有三个步骤——结果、关联性和要点。根据这三个步骤,提出三个准备过程中需要解决的问题:

(1)确定你想要的结果——你想要获得什么?
(2)找出关联性——为什么听众要关注?
(3)要点明确——在令人难忘的语句中,你要传达的信息是什么?

本节将带着这三个问题探寻如何准备演讲内容。

一、结果:带着目标去演讲

你想要什么结果?如果不明确这一点的话,你的演讲只是在传递信息,或者更糟糕——你正试图将自己知道的所有事情抛向你的听众。如果在对话或者演讲结束时,你想要一些事情发生,那么在你开始谈话或演讲之前,你就需要知道这些事情是什么。

（一）演讲的结果

一次有效的对话可能会产生三种积极的结果,具体如下:

(1) 你的听众洞悉了你的观点并转变了自己的心态。他体悟到之前未曾体悟到的一些东西。

(2) 你的听众因为这次对话有了新的决定。决定可能是当场做出,也可能是在对话之后做出。

(3) 你的听众采取了行动。他们确实当场做了一些事情,如在项目上签字、说了声"好"。

因此,进行一次演讲你想要获得什么,尽可能具体地回答出来,然后把它写下来。答案越明确,你成功的可能性就越大。用眼睛看着它,用耳朵倾听它,用指标量化它。

记住,检验成功的标准取决于他人的行为。因此,总要以听众的行为来判断你的演讲成果:"这次讲话结束时,我的听众(们)将会理解/决定/实施……"例如,"谈话结束时,小红将同意加入我们的团队"以及"演示结束时,董事会将通过我们的项目"。

理想的结果是很具体的。"让利益相关者更多地投入",这样的表述太笼统了。"谈话结束时,董事会将同意向我们的一期项目提供资金",这样的表述才是具体的。"我要鼓舞士气,振奋精神",也是笼统的。具体的表述应当是:"我说的话能让士兵们坚持走到下一座城池。"

东汉末年,曹操带兵打仗,在行军的路上遇到了很大的困难。荒原百里,没有水源,将士们都干渴难忍,体弱的士兵有的都已干渴得晕倒了。曹操看到这样的情形觉得非常难办。于是,曹操就急步登上前面的山头,查看前方的状况。当登上山头的时候,曹操失望了,放眼望去,依然是没有人烟,哪儿来的水源呢?不过,一个灵机一动,曹操想到了办法。

他回过头,对正处于干渴中的将士们说:"将士们,翻过前面的那座山,就有吃不完的梅子。"大家一听到梅子,想起梅子那酸甜的味道,口中都不由得流出了口水。于是,士兵们突然都有了力气,奋力向前。后来,他们终于到达了有水的地方,但是发现根本就没有梅子林。

故事出自南宋朝刘义庆《世说新语·假谲》:"魏武行役,失汲道,军皆渴,乃令曰:'前有大梅林,饶子,甘酸可以解渴。'士卒闻之,口皆出水,乘此得及前源。"这也是后来"望梅止渴"一词的典故。

陈述你的结果时,尽量避免类似以下的开头:"他们将更理解……""我将告诉他们……""他们将知道……""他们将考虑……"这样的开头会让演讲者的表述含糊不清。

演讲的结果应当是可以实现的。它们是在演讲时就可以实际做到的一些事情。一次演讲不可能让一个公司转型,但对一个幻想破灭的团队来说,一次演讲可以重塑其精神风貌。演讲者需要找到一种方法,让自己想要的结果可以被验证,并在演讲结束后检查自己取得的进步、了解是否已经实现了目标。

（二）"三件事"原则

演讲者想将听众从A点移动到B点。听众为了做出转变,必定有一些东西需要了解和学习,这些东西就是演讲内容的基础。想象一下在演讲结果标题下有一个小小的下拉式菜单:为了取得你想要的演讲结果,听众需要知道哪三件事情?

这时,大多数人可能会陷入一个误区——列出一个长长的单子,想告诉其他人一连串的事情。但是,准备好的演讲内容需要演讲者严格要求自己,不是将它们归纳为七件,也不是十二件,而是只有三件。"三件事"原则将会确保演讲者远离听众抱怨演讲的第一项:信息量过大。

现在,假设你正试图激励和鼓舞一群人更加努力地工作,争取超过上一年的业绩——然而,你无法给他们更高的工资。在这种情况下,他们需要知道些什么呢?

他们需要知道以下三件事:新产品套装的上市时机实属千载难逢;与往年相比,今年为他们增加了新的工作设备;你将身体力行帮助他们介绍产品、拜访客户并促成交易。

(三)用情感影响听众决策

通过上述步骤,你可以明确作为演讲者需要达成的结果,了解为达成目的听众需要知道什么。然而,人们是严格根据他们所知道的事情做出决策的吗?当然不是。

世界神经科学的相关研究已经揭示,在做出决策过程中大脑是如何发挥作用的。神经学家安东尼·R·达马西奥讲述了"艾略特"的故事。艾略特是一位功成名就的律师,因为肿瘤接受了大脑右侧切除手术。手术后,艾略特在许多方面都正常如初,但他不能再做任何决策了,即使是最简单的决策也无法做出。达马西奥的研究首次证明:人类的决策不是经由处理数据和信息的左脑做出,而是由处理故事、情感、色彩以及幽默的右脑做出,这一点与人们的预想正好相反。

该研究结论产生的影响无疑是惊人的。只向听众提供信息是不够的,因为人并不是基于逻辑,而是根据感觉做出决策。倘若演讲者不是对着负责情感的那一边大脑说话,那么你就不是对着决策者说话;倘若你没有激发他人的情感,那么你就得不到自己想要的结果。商务咨询专家和作家艾伦·卫斯说过:"逻辑令人思考,情感促人行动。"

因此,演讲者需要在刚刚演讲结果的下拉式菜单中增加重要的一项内容:为了取得你想要的结果,听众需要感受到什么?明确你的演讲想要听众有什么样的情感体验,并为推动其产生这样的情感体验做准备。

首先,从你脑海里向往的结果开始:"我想让听众最终体验到什么样的情感?"你想让他们满怀希望吗?备受鼓舞?抑或是让他们激动、安心、下定决心、乐观?请写下你的答案。然后,选择另一种与之前的情感相对照的情感,这种对照是很重要的,因为千篇一律会使人感到单调。就像色彩一样,在对照之下,一种情感才会得到增强。

就如画家在作画之前,面前摆着完整的调色板一样,作为一名演讲者你也有许多情感可以选择。清晰的解释可以让听众萌生安心、平静、信任的感觉;警示性的寓言可以使听众有紧迫感,特别是当你对即将发生的危险发出警告时,紧迫感就是很有力的促使听众行动的驱动器。

不要因为危险和威胁而远离深色的情感基调,但也不能用过了头,不要学那个喊"狼来了"的男孩。如果你将任何事情都描绘成紧迫的事情,身为演讲者的信誉将很快受到影响,你演讲的说服力也将下降。因此,当你试图对听众施加影响时,需要将好、坏两方面都考虑到。

为了理解情绪对照的奥妙,可以品析一下英国首相温斯顿·丘吉尔的就职演讲。在这一演讲中,丘吉尔献出他的"热血、辛劳、泪水和汗水",以便"不惜一切代价取得胜利",用以激励英国人继续与看似不可战胜的敌人——纳粹德国作战。

热血、辛劳、汗水和眼泪

温斯顿·丘吉尔

上星期五晚上,我奉陛下之命,组织新的一届政府。

按国会和国民的意愿,新政府显然应该考虑建立在尽可能广泛的基础上,应该兼容所有的党派。

我已经完成了这项任务的最主要的部分。战时内阁已由五人组成,包括工党、反对党和自由党,这体现了举国的团结一致。

由于事态的极端紧急和严峻,新阁政府须于一天之内组成,其他的关键岗位也于昨日安排就绪,今晚还要向国王呈报一份名单。我希望明天就能完成几位主要大臣的任命。

其余大臣们的任命照例得晚一些。我相信,在国会下一次召开时,任命将宣告完成,臻于完善。

为公众利益着想,我建议议长今天就召开国会。今天的议程结束时,建议休会到5月21日,并准备在必要时提前开会。有关事项会及早通知各位议员。

现在我请求国会做出决议,批准我所采取的各项步骤,启事记录在案,并且声明信任新政府。决议如下:

"本国会欢迎新政府的组成,这体现了举国一致的坚定不移的决心:对德作战,直到最后胜利。"

组织如此规模和如此复杂的政府原本是一项重大的任务。但是,我们正处于历史上罕见的一场大战的初始阶段。我们在其他许多地点作战——在挪威,在荷兰,我们还必须在地中海做好准备。空战正在继续,而且在本土也必须做好许多准备工作。

值此危急关头,我想,即使我今天向国会的报告过于简略,也当能见谅。我还希望所有在这次改组中受到影响的朋友、同僚和旧日的同僚们对必要的礼仪方面的任何不周之处能毫不介意。

我向国会表明,一如我向入阁的大臣们所表明的,我没有什么可以奉献,有的只是热血、辛劳、眼泪和汗水。摆在我们面前的是一场极为痛苦的、严峻的考验。在我们面前,是充满斗争和苦难的漫长岁月。

若问我们的政策是什么?我的回答是:在陆上、海上、空中作战。尽我们的全力,尽上帝赋予我们的全部力量去作战,对人类黑暗、可悲的罪恶史上空前凶残的暴政作战。这就是我们的政策。

若问我们的目标是什么?我可以用一个词来回答,那就是胜利。不惜一切代价,去夺取胜利——不惧一切恐怖,去夺取胜利——不论前路如何漫长、如何艰苦,去夺取胜利,因为没有胜利就不能生存。

我们务必要认识到,没有胜利就不复有大英帝国,没有胜利就不复有大英帝国所象征的一切,没有胜利就不复有多少世纪以来的强烈要求和冲动:人类应当向自己的目标迈进。

但是,当我们挑起这个担子时,我是心情愉快、满怀希望的。我深信,人们不会听任我们的事业遭受失败。此时此刻,我觉得我有权利要求大家的支持,我要说:来吧,让我们同心协力,一道前进!

《热血、辛劳、汗水和眼泪》影视作品演讲视频
演讲人:温斯顿·丘吉尔
资源来源:哔哩哔哩视频平台
发布人:目瞪狗呆老乔尔

二、关联性:从听众出发去准备

任何演讲者都可能犯的一个大错误就是,没有首先明确为什么听众应当重视你说的内容,而是直接向他们传达信息。如果没有人在乎你说什么,也就没有人会听你说什么。

通过问自己两个问题,你就会明白说话的关联性有什么意义:为什么听众要重视你的话?对他们来说你的话有什么价值?这就完成了三件重要的事情:

(1)让听众兴致盎然、全神贯注。
(2)直接向听众证明你心里装着他们最感兴趣的东西。
(3)避免了听众发出"与我无关"的抱怨。

准备演讲内容时,给自己三个合理、充分的理由,说明为什么听众应当在乎你说的内容?你说的话对他们来讲有什么利害关系?他们会收获什么,失去什么?它为什么重要?将这些问题总结起来就是要认真思考:"演讲内容的热度在哪里?"

三、要点:清晰有力传达重点

如果不明确一次演讲的要点是什么,我们就可能在演讲时喋喋不休,这会导致演讲缺乏要点。没有要点正是糟糕演讲让人反感的核心问题之一。你可能花了一个月为演讲精心准备,可悲的是,尽管你很努力,但晚上听众的脑袋一碰枕头,就把你说过的90%的内容忘在脑后了。因此,演讲者需要明确:你想要听众记住什么?

你的要点就是你要传达的信息,将其用容易记住的一个短语或句子表达出来。当然,这不是简化你的演讲,而是将你的想法进行提炼和说明,使之成为一个简单的关键要点,就像经过长距离飞行的箭头一样,它最终会射向一个中心点。不求悦耳动听,只要清晰即可。运用最直接的、最强有力的语言表达它,例如:"如果我们要抓住这次机会,我们就必须在接下来的30天里不断跟进。""我们要负全责。""我们需要对预算支出进行更严格的控制。"

在你进行演讲之前要养成提炼要点的习惯,这是很好的练习方式。在很多情况下,人们会问:"你的要点是什么?"如果你不能当场简洁、清晰地回答这一问题,那么你演讲的吸引力可能因此消失殆尽。

四、综合考虑:统筹规划并列出大纲

准备一次演讲之前,按照本内容做准备:明确演讲的结果、找到关联性、提炼要点。这些过程花不了多长时间,却会极大地提高你演讲的影响力和吸引力。本节最后提供了一份

沟通大纲，它适用于任何谈话的准备过程。在这份大纲中添加了一些要素，下一节的内容会对这些要素做出解释。

沟通大纲

听众是谁：
_____
_____

步骤1——结果：谈话结束时，听众将……决定/同意
_____

为了取得这一结果，他们需要……

知道：1._____
2._____
3._____

感到：1._____
2._____

步骤2——关联性：为什么他们应当在乎？

1._____
2._____
3._____

步骤3——要点：用一句话表达你要传达的信息是什么？
_____

经典的叙述结构：

| 坡道：从目的开始 | 发现要点：从听众需要知道的内容获得要点 | 甜点：故事 |

【演讲实践】

假设你是一家大型企业的人力资源部部长，将要为一个开发项目制订领导力发展计划，而你需要高层管理团队批准已制订的预算。请问：如何为你的演讲准备一份大纲？下面给出了一则示例：

沟 通 大 纲

听众是谁：

高级管理人员

步骤1 —— 结果：谈话结束时，听众将……决定/同意

　　为提出的领导力开发项目拨款二十万元

为了取得这一结果，他们需要……

知道：1. 在未来五年内胜任高级管理职位，我们的经理人尚没有做好准备。

　　　2. 该项目实施带来的利益。

　　　3. 实施该项目的成本。

感到：1. 对于未来的领导力，我们公司还没有一项规划的紧迫感。

　　　2. 对于新项目感到很振奋。

步骤2 —— 关联性：为什么他们应当在乎？

1. 如果我们不培养下一代的领导人，整个公司的稳定性将会被破坏。
2. 他们为曾经创造的历史感到自豪，他们想为公司的发展竭尽全力。
3. 董事会已经特别要求为培养下一代领导人制订一份综合计划。

步骤3 —— 要点：用一句话表达你要传达的信息是什么？

　　我们的未来取决于今天对未来领导人的投资

经典的叙述结构：

| 坡道：从目的开始 | 发现要点：从听众需要知道的内容获得要点 | 甜点：故事 |

第二节　巧设结构，起承转合"抓住"听众

　　经过上一节的学习，请确保你的演讲关注结果，与听众有关联，并且要点明确。如此一来，你已经完成了准备阶段，应该开始综合考虑如何把自己的思想搭建在一起。就像创作任何一本书、一部电影、一出戏剧一样，你的演讲包括三个部分：开头、主体和结尾。

　　每一部分都有不同的作用：开头是要引起听众的注意，交代听众听你讲话的理由。成

功的开头会令听众的大脑活跃,让他们身体前倾,专心听你接下来会说些什么。作为主体的中间部分,会提供演讲的主要内容,从这里听众会得到他们需要的内容。结尾的作用是创造一种感觉。因为我们是基于情感而非逻辑做出决策的,所以激发听众需要的情感,感动他们,促使他们采取行动是最重要的一点。

演讲稿开头、中间和结尾部分就像一个三角形,倘若去掉任何一边,整个结构就会垮掉。但是,人们往往在不经意间忽略了开头和结尾。没有一个引人入胜的开头,就不会有接下来的演讲,因为听众会在短时间内决定他们是否会全神贯注地听你讲话。如果你的开头呆板而不富于变化,那么在你的讲话到达中间部分之前,听众就已经在开小差了。如果你的结尾令人失望,那么听众也会很快忘记你之前的精彩内容。

下面将从开头、中间和结尾帮你构建演讲结构,分别提供建议帮助构建你的演讲结构。

一、坡道:巧妙开场,一句话引起听众最大兴趣

(一)构建坡道

大多数演讲者在开口说话之前就已经犯了第一个错误,而这个关键问题可能会令你说的任何事情都变得毫无意义。也就是说,你认为所有的听众都在听你说话,但事实上他们没有。

你不能认为,人们坐在椅子上就表示他们正关注着你。在告诉听众听你讲话的理由之前,他们是不会在乎你说什么的,他们在乎的是自己的事情。设想每一位听众都背靠椅子,双腿交叉,双臂抱紧,这是什么情形?这表明你的发言开头没什么要点。直到听众身体前倾,坐在椅子边上,急切地想听到你将说些什么,这才表示你说的话吸引了他们。做到这一点的方法就是构建我们说的"坡道"。

坡道就是演讲时你一开始说出的那几个句子,能够马上吸引听众的注意力,并有足够高的坡度,这样,无论接下来你说什么,都会引起听众的兴趣。这就像跳台滑雪,坡道会改变你冲击的角度,将你推送到一个更高的水平。在听众的脑海里,它会提升你讲话的重要性,将你说的内容放到一个更高的层次上。一旦听众开始关注你将要说的内容,那么他可能会一直倾听你后面的讲话。这时,你的演讲才有可能成功。

如何在演讲过程中建立一条坡道?首先回忆一下本章第一节内容,然后结合位于第一节后的【演讲实践】看看关联性是如何发挥作用的。示例中断定公司里的高级管理人员对领导力培养项目很重视:① 如果他们不培养下一代的领导人,整个公司的稳定性将会被破坏;② 他们为曾经创造的历史感到自豪,他们想为公司的发展竭尽全力;③ 董事会已经特别要求为培养下一代领导人制订一份综合计划。

利用听众在乎的这三个理由,将它们像珍珠一样串起来成为一条项链。这样做确保你一开口就向听众证明了你很在乎他们的需要。因此,你可以构建这样的一条坡道。例如:

在座的每一位都为公司的成功做出了巨大的贡献。你们当中的许多人都是公司的创立者。你们一起创建了这家公司,在你们的努力下,公司成为行业里的佼佼者。但是,女士们、先生们,我们现在面临一个挑战:在接下来的七年中,你们中有35%的人会退休,而我们还没有储备好领导人,以便在未来带领我们前进。

这就好像我们的一次航行,在出发时有充足的补给让我们到达目的地,却没有充足的补给让我们回家。如果我们现在不采取行动,那么公司的未来就成败难料了。

在接下来的45分钟,我将向大家介绍我们做的一些研究,这些研究将会告诉大家缺口在哪里,我们需要做些什么以及这个项目需要的支出。在本次演讲结束时,我希望各位能表决同意资助这一意义深远的项目。

从上述示例可以看出,关联性是如何引出沟通大纲中"坡道"的。

将上例的开头与下面这种更为常见的开头做对比,并注意自己的心理反应。

各位,早上好!很高兴今天能在这里演讲。感谢你们在百忙之中抽出时间来听我的演讲。在开始我的演讲之前,我要特别感谢马来先生,是他组织了今天的演讲活动。在进入正题之前我先介绍点琐事:卫生间在大厅的左边。我已经吩咐小丽将有关计划的详细材料分发给各位。她马上就会把资料发给大家。

我对领导力非常感兴趣,并准备了66张幻灯片,列出了我的团队以及我个人制订、实施此计划的过程。我认为,我们制订的计划和步骤可以创造出非常好的领导力培养项目。在接下来的45分钟,我将展示这些幻灯片,你们可以随时打断我、提任何问题,我将很乐意作答。

你注意到什么问题了吗?首先,在这个开头中最常用的一个词是什么?是"我"。但再回到我们之前反复提及的:听众关心的是谁?是他们自己!这样的开头关注的是演讲者自己,而不是听众。因为在这段演讲中,"我"出现了十二次,而"你(你们)"仅出现了两次。其次,演讲者把宝贵的时间浪费在了无关紧要的琐事介绍上,在关键的前几秒就处于不利地位了。这会让听众感觉你说的内容都不怎么重要,就算他们走神都没关系。然而,这一演讲真正的关注点,也是你如此紧迫地发表这场演讲的原因,却丝毫没有被提及。此外,演讲者在开头就告诉我们这次演讲用时很长,让人厌烦。

演讲者必须将注意力从自己身上转移到听众身上。历史上最成功的演讲者之一,亚伯拉罕·林肯说过:"当我准备与一个人辩论时,我会花三分之一的时间考虑我自己和打算说的话,花三分之二的时间思考对手以及他将要说的内容。"一个简单的、能确保你将关注点放在别人身上的技巧就是:掌握好使用人称代词"我"与"你(你们)"的恰当比例——这是帕特里夏·弗里普发明的一种方法。在你的讲话中,用一次"我",就要用十次"你(你们)"。一定要记住,开口说话时用"你(你们)"会帮助你构建一个良好的演讲开端,因为你谈论的正是听众喜爱的主题。

(二)七秒法则

设计演讲开头时,切记要让它出众、干净、利落。你每天都在有意或无意地做决策,决定对不同的事情投入多大的关注——听众也是如此,要吸引他们的注意,就得遵守演讲的"七秒法则"。已有研究证明,当你站在一群人面前发表演讲时,听众在做出是否听你演讲的决定之前,你只有七秒的时间可以利用。

这是个巨大的挑战,因为在大多数情况下,在你开口说第二句话之前,七秒已经过去了。如果在七秒钟内你只能说一句话,那么千万不要说"早上好"或"谢谢某人的光临"这样的话来浪费时间。明智的做法应该是,马上向听众证明你将带给他们的价值,说一些有意义的、有价值的话,向听众展示:① 你理解他们的处境;② 你的演讲会帮助他们。

如果你确实需要唠叨家常、介绍自己或这次演讲的议程安排，那么把这些事放在开场之后再说。议程安排不是开场白，"早上好，感谢大家的光临"不是开场白，告诉人们你能发表演讲有多么高兴也不是好的开场白，因为这些都是可有可无的闲话。当听众听到这些话时，他们马上就收到了一个信号——接下来要讲的东西没什么重要性可言。

大多数演讲者在最初的5～10分钟之后才兴奋起来，进入良好的状态。可关键问题是，演讲者变得兴奋需要占用听众的时间。在5～10分钟之后，演讲者到达最佳状态时，听众已经无法再将注意力放到演讲本身了。他们可能依然坐在那里，但是并没有关注你的演讲，你可能得付出双倍的努力才能再次引起听众的兴趣。

因此，要有一个"干净利落的开头"。这样的开头没有"早上好""感谢各位光临"这样的话，不要因为礼貌而进行毫无意义的寒暄，不要浪费听众的时间以示对他们的尊重，开门见山直接切中要害，要尽可能快地吸引听众的注意力。如果需要介绍自己，那么可以在已经吸引了听众的注意力之后进行。

有时候人们会说："我想把最好的东西留到最后。"事实上，如果你没有把最精彩的内容放到前面并以此打动听众，那么听众无论如何也不会坚持到最后。在新闻界，有人将开头称为"引子"。"不要埋葬引子"，这是新闻类院校传承的理念。记者们都明白：很少有读者会完整地将报纸上的故事从头到尾看完。因此，开头就要抛出最精彩的内容。"不要埋葬引子"，倘若你没有在开头就运用好它们，那么它们就再也派不上用场了。机不可失，时不再来。

(三) 开场策略

为架构一个好的演讲坡道，可以采取下面列出的一些有用的开场策略。

1. 以"你（你们）"开头

这样做会给演讲带来直接的好处，说明你谈论的是听众喜爱的话题——关于他们自己的。直接而明确地表现出你理解和在乎听众的处境及感受。

2. 运用强大的统计数据或"性感数字"

"性感数字"包含能给听众带来惊喜的元素，它们会让听众精神振奋并关注你说的内容。

3. 提出问题

例如，"你们当中有多少人花了人生近一半的时间开会？""有没有人知道2000年中华鲟的数量是多少？现在的数量呢？""你们当中有多少人认为自己就读的学校应当做得更好？"闻一多先生的《最后一次讲演》就用了这样的技巧以发人深省。

这几天，大家晓得，在昆明出现了历史上最卑劣最无耻的事情！李先生究竟犯了什么罪，竟遭此毒手？他只不过用笔写写文章、用嘴说说话，而他所写的、所说的，都无非是一个没有失掉良心的中国人的话！

大家都有一支笔，有一张嘴，有什么理由拿出来讲啊！有事实拿出来说啊！为什么要打要杀，而且又不敢光明正大来打来杀，而偷偷摸摸的来暗杀！这成什么话？今天，这里有没有特务？你站出来！是好汉的站出来！你出来讲！凭什么要杀死李先生？杀死了人，又不敢承认，还要诬蔑人，说什么"桃色事件"，说什么共产党杀共产党，无耻啊！无耻啊！这是某集团的无耻,恰是李先生的光荣!李先生在昆明被暗杀,是李先生留给昆明的光荣!也是昆明人的光荣!

《最后一次讲演》影视作品视频

演讲人:闻一多

资源来源:哔哩哔哩视频平台

发布人:爱吃朝天椒的喵酱

4. 让听众感到震惊

将演讲要论及的内容加以适度夸张或以常人未曾想过的角度予以渲染,以引起听众的重视。美国一家广播公司在宣传无线电传播作用的科普演讲中这样开头。

各位可知道,一只苍蝇在纽约的一个玻璃窗上行走的细微的声音,可以用无线电传播到中美洲,而且还能使它扩大到像尼加拉大瀑布般惊人的声响。

5. 坦白

演讲的开场白要表现得直率、纯正一些,如女性科学家颜宁在电视节目《开讲啦》中的演讲开场白。

其实科学家,大家不要想象得这种高高在上,好像说出来(的)都是"子曰",那不是科学家。然后谈必爱因斯坦、牛顿,不是这样子的。其实我们做的是非常有趣的研究,就是把大家日常生活中的"想当然"不断地深入挖掘下去,或者说我们总是想找出它的分子基础,找出它的物质基础,这就是科学家的世界,而且这个世界其实很美妙。

《女性科学家去哪了?》完整演讲稿与演讲视频

演讲人:颜宁

资源来源:哔哩哔哩视频平台

发布人:天空城心软的神

6. 运用"想象"这个词

例如,想象一下这种情况。三年前,新的体育馆已经落成,我们的队员刚刚拿了他们的第一个篮球冠军……"想象"这个词具有不可思议的力量,因为它让演讲变成了互动式交流。在演讲过程中,听众从被动的一方转变成了积极的参与者,成了思想和愿景的共同创造者。

7. 讲述历史逸事

例如,廖济忠的《做个敢于奋斗乐于奉献的人》演讲是这样开头的。

让我们先听一个故事:秦代的大政治家李斯出身下层,地位卑贱。有一次上厕所,他看见厕所的老鼠吃的是肮脏的粪便,还时时遭到人和狗的惊扰,由此他想到躲在谷仓的老鼠吃的是金黄的稻谷,住的是敞亮的仓房,一天到晚自由自在,于是他发誓要改变自己的生活环境和卑贱的地位。经过一番艰苦奋斗,他的确成功了,赢得了"秦之文章,李斯一人而已"的美名,达到了"富贵极矣"的地步。但他从此贪恋富贵,患得患失,而对奸臣的胡作非为一再妥协退让,最终落得个全家丧命的可悲下场。

《做个敢于奋斗乐于奉献的人》完整演讲稿
演讲人:廖济忠
资料来源:百度文库
发布人:夫唯不争

8. 讲故事

这里的故事分为两种:

一种是演讲者自身的经历,找出你演讲里他人感兴趣的内容,将其作为重点利用对象。用人物将你的材料串起来,典型案例如诺贝尔文学奖获得者莫言在瑞典学院发表的题为《讲故事的人》(storyteller)的演讲,通篇用他的母亲作为关键人物。

通过电视或网络,我想在座的各位对遥远的高密东北乡,已经有了或多或少的了解。你们也许看到了我的九十岁的老父亲,看到了我的哥哥姐姐、我的妻子女儿,和我的一岁零四个月的外孙子。但是有一个此刻我最想念的人,我的母亲,你们永远无法看到了。我获奖后,很多人分享了我的光荣,但我的母亲却无法分享了。

我母亲生于1922年,卒于1994年。她的骨灰,埋葬在村庄东边的桃园里。去年,一条铁路要从那儿穿过,我们不得不将她的坟墓迁移到距离村子更远的地方。掘开坟墓后,我们看到,棺木已经腐朽,母亲的骨殖,已经与泥土混为一体。我们只好象征性地挖起一些泥土,移到新的墓穴里。也就是从那一时刻起,我感到,我的母亲是大地的一部分,我站在大地上的诉说,就是对母亲的诉说……

我记忆中最早的一件事,是提着家里唯一的一把热水壶去公共食堂打开水。因为饥饿无力,失手将热水瓶打碎,我吓得要命,钻进草垛,一天没敢出来。傍晚的时候我听到母亲呼唤我的乳名,我从草垛里钻出来,以为会受到打骂,但母亲没有打我也没有骂我,只是抚摸着我的头,口中发出长长的叹息。

我记忆中最痛苦的一件事,就是跟着母亲去集体的地里拣麦穗……

《讲故事的人》演讲视频
演讲人:莫言
资料来源:哔哩哔哩视频平台
发布人:励志演说君

另一种则是寓言故事或童话故事,如新东方的创始人俞敏洪在北京大学发表的题为《把平凡日子堆砌成伟大的人生》的励志演讲。

有一个故事说,能够到达金字塔顶端的只有两种动物:一种是雄鹰,靠自己的天赋和翅膀飞了上去;另一种就是蜗牛,一点点爬上去的。我相信蜗牛绝对不会一帆风顺地爬上去,一定会掉下来、再爬,掉下来、再爬。但只要爬到金字塔顶端,蜗牛所看到的世界、收获的成就,跟雄鹰是一样的。

到今天为止,我一直认为自己是一只蜗牛,一直在爬。只要你在爬,就足以给自己留下令生命感动的日子。我常常说:如果我们不为自己留下一些让自己热泪盈眶的日子,那么你的生命就白过了。今天,我想和大家分享的就是:人的进步是一辈子的事情。

《把平凡日子堆砌成伟大的人生》朗读音频
演讲人:俞敏洪
资料来源:荔枝FM
发布人:一明演说

二、路线图:耐心引导,带观众了解演讲流程

一旦你构建坡道并吸引了听众的注意,你就可以在开头部分添加第二种元素,我们称这种元素为"路线图"。想象一下,你正驾车行驶在旅途中,为了让你的乘客高兴,你需要告诉他们目的地在哪里,你们将走哪条路线以及到达目的地将需要多长时间。同样,你的演讲路线图也应当说明三件事情:

1. 告诉听众你的演讲有多长

听众需要知道他们得听多长时间,因此,告诉听众这一点。"我将会用15分钟的时间做介绍。然后,我们用15分钟的时间进行圆桌讨论,在此期间,我可以回答你们提出的任何问题。3点钟,我们的会议结束。"

2. 让听众预览你的议程安排(要向听众保证你有一个议程安排)

"根据我们目前的领导力水平,我们将研究领导力的发展。从现在开始5年之内我们需要提高到何种水平,以及为了实现我们的目标需要做哪些事情。"

3. 设定互动规则

人们都想参与进来。在演讲的过程中你想让他们提问吗?还是希望他们在问答环节再进行提问?如果你什么也不说,那么可能会发生两种情况:① 你什么问题也得不到;② 你的讲话会被打断。作为演讲者,你需要掌控整个局面。在路线图中明确可能的互动规则,如"如果有问题,请等到提问环节"或"这是一次公开的讨论,请你随时提问"。虽然这也不能保证听众不会打断你,但是确实有利于你更好地掌控整个演讲进程。

演讲者通常在提出路线图时会犯两个错误:① 完全没有路线图;② 告诉观众过于复杂烦琐的路线图。

今天,我将谈谈七个新兴领域的产品开发问题。我将介绍如何将新产品纳入我们的战略重点,如何对新产品进行营销,如何制订销售战略。我们还要研究它对公司结构造成的影响。我还要向大家介绍四位新的团队成员。最后,我要跟大家谈谈我们新的人力资源团队制订的新的领导班子计划。好,现在就开始吧!

难道这样的路线图没有让你的心沉下去吗?演讲还没有开始你可能就已经筋疲力尽了。注意:路线图要简洁——不要超过三项。你的路线图里包含的三项内容将会是三个发现要点,即下一部分"发现"的内容。

三、发现：循序渐进，刺激听众主动发现演讲要点

你已经用坡道捕获了听众的注意力，并且用路线图告诉了他们目的地。你已经完成了开头部分，现在应该进入演讲的主体部分了。正如我们前面说过的一样，演讲的中间部分要提供知识。这样的知识可能是你将要提供的新信息，也可能是他们已经知道但需要强化的知识，但无论如何不能只是你碰巧下载下来放在幻灯片上的陈旧数据，也不能只是你想说的任何事情。它是为了达到你想要的结果，听众需要知道或发现的知识。

我们将这部分称之为"发现"。因为从理论上来讲，你将要说出自己的见解从而刺激听众发现些什么，而不是强制性地将信息灌输到他们的大脑里。发现可能很简单，如一些人终于弄明白了一个一直令他们困惑的问题。它是脑部的一种兴奋活动——人们喜欢那种自己想清楚某些事情的感觉。"哇！原来如此。"他们会享受到这样的感觉。

我们将发现部分浓缩为发现的三个要点，建议演讲者严格将中间部分的讲话归纳为三个要点，即使你确定至少有十七个要点需要阐述也得如此。

为什么是三个呢？"三"是个广泛使用的数字。三角形是世界上最稳定的结构。坦率地说，人们想要处理的事情大约是三类，容易学习、容易记住的事情也是三类。已有的研究发现，大脑并不是像录像机那样不间断地记录数据。相反，它会将信息进行有意义的分类、切割。将你的数据切割为三类，这意味着你已经对所提供的信息进行了整理，用听众的大脑想要加工的方式进行了整理。无论你要说什么，也无论你说的内容有多复杂，创造一个三要点的结构。向听众以及你自己说明三要点，听众和你都能清晰地知道演讲内容。

想一想，如果你听到下面的话，你的心底有多沉！"我打算谈谈我们公司自创立以来的十六次大的进展……"但是，现在想象一下演讲者这么说的感觉："我将谈谈本公司的三个领导时代：我们的过去、现在和未来。"你感觉到了吗？简单、容易，带来一种解脱感。你知道你的目的地在哪里，并且听起来不吓人。这一例子演讲者并没有将内容简化，却将复杂的事情说得清楚明了。下面还是感受温家宝在美国哈佛大学发表题为《把目光投向中国》的演讲段落。

中美两国相隔遥远，经济水平和文化背景差异很大。但愿我的这篇讲演，能增进我们之间的相互了解。

要了解一个真实的、发展变化着的、充满希望的中国，就有必要了解中国的昨天、今天和明天。

昨天的中国，是一个古老并创造了灿烂文明的大国……

今天的中国，是一个改革开放与和平崛起的大国……

明天的中国，是一个热爱和平和充满希望的大国……

注意他的路线图：昨天的中国—今天的中国—明天的中国。

将发现三要点当作寻找思想的摇篮。你所有的内容，包括数据、信息故事、逸事、统计、引言、图标等，都可以分类放进这三个篮子里。这样的三个发现要点为你的演讲内容提供了一种易于理解和记忆的结构体系。无论你需要讨论多少事情，都需要将内容进行分类，类别不要超过三种，或者要点不超过三个。那么，怎么才能知道演讲内容中哪三个是好的

发现要点呢？别担心，为找出它们你已经做了必要的工作。回想第一节的准备过程，为了得到你想要的结果，听众需要知道哪三件事情？

没错，你认定的那三件事情就是三个发现要点。返回去并且将你的三个发现要点插入到路线图里。找到三个发现要点后，接下来你就可以设计演讲的中间部分了。你可以运用故事、比喻、生动的语言和统计材料等来充实你的每一个发现要点。

四、总结：强化重点，加深印象

如果你的讲话已经超过了五分钟，在你完成发现部分的内容之后，听众需要一个总结。他们需要你提醒一下，使得听众能记得你前面讲的大致内容。简单做一个总结，重点是如何将相关部分融合在一起。最好是在问答环节之前做总结，因为总结会提醒人们想到他们想要提问的内容，这样会促进交谈。

总结应当是清晰、明确、简短的，但不能草草了事。如果你的演讲中有要求，那么先做总结、然后提出要求。这是提出要求的好时机，因为你已经有效地完成了你的工作，已经将听众带到一个最佳状态了。下面是有关总结的一个例子。

今天，我们已经讨论了是否应当向我们学校的艺术表演投入更多资金的问题（这是你的要点）。我们已经明白了潜在的利益、也清楚了可能的投资成本、也解释了我们的五年规划，即要将综合性的艺术表演带到这个区里（这些是你的三个发现要点）。女士们、先生们，你们将要做出一个重要的决定。在你们投票之前，如果有什么问题请提出来，我会认真予以回答。

五、注意：切忌以问答环节结束

大多数正式的演讲都包含问答环节，因为听众总是想与你进行交流、对话的。然而，大多数人都将提问环节放到了演讲的最后，这可能是个糟糕的做法。想象一下，你费尽心力好不容易在演讲结束时将听众带到了一个最佳的状态，你做得很不错，你得意扬扬地结束了讲话，然后说："我们还剩下15分钟，有什么问题要问吗？"底下一片沉寂，"有人提问吗，一个问题都没有吗？"仍然没有人说话。你环顾四周，越来越感到失望："确定没有问题吗？"底下的每个人都局促不安，都不敢看你的眼睛。"那么，好吧，"你喃喃自语道，"我想我该结束演讲了。嗯，谢谢大家来捧场……"最后的这个提问环节完全破坏了之前良好的效果。

还有更糟糕的：你的演讲很顺利，而到了问答环节，你碰到了咄咄逼人的提问者。他坐在底下听完了你的整个演讲，耐心地等待提问时间的到来。然而，事实上他并没有问题要问，在他心里只有一个自己的安排，那就是在大庭广众之下向听众证明他比你聪明，因为他发现了你讲话中的漏洞。他可能会问你这样的问题："你从哪里得到的数据？你说我们第3季度增长了12.6%，但是碰巧我知道仅仅增长了11.9%。"无论你多么巧妙地回答这个问题，你的信誉都会受到影响。听众目睹了发生的一切。你为了从情感上打动听众所做的一切努力都付诸东流。如果你已经带着听众踏上了一次情感之旅，此刻，你又快速地跌落了下去。

尽管有以上风险,我们仍然建议:演讲时尽可能地包含问答环节,这是与听众建立联系、建立互信的好方法。但是,你必须确保在问答环节之后有一个强大的结尾,结尾往往会产生令人意想不到的结果。人们会记得他们最后时刻听过的内容和体验过的感觉。一部电影的结尾应当是非常完满的,一本书的最后一章也必须是最好的。在一次演讲中,最后的三分钟必须将所有的内容连接在一起,将听众带到最佳状态。你邀请人们去自己家,用诱人的美食招待他们,你会在吃完晚餐之后就将他们扫地出门吗?当然不会!你会端上一些水果让他们享用,以此圆满地结束晚餐。你的演讲也应当如此。问答环节结束后,你要以一个圆满的结尾来赢得听众的赞赏,我们将其称之为甜点。

六、甜点:完美收尾,让听众记住你的演讲

甜点是你重新控制演讲并确保以积极的语调完成演讲的部分。无论你在问答环节中遭受了多么重大的损失,甜点是确保你赢得最终胜利的锦囊妙计。演讲的每一部分都要各司其职,结尾(甜点)的工作就是要引起听众的情感共鸣,创造一种感觉。结尾不需要向听众传递任何新信息,也不需要告诉他们需要知道另外一些事情。听众的大脑此时已停止工作,已经等待离开了。这个时候不能强迫他们打开包裹,让你往里面再塞一些信息。你已经将所有的事实都告诉他们了,这时应当瞄准情感了。

强烈的情感会让你说话更具"黏性",或者说更让人难忘。如果你的甜点非常好,听众将会永远记住它,即使他们已经忘记了你的数据,也忘不了你曾给他们的甜点。最好的甜点就是一则故事、逸事、一个比喻或想象。它应当在某些方面触动听众的情感,这样就会创造出一种感觉,会把听众和你联系起来。1924年,鲁迅先生在北京师范大学附属中学校友会上发表了题为《未有天才之前》的演讲。鲁迅先生以形象的比喻,让青年们自己得出结论——努力去做培养天才的泥土。

泥土和天才比,当然是不足齿数的,然而不是艰苦卓绝者,也怕不容易做;不过事在人为,比空等天赋的天才有把握。这一点,是泥土的伟大的地方,也是反有大希望的地方。而且也有报酬,譬如好花从泥土里出来,看的人固然欣然地赏鉴,泥土也可以欣然地赏鉴,正不必花卉自身,这才心旷神怡的——假如当作泥土也有灵魂的说。

《未有天才之前》朗读音频
演讲人:鲁迅
资料来源:哔哩哔哩视频平台
发布人:千里寻径

你可以这样介绍你的甜点:"在结束之前,我希望大家会有这样的想法……"然后,告诉大家这个想法是什么。它可能是你实际思想的体现,你可以讲处于类似背景下的其他人的故事,也可以回顾过去,举一个有关成功的产品的例子或你曾经倡议并成功实施的例子,也可以为听众描绘一幅未来图景:"想象一下……"甜点种类繁多,它可以是能给听众带来强烈情感共鸣的任何东西,也可以是能增强你讲话要点的任何想象。

最好的甜点会与你在坡道部分提及的一些内容相呼应。运用这种呼应的技巧,会使你

的结语含蓄而优雅。此时,回味最初的想象会让听众在脑海里产生圆满的感觉。以下是三则将坡道和甜点结合的例子。

《艾滋病者私语》

玛丽·费雪

坡道:两个多月前,在盐湖城召开的政党纲领听证会上,我曾向共和党提出请求,请求打破长期以来对艾滋病毒以及艾滋病问题保持的沉默。今晚,我来到这里,要终结这样的沉默。我面临的是挑战,而非自得。我需要的是大家的关注,而不是掌声。

演讲结束时的甜点:我要向我的孩子们发誓:我不会屈服扎卡里,因为你们给了我鼓励。你们傻傻的笑给了我希望,你们温柔的祈祷给了我力量。是你们,我的孩子们,给了我向我们的国家说"你处于危险之中"的理由。我不会停歇,马克斯,直到我做了一切可以让你的世界安全的事情。我会寻找一方乐土,在这里,亲密不再是苦难的序幕。我不会急匆匆地离开你们,我的孩子们;但是,当我离开时,我祈祷你们不会因为我的原因而遭受羞辱。

我向所有能听见我声音的人们呼吁:请和我一起吸取历史的教训,学会感恩。这样,当我去世之后,我的孩子们就不会害怕提及"艾滋病"这一字眼。将来,他们的孩子,你们大家的孩子,都无须再低声密语地说出这三个字。

《艾滋病者私语》完整演讲稿及朗读音频
演讲人:玛丽·费雪
资料来源:听力课堂
发布人:每天读一点英文 那些激励我前行的身影

《冷漠的危险》

埃利·威塞尔

坡道:54年前,在喀尔巴阡山脉的一个小镇,距离歌德热爱的魏玛共和国不远处,在臭名昭著的布痕瓦尔德集中营里,一个犹太小男孩苏醒了。尽管他最终获得了自由,但是心里却没有快乐可言。他本以为他的人生再也无法开始了。但就在被美军解放的前一天,他记得那些美军对他们所看到的景象愤怒万分。即使他年纪变老,他也会因美军的愤怒和同情而感激他们。尽管他听不懂美军的语言,但是他们的眼睛告诉他想要知道的东西——他们也将记住并且见证犹太人遭受的苦难。

演讲首尾呼应:因此,我再一次地想到了那个喀尔巴阡山脉的犹太小男孩。在多年的追求与奋斗后,我已经垂垂老矣,但那个小孩的身影一直陪伴我。他将与我一起带着深深的惊恐和无限的希望走向新世纪。

《冷漠的危险》完整演讲稿
演讲人:埃利·威塞尔
资料来源:网易新闻
发布人:罗根谈

《小狗也要大声叫》

蔡顺华

坡道:各位青年朋友,到这个讲坛演讲的,应该是曲啸、李燕杰、邵守义那样的大人物。我这个嘴上无毛的青年人站在这里,很不般配哟。不过,我很欣赏契诃夫的一句名言:"世界上有大狗也有小狗,小狗不应该因为大狗的存在而慌乱不安,所有的狗都要叫!"小狗也要大声叫——就按上帝给的嗓门叫好了!今天,我这个自信的"小狗",就来大胆地叫几声。

甜点:那些腹有经纶但阴柔有余、阳刚不足的奶油小生是不敢"叫"的;那些虽"嘴上无毛"但已深谙"出头椽子先烂"等世俗哲学的平庸之辈是不敢"叫"的。响亮而优美的"叫声",往往发自那些有胆识的开拓者与弄潮儿。如果我国的每一位"小狗"都发出自己的叫声,那么地球也会颤抖的!

《小狗也要大声叫》朗读音频
演讲人:蔡顺华
资料来源:喜马拉雅
发布人:凯神

七、整合:根据不同场合调整演讲结构

一旦你掌握了准备和结构的核心成分,就可以将它们综合起来,用各种方法创编你的演讲内容。将它们视作即插即用的组件,在任何场合,你都可以将它们重新安排以满足演讲需要。

例如,你所进行的每一次重要沟通,包括电子邮件、语音邮件或视频会议,都应该从准备工作开始:要有清晰的目标,说的内容要与听众有关联,以及要点明确。你必须知道自己努力想要完成的目标是什么,为什么听众应当在意你说的话以及你说的话要传达什么样的信息。如果你在说话之前还不明白这些事情,那么你不仅在浪费自己的时间,也在浪费他人的时间。

在正式的演讲中,结构越精练,它的各要素作用发挥得就越明显。让我们看看需要将核心要素用不同的方式组合起来的一些情形。

(1) 在与你同级的人进行交流时,你希望自己在被打断之前就能完成整个叙述。那么,经典的结构是最有力的:① 坡道;② 路线图;③ 三个发现要点;④ 问答环节;⑤ 甜点。

这样的结构安排会让你在路线图部分向听众说清楚演讲安排,后面留下专门的时间进行提问。这样,你的整个演讲不被打断的概率就增加了。

(2) 当你对上级讲话时,需要记住:管理者们喜欢打断别人,职务越高,越喜欢与你互动,因为他们想要控制和引导自己获得信息的方式,并且这一点通常经过提问的形式表达出来。这意味着你整个的演讲过程不被打断是不大可能的,精心准备的组织结构很有可能被那些不按照既定程序提问的人拆掉。

对此最有效的回应不是恼羞成怒和激烈反击——"我在1分钟内就会说那个问题……"或者"下一张幻灯片就会展示这点……"你需要在当时就对大多数的问题做出回答。因此,对上级的演讲最好的结构就是提供一个快速、利落的坡道和路线图,激起他们的兴趣并让他们知道你打算讨论的范围。然后,用五分钟的时间做总结,接下来就让他们提问。在你回答问题的过程中,你掌握的大量信息和知识将会被他们一览无遗。让听众的问题推动你的讲述,这会让你树立一种积极、愿与听众互动、不愿浪费他人时间的良好形象。当然,跟往常一样,你应以甜点结尾。

这种情况下,结构应当这样安排:① 坡道;② 路线图;③ 就三个发现要点所做的总结;④ 讨论三个发现要点的问答环节,次序可以灵活安排;⑤ 甜点。

(3) 当你面对一个人而非一群人说话时,方法可以稍做改变,但是沟通的核心原则依然不变。首先,从坡道开始,建立你与听众之间的联系,向听众表明你了解他们的需要。接下来向他们展开你的路线图:"我们有一小时的时间。我提三个建议,想听听你们对这些建议的看法,然后为下一步的工作制订一份计划,这样的安排怎么样?"他最有可能回答的就是"好的"。这样的问话不易发生意外,接下来你就可以继续你的演讲了。这是一次性对话,因而在沟通的过程中你可以随时向对方提问而不必等到最后。

第三节 善用技巧,让你的演讲锦上添花

一个人每天说出口的话虽多,但能被记住的可能很少。即便如此,你每天还得与他人交流沟通,希望人们能记住你说的话。如果你是一位领导,一位父亲,或者一位在董事会、团队里具有影响力的人,你更要懂得如何让人记住你所传达的信息。这种容易被人记住的话所具有的特质称之为"黏性",这是奇普·希思和丹·希思在他们的著作《让创意更有黏性》一书中常用的词。

那么,什么样的话更具黏性、更容易让人记住呢?这些话应具有如下的特征:① 简单明了;② 富有情感;③ 形象生动。

这听起来很简单,却不容易掌握。因此,本节旨在分享一些说话的技巧,以帮助你成为一名说话高手。我们选择了良好沟通中的关键技巧来谈。工欲善其事,必先利其器。掌握了这些技巧,就能随时为我们所用。

这些经典技巧基于古老而又实用的常识。故事令你的数据形象生动,比喻让你的话令人难忘,生动的语言要比商业行话更能打动人心,重复是强调要点的一种方式,提高问答技巧将会增加你与听众沟通的机会。任何技巧,一旦你掌握了,就会终生为你所用。这时,你

只需把注意力集中在听众身上及与他们的沟通上就可以了。

一、故事：用跌宕起伏的情节吸引听众

听众可能记不住一连串的数字，但他们会记住一个故事。因为大脑的运转方式使人愿意全神贯注地聆听任何故事，无论这个故事是多么匪夷所思。故事可以非常简单，比如"我有一个同事，叫李四，有一天，他发现自己的电脑坏了，而他马上要参加一个很重要的会议。正在犯难之际，他灵机一动，想到了一个主意……"此时，听众会兴致盎然，全神贯注聆听接下来会发生什么，因为这正符合我们大脑运转的方式。所以，演讲时可以大胆运用这一技巧。

在讲话的整个过程中，从坡道到甜点，你都可以运用讲故事的技巧。故事会随着时间的推移，展现出前因后果。它会为思想增添血肉，会把思想与听众联系在一起，并对听众产生影响，一则故事可以形象地表达你的价值观，而你不必明确地将其说出来。故事会在讲故事的人和听众之间建立一种联系，让听众产生认同感，会激发听众说出这样的话："我同样如此。"故事可以增进理解，因为故事是在展示某些东西，而不单是在讲述某些东西。人类诞生以来，讲故事就被人们当作教育的方式。一则故事也具有传递感情的作用，让你感同身受，却不会变得多愁善感。

一则好故事，开头会交代三个要素：时间、地点及人物。因此，经典的故事通常这样开头："从前有座山，山上有座庙，庙里有个老和尚，老和尚在给小和尚讲故事……"故事可以轻易地在听众的脑海里形成视觉形象，带入自身。

剧场运动创始人、国际即兴剧创立人凯斯·乔斯通认为，一个成功的故事一开始总有一个平台，这个平台是一个稳定而日常的环境，然后你会让这个平台产生倾斜。这种倾斜是让人意想不到的元素，为了使平台重新获得平衡，它会将主角抛向斗争的中心。斗争构成了故事的主线。没有斗争，就没有故事。斗争让故事令人兴奋、有趣、激动人心、富于情感。

故事中的主角总会在人生的岔路口犹豫不决，总得在某个时刻做出抉择。抉择越难，故事也就越精彩。带些神秘色彩，通过做一些意想不到的事情给你的听众呈现惊喜。运用再现——在故事里掺入一些元素，并让这些元素在故事中重现。当这些元素与前面故事里出现的元素相互照应时，后面出现的惊奇往往是令人满意的。王子在森林里遇见一个巫婆，巫婆给了他一只高脚杯。在之后的故事里，当王子需要喝神奇的药水时，那只高脚杯就会派上用场。

客观呈现故事的原貌，不要主观讲述。听众天生都是叛逆的，如果你告诉他们要体会什么，他们往往体会不到你说的那种感觉。如果你对一个孩子说："我给你讲一个吓人的故事。"十有八九，他听完故事之后会说："这故事一点都不吓人。"如果你对一位听众说你打算讲一些有趣的事情，你会发现他正襟危坐，抱紧双臂，紧蹙双眉，打定主意不发笑。因此，不要告诉听众会感觉到什么，只是描述故事的原貌就可以了，让听众自己去体会个中奥妙。不要说"他是紧张的"，而要说"他双手冒汗"；不要说"今天真是个好天气"，而要说"今天阳光灿烂，微风习习"；不要说"当母亲看到儿子驱车离开，去远方参军，内心感到很悲伤"，而要说"当母亲看到儿子驱车离开，她转过身来，用袖子擦了擦眼角的泪水"。设想一下，倘若

你正在为听众制作一部电影,应该让人们根据你讲的故事体验他们自己的情感。

好的故事在哪里呢?可考虑下面这些地方:

(1)历史,本国历史或世界历史中。

(2)个人生活或熟人的生活中,特别是那些克服艰难险阻、经历过危难时刻的人的生活中。

(3)报纸中,当前发生的大事是话题类故事的一个绝佳来源。

(4)文献或艺术作品中,经典的故事会使谈话有力而高雅。

(5)你的孩子,孩子是那些容易被人理解的故事的一个好的来源。

故事有很多种类型,在演讲中最常用的有两类:一类是警示性寓言故事,这类故事警示我们前面可能发生的危险;另一类是励志类故事,讲述人们如何克服困难。这里有一个创作励志类故事的简单模式:困难越大,英雄人物越平凡,故事也就越吸引人。听到一个普通人历经艰难困苦仍存活了下来并到达了成功的彼岸,我们会备受鼓舞。为了产生更强烈的激励效果,可以让主人公在通往成功的路上碰到更大的困难,并延长主人公与困难斗争的时间。

最好的故事是真实的事情,真实性是不能简单编造出来的。有时候,如果你能更深入地思考一下,说不定你个人的经历本身就能为你的主题提供一个完美的故事。

二、比喻:用鲜活的形象打动听众

运用比喻就好像是给黑暗的舞台打聚光灯,让听众的注意力集中到你想让他们关注的地方。当你思考这一问题时,注意你脑子里发生的变化——你可以描绘你脑中聚光灯的图片,让你的想法易于被他人理解和记忆,而不是说许多无意义的废话。

这就是比喻的力量,它会呈现出一幅语言图画。使你能够看见你的想法,让你的语言更形象具体。大脑处理图像的速度是单纯处理文字速度的六万多倍,想象一下,在听众的脑海里保存一幅图画,你会节省多少时间。

由于其发挥的巨大作用,比喻是人类已知的最古老的文学工具之一。因为比喻会使你的语言更具黏性,它连同色彩、故事以及情感由人体的右脑一起加工。当简洁成为一种美德时,比喻可以加快人们之间的理解。比喻也可以创造一种感觉,并且简化复杂的思想。一个好的比喻可能产生比预期还要好的效果,一个出色的比喻通过提供更多的可能性让你的演讲更充实、丰满。

用比喻要注意两个问题:避免使用毫无生气的比喻和陈词滥调。"像苹果和橘子"这样的话不是比喻,只是陈词滥调。这样的说法不仅不会帮到你反而对你有害。还要注意的一点是,比喻的混合或在演讲中一次使用多种比喻。理想的情况是,你用一个总的比喻创造一幅令人难忘的视觉图片,然后你在余下的演讲中对它进行梳理。"如果运输系统组件是公司的血管,那么仓库的员工就是手和脚。为了让他们能顺利地工作,我们需要……"

三、语言生动:恰当措辞让每句话更有力量

语言的力量不可小视。有力量的语言是指面临压力时,用恰当的方法说恰当的话。把一件事情说清楚有无数种方式,你的措辞可能会产生深远的影响。最有力的语言应该是有

新意的、具体的，而且语气得当。

现在人们总是倾向于使用时髦的业内行话让语言变得复杂，特别是在商业领域。作家、史学家乔治·奥威尔说过："现代语言最糟糕的一点就是其构词不是为了词汇的意义，不是创造使意义更加明确的形象，而只是将已经被其他人设定好次序的长长的词汇黏在一起。"

当你听到它们的时候，你能识别出这种预制板活动房般的语言或商务套话。听起来就像是这样："当一天结束时，展望未来，我们需要通力合作——深入挖掘、仔细研究，既要找到我们的王牌，又要制定容易实现的目标，这样才能平衡利益相关者的价值主张，当理论联系实际的时候，我们才能产生临界质量。"要避免这样的表达，就要运用简单、直接以及有力的实在的语言。在有效的沟通中，应避免使用陈词滥调和业内行话。听众会根据语言的新鲜程度来判断你思想的新鲜程度。

无论你的目标多么远大，你多么有雄心壮志，传达自己的愿景所使用的语言都要具体而详细。不同的语言具有不同的热度。重要是将你的语言设定在一个恰当的强度水平。说"他让我很失望"和说"他背叛了我"效果是很不一样的，其中的差异既会影响你也会影响听众。

注意下面这三种表述中强度的递进：①"我关注预算"；②"我担心成本"；③"我怕这会让我们破产"。

词句的选择要与你的意图相匹配。传达信息时，语气的热情程度也要有所选择。有时候，讲究策略也是重要的；而有些时候，你需要用最直接最吸引人的一句话表达你想说的内容。你是要吸引听众的注意力，还是要警示他们，抑或是想要吓唬他们？

如果一项工程没有如期完工，说"我们失败了"可能会扼杀团队的希望，打击团队的士气。如果你想让他们重视事实，而不是吓唬他们。你可以这么说："我们没有实现所有的目标。"

如果你是消防部门的领导，你的队员正在一栋将要爆炸的大楼里，那么你说"各位应当考虑更快捷的退出策略"之类的话就很不合时宜。你应当说的一句话是："马上出来！"选择词句时，没有总是对或总是错的选择。唯一错误的选择就是无法做出选择。要有目的地选择你的语言。

四、重复：强化你最想让听众感知的内容

再次强调：作为一名演讲者，你面临的一个最大挑战就是你的听众会很快忘记你说过的90%的内容。那么，演讲者应该怎么做呢？

为了解决这一问题，我们把目光转向最能创造令人难忘的词语的群体——流行歌曲的作者。在听完一曲好音乐离开音乐厅时，你曾注意到过每个人都在哼唱同一个曲调吗？这并不意外。在任何歌曲里，最令人深刻、能让人快速学会的都是副歌或重复的部分。如果它足够打动人心，它会在你的头脑里留存许多年，甚至永远留存下来。

就像一首好歌一样，任何好的发言都有一根令人难忘的"红线"穿插其中。强大的政治宣传活动，尤其是政治演讲总是具有重复的特征。想一想奥巴马的那句"是的，我们可以"或罗纳德·里根著名的演讲——《推倒这堵墙》。事实上，重复也可以是简单而务实的，如

"这就是为什么我们必须马上采取行动",或者"我们所有人都需要团结一致",或者"……因为我们知道你会做出正确的决定"。运用重复可以产生和运用复杂修辞工具一样的效果，运用这一技巧其实非常简单：挑选一个元素然后重复它。当你每次重复某些东西时，你都在创建一种模式，并且是大脑喜欢的模式。返回到熟悉的内容有利于你重新组织你的演讲，确保你说的所有话都与你的中心主题相关。运用重复技巧也可以通过对内容的推进帮助你确立自己的论点。

应当重复哪些内容呢？在你明确讲话要点时，你就已经做好了艰难的准备工作。当你不止一次地阐述你的观点时，它就成为你重复的内容了。

三年前，我们这个团队遭受了大规模的裁员，我们没有培训，面临着巨大的挑战，但我们克服了困难。六个月前，一些人的离开给我们造成了很大的混乱，员工不知道向谁报告。我们面临诸多挑战，但我们克服了困难。现在，我们最强大的竞争对手在一直属于我们的领地上建立了阵地，我们又一次面临着巨大的挑战，我们将再次克服困难。

运用重复不仅是在为听众组织信息，而且也是在为演讲者组织信息。在做好准备的演讲中，你可以谨慎地选择什么地方运用重复。在即兴的演讲中，重复是更有效的。对于演讲者而言，它变成了一个很好的跳板。无论什么时候发现自己失去动力了，你都可以运用重复的方法。它将会重新组织你的思想，将你再次弹射出去，还能确保你不偏离主题。

五、问答环节：在互动中使听众站在自己的立场

无论你的演讲多好，只有在问答环节人们才能发现真正的你。听众会根据你在问答环节的表现对你及你传达的信息做出关键的评判，因为他们想要知道你脑子里是怎么想的。通过对话，人们才将信任、默契以及明晰感发展到一个更高的层次。在问答环节中，你才能展示自己满足听众以及创造一种联系纽带的能力。

因此，不要试图回避令你不舒服的问题，要较早地回答那些悬而未决的问题。问答环节成功的关键在于准备。没有为问答环节做好准备就像是花了好几个月时间准备跑马拉松，但到了比赛的那一天却忘了穿鞋一样。

首先，列出问题并自行回答：① 听众最有可能提出的十大问题；② 你怕回答的十大问题。然后，将你的答案在那些能给你反馈的人面前进行预演。

如果没有人提问，那么就问自己一个事先有所准备的问题。稍作停顿之后，你可以这样说："你们可能会提这样一个问题……"或者"人们经常会问我这样一个问题……"或者"大家可能想知道……"然后就回答自己提出的问题。这样做不仅可以打破当时的尴尬局面，而且通常会有引导的作用，接下来听众就会开始提出问题。如果他们还没有问题，你可以优雅地进入你的下一个环节——甜点部分。

在正式场合，回答之前先大声重复一下问题，这样做能产生以下作用：

（1）确保你正确无误地听到了提出的问题。你花了五分钟的时间回答问题，最后听众说"那不是我提出的问题"，没有比这更糟糕的情形了。

（2）确保听演讲的每个人都能听到问题是什么。

（3）给你留下了两三秒的宝贵时间——你的大脑需要这些时间去组织答案。

在不太正式的场合下，如果重复问题听起来可能有些怪异，那么可以将问题嵌入答案之中。这意味着在你回答问题时会重复问题的一部分。例如，如果问题是："你从我们的客户那里了解到了什么？"你的回答是："我们了解到的情况是客户非常想要一些新东西。"将问题嵌入答案，可以发挥以下作用：

（1）你重新陈述了一遍问题，这样每个人都能听到提出的问题是什么，并且不会觉得乏味。

（2）你确定自己听到的问题正确无误。

（3）最重要的是，嵌入会促使你用听众喜欢的大脑语言做出回答：视觉的、听觉的、感觉/感官的，或者逻辑/数字的。

每个人都有自己偏好的"大脑语言"或感觉形式。一些人是视觉型的，他们会说："你觉得这看起来怎么样？"一些人是听觉型的，他们可能说："听起来好像……"数字大脑型的运用数字："这种情况发生的概率是37%。"感觉/感官的演讲者会这么说："我只是觉得我们离题了。"如果有人问你："你如何看正在发生的这件事情？"（视觉型的）你回答道："我感到前方的路似乎不好走。"（感觉/感官型的）那么，对话就会出现中断。听众提问用的是一种大脑语言或模式，而你的回答用的是另一种，这会马上中断你与听众的联系。

嵌入会确保你回答问题时使用的方式与提问者的方式一样。例如，如果他问道："对于正在发生的事情，你作何感想？"（感觉/感官型的）你回答道："我的感觉是……"通过运用他的方式，能确保与他沟通的一致性。这会让听者感觉到你能更深入地倾听、理解他，并使他感到满意。嵌入问题能保证你和他人的和谐一致。

问答环节中另一个有用的技巧是改述。有时候你听到的问题不是很明确，提问者的提问漫无边际，最后似乎让每个人都不明所以了。这时，你的工作就是创造清晰感。你听完提问者的问题，将它进行改述："那么，你想问的问题是我们是否有这笔资金，是吗？"通常情况下，提问的人都会感到自己得到了解脱，并说道："是的，就是这个问题。"

面对挑衅性的提问时应该如何应对呢？对听众表示赞许可以使挑衅性的问题变得不再对你不利，找出问题中你认可的部分。当遇到挑衅性的问题，你的本能反应可能是进行还击，但不要那样做，否则你的听众不会原谅你。记住，听众同情的是提问者，而不是你。如果你利用自己身份的优势冒犯了一位听众，所有的听众都会憎恨你。不要将自己置于防卫的位置上，因为你在聚光灯下，人们预期你会优雅地处理这一问题。表示认可的例子如："这是一个重要的问题，很高兴你能提出这个问题。"

避免与提问者形成一对一的情形，不要摆出一副要与他打斗的架势。如果你的身体完全转向了他并且直直地盯着他，这会被视为一种挑衅行为或被视为一种信号。在对提问者表示认可之后，礼貌地调整你的视线和身体方向，将其余的听众都囊括到自己的视线以内。这样做会防止提问者获得过多的关注，也防止你们一直处于一种被过度关注的情形中。

面对咄咄逼人的问题时，你必须同时保持他的尊严和你自己的尊严。如果你做不到这一点，他也不会做到。面对咄咄逼人的问题时，不要将问题嵌入到答案中。例如，如果他问道："为什么这个项目耗资这么多？"你不能这么回答："我们耗资巨大是因为……"这样做的话，就会在其他听众的脑海里加深提问者的不友好印象。

著名的语言学家乔治·拉科夫在他的著作《不要想大象》一书中探讨了"框架"的概念。该思想指的是,一旦你用现有的语言将某些东西表达出来,那么你就唤起了与之相关的思维模式。换句话说,如果你说"不要想大象",那么听众除了会想到大象之外想不到任何其他的东西。如果你不想让他们想起大象,那么与之相关的字一个都不要提。如果在回答问题时你使用了此前提到的嵌入,那么你就接受了负面的框架或前提,并且它们会在听众的脑海里进一步增强。

重构的效果与嵌入的效果相反。通过确认问题背后真正关键的内容,会将问题提升到一个更高的层次。你可以这么说:"这是一个为了完成项目追加投资的问题。在我们核查工程时,我们发现大楼的地基存在一些问题,处理这些问题需要投入的资金是原先计划的三倍。"如果挑衅性地问道"为什么会耗费这么多资金?"你可以这样重构该问题:"这是一个有关质量的问题……"

注意:重构不是试图逃避问题。你做的只不过是让讨论脱离个人攻击而已。这样做可以使你既解决了听众提出的问题,又不伤害他们的感情。有时候你会遇到特别不友好的提问者,他们试图让你落入陷阱。我们称这样的人为"鲨鱼"。一般情况下,听众中的鲨鱼会提出带有前提假设的问题。

就像布置在雷区的地雷一样,一旦你踩到它,就会爆炸。这样的问题如:"为什么你要对我们撒谎?""你不是一位好家长,你不感到难过吗?""你没有足够的时间与团队的人在一起,你如何处理这一问题?"这里提供与"鲨鱼"打交道的一些技巧:

(1) 不重复他们的话。

(2) 做出正确的陈述以纠正误解。如果提问道:"你还在偷税吗?"你可以这样回答:"我纠正一下。我非常认真地履行我的纳税义务,在国税局我有完备的记录,我打算一直坚持下去。"

(3) 继续前进。坚定而礼貌地摆脱提问者的问题,明确表明你不会与他再有任何的纠缠了。

2008年美国总统大选时,贝拉克·奥巴马就提供了一个重构的经典例子,他因与牧师雷夫·杰里迈亚·赖特的关系而备受责难。在一次发表有关种族问题的演讲时,有人提出了一个问题:"你如何为你和这个人之间的关系以及他的反美情绪做出辩护?"奥巴马将这一问题转变为谈论更宏大的美国理念的机会——努力争取一个"更完美的联盟"和"继续前人未完成的事业,为建立一个更加公正、更加自由、更加贴心和更加繁荣的美国而努力"。

在问答环节中要一直说实话(在其他环节也是如此,这很重要。当你用谎话来敷衍听众时,他们能分辨出来,不要这么做。如果你确实不知道答案,那么实话实说)。谁都不可能无所不知,承认自己不知道答案会为你赢得尊重和信誉。但一些演讲者在台上局促不安,试图掩饰他们的无知,这样的做法最让听众感到反感。

最后,再返回到你的重复技巧上。"这就是为什么今天,我们在此恳请大家批准这个项目的原因。""这就是为什么我得出:假如你想靠音乐赚钱那么进大学可能是你最好的选择这一结论的原因。"每一个问题都为强化你最初的观点提供了一次机会。

【案例赏析与思考】

请赏析资深艺术家游本昌先生向我们分享的他的人生感悟。他曾说过:"人生最有意思的不是你抵达终点的那一刻,而是你向前的每一步!"这句话如同一盏明灯,照亮了处于迷茫与焦虑中年轻人前行的道路,也让我们重新审视人生的意义与价值。

献给春天的演讲:向前

游本昌

亲爱的娃娃们,大家好啊,我是演员游本昌,现在我也是"90"后的一名成员啦。一年之计在于春,一年复始,万象更新。

我说龙年,你们准备好龙腾虎跃一番了吗?

有娃娃说了,时间那么长,梦想离我们那么远,怎么做才能抵达终点呢?其实人生最有意思的不是抵达终点的那一刻,而是你向前的每一步。

你看我18岁进入文工团,开始演话剧,演了大大小小七十多个角色,有很多还是无名、无姓、无台词的所谓"小角色"。但是我知道,每一个角色对我来说都是我向前的一步台阶,一直到了52岁,我才终于碰上了人生一个很重要的角色,也就是大家都知道的"济公"。有人说,你大器晚成,可以尽情享受一下成功的喜悦了。不,我知道,照着月亮瞄准总比照着树梢瞄准打的高,所以我又继续向前,一直到了88岁了,我遇上了"爷叔"这个角色,这可是个难得的机会。我当然还得继续拼搏一把,继续向前。

人生就是这样,如登山,但是人生的目的可不是到达山顶。上一山,过一山,(是)山山相连的。"济公"是一个山头,"爷叔"又是一个山头,当你到达山顶的时候,你就会发现前面还有一座山,在等着你向前的。人生的乐趣就在这一山又一山之间,是你努力攀登的过程,是你一路上遇到的各种不同的风景,这也就是你越来越好的自己。

如果你累了,又迷茫了,厌倦了,疲乏了,疲乏了,你就来看看我这个"90"后吧,看一看,我还在这等着。我们一起努力向前跑呢,别着急,沉住气。别着急,沉住气告诉你吧,只要咱们勇敢向前,前面的路一定是繁花盛开!

请结合本章所学以及上述演讲稿思考以下问题:

1. 请你带入游本昌先生的视角,思考你为这一演讲内容准备了一份怎样的演讲大纲?什么是你期望达成的结果,如何体现你演讲内容与听众的关联性以及这一演讲的要点是什么?

2. 你认为这一演讲稿的坡道、发现和甜点分别是什么?

3. 这一演讲中使用了哪些技巧?请结合具体句子或结构举例说明。

《献给春天的演讲:向前》演讲视频
演讲人:游本昌
视频来源:哔哩哔哩视频平台
发布人:人民日报

【本章实训】

1. 假设你现在要向大学生推销一款健身器材,请设计一个1分钟左右的电话沟通,明确这一沟通所需要达成的结果、关联性与你沟通的要点。

2. 选择一个感兴趣的演讲主题,准备一份"沟通大纲",并做好坡道、发现和甜点的素材准备。

3. 基于上述的"沟通大纲",准备一次3~5分钟的主题演讲,并由演讲者互相讲评演讲准备的优缺点。

本章小结

本章结合具体的演讲稿实例,在帮助学生了解、熟悉并最终掌握如何准备演讲内容、设计演讲结构以及辅以特殊技巧提升演讲内容质量的同时融入人文素养、爱国主义情怀、社会责任感等文化思政元素,具体分为三节:

第一节介绍准备演讲内容的过程,包括三个需要解决的核心问题:通过这次演讲你想要获得什么?为什么听众要关注你的演讲?在令人难忘的语句中,你要传达的信息是什么?

第二节着重讲演讲内容的体系结构,基于每个部分发挥的不同作用,主要介绍了开头如何设计坡道,一句话引起听众的注意,交代听众听你讲话的理由;如何通过三个关键要点,向听众提供演讲的主要内容,引导听众得到他们需要的内容;并在结尾通过甜点创造出合适的感觉,激发听众需要的情感,促使他们采取行动。

第三节探讨一些特别的技巧,具体介绍了如何通过使用故事、比喻、生动的语言、重复及设计问答环节五个技巧,使演讲内容更加丰富,提升演讲内容的质量,使听众更容易记住你说的话。

第五章　演讲风格

【学习目标】

① 锻炼并掌握演讲中声音变化技巧。
② 掌握演讲中态势语言的运用技巧。
③ 了解不同演讲风格及其特色要素。
④ 掌握演讲中进场退场的基本方式。

【引导案例】

演讲风格的艺术就是,让你运用身体的形式与你要传达的信息保持一致。这意味着你的语言要和表情、身体、眼神都处于一致的状态——它们同时表达的是同样的事情。心理学家阿尔伯特·梅拉比安发明了一个公式:信息总效果=7%的文字+38%的声音+55%的面部表情。由此可见,声音和态势语言在塑造演讲风格中的重要性。当你认识到"我恨你"这个词也能使人听起来带有亲昵的爱意时,声音和面部表情的重要性就显而易见了。

请根据2022年感动中国十大人物的事迹,结合颁奖词的内容,朗诵颁奖词。通过调整声音并辅以态势语言,体会不同的演讲风格。

▶**航天追梦人——赤心贯苍穹**

颁奖词:发射、入轨、着陆,九天探梦一气呵成。追赶、并跑、领跑,五十年差距一载跨越。寰宇问天,探月逐梦,五星红旗一次次闪耀太空,中国航天必将行稳致远。

▶**彭士禄——潜龙育神躯**

颁奖词:历经磨难,初心不改。在深山中倾听,于花甲年重启。两代人为理想澎湃,一辈子为国家深潜。你,如同你的作品,无声无息,但蕴含巨大的威力。

▶**江梦南——无声玉满堂**

颁奖词：你觉得，你和我们一样。我们觉得，是的，但你又那么不同寻常。从无声里突围，你心中有嘹亮的号角。新时代里，你有更坚定的方向。先飞的鸟，一定想飞得更远。迟开的你，也如鲜花般怒放。

▶吴天一——长松荫高原

颁奖词：喝一口烧不开的水，咽一口化不开的糌粑，封存舍不下的亲情，是因为心里有放不下的梦。缺氧气，不缺志气！海拔高，目标更高。在高原上，你守望一条路，开辟了一条路。

▶陈贝儿——江海意无穷

颁奖词：从霓虹灯的丛林中转身，让双脚沾满泥土。从雨林到沙漠，借溜索穿过偏见，用钢梯超越了怀疑。一条无穷之路，向世界传递同胞的笑容，你记录这时代最美的风景。

▶顾诵芬——冲天鹏翅阔

颁奖词：像静水深流，静水里涌动报国的火，似大象无形，无形中深藏着强国梦。心无旁骛，一步一个脚印，志在冲天。振长策，击长空，诵君子清芬。

▶朱彦夫——慷慨是英雄

颁奖词：生命，于你不止一次；士兵，于你不只是经历。没有屈服长津湖的冰雪，也没有向困苦低头。与自己抗争，向贫穷宣战。一直在战斗，一生都在坚守。人的生命，应当像你这样度过。

▶苏炳添——秉心自超越

颁奖词：世界屏住了呼吸，9秒83！冲出亚洲的速度，你超越伤病和年龄，超越了自己。你奔跑的背后，有强大的祖国！

▶张顺东、李国秀夫妇——自强敏天行

颁奖词：山对山来崖对崖，日子好比江中排，毛竹天生筋骨硬，顺风顺水出山来。李家大姐人才好，张家大哥看上她。没脚走出致富路，无手绣出幸福花。

▶杨振宁——明月共同途

颁奖词：站在科学和传统的交叉点上，惊才绝艳。你贡献给世界的，如此深奥，懂的人不多。你奉献给祖国的，如此纯真，我们都明白。曾经，你站在世界的前排，现在，你与国家一起向未来。

感受音量、音调、语速和停顿等声音节奏的变化以及面部表情、眼神、手势等态势语言配合带来的演讲风格的变化，并根据获奖人的事迹感受什么样的声音和态势语言最能表达颁奖词的核心思想。

本章第一节将介绍声音变化的重要性以及锻炼声音的技巧，帮助你利用声音展现自信与专业；第二节着重讲解态势语言的运用技巧，实现此时无声胜有声，为你的演讲增色添彩；第三节介绍不同演讲风格，帮助你找到适合自己的演讲风格；第四节从演讲进场开始，介绍站位、突发状况应对、提示物的使用直到退场的全流程演讲技巧以及排练的重要性，帮助你演讲中大放异彩。

第一节　锻炼声音，展现自信与专业

一、锻炼声音的目的

许多人都表示他们不喜欢自己的声音，特别是当他们听自己的录音时。不喜欢自己声音的原因之一是，他们的声音揭示了他们没有说出口的话，揭示了他们的内心状态。

有时候为了不被他人轻易看透，我们努力将声音扁平化，希望人们无法分辨出我们真实的感受。问题是我们彼此之间不得不相互去理解大量的信息。当发言者的演讲风格沉闷时，理解会变得更加困难。

在此要提出的建议是：你应当学会将声音的细微差别转变为自己的优势。

你可能认为自己天生没有一副"好"嗓音。但是这就像那些从来不锻炼的人会没有一副"好"身板一样。你的声音需要打造，当你有意地利用你的声音时，别人就能更容易理解你的理念了。你需要知道自己的声音是如何形成的，为了说明它的重要性，我们可以将其称为"声音雕刻"。

声音是使自己的想法为他人所知的工具。伟大的表演家花了多年的时间琢磨他们的声音，然后将声音技巧运用到具体的环境中，使其听起来更加真实。但是，大多数人从来没有花哪怕是一小时的时间来研究这一工具，而我们每天都要通过声音交流思想和感受。从一出生我们就开始叫喊，一直到我们离开这个世界。我们很少想到像对待身体的其他肌肉一样，有意识地运用、塑造声音。

在有意识地开发、锻炼之后，声音与身体的其他部分一样，你也可以获得改进。以著名的总裁杰克·韦尔奇为例，他患有严重的口吃，但是通过不懈的努力和坚定的决心，他成了演讲大师。演员詹姆斯·厄尔·琼斯为达斯·维德这个角色提供了很棒的低音配音，但他也曾因口吃而苦苦挣扎，在近八年的时间里几乎无法说话。格莱美奖的获得者莎莉·西蒙在音乐和节奏的帮助下也克服了语言障碍。

如果你愿意投入时间和精力来提升自己的声音，就像在健身房锻炼肌肉一样，你的努力将会得到丰厚的回报。

二、锻炼声音的方式

（一）调整呼吸，大胆发声

"气乃声之源"，肺部发出的气息是声音的原动力，气息强，声音就强；气息弱，声音就弱。因此，练声先练气，控制好气息，才能更好地驾驭声音。

胸腹呼吸法是演讲等当众讲话活动时一种较为科学的呼吸方法。这种呼吸方法是靠胸部呼吸肌肉群的收缩来提高肋骨，吸气时能尽量扩大肺和胸腔的容积，蓄气量大，也有利于控制气息，自如地用气发声。

胸腹呼吸的具体方法为：用胸腔、横膈膜、腹肌共同控制气息，要求全身松弛，自然协调。吸气时，双肩放松，胸稍内含，腰腿挺直，像闻花香一样将气息深深吸入，平稳而轻柔，扩胸收腹,以增大肺部气息容量,控制住吸入的气息。要领是:气下沉,两肋开,横膈降,小腹收。呼气时,像轻轻地吹桌面上灰尘一样,平稳、均匀,用胸肌、膈肌、腹肌控制气息的输出,慢慢地用嘴呼出气流。

讲话时,你不必提高音量,只需要更加大方就可以。专注于吸入更多的空气,然后随着你的发声将其释放出去。大方的反面就是吝啬,即屏住你的呼吸,就好像要保证自己的想法不外漏一样。你呼吸急促会导致听众变得紧张。完全地释放你的呼吸,它会将你的思想一并带出来。

(二)调整节奏,声音多样化

关于声音,最重要的一件事情就是让它富于变化。声音的多样化不是为了让你的声音更好听,而是为了照顾听众的感受,让听众听起来更舒服。

千篇一律会让人厌烦。至于听演讲,我们听到的最多的抱怨就是,演讲者的声音太单调了。当跟认识的人说话时,你通常不会只用一种语调。然而,当你发布信息或数据时,由于这些东西来自你的左脑,演讲就会趋向于单调。这样的演讲是苍白无力的。

无论是电话、面对面的谈话还是面对一大群人发表演讲,听众是通过你的声音来感知你所说的内容的。因此,要让自己的声音富于变化来帮助听众进行更好的感知。这意味着你必须变成一个不同的人或改变你的个性吗?实际上,你甚至不用过多思考就能让声音富于变化。

如果你跟朋友谈论自己的一次有趣的露营,你的声音就能充沛地表达你的感情。不幸的是,在最需要你声音的时候,也就是身处演讲台之上的时候,在压力之下,你的声音便趋于平淡了。

那么,如何才能产生多彩的、有趣的声音呢?这就是要调整节奏,让自己的声音变得多样化。

节奏是有声语言运动的一种形式。口语表达中的节奏是由思想感情的波澜起伏造成抑扬顿挫、轻重缓急的声音,从而形成的回环往复。

节奏犹如群山的绵延起伏、江河的浪涌波翻,没有峰谷的循环、交替,没有波涛的序列、呼应,就谈不上节奏。富于变化的节奏,不仅可以避免口语表达的单调呆板,而且能够吸引到听者的注意,激发听者的兴趣。优美的语言节奏既可以使思想感情表达得更充分,又能给听者以美的享受。

如何使声音赋予节奏呢?可以通过音量、音调、语速和停顿四个方式来调节。要学会运用这四个节奏变化方式,每次只使用一个;接下来整体调整它们以创造声音的变化。

三、锻炼声音的渠道

前文已经提到,要让声音富于变化,可以通过调整音量、音调、语速和停顿来让自己的声音变得有节奏。下面分别介绍什么是音量、音调、语速和停顿以及如何进行调整。

(一)音量

音量是指人说话时的声音轻柔或响亮的程度。在什么地方你应当放低音量呢?与通常想的不一样,提高声音并不是强调观点的唯一方式。当你降低音量的时候也是在释放这样的信号:接下来要讲的内容是很重要的。其实为了让他人清楚地听到并理解你说的话,你的声音依然可以是非常轻柔的。

练习轻柔地说话,然后提高你的音量,直到声音特别大。这个过程称为渐强音,用这种方法可建立一个情感高潮。

现在从高音开始,渐渐地将音量放低,直至非常安静。这个过程称为渐弱音,用这种方式可能会非常有效。将最重要的观点用一种非常轻柔的、几乎是耳语式的声音说出来。培养运用音量的变化表达不同情感的能力,以达到出人意料的效果。

这里重点强调一下重音,重音是指在句子中某个词语说得特别重或特别长。在口语表达中,使用重音可以使语言听起来音调高低起伏、抑扬顿挫,从而使语言节奏更和谐,语义更鲜明,感情色彩更强烈。

重音的确定对于语言交流的效果来说十分重要。确定重音必须联系语言表达的中心思想,根据这个词在语言表达中的地位和作用来确定。准确地识别重音,正确地读出重音,是强化语言表达的重要一环。

重音通常分为三类:结构重音、强调重音和情感重音。

与句子结构有关的重音,叫作结构重音,也叫作语法重音。在说话人没有任何强调意思时,句中的结构重音就起作用了,这时的重音是句中组成成分之间相比较而存在的。例如,在简单的主谓句中,旨在说明主语"怎么样了"时,相比之下,谓语发音重些。如果句中有宾语,则宾语较重。如果句中有修饰语,则修饰语较重。

与强调的某个潜在的语义有关的重音,叫作强调重音。强调重音没有固定的位置,是由表达者所要强调的潜在意义决定的,但强调重音也不是随心所欲的,要根据上下文的意思来决定。例如:

我们要起诉施虐者(强调实施起诉的不是别人,是我们);

我们要起诉施虐者(不是采取别的行为,是起诉);

我们要起诉施虐者(起诉的对象是施虐者)。

与说话的着眼点和表达感情的重点有关的重音,叫作情感重音。有些词语很普通,但由于是语言表达的着眼点,有切合表达感情的需要,就需要重读。

重音的运用并不一定就是加强音量,重音确定后,既可重读这些词句,也可采用语句停顿、音调长短、变换音色和重音轻说等方法来读出重音,突出应该强调的内容。

(二) 音调

音调是指人说话时声音的调子有多高或多低,是衡量说话者情绪的一个关键指标。当音调提高时,意味着更温柔的情绪:欢乐、同情和慰藉。当音调降低时,人们就能更好地展示自信、权力和力量。

提高音调是释放同情和兴奋信号的一种方式。对于处理情感话题时需要表达同情和关切的男性管理人员而言,这是一种特别好的技巧。女性倾向于用较高的音调或所谓的"头音",意味着她们希望被视为是善解人意的女性。女性应培养在必要时降低音调以释放权威信号的能力。

要根据表达的不同意思改变你的音调。音调无所谓对与错,唯一错误的是你没有使自己的音调富于变化。持续的高音符会让你的表达失去影响,变得令人厌烦;持续的低音符会释放缺乏温暖和感情的信号。这不是哪个音符的问题,而是你是否能够在自己的音域里灵活运用音调展现出自己丰富的情感。尝试通过改变音调来更有效地表达不同思想之间的差异。

尝试一下让自己进入比通常情况下更高以及更低的音调范围。你能飙到多高的音？又能发出多低的音呢？对于女性来讲，要锻炼胸部发声——这样发出的声音是暗色调，就像巧克力的颜色。对于男性来讲，重要的是训练亮色调：蓝色、粉红色和黄色。

普通话的语调分为高升调、平直调、抑降调和曲折调四类。

语调高低的变化主要体现在句子最末一个音节上，因此，语调的确定与标点符号关系紧密。

1. 高升调

高升调，语调由低逐渐升高，语势呈上升趋势。常用于疑问句、反语句或表示呼唤、号召和惊疑等感情较为激昂的句子。演讲时，注意前低后高，语气上扬。

2. 平直调

平直调，语调平直舒缓，没有太明显的高低升降变化。多用于一般的陈述说明句子，或者表示庄重、严肃、悲痛和冷漠等感情色彩的句子里。演讲时，始终保持平直舒缓，没有显著的高低变化。

3. 抑降调

声音从高扬逐渐低抑，语势渐降。多用于祈使句、感叹句或表示坚定、自信、赞扬和祝福等感情的句子中。表示沉重、悲愤感情时，一般也用这种语调。演讲时，注意调子逐渐由高到低，末字低而短促。

4. 曲折调

曲折调，语调呈先降后升或先升后降的语势，一般表示含蓄、反诘和夸张等情感。演讲时，由高而低后又高，将句子中某些特殊的音节特别加重加高或拖长，形成一种升降曲折的变化。

（三）语速

语速是指人说话时的速度。语速本身也无所谓对错，用错语速的唯一情况就是语速单一。

你说话的速度将传递出你的兴奋和重视程度。如果你语速掌握得很好，放缓语速时会传递给听众这样的信息：你要讲重要的内容了。然而，如果你全程说话都很慢，听众会在之后的八秒内逃离。我们相信没有人说话会太快，因为用大脑处理听觉信息的速度要比你说话的速度快很多。我们通常称之为"太快"的问题实际上只是一个语速问题。如果你找不到自己思想中自然停顿的地方，听众就不会有吸收你思想的机会。假如我们用一个不变的语速阐述我们的思想和文字，其结果就是单调。

我们要用语速塑造思想。一旦你用语速将意思进行大体划分，听众就能够容易理解，那么，你就可以非常快地讲话而且听众也可以理解。强调一个句子中的重点时，要放缓语速。在相对不太重要的部分，你可以加快语速，在阐述你最重要的观点时，要慢下来。快慢本身无所谓好坏，重要的是语速的变化——有时候需要加快，有时候却需要放慢。要想在很长的一段时间内抓住听众的注意力,想象一位出租车司机,有时候快,有时候慢,有时候还得猛踩刹车,乘客自然会一直集中注意力。多练习你的语速,避免产生我们预测的那种不良后果。

语速与说话者个人的风格、心理状态、说话内容和语言环境等多种因素密切相关,还和语言的轻重、停顿密切相关。语言速度的快和慢是相对而言的,也是对立统一的。在现实生活中,通常在兴奋、激动时,则会语速加快;而沉思、平静时,语速就减慢。做报告、播音时的语速就相对较慢,而讲课时的语速则要快一些,最快的是我们常听到的体育赛事的转播解说。

演讲中,较难理解的语句或表达平静、沉郁、失望情绪的地方应当讲得慢一些;而表达沉重感情的地方更应讲得更慢些。例如,艾青的《大堰河,我的保姆》中的一段:

大堰河,在她的梦没有做醒的时候已死了。**她死时**,乳儿不在她的旁侧。**她死时**,平时打骂她的丈夫也为她流泪,五个儿子,个个哭得很悲伤。**她死时**,轻轻地呼着她乳儿的名字,<u>大堰河</u>,<u>已死了</u>,<u>她死时</u>,乳儿不在她的旁侧。

这段中,加粗的句子要讲得慢些,加横线的句子应讲得更慢些。

演讲内容中比较容易理解的语句,或表达紧张、热烈、愉快、兴奋、惊惧、激昂愤怒、反抗、驳斥和申辩内容的地方,要讲得快些。如北岛的《回答》中,加横线的内容演讲时就应当快些。

<u>我不相信天是蓝的</u>,<u>我不相信雷的回声</u>,<u>我不相信梦是假的</u>,<u>我不相信死无报应</u>。

(四)停顿

停顿是指在语言交流中的语句或是词语间在声音上的间歇,是表现语音节奏和意义的不可缺少的表达手段。一方面,可以调节气息,是我们生理和心理的需要;另一方面,也可以控制节奏、强调重点,使语声显得参差错落、间歇有序、层次分明,同时也给听者一个思考、理解和接受的时间,使听者更好地理解语义。正如马克·吐温所说:"恰如其分的停顿经常产生非凡的效果,这是语言本身难以达到的。"

停顿的方式一般分为结构停顿、强调停顿和生理停顿。

1. 结构停顿

结构停顿是根据语句的结构成分而做的适当的停顿。结构停顿是运用较多的一种方法,可分为语法停顿、音节性停顿。

语法停顿是根据句中的标点符号而做的停顿。这类停顿依据标点来处理,如句号、问号、感叹号的停顿要比顿号、逗号、分号长。

音节性停顿是句子中间的自然停顿,主要是在朗诵节奏感比较强的诗词时运用。例如:

国破/山河在,城春/草木深。感时/花溅泪,恨别/鸟惊心。

人生/自古/谁无死,留取/丹心/照汗青。

2. 强调停顿

强调停顿是为了充分表达说话人的思想感情、立场态度,在需要强调的词语后进行的停顿,也称为感情停顿。这种停顿不受标点符号和句子语法关系的制约,完全是根据感情和心理的需要而做的停顿处理，它根据感情的需要决定停与不停。一般表现忧伤、悲痛和哀悼的感情时，停顿时间较长；而表现欢快、兴奋和高兴的感情时，停顿时间较短。感情停顿是一种极其重要的语言表达技巧，能充分展现"潜台词"的魅力，使听众从"停顿"中体会语言的丰富内涵和难以言表的感情，从而使语言更加生动。例如：

沉默呵，沉默呵！不在沉默中/爆发就在沉默中/灭亡。

有的人活着/他已经死了；有的人死了/他还活着。

3. 生理停顿

生理停顿是由一定的呼吸量决定的，说话过程中有时需要做适当的停顿来补充气息。生理停顿要尽可能地借助结构停顿和强调停顿，在需要停顿补气时抓住补气的机会，要补得巧妙，不要深吸气，要使听众感觉不到其间的停顿。

停顿并非是不说话，而是你说话过程中的故意停留。它就像一种强大的却无人敢用的武器。为什么呢？大部分人担心如果他们停下来的话：① 他们看起来好像不知道接下来该说什么了；② 有人可能会打断他们；③ 他们将丧失气势。实际上，一次有效的停顿会产生更大的气场。

用语速、音调以及音量为你的停顿做准备。在即将表达重要内容之前，停顿片刻。你基本上以一种吸引听众对你接下来要讲的内容感兴趣的方式吊起了听众的胃口。"有一件事情我想与大家分享……"停顿，这会引起听众的极大好奇。

沟通在静默中产生，要善于运用停顿。

音乐中，分节法是指在两个音符间换气或做出"停顿"。分节会让歌手理解一首歌的意思，并且避免因为呼吸而产生的尴尬停顿，说话时也是如此。在分节时，我们会将一些词串成一组，因为将它们放在一起要比分开更合理。在分节时，有时候我们故意将一些词分开以示对它们的强调，这样会创造出一种有思想的音乐。如果不是这样，听众将很难理解我们的内容。

以上所说的音量、音调、语速和停顿在实际运用中不是孤立的，而是相互配合的。只有这样才能真正使有声语言富有节奏，展示出声音的和谐之美。

你可以用下列方式增强语言的多样性：

任选一篇自己喜欢的演讲稿进行阅读练习。在进行阅读练习时，要分开运用音量、音调、语速和停顿，一次只用一种。第一天，尝试着只改变你的音量，增强或者减弱，用渐弱音或渐强音；挑选特定的词汇，大声地或者轻柔地读出来（注意使用改变音量从而改变意思的方法）。第二天，尝试着只运用音调来调节。变换你的音调，往上升或往下降。接下来，练习语速和停顿。最后，将音量、音调、语速和停顿这三者结合起来练习。

大声读本书给自己听。找一本出色的思想家写的、自己喜爱的书，每周大声朗读半小时。问问自己怎样才能将书中的思想变得鲜活起来。想象一下，你正在用你的声音演绎古典音乐，在你的话音中发现乐趣。马上开始朗读，在音符中徜徉吧。

跟着音频学习。跟进是一种学习技能，通过观察专家的表现可以学到你想要的内容。在网球场上，提高自己最快的方式就是与高手对打。我们学到的大部分知识，都是通过先看别人如何做，然后自己跟着掌握的。模仿是学习的一种有效方法。任何你喜欢的演讲片段都可以拿来练习用，相对而言，讲话人的声音要比他演讲的内容更重要。这个练习不是让你学习他人的口音,或者仅模仿他人说话,重点是当你模仿一位大家时,你可以通过放松自我来提高声音技巧。

第二节　态势语言,此处"无声胜有声"

一、态势语言的概念和作用

说话者在以有声语言"说"的同时,还要运用一定的无声语言来"表演",形成一种整体美感效果。这种美感是以仪表、手势、动作、眼神、表情及风度的综合运用展示的。它们虽是无声的,但是与有声语言一样在传达某种信息,是不可被忽视的,通常被人们称为"态势语言"。

态势语言是演讲者必须掌握的一种非语言沟通方式,是演讲中不可缺少的直观性因素。心理学家阿尔伯特·梅拉比安发明了一个公式:信息总效果=7%的文字+38%的声音+55%的面部表情。由此可见,态势语言的重要性。此外,心理学研究还表明:人的感觉印象77%来自眼睛,14%来自耳朵,视觉印象在大脑中保持时间超过其他器官。

鲁迅先生说过:"演讲有三美:意美以感心,一也;音美以感官,二也;形美以感目,三也。"

态势语言是无声语言最主要的成分。态势语言与有声语言一样,在漫长的历史过程中,其含义已约定俗成。例如,点头表示同意,摇头表示否定;伸出大拇指表示称赞,伸出小指表示蔑视。

态势语言在使用过程中需要遵循以下原则。

1. 真实自然

真实自然就是反对生硬呆板、故作姿态、刻意表演,像"背台词"一般的态势语言。这是交流双方建立信任的基础,是对态势语言运用的最基本的要求。不真实、缺乏诚意、矫揉造作的动作手势是有害的,除了使听众心生反感之外,起不到任何积极作用。

2. 有目的性

态势语言要有目的性。下意识的态势语言一般没有明确的目的性,但它也可以帮助演讲者把声音有力、生动地传达出去。如果对这种态势进行加工,由不自觉变为自觉,由不够准确、优美变为准确、优美,使之具有号召力和激励,就变成了具有目的性的态势。

3. 服从内容

态势语言的运用是由演讲者内在的思想意图所决定的,恰当地传情达意,具有加强话语语气、帮助听众理解、促使听众接受的作用。态势语言还要随着语言内容、情感的变化适当地变换,以便生动活泼、富于魅力。

4. 符合个性

态势语言的运用同演讲者的性格气质紧密相连,一般性格开朗、爽直、麻利,且说话、办事都十分快速的人,其手势动作,一般表现为急速频繁、果断、有力;而性格比较内向的人,

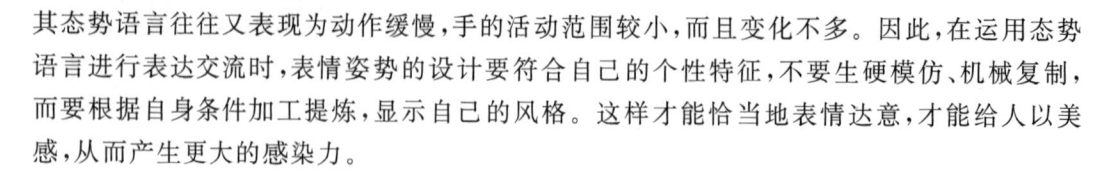

其态势语言往往又表现为动作缓慢，手的活动范围较小，而且变化不多。因此，在运用态势语言进行表达交流时，表情姿势的设计要符合自己的个性特征，不要生硬模仿、机械复制，而要根据自身条件加工提炼，显示自己的风格。这样才能恰当地表情达意，才能给人以美感，从而产生更大的感染力。

二、态势语言的类型和表达

（一）面部表情

变换你的表情比买一件新衣服要廉价得多、容易得多，而且发挥的作用要大得多。

你的大脑就像一台超级计算机一样，从你身边人的脸上搜集数以万计的微妙数据。你的潜意识在不断地组织和综合这些数据。眼部周围肌肉收紧，瞳孔扩张，汗水从发际流淌下来——你随时都在感知和解释这些提示，你的听众也是如此。

这种解释过程会给你一种有人在撒谎的"感觉"。就像你的身体一样，如果你说的话是一回事，而你的表情是另外一回事，那么听众会疑惑不解或混淆不清。因此，确保脸部表情能与你正在说的话联系起来。如果你开头说的是"见到你们很高兴"，但听众看不到你脸上有任何高兴的表情，那么在最初的七秒，你已经将自己置于一个不被人信任的境地了。如果你告诉团队的是"我为他们所取得的成绩感到骄傲"，他们会盯着你的眼睛看，无论你内心是怎么想的，都会首先在你的眼睛里显现出来。因此，最好敞开心扉，让团队的人看到你眼睛里闪现的光芒。不需要什么特殊的装备——只要真实就已足够。

为了清晰地了解你的脸上正在传递什么样的信息，你可以给自己拍一个短片。花一两分钟时间观察自己说话时的表情，注意观察你脸上的习惯性表情。你的脸精确地反映了你的情感吗？一般情况下，如果你的脸部肌肉没有被调动，就更倾向于表现出不愉快的表情。

在走上演讲台之前，想想能让自己面露微笑的事情，除非你演讲的主题是悲伤和痛苦的事情。注意，不是得意地笑，而是展现快乐心情的一般状态的笑。笑容应当反映出你在这里发表演讲的乐趣。如果你能找到一个私密的地方做准备，那么在脸上展现出一个大大的露齿笑容并坚持一会儿。笑容具有强大的"后遗效应"，当你走上讲台时，脸上会一直保留着笑容。

人的脸部有43块肌肉，大多数人平时只用其中的3块。在你上台之前，要唤醒你的面部肌肉。可以做一下脸部瑜伽，拉伸脸上的肌肉。就像跑马拉松之前运动员做的一样，唤醒你的面部肌肉。当你发出"啊，啊，啊"的声音时，让脸上的所有器官——眼睛、嘴巴等——尽可能地张大、拉宽。现在，当你发出"呜，呜，呜"的声音时，让你脸上的所有器官尽可能地收缩变小。托住下巴，用食指按摩脸部太阳穴下面的肌肉，将上、下颌肌肉连接起来；向发际的方向上抬眉毛，向鼻子的方向尽力下拉你的眉毛；把你的手掌放在脸颊上并且绕着揉动脸颊；集中精力让能量和血液积聚到脸上。

（二）眼神

眼神是直面听众，进行"连接对话"。

人的眼睛是最重要的沟通工具。如果我们说话时看不到对方的眼睛，很容易就对他们产生不信任的感觉。我们通过他人的眼睛以及眼部周围肌肉的微小变动获得大量的信息。

沟通指导手册上通常建议你与听众进行"眼神接触"，这样做会导致你快速地将眼睛从听众身上移开,或者叫作扫视。扫视是指经过长时间锻炼的大脑展现出的一种礼貌性行为。当你的周围全是人时,就好像你在丛林中被动物包围一样,你会扫视一下看看处境是否危险。人们遭受"杏仁核劫持"的一个原因就是,遇到威胁时他们的眼睛做同一件事情——扫视。快速的眼部运动与被猎杀、妄想、焦虑和恐慌的感觉相联系。另外,当我们真正与他人接触时,我们的眼睛会看着对方,目光停留在他们身上。我们天生是带着好奇心看其他人的。观察一个小孩时你会发现,他们会睁大眼睛并且看得很投入。

　　从生物学的角度来讲,我们不适合同时对多人讲话,甚至你都不能同时与两只眼睛对视。下一次当你与某人位置很近并且跟他讲话时,可以试试是否如此。你会发现,必须将关注点从一只眼睛转移到另一只眼睛。因此,当有500位听众在你面前时,该怎么办呢?最好一次只对一个人讲话,而不是进行扫视和进行"眼神接触"。我们建议你进行"连接的对话"。

　　就"连接的对话"而言,你一次只看一个人,并且直接对他们说话。直到你第一次需要停顿或一种思想表达完毕之前,你的目光都停留在一个人身上,再转移到另一个人身上。这样的话,你的目光在每个人身上停留的时间大致是三秒。

　　放弃"眼神接触",直接进行"连接的对话"吧。

　　如果你要对众多听众讲话,那么在脑海里,将面对的听众分成4个象限,观众象限分布如图5-1所示。

　　如果你从左后象限的一大群人中挑中了一个人,那么他周围的10个人都会认为你在看着他们。将你的目光停留在那个人身上,就好像你整场的演讲是特别为他而做的。找到你的凝视点,警惕眼神散漫或向四周扫视,然后再慢慢将目光转移到下一个人身上。要确保你的目光是随机地从一个象限转移到另一个象限,目光所及之处要包括所有的听众,

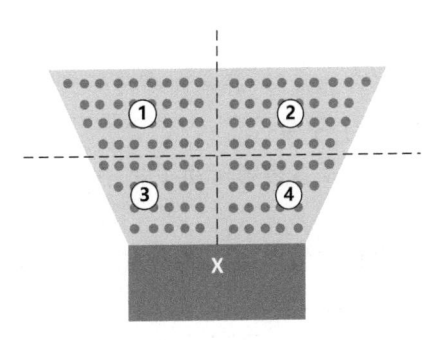

图5-1 观众象限分布

不要犯经常性的错误——将90%的时间给了5%的听众。你需要说服的人可能在后排,如果你从来不看他们,他们就永远不会感觉到自己在你讲话的对象中。如果你在听众面前正确使用了你的双眼,即使听众有上千人之多,那么大多数的听众在离开会场时都会觉得好像你直接对他们讲话了。你可以用眼睛做的另一件事就是引导听众的注意力。你看哪里,听众就会看哪里。如果你想将他们的注意力引向媒体、幻灯片或其他人,你就必须转动身体,自己先看着关注的对象。当重新连接的时间到来时,往前迈步并且将听众的注意力再次拉回到你身上。

　　听众创造了与演讲者之间的联系纽带,当演讲者让听众看幻灯片时,意味着这一纽带就断裂了,消失在了黑暗中。你的眼睛是你存在于会场中的证明。在整个演讲过程中,不要浪费时间盯着讲台、天花板或你的幻灯片。讲台不需要跟你之间有一种连接的感觉——但听你讲话的人需要。

　　具体而言,眼神的使用方法有以下几种。

1. 点视法

点视法，即把目光集中投向某一角落、某一部分，或者个别听众，并配合某种手势或表情。这是一种最有实效、最有内涵的眉目语言。在处理很特殊的情感或听众中出现不良反应时，可大胆运用此法。此法适用于制止听众的骚动情绪。应该注意的是，使用点视法要短暂，不能老是盯着人家看，否则容易使被看的人感到难堪。

2. 环视法

环视法，即有节奏或周期性地把视线从听众的左方扫到右方，再从右方扫到左方，从前边扫到后边，从后边扫到前边，以便不断地观察和发现听众的动态。视线每次移动都是弧形，弧形又构成一个整体。这种方法适合用于感情强烈、规模较大的演讲。

3. 虚视法

虚视法，即演讲者的目光在全场不断环顾，眼睛好像看着每个听众的面孔。实际上，谁也没看，只是为了造成演讲者与听众之间的一种交流感，弥补因为环视和点视可能使部分听众感觉受到冷落的缺陷。这种方法是"眼中无听众，心中有听众"，在演讲中使用频率很高。使用这种眼神可以克服紧张的情绪或掩饰胆怯心理，显示出端庄大方的神态来，不至于看见台下一双双注视的眼睛而害怕，这对初次登台的演讲者十分有效。另外，这种目光还可以表达愤怒、悲伤和怀疑等感情。

（三）手势

手势是演讲者运用手指手掌、拳头和手臂的动作变化以及表达思想感情的一种态势语言。

手势按活动的区域分类，可以分成以下三类。

（1）肩部以上，称为上区手势

手势在这一区域活动，一般表示理想、希望、喜悦和祝贺等；手势向内、向上，手心也向上，其动作幅度较大，大多用来表示积极肯定的激昂慷慨的内容和感情。

（2）肩部至腰部，称为中区手势

手势在这一区域活动，多表达平和、安静的情绪，没有什么激烈的情感起伏。一般在叙述事物和说明事理时使用。其动作要领是单手或双手自然地向前或向两侧平伸，手心可以向上、向下，也可以和地面垂直，动作幅度适中。

（3）腰部以下，称为下区手势

手势在这一区域活动，一般表示憎恶鄙视、反对、批判和失望等，有时也表达一种决心。其基本动作是手心向下，手势向前或从两侧往下压，动作幅度较小。

手势活动区域不同，表达的感情不同，了解了这一点，做手势时就要注意，该在上区活动的不要停留在中区，该在中区活动的不要停留在下区。这样才能把手势做得"清水出芙蓉，天然去雕饰"。

当上台感觉到紧张时，你会本能地将双手放在身体前面，以保护自己的核心部位，这样会导致讲话者在台上做出一些奇怪的姿势。

开始演讲时，倘若你的双手处在下列这些位置，那就说明有问题了。在整个谈话中，你的双手都将这样被困在那里。

暴龙——双臂垂在胸前,双手吊着,活像一只恐龙。

背着手——让你看起来像个士兵。

双臂交叉——你可能感到很舒服,因为你被保护起来了,但这种感觉与慷慨的情绪和分享的情绪不一致。

一只手插在口袋里——人们会猜想你到底在干什么。

肃立本是一种放松的站立姿势,抬头挺胸,双臂自如地垂在身体的两侧。起初你可能会感觉这种姿势有些别扭,因为你不得不克制保护自己核心部位的冲动。但是从听众的角度来看,这样的姿势看起来太棒了。如果你从肃立开始,那么当你开始讲话时,你的双手就能够自如地活动,自然地与你说出的话相一致,就像它们在你的日常生活中做的那样。你不必一直都保持这样的姿势,只在开始时运用即可。

积极使用摊开的手掌。手势跟手掌面对的方向有关,而手背传达的意义则不大。在递接物品时,大多数情况下手掌总是向上的。为了展示手势的力量,请观察文艺复兴时期的画作——经常强调张开的手掌。向下的手掌意味着权力、力量、支配和肯定。摊开的手掌则是慷慨、共享、开放的象征。在问答环节,当你邀请他人提问时,要一直摊开手掌,而不能责难地用手指指着他人。

(四) 站姿

演讲要站着讲,通常还受限制时间。其原因就在于:一是表示对听众的尊重;二是避免长篇大论,或埋头念稿子的毛病;三是显示演讲者的精神风貌;四是增强和听众的交流,调节会场的气氛;五是演讲者站立,可以给人一个完整的形象,只有站立,手势和身势才能自由地摆动。

高尔基赞扬列宁的演说时说道:"他站在讲台上的整个形象,简直就像一件古典艺术作品,什么都有然而没有丝毫多余,没有任何装饰。"

1. 站要直

站在台上时要挺胸、收腹,保持两肩相平,上身和两脚与地面要基本垂直,身体不要靠在讲台上。

2. 立要稳

身体重心平均落在两个脚上,两脚自然分开,不超过肩的宽度,或者两脚一前一后站定,两肩放松,脊椎、后背挺直,胸略向前上方挺起,腿绷直,稳定重心位置。

在演讲中,站姿常常与手势、面部表情、身体其他部位结合在一起,形成体态语言的节奏感,而且这种节奏又是与有声语言的节奏相吻合的,从而形成演讲的整体节奏。

(五) 移动

你应该什么时候走动呢?在你的演讲中,有连接语和着陆语。连接语就像结缔组织,将一个点与另一个点连接起来。像"我们要怎么做呢",或者"我们为什么如此自信",或者"让我们来看看去年的数据",都是连接语。它们本身并不重要,不是你要表达的主要观点,只起到承上启下的作用,将一个思想与另一个思想联系起来。连接性语言是你移动身体的好时机。你用自己的身体释放出一个信号:你将要转到新的内容了。

着陆语是指你想要特别强调的用语。比如"我们打算进行还击,用事实说话!"强调着陆语的时候,你要站着不动,不要在说着陆语的时候走动,这样会降低你所说内容的重要性。

那么,这些如何体现在演讲台上呢？当你说连接语时,如"我们要怎么做呢",这时你可以在场上走动,然后停下来说你的着陆语:"我们打算进行还击,用事实！"。

恭喜你,你已经有足够的勇气离开讲台这个安全的场所了。下一步该怎么做,在舞台上有三个基本的位置:舞台左侧、舞台右侧以及舞台中央。要将你的时间随机地分配到这三个位置上。花60%的时间在舞台中央,20%的时间在舞台右侧,以及20%的时间在舞台左侧。在走动过程中,要变动你的走动路线,不要总是走"右—中间—左"的路线,要打破惯用的模式。

当你走动的时候,不要四处游走、不要徘徊。你需要一个走动的理由,就是想与听众更接近。但是不要长久地停留在舞台的某一侧,而忽略掉另一侧的听众。注意,如果有舞台灯光的话,那么要确保灯光设计师知道你离开讲台的打算,你也不想消失在阴影里吧。

如果你需要回到讲台,给自己留出一些时间。不要背对着听众传达你的关键信息。如果你要横穿舞台,并且逐渐远离听众,你可以像帆船一样,缓慢地驶向舞台左侧和右侧；也可以走长线,如果你要走长线,确保走的是对角线。这样,你仍然可以给听众一个轮廓,而不只是给他们一个后背。要注意的是,不要倒退着走路！这会让你看起来愚蠢,而且很危险——你可能会被绊倒。

如果你需要穿过舞台后方,那么让你的眼睛离开听众大约七秒就足够。尽量让你和听众的联系中断的时间短一些,你是他们的向导,不要把他们扔在黑暗中。

你也可以离开讲台进入观众席,与听众亲密地交流,然后再返回到讲台完成你的演讲。这会让你得到与听众以非常个性化的方式交谈的机会,这会使亲密度更强。

当你的幻灯片需要播放,且想与听众有更加密切的联系时,这里有一个能将两者结合起来的技巧:进入并直接走到前台的中心。打开台下的灯(照在听众身上的灯光),也打开台上的灯,你可以看到听众并且容易与他们联系起来,在这里讲出你的坡道和路线图。在讲完路线图时,为了获得大家的认同,你可以提出这样一个问题:"各位听起来觉得怎么样？"接着可以穿过舞台走回讲台,让台下的灯变暗,然后开始演讲幻灯片部分。在你的三个发现要点和总结之后,重新打开台下的灯,离开讲台进入问答环节。这样会让你看起来平易近人,并且用一种邀请对话的方式走向提问者。最后,在前台送上你的甜点——这是你结束发言最有利的地点。

第三节　修炼风格,言如其人显魅力

一、谈话型,自然清新的表达

谈话型演说者的声音,给听众的第一感觉是很"平",像"一条直线"。这是因为谈话型演说者用的"隐形旋律",是比较平直的平行语势。当人们在表达淡定、麻木、冷淡的情感时,就常使用平行语势。

所谓平行,是指语句中的抑扬变化不明显,每一句话句头声音较低,而后呈上行趋势,只是并没有上升至很高,行至中途声音就停止。

因为整体比较低,给人一种谦卑、亲切的感觉,情绪听起来就比较"淡定"。代表人物有马化腾。

新闻播音员多采用平行语势,因为新闻类播音要求语势稳健。我们看看下面这段话语势的基本处理,读出来体会一下大量运用平行类语势后声音的变化。

科技革命和产业变革是人类文明演替的决定性因素。18世纪60年代以来,人类社会经历的每一次科技革命和产业变革,无不基于新的能源技术与通信技术的融合。正在发生的新一轮科技革命和产业变革,基于可再生能源技术与数字化技术的融合,成为数字生态文明发展的决定性力量。习近平总书记指出:"要紧紧抓住新一轮科技革命和产业变革的机遇,推动互联网、大数据、人工智能、第五代移动通信(5G)等新兴技术与绿色低碳产业深度融合,建设绿色制造体系和服务体系,提高绿色低碳产业在经济总量中的比重。"这为我们指明了建设数字生态文明的路径和方法。

大多数人演说时的声音都比较"平",往往比较"原生态",这其中性格的影响比较大。谈话型的演说者往往性格较温和,很难大声、强硬地说话。换言之,平时交流很和气的人演讲时大概率也是这样。比如,方文山的演讲听起来就很亲切,他的音调不高,语速中等偏慢,音量也适中,这样的声音特点,基本决定了方文山在演说时,不太可能使用很冲的声音和恶狠狠的语气。

这种风格的优点是比较自然,像拉家常,缺点是变化不丰富、不明显、感染力较弱。如果内容力不强,支撑不起整场演讲,朴实无华的声音风格就很"吃亏"。一条直线的语流,势必是枯燥乏味的。再加上听众容易对长时间的讲话感到厌倦,谈话型演讲者由于缺乏变化,容易让听众感到刻板、单调,没有韵味,不如波浪式的语流有吸引力。

"原生态"的声音也可以有吸引力,技巧在于运用好这个要素——停顿和连接。停顿与连接就是演讲时声音在哪里停顿、在哪里继续,通过这样的方式奏出一首更精致、更和谐、更有感染力的演讲乐曲。

做个练习:用自然的语调和语速说下面一段话。第一遍,不用改变自己的口音、语调等特别的说话方式,用手机录下来;第二遍,经过提前规划,改善停顿点和连接点,体会一下它对声音吸引力的增强。

能跟所有激励过我、挑战过我、支持过我、使我得以走上这个舞台的所有了不起的人们共度今晚,这是我的荣幸。

能跟所有(停顿)激励过我、(停顿)挑战过我、(连接)支持过我、(连接)使我得以走上这个舞台的所有了不起的人们(停顿)共度今晚,这是我的荣幸。

人们常在表示踌躇、思索、庄重或叙述、说明某一事物的时候使用平行语势。如果你平时说话和演讲的风格偏向于朴实无华的说话风格,这套声音运用术可以帮助你提升演讲时的影响力。

第一,对于"原生态"型的演讲者来说,他们的亲和力都很强,情感真诚自然,不用妄自菲薄。

第二,独特的口音可以让演说起到事半功倍的传播效果。

第三，偶尔换成视觉信息，用画面推进演讲，就是在为演讲创造变化，可以让观众耳目一新。

二、激昂型，适度夸张显张力

和谈话型这种"淡定"风格的人正好相反，激昂型的演讲者，思想感情相当丰富，说话时的声音也抑扬顿挫，和刻板、单调的语音形成鲜明对比——声音盘旋上扬，节节高升，直至句尾最高。换句话说就是，他们演说时声音中大面积运用上行语势，即使是平淡的文字，也能被他们用声音"渲染"得激情澎湃。

上行语势的特点，简单地说，就是由低到高地运用声音，像爬山一样，句头较低，语调从头至尾呈现出上扬趋势，盘旋而上，直至句尾最高，也叫上山语势。这很容易激起人的"兴奋点"，调动听众的热情，所以我们也常在历史剧的誓师大会上，听到扮演王侯将相的演员用慷慨激昂的声音，进行鼓动性演讲。

拿破仑的演讲以慷慨激昂而著称。1815年2月26日夜，拿破仑率领1 050名官兵，分乘6艘小船，巧妙地躲过监视厄尔巴岛的皇家军舰，经过三天三夜的航行，于3月1日抵达法国南岸的儒昂湾。

拿破仑感慨万端、兴致勃发，立刻在岸上发表了热情洋溢的演说。如果我们为拿破仑的这次演说配上声音，配音员就一定会运用上山语势，因为上山语势的鼓动性最强，最适合用来表现热情洋溢的内心情感。我们看看下面这段话语势的基本处理，你可以揣摩、体会一下拿破仑发表这段演说时的内心情绪，然后为它配上声音。

士兵们，我们并未失败！（上山）我时刻在倾听着你们的声音，为我们的今天，我历经重重艰辛！（上山）现在，此时此刻，我终于又回到了你们中间。（上山）来吧，让我们并肩战斗！（上山）胜利属于你们，荣誉属于你们！（上山）高举起大鹰旗，去推翻波旁王朝，争取我们的自由和幸福吧！（上山）

如果你平时说话和演讲的风格偏向慷慨激昂型，这套声音运用术可以帮助你提升演讲时的感染力。

第一，我们的声音有高低变化，慷慨激昂者，其声音的整体音调高度都在比较高的位置。

第二，因为声音音调较高，所以语速就不能太快。如果声音的字与字之间间隔很短，语速太快，就会让演讲有种"谩骂"感，这会破坏演说的友好氛围，把演讲变成了情绪的发泄，引起听众误解。

第三，强调重点和突出要点时，可以运用反差。例如，语速稍微变慢一些、音调稍微低一些等反差，既能让你的声带得到休息，又能突出重点。

三、幽默型，言语风趣富于情感

听众喜欢有幽默感的人，幽默型演讲者既亲和，又能给人制造欢乐，很受欢迎。他们声音的"隐形旋律"是曲行语势。曲是弯曲、复杂的，是一种抑扬变化较多，较为曲折的语势。曲行语势语句的句头稍低，中间稍高或又有曲折，直至句尾，却又不升到最高点上，只起来一半。

简单地说,就是语势交替使用,就像过山车一样,高处有波峰、低处有波谷。波峰时,声音由低向高再向低行进:句头、句尾较低,句腰较高。波谷时,声音由高向低再向高发展:句头、句尾较高,句腰较低。

有转折,有反差,才会有幽默。好内容要配上对的声音形式,感染力才会增强。

一个风趣幽默的演讲者,他的语言常常是富于情感的。幽默是最能表达其修养与涵养的方式。古今中外,凡是讲话幽默与富有风趣的演讲者,无不受到大众的欢迎和爱戴。

幽默生动的语言可以更有效地传情达意,增进互相了解;演讲者以幽默坦然待人,可以使听众解除心理上的顾虑,缩短心理上的距离。这样,便能使听众畅所欲言,表露真情实感,从而令演讲者了解听众的愿望、动机和目的。

有一次,孙中山在广东大学做关于民族主义的演讲。礼堂非常小,听众很多,天气闷热,很多人都无精打采。孙中山便穿插了一个故事:那年我在香港读书时,看见许多苦力聚在一起谈话,听的人哈哈大笑。我觉得奇怪,便走上前去。有一个苦力说:"后生哥,读书好了,知道我们的事对你没什么帮助。"又一个告诉我:"我们当中有一个行家,牢牢记住那马票上面的号码,把它藏在日常用来挑东西的竹杠里。等到开奖,竟真的中了头奖,他欢喜万分,以为领奖后可以买洋房、做生意,这一生再也不用这根挑东西的杠子过活了,一激动就把竹杠狠狠地扔到大海里。不消说,连那张马票也一起丢了。因为钱没有到手先丢了竹杠,结果是空欢喜一场。"

孙中山风趣的话,引来台下一片笑声。孙中山接着回到本题:"对于我们大多数人,民族主义就是这根竹杠,千万不能丢啊!"

这个充满幽默感的故事不仅让昏昏欲睡的人们清醒过来,也使演讲取得了良好的效果。

要使演讲风趣幽默,富于情感,需要演讲者本身具备一些基础和条件。只有具备了这些基础和条件,才能使你的演讲充满了风趣幽默和真情实感。演讲者需要充分显示自己的幽默感。一句得体俏皮的话,能让你立即缩短和听众之间的距离,并获得好感;几句对付难题的机智回答,能让自己摆脱困境,并体现美好的自我形象,获得听众的同情和赞美。然而,在演讲过程中,并不是每一句话都需要幽默,也不是随便的一句俏皮话就可以被称为幽默。幽默的语言不仅需要风趣,更需要得体,这样才能更好地表达幽默的效果,更真实地表达情感。

那么,如何去获取那些幽默的语言呢?具体做法如下:

1. 用趣味思维方式捕捉生活中的喜剧因素

"趣味思维"就是一种"错位思维"。换言之,就是不按照普通人的思路去思考,而是岔到有趣的一面去。在生活中,要善于使用这样的思维方式去捕捉一些喜剧因素,平时的逐渐积累,会在你演讲的时候派上用场。

2. 瞬息构思,掌握必要技巧

幽默风趣是一种"快语艺术",它突破了惯性思维,遵循的是反常原则。在实际演讲中,必须要想得快、说得快、触景即发、涉事成趣、出人意料之外,又在情理之中,使听众在欢笑中易于接受。

3. 灵活运用修辞手法

在演讲过程中，要灵活运用极度的夸张、反常的妙喻、含蓄的反语以及对比、拟人、移就、拈连、对偶等一些修辞手法，这样才能使你的语言产生幽默风趣的效果。

4. 搜集素材

我们的日常生活丰富多彩，为演讲提供了许多有趣的素材，而这些素材会无意识地进入我们的记忆仓库中。我们在生活中要做个有心人，随时搜集来自生活中的有趣素材，这样就会使自己的语言材料丰富起来。

在运用幽默时，还应注意以下几方面问题：

第一，看场合。大部分演讲中，幽默都是可以运用的，但有些场合下，比如，有重大灾难时，出现严重问题时，讨论严肃问题的演讲中，幽默还是少用为好，否则会让人觉得不够严肃。不同的听众所能接受的幽默方式与内容也是不同的，幽默要有针对性。

第二，别牵强。幽默要真正产生效果，最好是自然而然地流露，而不能勉为其难地去逗人笑。幽默是在广泛的社会经验与深厚的知识素养基础上自然的风度表现，是不能强求的。

第三，无恶意。幽默是为了增强亲切、热烈的交谈气氛，也是为了让他人高兴。如果用歧视性语言来达到幽默效果，反而会让人感到了伤害。

第四，讲文明。幽默是高雅的，忌用粗俗语言。幽默是体现风度与修养的，也是高雅的语言艺术。如果用一些粗鄙流俗的语言作为幽默材料，不但不能取得幽默诙谐的效果，反而会让人觉得庸俗不堪。

四、秀丽型，春风拂面抚人心

轻柔秀美型演讲者的"隐形旋律"主要使用平行语势和曲行语势。比如，三毛接受采访时的声音，轻柔而充满情感。她在采访时说到动情之处，语速会翩然加快。听众在整个采访过程中被她轻柔明亮、节奏欢快富有变化的声音深深吸引，从头听到尾。

"柔和"是秀丽型演讲者声音的关键词。"柔和"的歌曲适合夜晚听，"柔和"的演讲也是如此。他们演讲时肢体、表情、声音都给人这种轻柔、舒适感，听他们讲话没压力。这主要是因为演讲者对声音使用了弱控制。所谓弱控制，就是在用声时，声音里能听出气声，类似"叹气"的感觉。气先于声出，气多声少，声音听起来就更轻柔。

在"叹气"的基础上，加入字音，体会下对声音的弱控制练习。注意，发音时声母和韵母之间气息应拉长，要均匀、不断气。

大多数人认为，演讲声音如果太轻柔，就会没有力量。当演讲时间过长，秀丽型演讲者就要适时地给听众制造一些"兴奋点"，带来点"刺激"，工具箱里增加了这些备用品，就能持续吸引听众注意力。常用的工具如：热情的用词、适当的加速、变换节奏等。

因此，如果你平时的演讲的风格偏向于秀丽型，那么下面这些声音运用术可以帮助你提升演讲时的影响力。

第一，减少在思索的过程中，无意识的口头语所出现的次数，否则语速慢且声音轻柔的你，再加上许多口头语的打断，会让听众昏昏欲睡。

第二,秀丽型的优势在于,会给听众时间,引发听众参与、遐想和思索,遇见需要加重说明的情况,如果不希望破坏整体风格,不必学他人加重语气和声音,只需要用手势来补充和提醒听众你的重点和关键词即可。

第三,如果演说时间较长,需要适时给听众制造一些"刺激",在词语中加入一些热情的词句。同时,语速适当从慢到快,加速就能持续吸引听众。

五、深沉型,气势如虹引人入胜

深沉型演说者在演讲时,其声音给人一种严肃认真、掷地有声的感觉,很适合严肃性的讨论和演讲。

之所以让听众有这种感觉,主要是"语势"这个隐性旋律在起作用。所谓语势,是指根据思想感情的运动状态,语音产生的趋向和态势。

演讲者内在的思想感情不同,语势必然不同。简单地说,就是人的语气、语调需要和内在的心情相协调。深沉型的演讲者演讲的大多是严肃主题,内心"戏"主要是——前景不乐观,忧国忧民,语音产生的趋向也和内心一致,主要是下行语势。

下行语势,顾名思义,声音一定是从上往下"落"的,其最显著的特点是:句头最高,而后顺势而下,状如下山,也叫作下山语势。当你大量运用某一种语势时,声音的基本面貌就形成了。如果演讲者每一句话都是句头最高,而后顺势而下,状如下山,就形成了比较稳定的声音风格特征。深沉型演说者的声音运用术在于对下行语势的大量运用。此外,创造声音变化的方式,不仅要调节音量的强弱、音调的高低、语速的快慢,还要注意停顿。这些高低起伏的变化丰富了演讲者的声音。我们看看下面这段话语势的基本处理,可以读出声来,体会一下大量运用下山类语势后声音的变化。

那天早晨上学(下山,音调由高至低,音量由强至弱),我去得很晚(下山,音调由高至低,音量由强至弱),心里很怕韩麦尔先生骂我(下山,音调由高至低,音量由强至弱)。

况且他说过要问我们分词(波峰,波峰就是整个分句或某个词的声音强度比较高,在句中突兀出来,反之,波谷就是声腔最低的部分),可是我连一个字也说不上来(下山,音调由高至低,音量由强至弱)。

我想就别上学了(上山),到野外去玩玩吧(下山,音调由高至低,音量由强至弱)。

人们在传递祝愿、祈使、感慨、赞叹、确幸时,也会下意识地使用下山类的语势。

如果平时说话声音以下行语势为主,偏向于深沉型演讲者,调控这些变化可以让下山类语势更突出。第一,声带状态由紧至松,类似叹气时的声带状态。第二,咬字力度由紧至松,类似从"恶狠狠"吐字到"软绵绵"吐字。

此外,深沉型演讲者演讲要引人入胜,必须有气势,让听众感受到语言的压力,感受到力量。运用排比能有效提升语言气势,可以让话语整齐明朗,富于节奏感,让听众感受到一种气势如虹、滔滔不绝的力量,给听众形成强烈的震撼力,使语气强劲,情感得到升华,形成强烈的表达效果。排比这种修辞手法一般是由三个或三个以上结构相同或相似、内容密切关联、语气一致的词组或语句排列而成,用来表达同一范围、同一性质的事物,以增强语势、增强节奏感和旋律美,加强语言的力度。

下面是马丁·路德·金于1968年8月28日在美国华盛顿黑人集会上发表的一场精彩

演讲。

然而，一百年后的今天，我们不得不面对黑人依然没有自由这一可悲的事实；

一百年后的今天，黑人的生活依然悲惨地套着种族隔离和歧视的枷锁；

一百年后的今天，在物质富裕的汪洋大海中，黑人依然生活在贫乏的孤岛之上；

一百年后的今天，黑人依然在美国社会的阴暗角落里艰难挣扎，在自己的国土上受到放逐。

这里用了排比句，黑人从没有自由到受着种族隔离和歧视，再到过着贫乏的生活乃至受虐待、遭放逐，集中揭露了黑人悲惨的生活现状，给人以心灵的震撼；既把演讲者的思想和感情展现得淋漓尽致，又极大地感染了听众。

如果演讲者在讲话中灵活巧妙地运用排比，就可以增强语势和感情色彩，给人以强烈的震撼。当然，排比句的运用，也不是多多益善的，需要注意场合与语境。

第四节 出场退场，演绎精彩演讲之旅

一、进场：做好合理计划

虽然在台上讲话充满力量，但对大多数人来说，它同样令人感动。这是一个专门为演讲者而准备的位置，这是赢得选举的地方，也是缔造历史的地方。有一些技巧可以帮助你掌握这样的演讲形式，让你在台上看起来比较自在。

更重要的是，要计划你的入场方式。当你可以掌握自己的入场，从舞台右方进入，并且穿过对角线走到前面。舞台右方是指演讲者的右方，如图 5-2 所示。"舞台前方"是指舞台上离听众最远的区域。"舞台后方"是指舞台上离听众最近的区域。

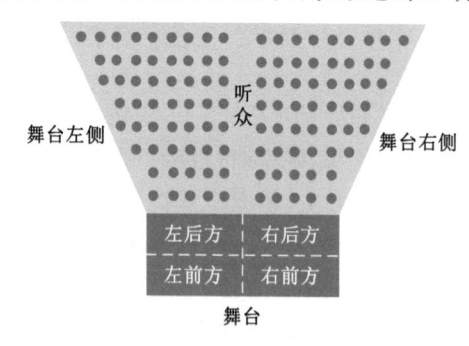

图 5-2 舞台区域划分

在日常生活中，读书时是自左向右，从听众的左方进入并且移动到他们的右方会给你一个积极的联系。在电影中，你经常会注意到：好人总是从观众的左边进入，而坏人总是从观众的右方进入舞台。在面对听众之前，你可以到角落里站一下，你将有宝贵的时间进行调整以适应灯光和听众的目光。找一个微笑的理由，在你踏上舞台到达讲台之前与听众进

行眼神交流。通过以上方式,在你开始讲话之前,你就已经在与听众打交道了。从舞台右侧进入这个原则也有一个例外:如果你必须与某人握手,那么从舞台左侧进入有利。这样,当你握手时,身体将面向听众,站在舞台右侧的人将不得不背对听众。

可能的话,尽量避免从听众席上入场。这是最糟糕的入场方式——因为在前几秒,除了你的后背和你的臀部,听众没有什么可关注的。当你转过身时,灯光和听众的目光会突然打到你的身上,会引发"杏仁体劫持"的状况。

二、站立位置:找到能量点

找到能量点,如果你可以选择的话,需要对即将要站立的位置有一个战略性的考虑。每个舞台上都有一个能量点,通常情况下,它是离听众尽可能近的一个点,同时在此位置还能保证外围的听众都在你的视线之内,即第一排最边上的人也在视线范围内。能量点和视野范围图见图5-3。

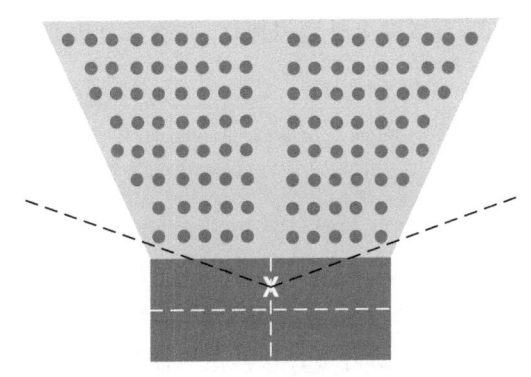

图 5-3　能量点和视野范围图

如果你演讲的场合有讲台,你也可以站立在演讲台旁。不过,利用讲台既有优点也有缺点:它给你提供了一个避风港,当你感到紧张时,它是挺诱人的。但讲台也将你限定在了一个位置,并且挡住了你大部分的身体,因此,你的表达工具仅限于上半身。如果你站在讲台前,记住它是让你放底稿的地方,而不是支持你身体的地方。不要抓着或靠着讲台,这会让你看上去很脆弱,好像你无法支撑自己的身体。你的肩膀耸起,显得脖子缩短了——这不美观!如果你紧握讲台的两边,听众可以看见你白皙的指节,这会传达出一种害怕的信息。相反,让你的双手自由动弹,然后你可以利用它们强调你的重点内容。

在开口演讲之前,有三件基本的事情你必须去做:一是停止片刻。登台之后,到达你站立的地点,停下来,静静地伫立片刻,什么也不做。那一刻,一切似乎静止不动了,但正是在那片刻的寂静中你像聚光灯一样将听众的注意力集中到了你身上。更重要的是,你利用这片刻的时间适应了新的环境。你可能只需要一秒,倘若没有这样的时间,直接开口发言就没有真正地将自己与听众连接起来。二是呼吸。这是每一个运动员在比赛之前都要做的事情——呼吸。当你吸气时,你将生命、能量和意愿带进了你的身体。这一小小的动作会让你的眼睛发亮,为你开口讲话做好准备。三是看。寂静中,在呼吸的过程中,看看你的听众并且让他们能看到你在开始讲话前,你正在利用最初的七秒向听众传达他们需要听的最重要的信息:"大家好! 很高兴见到你们。"即使由于聚光灯的原因你看不到听众,也要努力想象你能看到什么,并尽可能清楚地想象他们的脸。

以下列出了紧张时最常见的身体症状以及建议的处理方法:

1. 双手颤抖

你可以手握一件东西:遥控器、笔、书或笔记本,这样你的双手就有事可做了。要避免把你的双手插在口袋里或紧握在胸前,而且不要拿着一杯咖啡或一瓶水出现在舞台上——这样会让你看起来太过随便。无论你做什么,都不要在手里拿着松散的一沓纸——那样会放大颤抖效果。

2. 双腿颤动

穿宽松的裤子,切记不要穿紧身裤子,因为紧身裤会突显你的颤抖。可以来回走走,让血液流通起来。

3. 汗流浃背

如果你出汗浸透了衬衣,可以穿上外套以掩饰,并确保身边有手帕纸以备不时之需。

4. 口干舌燥

处理这一问题很简单:喝水。确保当你讲话时,附近有水,需要时停下来喝一口,不要因此感到不好意思。

5. 声音颤抖/嘶哑

要用稳定、一致的声音说话,你需要让一定量的空气以一定的速度带动声带。如果你的声音听起来有些奇怪,那么说明呼吸存在问题。屏住呼吸或浅呼吸是恐惧之下的自然反应,为了抵消这一影响,做深深的腹部呼吸。这样做既能解决你的声音问题,同时又有助于稳定你的紧张情绪。

6. 面红耳赤

有一些人——通常是皮肤白皙的人,一旦到了舞台上,脸就会变得通红。如果你是这样的人,不要担心。即使你感到自己的脸是灼热的,听众可能不会注意到,或者不会对此过分关注。深呼吸并且继续下去,如果你不因它而痛苦,那么听众也不会。

三、提示物:记住你的演讲要点

公开发表演讲的人最担忧的一件事就是:"假如忘了要说的话该怎么办?"

处理这个问题很简单:用提示物。提示不是代表脆弱的拐杖,而是明智的工具。以贝拉克·奥巴马为例,全世界绝大多数人都认为他是一位顶级的沟通者,但奥巴马经常用一沓提示卡。如果提示卡对奥巴马而言是好工具,那么对你而言也是。

提示物成为实际可用的工具有几个原因。首先,它们可以驱散焦虑,让你放松下来,专注于你的演讲。其次,提示物可以防止"记忆效应"的产生。当演讲者花太多的时间和精力去搜索记忆的内容时,他就无法与听众建立联系了。背负着沉重的、不必要的负担,演讲者的声音会变得平淡,眼睑低垂,身体瘫软,别人也听不清他的声音。有时候你会发现演讲者的眼睛瞄向左上方或右上方,好像正在从他自己的前额里读出要说的内容,最好避免出现这样的情况。最后,使用提示本或提示卡可以说明演讲者很重视准备工作,也说明演讲者自身确实做了很多准备工作。实际上,即使记住一个简短的发言内容也要花大量的时间,我们大多数人都喜欢发言者把时间花在准备和研究工作上(而不是仅仅记住发言的内容)。

因此,带着提示物是完全被人认可的,只要你将大部分的时间花在与听众的联系上,让他们看到你的眼睛。我们在此推荐的方法是来回看提示物和听众。瞥一下提示物,获得信息,花片刻时间在脑海里进行一番整理。在这一刻,你通过大脑过滤一下信息,将你的个人思想与表达输入进去,再允许它们冒出来,听众想要听到的是经过你改造之后的内容。这是一个神奇的时刻,信息的价值增值,数据也从一种文件转变为你独特的演讲内容。原则就是:捕获、内化以及再连接。

在会场上可以运用的提示工具有很多种:① 记事本上列出的大纲;② 提示卡;③ 幻灯片;④ 屏幕提示;⑤ 挂图。这些都是很好的方式,选择哪一种要看你的偏好以及你发表演讲时的环境。

不过,我们建议你在非正式的讲话或演讲中避免使用以下两种方式:一种是你逐字写下底稿,然后记住每一个字。正如前面所讨论的,这样做会产生负面效果。我们很少听说有人能用自然的方式在演讲时将熟记的底稿讲出来,这样做需要耗费难以置信的时间和精力。然而,如果你忘了一行字或一个短语,你的整个演讲可能会受到严重影响。除非要求你做一个正式的书面发言,否则尽量不要用熟记底稿的方法。另一种是逐字写下演讲的整个底稿,上台后只是大声地读给听众。这样做的结果是,你的演讲就好像是数据汇报。从眼神到声音,你的演讲单调至极,没有任何细微的差别和情绪变化。

如果你不得不走上讲台读讲稿,那么一定要让听众看到你的眼神。有一些基本的技巧需要掌握:扫视一下底稿,记住上面的话,开始演讲,需要时再返回去瞥一眼。一次与一个人建立联系,争取形成开放和透明的感觉。这样做可以让人们理解你是怎么想的。避免频繁大幅度地在底稿和听众之间切换视线。在脑海里将听众分为 4 个象限:前、后、左、右。当你往上看的时候,随机地与左边的某个人建立联系,然后是右边的人、前边的人等。尽量把自己的时间均摊在 4 个象限的听众上,确保你不会忘记后边的听众。

实际上,你可以在记事本上列出关键的要点大纲。把你的大纲放在讲台或桌子上,需要时看一眼,这样你就不会迷失自己。你可以提醒自己关键要点,但是要靠你的大脑找到恰当的词汇表达——这会让你的演讲听起来新鲜而自然。

很多演讲者选择在台上使用提示卡——这是一种好的选择,因为它们便于携带和手持。当你准备卡片时,将关键要点用黑体字写在最上边,底下列出支撑性的要点。要用黑色签字笔,这样字迹更清晰。记住,舞台上的灯光可能比较暗——字体大些、粗些、清楚些,保证你瞥一眼就能看清楚。书写完毕后,将卡片编号。万一卡片掉了,你会庆幸自己已经将它们编了号。

注意:如果你确实在台上使用了提示卡,那么不要躲躲藏藏,也不要因此而有怪异、偷偷摸摸的举动。抽出提示卡,瞥一眼,获得信息后抬起头,跟听众连接起来并继续自己的演讲。

关于提示,主要的原则是:无论是用卡片还是记事本,不要让这些提示的东西完全遮挡了你自己,不用把你的提示物当成一条毛毯或一个盾牌。使用提示物时,不要让它遮挡你与听众的直接交流。

千万不要双手拿提示物,这是大多数演讲者使用提示时最常犯的一个错误。这样做会在你和听众之间制造障碍,你的身体语言所传达出的信息是你感觉自己需要受到保护。双手握提示卡放在面前还会产生隔断一部分听众的效果——从一定的角度来看,就好像有人在你面前投下了一个遮光物,听众会看不到你。相反,应该将提示卡放在讲台上或衣服的内兜里,这样你的双手就可以自由做手势。如果你发现手握提示物是必要的,那么用一只手拿着它们,确保另一只手不受束缚,更不要把那只空手伸进口袋里。如果你把提示物放进了自己的口袋里,请在登台之前练习一下,看能否轻易将它们拿出来。穿一件口袋大小、深浅合适的夹克,有一些衣服的口袋非常深,你的手伸进去拿卡片就好像从衬衫里往外挖东西一样。演员们都知道这一点:排演你的道具。在你需要时,你应当能顺利地拿到它们,不致笨拙地摸索,或者出现卡片掉落的意外。

你也可以使用幻灯片作为一系列的提示,提醒你想起准备的材料。不幸的是,人们最常犯的一个错误就是:在演讲时,形成了照幻灯片宣读的习惯。如果你能做的只是照本宣科,你只不过是重复告诉了他们一些东西而已。

如果你以幻灯片上的少许文字或一张引人注目的图片作为你的记忆提示,根据它们阐述你的观点,那么你要尽量让显示器对着你,而不能背对听众去读荧幕上的文字。在这种情况下,可以将显示器放在地板上。就像提示卡一样,不要试图掩盖你正在看显示器的事实。你需要一些工具帮助自己记起文本上的内容,这不是什么错误。然而,试图在听众面前掩盖这一事实那就大错特错了。

演讲时不要一直盯着荧幕看。听众来这里是想跟你沟通的,而不是来看你后背的。看看显示器,领会信息,然后返回来看着听众并且继续演讲。史蒂夫·乔布斯在发表演讲时旁边总有巨大的荧幕,这样的荧幕使他本人显得很矮小,但他在演讲时总是确保他与听众的联系,而不是让幻灯片抢了他的镜头。

可以运用技术手段,但要能够增进你与听众之间的联系。你作为听众与你的思想之间的桥梁,无论技术手段是多么的酷,没有什么可以代替人与人之间的联系。

最后,你还可以选择使用挂图。这是一种简单而有效的演讲辅助工具,但它的作用被低估了。挂图很可靠,不需要任何技术,不会出故障,你还可以记下听众所说的内容,形成高水平的互动。你可以预先在挂图上写下提示线索,然后把这一页折起来,这样在你准备好之前,听众是看不到上面的内容的(你也不想听众因提前看挂图上的内容而分心)。在适当的时候,你将写有提示的那一页翻下来。这时,你可以往上面添加内容,让听众感受一种即兴发挥的快感。

四、突发状况:大脑一片空白的应对技巧

我们都遇到过这种情况:你做了准备,认为自己一切就绪时走上讲台,却僵在了那里。即使口袋里有提示卡,你却想不起自己打算要说的第一件事情是什么了。实际上,你连自己的名字都不记得了。在那样的情形下,不惊慌是很难的,就像身陷流沙一样——你越惊慌失措,就陷得越深,你必须将自己从里面拔出来。当你忘记了自己要说什么时,可以运用以下技巧。

1. 重启

现在发生的事情,跟你的电脑死机的情况很相似。信息还在——只不过是冻结了。像处理电脑一样,你不得不重启。好消息是,对于人类而言,重启只需要一秒。但重启不能再靠大脑来解决——你必须运用自己的身体。改变你的身体姿态,做一些不同的事情,喝杯水、调整一下麦克风、后退一步,再往前走一步等。

2. 呼吸

大脑出现空白,可能是因为你呼吸不畅所致。停下来,慢慢地做个深呼吸,抬起头来,再试一次。

3. 提示卡

你的提示卡还在,它们可以帮助你继续坚持演讲下去。在一张提示卡上写下你的开场白,并将卡片放在你的前胸口袋里,这样做可以确保你成功应对大脑出现空白的情况。

4. 即兴伴奏

在音乐范畴中,即兴伴奏是指女主唱准备入场之前,乐队一直演奏前奏。在这样的情况下,你的大脑就是女主唱——它还没有入场呢!你只需要让乐队一直演奏,直到它入场为止。可以来点闲聊,说:"早上好!嗨,见到大家很高兴。"这并不是你开场的首选内容,但总好过站在那里像一尊雕像。

5. 不要显得痛苦

如果在讲话时大脑突然出现空白,不要因此而过于痛苦。听众仍将和你在一起,只要你的痛苦表现得不是很明显就可以。听众能够感受到发言者的处境,如果以正在经历痛苦,他们也会有所共鸣。

这听起来有些奇怪,但是对你的演讲而言确实是一件好事。经验老到的演讲者有时会装作忘词,只是为了重新体验初次登台演讲的感觉。

此时,你可以抬起头,花一点时间,做个深呼吸,静待思路恢复清晰,然后继续下去。马戏团里走钢丝的人不会大步地走过去——即使在他能做到的情况下也是如此,因为这样走过去不会有停顿和摇晃,会让他的表演变得非常无聊。相反,他停顿、后退、摇晃,在几乎掉下来的那一刻转危为安。我们去马戏团就是为了看这种近似逃生、神奇的反弹表演,那才是让表演激动人心的东西。上台演讲也是这样,观察台上的人如何思考也是一件妙事。你绞尽脑汁去回忆讲稿,回忆演讲前的种种想法,并最终想起来,这本身就是现场演讲激动人心的一面。听众不是去看固定的节目,而是去看一个脆弱而真实的人。

五、退场:优雅结束

不管是出场还是退场,都要稳重大方,显出端庄与优雅的一面,给人以一种亲切感。

演讲结束后,成功退场同样重要。它不仅是对演讲者个人形象的展示,也是给听众留下深刻印象的最后一刻。退场时演讲者需要展现出自信、尊重听众和专业素养。

退场时需要展现出优雅和自信。在结束语和感谢致辞后,演讲者要面带微笑,向听众致礼后,缓慢、稳定而从容地离开讲台;切不可过于匆忙,不宜显出羞怯失意的神态,也不可摆出得意、满不在乎的样子。你应该与出场一样,给人一种谦虚谨慎、彬彬有礼的印象。退场时的姿态应该自然而舒缓,不要匆忙离开或显得过于拘谨。保持良好的姿态,让听众感受到演讲者的专业和自信。

以下是优雅退场的几个要点:一是保持微笑。无论演讲是否顺利,保持微笑是非常重要的。微笑传递出一种自信和积极的态度,能够让观众觉得你对演讲内容和他们的参与都很满意。二是缓慢地退场。不要匆忙离开讲台,给自己足够的时间来结束演讲并与观众告别。但退场时也不要过于缓慢拖沓,注意掌握好节奏,展现出冷静和自信的形象。三是不要过度道别。虽然向观众道别是礼貌的表现,但不要过度,避免拖延演讲的结束。简洁地表达感谢和道别即可。四是注意态势语言。退场时,注意保持挺直的姿势,不要低着头离开讲台。昂首挺胸地离开会让你显得更自信和有气场。五是不要赶忙收拾物品。如果讲台上有一些道具或笔记,不要赶忙地收拾它们。如果有工作人员负责,请他们帮你处理,或者在退场后再收拾。

六、排练:让演讲更趋完善

关于排练只需用一个字描述,那就是:做。

有些人担心排练会让他们的演讲听起来不够新颖,并声称不排练自己会表现得更好。实际上并非如此,排练不是规划每一个手势和动作,而是进行实际练习。

专业剧场的排练一般有三个明确的阶段:一是演员大声朗读剧本。因为通常是坐在桌子旁边,所以称为"桌边工作";二是走上舞台,开始加入动作。不过,手里还拿着剧本;三是"脱稿"排练。这就意味着他们记住了自己的台词。在开场之夜的前一周,没有人会看到专业的演员还在拿着剧本读,到那时每个人都得"脱稿"。

对此,有一个很好的神经功能方面的解释:人的长期记忆要远远强于短期记忆。如果你将剧本储存在短期记忆中,那么大部分的神经内存将被用于回溯过程,留下很少的部分贡献给有效的表述内容。被广为接受的舞台智慧是:如果能在表演前一周记住台词,那么你就有时间把对演讲内容的关注转移到对演讲风格的关注上。你必须能够在说话的同时活动、思考,消化要说的内容,同时还要与听众建立联系。

正如前面所提到的那样,我们不建议你记住每一个字,但是你需要足够熟悉自己要演讲的内容,这样才能将全部的注意力放在你的演讲风格上。这一过程最好在你演讲前一周完成,这样演讲的内容才能沉入你的长期记忆中。

排练是为了练习你的演讲风格,而不是无休止地纠结于演讲内容。

下面是根据一位专业戏剧演员的经验为你提供的一套排练程序。

首先,只练习台词,将注意力集中于感觉和意义。你可以坐着完成这项工作,或者更惬意地四处走动,也可以站着。重点是语言以及叙事方法的探索,借助你的嘴巴传播你的思想,你可以一口气练习完全部内容,也可以暂时停下来,思考把重要观点安排在什么地方,哪些是有效词语,然后再接着练。练习怎样过渡,熟悉要表达的思想。

然后,加上动作。你打算如何使用肢体语言?如何使用幻灯片?计划好每个手势以及每个简单的动作并不是个好主意。无论何时,你只要自然地、恰当地表现真正的自我,不要分析过了头,或者试图为你手臂的每一个动作设定角度。你要做的是对每一部分进行规划。布局是戏剧上描述计划过程的术语,计划在表演的过程中,演员在什么地方、什么时间以及如何在舞台上活动。你要对动作进行布局一大范围的行动计划。比如,在第一节里,你是要坐着还是站着?是要待在讲台边还是要站在前台?在此之后的关键一节中,你打算移动到哪个方向?是打算站在礼堂的右侧还是左侧?事先计划好什么时候要将听众的注意力吸引到幻灯片上,什么时候要走到前台与听众再次建立连接,什么时候你想让他们看幻灯片,什么时候看你。制订这样一份大规模的计划能确保你顺利地度过每个关键时刻。但是,细节的东西还是留到现场看你的即兴发挥吧。

其次,技术彩排。当你制定完这些决策后,你可以进行一次技术彩排。无论是在剧院还是会议室里,对你而言,技术彩排是对演讲的技术方面进行的练习:计划你的入场,通过灯光提示、检查幻灯片转换提示并且对任何将要发生的切换或转换进行彩排。谁将介绍你上台?你们会握手吗?介绍结束后他们将去哪里——是穿过后台还是前台?练习这些会减少你的焦虑、避免因为没有预先考虑细节问题而出现尴尬的局面。

技术彩排是"提示对提示"的排练,意味着在整个演讲过程中,你不必将每句台词都说出来。在这个环节中,你需要练习重要的提示和过渡,包括灯光、声音、视频和其他人进场、退场或者递给你某些东西等环节。在演讲的技术上,你可能会在很多方面出错——通过一次技术彩排,你可以避免这些常见错误的发生。

再次,带妆彩排。现在你已经将意义和动作结合在一起,为带妆彩排做好准备了。带妆彩排要尽可能地逼近真实的表演。带妆彩排的关键是,如果某些方面出现了问题,尽量不要停下来,继续你的演讲。在整个演讲过程中,就好像是在真正地发表演讲一样,不能中断,不能处理碰到的障碍。如果某些方面出现了问题,你应该以这样的方式进行处理:例如,如果你跌倒了或忘词了或笔记本电脑死机了,你会怎么做呢?毫无疑问,这不是会不会出错的问题,而是什么时候会出错的问题。因此,在带妆彩排中,只要没有发生地震,剧院没有失火,你都要继续你的演讲。这样做有一个很好的理由:通过创造一种完成整个演讲而无中断的体验,在你的大脑里真实地形成了一种能给你自信的神经通路。当你起身站在台上的时候,你会有这样的感觉:"我能做到。"你是怎么知道的呢?因为你彩排时就做到过。

关于带妆彩排需要注意的是:戏剧上一直认为一次不好的彩排会令开场之夜的表演更加出色,反之亦然。为什么会这样是没人能解释得通的,但它与事实是非常相符的。可能是因为一次成功的带妆彩排会让表演者过于自信,而一次糟糕的彩排会让表演者更加努力。无论如何,如果你的带妆彩排很差劲,不要气馁——实际上这是一个很好的预兆。

显然,能在你将要发表演讲的实际地点进行彩排是最理想的。但这有时候可能做到,有时候却不可能实现。即使你不能在那个地方进行全部的彩排,你也要尽量事先参观一下——最好是在你发表演讲那一天的同一个时间段去。如果你是在一个带有窗户的会议室里,要查看一下光线,确保你站的地方阳光能照射到你,而不是看听众的眼睛。在屋里试试你的声音。如果你要用麦克风,带上它进行测试。如果不用,练习你的声音以确保整个屋里的人都能听到。你可以让同事坐在最后面,看看能否听到你的声音。如果窗外有景物,考虑一下能否将它作为一个好的背景,或者看看它是否会吸引听众的注意力。在你的身后,有没有船只驶过来,或者骑自行车的人(你无法与之抗衡——听众的眼睛都会转向骑自行车的人）。有没有窗帘可以打开或拉上？能事先这么做吗？确保你不要站在窗户后的阴影中。屋里的光线如何？太暗、太亮还是刚好合适？墙上有没有你够得着的开关？还要看看室内的温度如何，你肯定不想让听众冻僵，也不想室内过于温暖，让他们都昏昏欲睡吧。在你打算站的地方附近有没有屏幕或桌子？你想让它们待在那里还是想挪走？在你站立的地方旁边有垃圾桶吗？如果有，请挪走它！垃圾不会让人产生积极的联想。要与有能力改变这些条件的人交朋友——他们通常是技术人员或酒店员工，如果你在温度、灯光、设施以及预置的媒介方面，提出你自己的要求，他们一般都会乐于提供帮助。

倘若你要在一个大讲堂里演讲，里面有舞台，请走上台去，站在你计划好的地方，想象你面前坐满了听众。注意调整你与台下听众的距离，使你将要释放的力量、眼神和声音都能很好地被台下的听众接收到。将空间分区——在你的脑海里标记坐标边缘，一直到四个角落里的听众，这样对于你要覆盖的所有区域，你心里就有了一张地图，也有了真实的感觉。屏幕将会在哪里？你将站在哪里？记住，使用讲台只是一种选择。如果你从那里开始，也不必一直待在那里。你没被局限在那里，你可以在台上四处走走，找到让自己感觉最舒服的地方。接下来还要练习怎样入场。你能顺利登上舞台吗？在台阶上走走，上面是铺了地毯还是比较滑呢？有没有一个角落能让你歇歇脚？让你的同伴坐在礼堂不同的地方——一些在后面，一些在旁边。当他们听不到你的声音时，让他们举手示意。

接着，检查照明设施。要保持会场和自己身上有合适的灯光照明。别把自己弄得看起来像戏剧里的鬼影，脸上半明半暗。为了避免这种情况，运用这个老摄影师的技巧：站在舞台上时，背对着你的听众，把你的手放到脸前，大致与眼睛保持同样高度，在舞台上走动，观察灯光打在你手上的效果。这类似于听众看到灯光打在你脸上的效果。舞台上总会有死角，即灯光照不到的地方。记住这个地方，远离它！舞台上还有一个强光点，灯光会汇集在这一点，同样要避开这个点。

最后，考虑你结束时的动作。计划一下你如何拿着自己的笔记本电脑离开舞台，练习怎样退场。正如你不能在不知道如何回家的情况下就去度假，你不能在不知道如何退场的情况下就登台。你将如何完成自己的演讲？做个小小的鞠躬总是适宜的，去感谢大家近乎疯狂的热烈掌声。

人们经常问我们在镜子前排练是不是个好方法，我们不建议这么做。最好的演出是能将你的自我意识转变成与听众的联系。在镜子前观察自己会形成一种说话时注意自己的习惯，并且会强化自我意识。而事实上，你关注的重点应该是听众，而非自己。

尽量在你信任的一小群人面前进行排练，你做得怎么样，他们会给你反馈，告诉你哪里表现好，或者哪里还有待提高。他们能提出一些中肯的建议让你的表现提升。或者在孩子们面前练习，孩子是非常直接的——如果你能抓住他们的注意力，那你就能抓住任何人的注意力。

从经验丰富的教练那里，从那些能给你鼓励和建议的人那里，或者从那些你信任的人那里取得反馈。但有一点要注意——从你排练时的听众那里得到的反馈要非常具体。如果离你上场不到24小时了，任何导致你从根本上重新思考你表现的事情都可能是致命的，即使它是一个很棒的想法。在开场之夜的前一天，戏剧导演是绝不会给演员做某些改变的指示的。改变所导致的疑虑和不确定会破坏你整体的表现。在正式演讲的前两三天改变个人的一些基本风格是不合适的。如果你说"啊"太多,并且你这么说已经有30年了,在演讲之前的两天之内想改变这一口头禅是不大可能的——并且关注它只会吓着你,打乱你的阵脚。重大的改变应当在你处于高危情境之前的很长时间内,在教练的指导下完成。编舞的人不会在芭蕾舞演员马上上台之前改变舞蹈动作。如果要做实质性的改变,要么提前进行,要么就别做改变。

在你登台前的24小时,你只需要支持性的反馈。你做得怎么样,一切还好吗?提问具体一点——因为人们都非常乐意指出你的缺点在哪里,会给你列出一张长长的单子,但要纠正它们已经太晚了。如果你正在与某些人分享你的演讲内容(彩排之前的很长时间),你可以问:"观点明确吗?""内容切题吗?""长度正好吗?"在彩排中,你可以问他们:"变化够大吗?""演讲内容丰富吗?""我的状态正好吗?"

唯一的例外就是,在你上场前的最后一分钟有人指出你的演讲内容中的重大错误,如数据完全不准确,或者你的内容存在潜在的法律问题,或者你的开场白将会严重侮辱董事会主席。在那样的情况下,即使是在开场前最后一分钟也要带着感激之心做出改变。

成功彩排的关键是练习如何才能使自己达到良好的状态。如果你要在最后的演讲中表现得自信、坚定、热情以及乐于相助,那么不要在你无聊、厌倦或疲劳的时候练习。否则,你只不过是在强化自己的消极状态。

【案例赏析与思考】

《读书人是幸福人》是当代作家谢冕的一篇议论文作品。文章起始开门见山,表达了"读书人是世间幸福人"的主旨,层层议论,逐章显志,提出了"读书能让你拥有精神世界的平等权,读书能够让你在有限生命里认识无限的可能,读书能够健全你的人格品质"等分论点,说服青年读者,从主观上认识到读书的诸多良性影响,从而自发地愿意多读书,增加生命的广度和深度,拥有一个体验丰富的幸福人生。下面请赏析谢冕的《读书人是幸福人》,并回答三个思考问题。

读书人是幸福人

谢冕

我常想读书人是世间幸福人,因为他除了拥有现实的世界之外,还拥有另一个更为浩瀚也更为丰富的世界。现实的世界是人人都有的,后一个世界却为读书人所独有。由此我又想那些失去或不能阅读的人是多么的不幸,他们的丧失是不可补偿的。世间有诸多的不平等,如财富的不平等,权力的不平等,而阅读能力的拥有或丧失却体现为精神的不平等。

一个人的一生,只能经历自己拥有的那一份欣悦,那一份苦难,也许再加上他亲自感知的那一些关于自身以外的经历和经验。然而,人们通过阅读,却能进入不同时空的诸多他人的世界。这样,具有阅读能力的人,无形间获得了超越有限生命的无限可能性。阅读不仅使他认识了草木虫鱼之名,而且可以上溯远古下及未来,饱览存在的与非存在的奇风异俗。

更为重要的是,读书加惠于人们的不仅是知识的增广,而且还在于精神的感化与陶冶。人们从读书学做人,从那些往哲先贤以及当代才俊的著述中学得他们的人格。人们从《论语》中学得智慧的思考,从《史记》中学得严肃的历史精神,从《正气歌》中学得人格的刚烈,从马克思学得人世的激情,从鲁迅学得批判精神,从列夫托尔斯泰学得道德的执着。歌德的诗句刻写着睿智的人生,拜伦的诗句呼唤着奋斗的热情。一个读书人,是一个有机会拥有超乎个人生命体验的幸运人。

一个人一旦与书本结缘,极大的可能是注定与崇高追求和高尚情趣相联系的人。说"极大的可能",指的是不排除读书人中也有卑鄙和奸诈,况且并非凡书皆好,在流传的书籍中,并非全是劝善之作,也有无价值的,甚至是负面的。但我们所指读书,总是以其优良品质得以流传的一类,这类书对人的影响总是良性的。我之所以常感读书幸福,是从喜爱读书的亲身感受而发。一旦与此种嗜好结缘,人多半因而向往于崇高一类,对暴力的厌恶和对弱者的同情,使人心灵纯净而富正义感,人往往变得情趣高雅而趋避凡俗。或博爱、或温情、或抗争,大抵总引导人从幼年到成人,一步一步向着人间的美好境界前行。笛卡尔说:"读一本好书,就是和许多高尚的人谈话。"这就是读书使人向善;雨果说:"各种蠢事,在每天阅读好书的影响下,仿佛烤在火上一样渐渐融化。"这就是读书使人避恶。

所以,我说,读书人是幸福人。

请结合本章所学案例内容思考以下问题:

1. 请根据文章要传达的思想内涵结合自己声音特点,思考该文章适合采取谈话型、激昂型、幽默型、秀丽型和深沉型这五种风格中的哪种风格进行朗诵?

2. 结合本章第一节锻炼声音的知识点,思考这篇文章哪些部分要重读?哪些部分语速要放慢或加快?哪些部分要停顿?

3. 结合本章第二节态势语言的知识点,假设你马上要上台当众朗诵这篇文章。思考在上台朗诵这篇文章时,要如何进场、退场?朗诵时要采取什么样的面部表情?何时以及如何运用手势或移动?

《读书人是幸福人》朗诵视音频
朗诵人:康辉
资料来源:哔哩哔哩视频平台
发布人:B站用户"光影8号"

【本章实训】

实训一:声音训练

1. 深吸一口气,然后数数,看看自己最长能数到多少。

2. 按照如下方式自主进行呼吸训练。

假设桌面上有许多灰尘,要求吹而又不能吹得尘土飞扬。练习时,按吸气要领做好准备,然后依照抬重物的感觉吸足一口气,停顿两秒左右,向外吹出气息。吹气时要平稳、均匀,随着气息的流出,胸腹尽量保持吸气时的状态,尽量吹得时间长些,直至将一口气吹完为止。

3. 任选本章一个案例,变换不同音量、音调、语速和停顿状态进行朗读,体会不同声音状态下朗读效果的变化。

实训二:态势语言训练

1. 找一面镜子,练习微笑、喜悦、惊讶、忧愁、愤怒等表情。

2. 体会站姿、坐姿等不同姿势下,双手和单手不同手势的配合,找到自己表达态势语言最舒适、自然的状态。

3. 找一段经典演讲视频,模仿视频中演讲者的声音变化和态势语言变化。

实训三:进场退场训练

在教室内进行一次主题演讲,规划好自己上台和退场的动作和路线,以及在讲台上的站立位置。演讲结束后邀请全班同学对自己的演讲进行打分。在排练时注意以下两点:

1. 要考虑好自己是否使用讲台,是否使用提示物?如果使用这些道具,道具如何摆放和展示?

2. 提前排练自己的整场演讲,考虑自己可能会遇到的突发状况以及应对措施。

本章小结

本章主要从声音、态势语言、演讲进退场等方面帮助你修炼自己的演讲风格。首先,通过训练演讲的音量、音调、语速和停顿等来锻炼声音,让你在演讲过程中更好地通过声音传递情感,展现出演讲者的自信与专业。其次,介绍了演讲中合理运用态势语言的重要性,并详细地介绍了面部表情、眼神、手势、站姿和移动等五个方面态势语言的应用,让演讲者学会通过综合运用面部表情、眼神、手势、站姿和移动的组合来辅助演讲,使演讲变得更加生动且具有感染力。最后,介绍了演讲时进场、站立位置和退场的要点以及演讲过程中的一些技巧,如学会运用提示物、应对突发状况和演讲前排练的技巧等。此外,本章还列出了包括谈话型、激昂型、幽默型、秀丽型、深沉型等几种演讲风格,以帮助演讲者更好地确定自己的演讲风格。

第六章　演讲状态

【学习目标】

① 了解身体模式的作用,熟悉身体模式的主要影响因素。
② 了解心灵之眼的概念,熟悉心灵之眼的调整策略。
③ 明确信念对演讲的重要性,掌握转变信念的方法。
④ 了解演练的两种模式,掌握打磨演练的方法。
⑤ 引导学生形成良好的演讲状态,培养学生的爱国精神。

【引导案例】

演讲状态是指我们演讲时的情绪状态。演讲者有什么样的情绪,观众是能感受到的,就像一面镜像,听众会从你的身上投射出自己的情绪。从某个角度讲,演讲状态是比语言的内容还要重要的一部分。好的演讲状态不仅能够使自己产生很多情绪,还可以让自己变得自信,并且把这种好情绪传递给观众。但是,当我们受到不良演讲状态的影响时,可能会产生一系列不利后果。下面我们看看小刘的故事。

大学一年级,当别人都沉浸在解放的狂欢中时,小刘却很迷茫。在一所普通大学,他思考着自己现在做些什么,自己毕业以后做什么等问题。与常规做法相反,他选择了自己最不擅长的领域:演讲。他的理由是:如果我连最不擅长的都能做好,那么还有什么做不好?于是他决心改变自己,鼓足勇气想通过练习让自己脱胎换骨。首先,他找来一篇讲稿,对着镜子练习了100多遍。然后,他走出寝室,早晨对着操场练习100多遍。接下来,他开始天天对着室友练习。当他感觉讲得滚瓜烂熟、脱口而出时,他开始站在学校的路口,对着路人练习。终极的挑战来了,在一个周末,小刘随机走上一辆公交车,对着全车的乘客进行演讲。演讲开始,他的脑子里全是过去那些不成功的体验,不由得心慌、紧张。不过,他慢慢进入了状态,即使出现不顺畅,也不再畏惧,坚持说出自己的观点。在获得了大家热烈的掌声之后,他下了车,一下子热泪盈眶。正是因为这次演讲的成功,他对未来充满了信心。逐渐地，他从一个连说话都紧张的人蜕变成为一个著名的职业演讲家。小刘说："我之所以令人惊讶，是因为我从一个胆小鬼变成了勇敢的人。后来，我就不断练习，不断克服恐惧。"

由此可见，好的演讲状态比语言更重要，状态是演讲中最重要的部分之一。状态决定了演讲的能力，还决定了连接事物以及对发生的事情做出反应的能力。在演讲的过程中，状态的好与坏会影响整个演讲过程。时刻保持好的状态，对于演讲者来说是非常有必要的。

本章第一节将介绍身体模式；第二节探讨心灵之眼，正确看待人类天生关注消极事物的本能，并掌握使自己更加关注积极事物的方法；第三节将着重了解转变信念对提升自信的积极效果；第四节强调反复演练的重要作用，一方面提升自信，另一方面发现演讲中存在的问题，让演讲更出彩。

第一节　身体模式，让情感表达更强烈

一、了解身体模式：不同的身体模式会产生不同的情绪

身体模式就是改变对待身体的方式，主要是指动作、站立、呼吸、运用面部肌肉、手势。

建立信心最快速的方法是改变身体模式，因为身体模式的变化可以产生不同的情绪。如果我们想要影响自己的感觉方式，就需要了解这些模式。它们就像是进入某些特定情绪通路的杠杆，我们可以通过运用这些杠杆的不同组合来调整自身的状态。

不同的站立姿势和呼吸方式对应着不同的情感。例如，如果我们呼吸急促（浅呼吸），在胸部下陷的状态下两眼向四周环视，从身体状态上来讲是不可能感觉到快乐的。只有遭到威胁时，我们才会这样呼吸。在这样的情况下，快乐的神经递质就不会流动起来。

心灵与身体的连接体现出两者的双向影响，这也是大脑的伟大秘诀。如果我们被惊吓，身体将会自动使我们呼吸急促，腹部收紧。如果我们收紧腹部呼吸，肩膀下压，并且运用面部肌肉表现出一种害怕的表情，我们也会因此产生恐惧感。当我们感到害怕时，动作和呼吸的方式会将恐惧表现出来，大脑会随之处于恐惧状态。我们知道，不管威胁是真实存在的还是假想的，大脑都会产生相同的化学反应。

当改变身体模式时，情绪也会被改变。呼吸短促，腹部下陷，来回踱步，咬着嘴唇，让身体呈凹形，肩膀垂落下来，眼睛飞快地朝四周猛看，双手紧握，保持这样的状态60秒，你会有什么样的感觉？另一方面，如果我们动作和呼吸表现出来的是自信、热情以及决心，大脑会将那些动作与相应的情绪联系起来，将会乖乖地提供与之相对应的化学反应。试试站起来，提肩抬头向上看，露出灿烂的笑容，将双臂伸向空中，你觉得有什么不同？

康斯坦丁·斯坦尼斯拉夫斯基利用这一事实发展了一套体系，后来又演变为"溶于法"，现在仍然为许多成功的演员所运用。以这种方式产生的情绪看起来是真实的——因为它们就是真实的。不幸的是，如果在高压状态下，我们任由自己的身体决定情绪，那么身体将会导致糟糕的状态。我们的身体也将再一次改变自身的状态。

当我们处于危险时，身体就会自然进入受威胁的模式。当我们与剑齿虎战斗时，这种

反应非常有效。但是，当面对一大群人时，我们需要做出完全相反的反应。我们需要重新调整身体的方向盘，做那些运动员、演员以及高水平表演者一直在做的事情。在表演之前，首先管理好自己的身体。要做到这一点，我们只需按照后面的模式进行操作即可。

二、调整身体模式：适当的模式让情感表达更强烈

首先，要确定需要体验什么样的情感。这几乎等同于演讲者想让听众体验的情感。听众会感染与演讲者同样的情感。例如，如果我们向一个团队表示祝贺，那么会产生为之骄傲的感觉。如果我们没有这种感觉，那么他们也不会感受到。

其次，确定身体、呼吸以及脸部表达情感的模式。要表现得很自信或者和胜利时一样，就像真正感觉到了信心和喜悦一样进行走动、站立或移动。当感到自豪时，可以做许多事情。但是，它们不包括急促的浅呼吸、紧缩的下巴以及在身体之前紧握的、白皙的、关节明显的双手，这些模式通常是与恐惧相联系的。当有胜利之感时，双臂上举，眼睛上抬，脑袋上扬，面露微笑，还上下跳跃，不同文化背景人们在胜利时都有这样的举动。要再造胜利感，只要做出这些动作，感觉就有了。

专业演员都具有的一个共同特点：他们知道如何准备。在二十多年的时间里，彼得采访过许多顶尖的运动员、武术家、演员、芭蕾舞演员以及模特，无一例外，他们都承认需要运用一些表演准备模式。

有的职业网球运动员在某一刻，他可能朝裁判疯狂地大声尖叫，而下一刻轮到他发球时，他开始了自己的惯常动作。他以一定的方式将球拍了一下、两下、三下……然后回到打球的状态。球的弹性与发球并没有什么关系，那只是他的准备模式而已。一位芭蕾舞演员进场之前可能总会将她的脚趾在树脂里浸三次，并且在跃上舞台之前会碰碰自己的右耳垂。一位顶尖的模特必须在面对镜头时展现出魅力（即使她昨天晚上去参加聚会，直到凌晨四点才回家），她可能会以某种特定的方式深呼吸，轻抚一下头发或舔舔嘴唇。当灯光亮起，她的美丽在灯光下展现无遗。其实，轻抚头发以及舔嘴唇就是她的准备模式。

许多电影演员在试演前经常会上下跳跃，并且像个疯子那样大笑，他们之所以这样做是因为这些行为可以在瞬间给他们带来快乐和信心。大量研究表明，这些动作会在大脑中产生更多血清素，由此在眼睛和脸上产生的亮光会给他们带来强大的优势。快乐的能量通常对他人很有吸引力，甚至是对负责挑选演员的导演也是如此。

同样，我们会在未注意的情况下运用某种模式。几乎所有人都有一种睡前的准备模式。例如，我们可能用某种方法让枕头鼓起来，关灯，然后翻身，而且总是以这样的模式、同样的方法入睡。在睡觉之前尝试一次不这么做，我们就会明白模式的影响有多大。

然而，我们很少在意自己运用的模式，而且没有进行有意选择。我们没有发展能帮助自己瞬间进入表演状态的积极模式，而是经常自然地进入消极模式。

想象一下，在一次有着强大压力的演讲之前，站在后台，紧张不已。我们正在做什么呢？如果我们正在来回踱步，耷拉着肩膀，揉搓着双手，边呼吸边念叨着什么，好像我们正在努力回想我们的开场白，那么我们正在默认消极模式，它会破坏我们的状态。我们的大脑接收到的信号都会产生"杏仁体劫持"，而且在我们知道这一点之前，我们已经站在台上了。此时，我们的眼睛无法聚焦，大脑一片空白，在那里努力回想自己要做的事情。

一旦知道了自己饱含快乐、自信、慷慨的情感时,应当如何移动、呼吸、站立以及微笑,我们就能通过改变自己身体、呼吸和脸部的模式创造出需要的情感。

艾米·卡迪(Amy Cuddy)2012年在TED Global会议上的演讲中提到:"当你假装自己很强大的时候,你越发可能真正感到强大。"以站立姿势为例,当研究人员要求受试对象分别保持两种特定姿势2分钟:第一类姿势是"低能量"姿势,人体相对缩紧,低头弓腰;第二类姿势则是各种"高能量"姿势,如挺直站立,两脚分立,手放在臀部。

在保持"高能量"姿势2分钟后,检测显示受试对象的"压力激素"皮质醇则大幅降低。而保持"低能量"姿势的受试对象结果则恰恰相反。所以,你不妨在演讲之前以"高能量"姿势站立2分钟,这会让你更加有活力,更加自信。

如果我们将要进入高危情境,或将要踏上舞台,尝试下列方法。它们是能够持续刺激大脑产生积极情感反应的生理触动器。

一是姿势:抬头挺胸,就像有根绳子向上拉着我们一样。

二是呼吸:做长长的、缓慢的深呼吸,让腹腔里充满空气。

三是面部表情:找个理由,让自己面带微笑。大笑,扬起眉毛,睁大眼睛。

四是走动:在房间里走一走(环境允许的话),当我们感到自信、强大时是怎么走路的,现在就怎么走。

五是手势:当想分享一些事情的时候,我们是如何运用自己的双臂和双手的,现在就这么做。做出与我们想要产生的情感相联系的动作,就如敞开胸膛张开双臂一样简单。例如,为了感受到快乐、自信、胜利,举起你的双臂,让双手高过我们的头,让灿烂的笑容呈现在我们脸上,我们会感觉就像自己的队伍加了分一样。如果我们想要慷慨的感觉,伸出我们的双手,就好像我们在分发礼物一样——通常摊开手掌,走向我们面前的人。

三、辅助身体模式:为建立好的身体模式添砖加瓦

好的身体模式可以带动演讲者产生更积极的情绪,从而帮助演讲者在演讲时更好地发挥。然而,只有准备妥当,才能在演讲中拿出最佳状态。那么,如何在演讲前做一些准备,以便使身体模式能够更好地发挥效果呢?

一是发掘其他场景下令你表现优秀的因素。我们可以尝试以前奏效的方法。例如,某段音乐能调动情绪,特定的着装会增强我们的自信。在这种情况下,音乐和服饰就成了我们所谓的"心锚"(anchor)。《NLP的运作》(*NLP at Work*)的作者奈特(Knight)认为,心锚是一种刺激因素,它可能是声音、图像、触觉、气味或味道,总能触发人们相应的反应。我们可以想一想能激发自己状态的"心锚"是什么。

二是为未来的演讲养成自己的准备习惯。在登台演出之前,演员总是要做相同的准备工作。在演讲前,做同样的事情并养成习惯是确保演讲者拥有良好状态的可靠途径。思考能够改善你的演讲表现的行之有效的习惯,比如提前到场。准备习惯在演讲者之间各有不同,一定要找到适合自己的习惯。

三是用让自己舒服的方式准备演讲。每个人需要进行的准备工作各不相同。你会慢慢摸索出自己要做哪些准备工作才能在演讲中舒服自如。听从自己的直觉,只要觉得有些事情不合适,那么就果断做出改变。

四是想象演讲成功的画面。完成了演讲的准备工作后,就可以在心中默默进行演练。想象自己真的身临其境登上讲台。注意,想象中听到和看到的细节。去想象积极的场景,想象理想的结果而非糟糕的表现。像运动员那样在脑海中想象自己完美的发挥,这样的想象能提升我们在现实中的表现。

以下方法能使我们拥有属于自己的促进演讲良好发挥的习惯。

1. 写下三件可以激发自己积极情绪或者强烈自信的事情,可能是听某首歌曲,穿某套西装或者在脑海中回味曾经的成功。

2. 在从中选出可适合供将来演讲使用的方法,在演讲前调动自己的情绪。

3. 写出自己在演讲之前的理想习惯。

第二节 心灵之眼,关注能激发积极情绪的事物

一、了解心灵之眼:人类天生倾向于关注消极性事物

只有当关注某些事情时,我们才会对它有感觉。在某一个特定的时刻,我们的身边有无数个可以选择关注的事情。因此,不是周围所发生的事情,而是我们选择要关注的事情决定了我们是如何感觉的,我们将其视作心灵之眼。

可以将心灵之眼对准任何你选择的地方。然而,在大多数情况下,我们通常不愿为选择而烦恼,而是让心灵之眼四处游荡。在身体的默认设置下,大脑主要基于恐惧选择它关注的东西。因为在紧张的形势下,"杏仁体劫持"使人们倾向于失败。人类天生倾向于搜寻危险,大脑不会自动地产生快乐、积极的想法。大脑这样做是让人生存下去。数万年以来,人类的大脑通过寻找麻烦已经做了大量的工作。

我们通常将消极性视为不利的事物。但是,搜寻问题的倾向是健康大脑的标志。假如我们生活在十万年前,可以想象一下居住在山洞里的情形:从洞口往外看,扫视一下周围的环境,人们的大脑可能不会注意到花草、羚羊群或可爱的落日。我们会问自己:"外面有没有什么东西会伤害我们?"如果看到了长有条纹或长牙的东西隐藏在岩石后,我们会不顾落日和花草急忙返回洞穴。事实上,我们就是这么生存下来的。

二、聚焦心灵之眼:关注能激发积极情绪的事物

通过提问,聚焦心灵之眼。当我们提出一个问题时,大脑马上就着手进行回答。假定大脑拉出来长长的"文件抽屉",在"文件抽屉"中寻找答案,其中问题决定了大脑将要搜寻的文件抽屉。如果提问的次数足够多,大脑将总是用同一个答案进行回答。

然而,大多数人面对听众时,提问会导致他们关注恐惧而不是目标。假如你登上了一个大舞台,准备对着一百多人讲话——他们都是我们最好的朋友、最亲密的家人、最迷恋我们的追捧者。然而就在第三排,坐着一个留着山羊胡子、拿着红笔和笔记本的人。当从幕后往前看的时候,我们的心灵之眼会关注哪里呢?是关注那一百个等着为我们喝彩的人,还是关注那个埋头做笔记的人?对我们而言,心灵之眼不仅会关注他,还会将他

放大，以至于我们能数清他鼻子上堵塞的毛孔有多少。在这一过程中，我们几乎忘掉了其他观众。

站在人群前，我们展现了自己，但没有什么能比面对黑暗中一大群人紧盯着自己更恐怖的了。我们的遗传记忆告诉自己，应当遮挡重要的部位并缩小听众关注的目标范围。此时的我们就像一位百夫长，带着自己的剑和盾牌，不能逃跑，也不能战斗，最希望做的就是拿到一块"遮羞布"，或者整理袖口。我们会拿任何可以触及到的东西来保护自己。

准备入场时，考虑一个自己提出的典型问题："他们会提问我棘手的问题吗？"大脑主要倾向于搜索负面的答案，它会回答："是的。"我们立刻变得紧张起来、惶恐不安，开始出汗。"我准备充分了吗？"大脑搜索，回答："没有！"现在我们已经不知所以了，在默认的消极模式下，我们皱着眉头，走来走去，呼吸短促。"他们会喜欢我吗？"大脑说："不喜欢！"好吧，欢迎你进入"杏仁体劫待"状态。像"遗漏了什么内容""我会忘记要说什么吗""我会知道答案吗"以及"他们会发现我不如他们想象的那么聪明吗"这样的问题看起来可能是明智的问题，但实际上它们都是会产生破坏性后果的问题，其答案只能造成消极状态。

那么，如何解决呢？答案是提出一个不同的问题。控制大脑聚焦的方法就是改变我们内心提出的疑问，将消极的焦虑情绪转化为积极情绪，或者为消极情绪贴上积极标签。

想象一个在山上滑雪的人，将要在电视机镜头前进行一次有风险的滑雪表演。如果她往下看并且心里想："如果我摔倒了并且摔坏了我的膝盖会有害处吗？"这样的问题对她有什么影响呢？你认为她在随后的表演中能滑多快，表现能有多出色呢？结果不会很好。一位专业的滑雪运动员会问自己另外的问题，并且是唯一的问题："滑雪的时候如何才能让自己每时每刻都看起来极为性感呢？"

这是一个带预设前提的问题。前提是关于世界的一个隐含假定，在表述中将事实理所当然地表现了出来。例如，问题"这次机会的非凡之处在哪里？"所包含的前提是，这次机会里蕴藏着一些非凡的但我们尚未注意到的东西。我们需要的是这种具有强大预设的问题，这会驱动大脑想出更好的答案，并且产生一种兴高采烈而非恐惧的感觉。

当我们只看到事情消极的一面时，就会感到焦虑。但是，我们可以换个角度考虑问题，思考"可不可以从其他角度看待这个问题"。这种带有预设前提的强大问题可以是："这次演讲最好的是哪一部分？""我最热衷于哪些材料？""能够影响听众的最有力的方法是什么呢？""我如何才能送给他们一份礼物？""我怎样才能更好地启发他们？""我怎样才能与众不同？""这次活动最激动人心的是哪一部分？""我怎么才能知道他们想要听我讲话呢？"

再次强调，这不是积极思维。积极思维是试图催眠自己，进入一种不同的状态，有点像一个秃头边看着镜子边念叨："我确实有头发，我真的有头发。"在继续下去之前提出合理的问题是调整状态非常有力的方式，我们是在引导自己的大脑在正确的"文件抽屉"里搜寻"文件"。我们正在有意地规划，这样会找到促使我们前进的答案，而不是阻碍我们前进的答案。

一个好问题的结构是非常具体的，往往包含一个推动我们想到新的可能性的前提：不是"我会成功吗"，而是"怎样我才会成功"；不是"他们会提出难题吗"，而是"我怎样才能利用问答环节让他们信任我"。第一种问题会得到消极的答案，第二种问题预设了令人兴奋的前提,这样你的大脑就会从中搜寻积极的答案。

要让我们的大脑持续保持这种状态。一旦我们得到了答案,就继续问下去,并且重复这一过程。让越来越多的参考问题涌入自己的大脑,直到你处于一种表演的理想状态。注意,提出尖锐问题有一个恰当的时间,并且要讨论讲话中可能发生的任何问题,这个时间正是演讲之前的一到四周之内。在我们出场前的十分钟,不能问自己:"假如跌倒了会有害吗?"这时做任何进一步的准备都太晚了。必须将我们的注意力转向你的状态,并且只提能使自己兴奋起来的问题。

首先,如何将焦虑情绪转化为积极情绪呢?例如,当我们在演讲开头时犯了错误,其本能反应可能是:"我犯了错误,这次演讲要泡汤了。"但我们可以换个角度看待目前的情况,可以积极地想:"这让我可以早早集中注意力,在后面的演讲里谨慎小心。"当在演讲中忘记自己接下来要讲的内容时,我们的本能反应可能是:"瞧瞧,这就是我,真没用!"但换个角度看待目前的情况,可以积极地想:"任何人都会忘词,我肯定能找到办法避免下次发生类似的情况。"

其次,如何给消极情绪贴上积极的标签?实际上,我们平时说的积极情绪和消极情绪本质上是相似的。例如,"紧张"与"兴奋"的感觉经常是相同的。

有一种方法可以迅速克服紧张情绪,那就是改变我们对紧张情绪的描述。当我们想说"我感到很紧张"或"我的心里七上八下"时,可以换种说法,如"我满心期待"或"这真令人兴奋"。

我们需要改变对消极情绪的描述,以此来改变我们对消极情绪的反应。

第三节　转变信念,信念决定你的表现

一、信念的力量:你的信念决定了你的表现

如果你曾面对听众感到害怕,导致紧张的原因可能是我们的信念而非听众。作为一名演讲者,我们的信念决定了自己的表现。

我们不仅要收集事实、讲故事,还要不断诠释事实,理解周围发生的事情,这是我们学习的方式。信念会令发生的事情变得有意义,就像戴着眼镜一样——通过它们审视一切事物。对我们而言,它们总是真实的,与别人同不同意都没有关系。

例如,如果我们认为自己因太稚嫩、太老、太年轻,或者因性别、性格的内向,无法吸引听众,那么这将成为我们的事实。没有表面的"技巧"能让我们像用化妆品敷在脸上一样去掩盖我们的焦虑。问题在于恐惧的核心源头仍然存在,它是由我们的消极信念形成的。如果我们感觉自己可能被评判、攻击或嘲笑,那么这种感知是很有意义的。

正如我们在前面讨论过的,不论攻击是否真实,我们大脑里的接收器会做出同样的反应。即使闭上双眼,仅凭想象咬了一口柠檬,我们也可能流口水。不管事情有没有真正发生,大脑都会发出同样的信号,并且会产生同样的生理反应。如果走进一个满是博士的房

间，我们基本的信念是自己没有足够的才智就这一主题发表言论，然后我们就会无意识地寻找其他证据以证实这一信念。当在听众面前发表了一次无聊的演讲，并且听众变得不感兴趣时，这将证实我们所相信的一切。另外，如果我们认为在这样的情况下，自己还有独特的一面，这是一个发表自己看法的机会，那么从进入房间开始到我们与听众建立联系，再到我们的声音，一切都会非常不同。

我们的信念决定了自身如何理解身边发生的事情。事实是发生的事情，信念是我们根据这些事实所讲述的故事。用一套事实，你可以讲许多不同的故事。下面的故事告诉我们：尽管我们无法改变事实，但我们可以选择事实所意味的信念。

杰夫的故事

我曾应邀与一位银行的高级副总裁一起工作。尽管杰夫非常聪明，深受老板的赏识，但是每次他向董事会作季度报告时，就完全崩溃了。在最后谈核心问题之前，我们就他的叙述、演讲方式以及幻灯片等方面存在的问题进行了讨论。我问他是什么样的消极信念正妨碍着他。杰夫不安地反省了一会儿之后，承认了自己存在这个问题。

"我是个蓝领工人，"他说，"所有人都知道这一点。我出身贫寒，来这里工作之前我是个警察。因为我没有上过常春藤学校，没有学过商务，也从来没有在其他金融机构工作过，他们都知道，我没有这一工作所需的经验。我只是运气好而已（限制性的信念）。"

我问他以前当什么警察。"警官，在缉毒队。"

"你表现得还不错吧？"

"是最好的一个。"

"一个好警察要具备哪些素质？"

"你必须随时眼观六路，"杰夫说，"你需要有威风凛凛的声音，能够当场喝止住其他人。你必须相信自己的直觉，并且毫不迟疑地按直觉行动。你必须能够看透人们的心理，劝说他们，能在瞬间影响他们。你必须能够自发地、独立地思考。"

"这些技巧当中有多少适合你目前的工作？"我问他。

"都适合。"他说。

"这是真的吗？"

"对我目前的工作而言，警察部队的生活是完美的训练。"杰夫得意地说。此后，他获得了巨大的成功。

我们一直在对自己讲故事，我们不得不这样，因为这是我们大脑的工作方式——如果我们要处理从意识当中获得的每一小片数据，那么我们会疯的。大脑的一个主要功能就是选择性地抑制我们感知到的大部分数据。我们将事物做标记，这样我们才能分类处理并且放弃接收到的大部分令人困惑的数据。

如果经历过演讲失败，我们会围绕它构建一个故事。然而，信念正来自那个故事。在那一刻，有没有产生任何阻止我们重返聚光灯下的信念？例如，"我过去不擅长这个，我永远都不擅长吗？"

这一点很重要，因为通过生理机制，我们的信念将会决定你的情感状态。细胞生物学家布鲁斯·利普顿博士在他的获奖图书《信念的力量:新生物学给我们的启示》中介绍道:"你的信念就像照相机的镜头过滤器,你如何看待这个世界会因之而改变,你的身体会适应那些信念。当我们真正认识到自己信念的强大力量时,就拿到了通向自由大门的钥匙。尽管我们无法改变自身的基因编码蓝图,但能够改变自己的想法。"

尽管我们无法控制身边发生的事情,但是我们可以控制自己的信念,而且控制信念会改变我们的身体状态。

顶尖的演讲大师安东尼·罗宾认为,信念就像一个凳子,几条腿把它支撑了起来。我们将这些腿称为"参考"。如果我们选择相信人们将对你做出评判,就可以寻找和发现很多的参考去支持这一信念;如果选择相信人们正盼望听我们演讲,并且我们有一些有价值的东西要呈献给他们,也同样可以找许多的参考支持这种信念。

信念是这样形成的:想象一个小女孩在五岁的时候被狗咬了。她回家之后,打开了电视,电视里有另外一只狗正在咆哮,看起来很凶。她向窗外望去,另外一只狗正追着一个男孩。现在,她已经为那个凳子找到三条腿了。她在凳腿上加了个面,信念就变成了——狗是危险的。

在未来的三十年里,她会寻找和发现数以百计的其他佐证,这些都将强化她现存的信念。如果你把一只小贵宾犬带到她的房间里,她会大叫并且坚持让你把狗带出去。"狗是危险的,"她会说:"别让它靠近我。"即使你坚持说那只狗不会伤害她,但也无济于事。她的信念有参考性,理性的解释无法对抗她强大的信念。

信念有两种不同类型:推动前进的积极信念和阻碍前进的消极信念。消极信念可能是:"因为我是一个内向的人,在一大群人面前我永远不可能表现出色。"积极信念可能是:"因为我是个内向的人,所以我要更饱含深情、更有同感地谈论这个话题。"消极信念是:"演讲是折磨人的。"积极的信念是:"演讲是一次机会。"是什么样的信念阻碍了你?这些信念可能就是阻止你达到巅峰表演状态的原因。

有时候,你持有一种消极信念可能不仅是自身的原因,还可能与你被限定的演讲主题有关。下面通过雅克的故事可以看到:当雅克不断地拉长联系、转换信念时变得活跃了起来。

雅克的故事

雅克是一家大型欧洲资产管理公司的财务总监。尽管他颇有才华,但绝少展现。偶然碰见他,感觉他是个温顺、感情细腻的人。当他在一群人面前发言时,感觉他的整个身体都好像在说:"很抱歉,浪费了你们的时间。"

结果显示,雅克表现不佳源于一种深层次的信念。在一次单独谈话中,上司乔治了解了雅克演讲沉闷枯燥的原因。

"我是个会计师,不是演讲家,"雅克说,"数字确实够无聊的。"

为他的这个信念找到支持证据当然很容易——刻板、沉闷、无趣的数字到处都是,但应当让雅克尝试着从另一个角度来看待数字。

"对于这些数字,你认为如何才能饱含激情地将它们说出来呢?"乔治问道。

雅克想了一下,说:"它们必须是有趣的。"

乔治和雅克开始一起讨论起那些代表公司业绩的数字:利润、奖金、保证金等。它们都是绩效的指标,反映了公司的健康状况。它们非常吸引人,事实上也是非常有趣的。

雅克在接下来的一次对董事会的报告是很鼓舞人心的——他具有明确的目的,并且信心十足。房间里的每个人都注意到了他身上发生的变化,雅克的魅力吸引了听众。与以往不同,他的信念发生了变化,由原来的"数字是无聊的"变成了"数字是每个人都想要了解的东西"。

在机场,工作人员会问我们是否将袋子打好包装了。这是一个探讨信念的好问题。我们包装好自己的袋子了吗?或者我们仍旧带着父母、兄弟姐妹或读三年级时的老师为我们包装好的旧袋子四处走动?当我们还很小以至于无法自己做出决定时,许多故事就已经发生了,信念已经形成了。现在这些变得过时了吗?

通常情况下,信念是通过那些未经同意或不受控制而发生在我们身上的事情产生的。我们可以观察生活中的这些挫折、问题和悲剧,可以充分证明我们是这些事情的受害者。另一方面,有些人看到了他们生活中的不幸,讲述的故事是他们碰到的问题如何激发了他们的力量,成就了今天的自己。许多从极端困难的环境中幸存下来的人都说过他们无法改变的一个事实:是他们所遇到的困难塑造了他们的性格。我们无法控制发生在自己身上的坏事,但可以控制自己理解这些事情的方式。

设想有两个人,他们都在有决策权力的董事会成员面前做演示,他们俩都败得很惨。第一个人是这么理解这次经历的:"我只是不善于这个。"信念产生了吗?"我是个失败者。"当他下一次有机会发表讲话时,他会拒绝。第二个人是这样考虑的:"这次的经历太痛苦了,我保证以后永远不会像这次这么失败了。"失败的痛苦促使他进行一些训练,成为一位老练的演讲大家。它将不断取得成功。

我们可以思考自己是哪种类型的人。如果在我们的职业生涯或个人生活中曾经遇到过挫折,那么就要想确保这样的事情不再发生。无论是五年级时的读书报告做砸了,还是音乐老师告诉我们只要动动嘴就可以了,或者在上一份工作中出错了,我们都要围绕着这些事情产生一些信念。现在是时候回去看看那些信念了,它们正在拖你的后腿,还是促使你前进?

二、转变信念:良好的信念会提升我们的自信

作为人类的我们有独特的能力创造性地构建与我们相一致的信念,可以通过改善性格、增强信心来中止、检验并重塑我们的信念。我们还可以选择那些推动自己前进而不是阻碍自己的信念。

想象一下,我们刻意开始这一过程会发生什么呢?如果我们一开始就想着心中的最后目标,然后创造出促使我们前进的信念。

在生活中,你想要实现什么目标?为了实现这些目标,你需要坚持哪些信念?

说一些不真实的事情不会给自己带来真正的信心,真正的信心是在阻碍自己前进的消极信念向驱使自己前进的积极信念的转变过程中产生的。下面的故事就告诉我们这样一个道理。

牛衣对泣

王章，字仲卿，泰山钜平人。西汉宣帝时，王章出生于一个儒学之家，自小就刻苦好学。在长安求学，与妻子夏侯凤住在一起，处境十分穷困。有一次，王章生病，由于家里没有棉被，只得把给牛御寒遮雨的牛衣披裹在身上。

万念俱灰之中的王章觉得自己病重，以为快要死了，他就与妻子夏侯凤流泪诀别。夏侯凤生气地斥责王章，说："放眼当今朝廷众官，有谁的才学能比得上你？今天，你只是有病在身，一时遭遇困顿，不自我激励奋发，反倒流泪怨叹，难道不觉得惭愧吗？"

王章听了妻子的话，转变了以往消极的信念，产生了巨大的信心。经过发愤读书，王章果然入仕为官。汉元帝时，王章升为左曹中郎将，后被陷害罢官。汉成帝登位后，王章被召回朝廷任谏大夫，后又升为司隶校尉、京兆尹。

信念创造现实。如果想要得到有关自身消极信念的提示，可以看看我们新的一年的计划中，哪些事情年复一年地出现在计划中却一直都没有完成。如果我们总是不能按照自己的良好意愿行事，那么原因可能是我们的某种信念导致自己偏离了它。如果每年都下定决心要多多锻炼身体，却从来没有抽出时间去锻炼，那么我们可能正在秉持这样的一种信念：锻炼要比逃避痛苦得多。如果医生告诉你会在六个月内去世，除非你能天天出去跑步。那样的话，我们很可能会马上穿上运动鞋出去跑步。因此，人们改变了信念才会付诸行动，一旦信念足够强大，动力很容易就具备了。

幸运的是，转变拖后腿的信念是可能实现的。怎么做呢？词语可以从微观到宏观改变世界，我们的头脑内部和外部世界都是如此，并且过程都是一样的。

要对我们自己施加影响'转换信念'，首要的事情是我们必须确定自己想要的结果是什么。我们必须识别阻碍自己的信念，想象自己正站在一座舞台上，面对一群听众，我们的演讲达到了最佳状态。是什么阻止了我们实现这样的目标？我们认为自己不够聪明吗？我们认为自己的种族、身高和气质有问题吗？带着这些问题记下大脑里占据最大空间的消极信念。

需要注意的是，这种信念是由我们大脑的一部分产生的，是为了避免让自己陷入遭受威胁的可怕状态。如果我们的信念是"我是个糟糕的演讲者"，那么我们就有了一个永远不发表演讲的完美借口了。如果我们有将注意力吸引到自己身上是糟糕的事情这样一个信念，那么为了避开聚光灯，我们将会做任何事情。但是，我们需要站出来并发表演讲。我们的声音需要被他人听到，我们需要提高对周围人的影响力。

下面列出了我们在日常生活中遇到的一些消极信念，还列出了如何才能将它们转变为促使我们前进的积极信念。

（1）"因为我是个女人，他们不想听我讲话。"与这句相比："因为我是个女人，我具有独特的嗓音，能提供有价值的观点。"

（2）"因为我年龄太小了，他们不会在意我说的话。"与这句相比："因为我是一个成熟的人，对于这个主题，我会带来许多切实需要的经验和看法。"

（3）"因为已经发给了他们资料，所以我不需要再进行演示了。"与这句相比："事实自身不会说话,这给了我一个体现价值的机会。"

(4)"我没有时间做准备。"与这句相比:"我没有时间不去准备。"

(5)"我只是一个处理数字的人,数字是无聊的。"与这句相比:"数字是性感的,数字会讲故事。"

哪些是阻碍我们自己前进的消极信念?我们如何才能将它们转变成推动自己前进的积极信念呢?

行为是信念进入世界的途径。要提高吸引他人的能力,核心问题就是演讲者所秉持的信念。如果我们产生了阻碍自己的消极信念,那么演讲者的艰巨任务就是卷起袖子、打扫房间。记住,我们的信念是一种选择,一定要让信念和自己的意图保持一致。

第四节 反复演练,千锤百炼出真金

一、反复演练的重要性

不管我们决定采用什么样的演讲模式,有一种简单而有效的方法可以提升我们的演讲,但大多数演讲者很少采用这种方法:反复排练。

音乐家在演出之前需要排练,演员在为付费的观众打开剧场大门之前需要排练。对于公共演讲来说,演讲者面临的风险或许不亚于任何一场音乐会或剧目演出,甚至风险更高。但许多演讲者认为,他们只要走上舞台,就能一次成功。这样导致:观众不得不承受漫长而无谓的痛苦,因为演讲者不足。

不断排练对于有讲稿的背诵或者是经过精心准备的即兴演讲都非常重要。

例如,企业家史蒂夫·乔布斯获得的成功并不仅仅依靠他的聪明才智。苹果公司每一次重要的产品发布会,他都会投入大量时间精心排练,每个细节都要考虑周全。大部分精彩的 TED 演讲之所以成功,是因为演讲者投入了大量时间,进行充分准备。

关于吉尔·博尔特·泰勒中风的演讲在 2008 年红遍网络,她说:"我真的排练了无数个小时,一次又一次,甚至在我睡觉的时候也会像醒着一样背演讲稿,因为这篇演讲能激发我特殊的情感。每一次分享这个故事的时候,我都会重新经历自己中风的那个早晨,因为我的感情是真实的,这个故事也是真实的,我们是在一起经历这个过程。"

干细胞科学家苏珊·所罗门同样相信排练的作用。她说:"准备发表演讲前,你应该已经排练了足够多的次数,以至于感觉在睡觉的时候都可以演讲,在任何观众面前都可以演讲。可以在朋友面前排练,或者独自排练,或者闭着眼睛排练,或者在公园散步时排练,或者坐在桌子边排练但不看笔记。排练一定要包括你的视频资料,因为严格计时非常重要。"

共享经济领军人作家雷切尔·博茨曼认为,需要注意排练的对象。她说:"要面对你的工作一无所知的人排练。我曾犯的错误是,在非常了解我和我工作的人面前排练。最好的意见反馈来自这样一些人,他们能够指出你演讲当中问题出在哪里,或者你在什么地方做了一些想当然的假设,但观众需要了解其原委。"

自称内向的美国心理学演讲者苏珊·凯恩认为,在排练时,观众对完善她的演讲具有重要的作用。她说:"我真心接受 TED 的建议:如果你打算背诵,就要确保对讲稿足够熟悉,使你讲出来的话听上去是由衷的表达。只在镜子前或在你遛狗的时候排练还不够,要在真实的舞台上,对着至少一位观众进行排练。就在我演讲前的那个星期五晚上,沃顿商学院教授亚当·格兰特召集了 30 名非常优秀的学生作为观众,我对着他们排练。他们提出的意见非常中肯,我通宵重写了后 1/3 演讲稿,随后我又在剩余的周末的时间重新背诵。我并不建议大家像这样一直准备到最后一刻,但我真心建议要面对真实的观众进行排练,并且要与像亚当一样的智者朋友共事。"

但令人惊奇的是,即使那些不赞同写演讲稿并背诵的演讲者也非常重视排练。

教育改革家萨尔曼·汗说过:"你在卧室至少要排练五次,复述核心思想。即使你出错或者忘词,也要强迫自己完成每一次排练(而且一定要遵守时间)。在我心里,排练的价值更多在于让你感到舒适、放松,而不是为了背诵。如果你感到轻松自信,那么所有人都会受到感染。"

科学作家玛丽·罗琦同意这种观点。她说:"我的演讲不是一字一句写出来或背诵出来的,而是排练出来的——至少排练 25 次,用 10 张笔记卡片和一个定时器。有一种无意识的背诵,它在不断重复中自发形成。我认为这种方式值得推荐。背诵会让你感觉更加安全,但冒点风险也是值得的。恐惧就是能量,你的血液中需要这样的能量。"

无意识地背诵非常重要。如果你的排练次数足够多,你就知道怎样才能做到最好。当克莱·舍基来到 TED 演讲时,他的主题是有关版权法案日益扩大的争议问题。他能流畅地进行如此复杂的演讲而不用讲稿,甚至不用笔记。当被问到他怎么做到的,他认为应不断排练,使演讲水到渠成。他说:"我曾经听到罗恩·沃特——他是我所知道的最伟大的演员——回答一个关于排练技巧的问题。我就是不断地重复这些文字,使之听上去是我有感而发的。"

可以说,排练不仅是检验演讲稿的细节,同时还是让自己的演讲能够水到渠成,尽可能降低差错的发生。具体来说,排练对演讲的作用有五点。

第一,使演讲者感到舒适放松,如果演讲者感到轻松自信,那么所有人都会受到感染。

第二,形成一种无意识的背诵,使演讲水到渠成。

第三,能够有效改善演讲,使演讲听起来不那么机械。

第四,有助于控制时间,避免超时现象。

在有讲稿的背诵中,演讲者对演讲内容理解透彻熟练,能对所讲内容全情投入。在即兴演讲中,演讲者进行无数次的排练,能确切地知道演讲该如何推进,而且对那些有利的语言表达了然于胸。

二、了解演练的两种模式

肯尼·维尔纳在《轻松掌握》(*Effortless Mastery*)一书中提到:熟练掌握就是演奏你需要表演的乐曲,任何时间,不假思索。充分演练可以让你的现场表现轻松自如。

人们往往觉得演讲要先准备周全,然后再进行演练,这似乎更加合理。但是,在实际操作中,这绝非金科玉律。通过观察成功的演讲者及他们的做法我们发现,演练通常分为两种形式。

第一种演练可以称作"创作演练",即在演练过程中你依旧在准备演讲内容。这种演练其实是准备演讲的重要一环,然而人们往往忽视了这一方法。

第二种演练是人们常识中的演练,可以称作"打磨演练",即在演练过程中我们对准备好的演讲内容进行打磨。

为什么这点至关重要呢?掌握这两种演练方式可以帮助我们决定采用哪种方式进行演讲演练。我们必须针对自身情况选择正确的演练方式,主要有四种原因。

第一,演讲者各不相同,对他人有效的演练方式可能不适用自己。

第二,选择正确的演练方式可以更有效地利用演讲准备时间。

第三,选择正确的演练方式可以在演讲当天更自如、更自信。

第四,选择正确的演练方式能提高演讲时表现出色的概率。

三、选择适合自己的演练方式

具体需要怎么做呢?仔细阅读下面针对每种演练的建议,选择适合自己的演练方式。

(一)创作演练

在《演讲的力量》一书中,克里斯·安德森举了克莱·舍基的例子。他在 TED 演讲的办公室里进行演讲,没有文字稿,他通过不断演练做好了这次演讲的准备工作。舍基表示:"我通过演讲来准备演讲。"在开始阶段,他"与其说是演练,不如说是在不断编辑"。即使在演讲内容已经准备完毕的情况下,他也不会写出讲稿,只会记一些笔记。下面对使用这种演练方法提出一些建议。

1. 写出你演讲中的要点

(1)把笔记写在卡片上。

(2)把要点写在活动挂图上。

(3)把笔记写在便利贴上,然后贴在墙上。

2. 保持站立姿势,加入手势动作

(1)保持良好的站姿,让自己进入演讲状态。

(2)运用手势动作可以避免忘词。

3. 抓住亮点

(1)请朋友或者同事帮你记笔记。

(2)当你有妙语佳句的时候,停下来,并记录下来。

(3)录制视频或者音频。

4. 在下一次练习之前回顾并改进

(1)记下演讲中哪些方法效果良好,哪些方法效果不佳。

(2)调整内容或结构,对两者进行优化。

(3)修改你的笔记或讲稿。

（二）打磨演练

对于写出讲稿的演讲，演练有助于我们逐字记忆演讲内容；而对于只列出演讲要点的演讲，演练可以帮我们找到最适合的措辞。

一是更多地关注不熟悉的部分。美国爵士钢琴家、作曲家、作家肯尼·维尔纳建议，在学习音乐的时候，不要把有难度的部分看作"困难的部分"，而要看作"不熟悉的部分"。抱着积极的心态去学习，随着我们对这些内容不断熟悉，它们会变得不再那么困难。

二是牢记开场白和结束语。即使没有演讲稿，你还是要提前确定开场白和结束语，这样会让你在演讲开始和结尾时充满信心。

三是熟悉各个部分之间的过渡部分。这样做可以帮助你想起接下来的内容。

四是提升演讲的可行性。如果可能，尽量使用与演讲现场相同的设备与布置，并请几个人当听众。

五是收集反馈意见。不要依赖自己的一家之言，了解如何收集反馈意见。

四、聚焦科学的演练

（一）反复大声的演练

建议反复大声演练演讲，这样你能够准确把握字里行间的意思。很多让人失望的演讲，大多是因为缺少反复的演练。

1. 不要独自练习

一定要创造真实的演讲环境。其最核心的要素是要有听众。独自练习会让你忽略听众的反应，也会让你在演讲现场措手不及。确保至少有一次练习是在那些会让你惊慌失措的观众面前进行，如家人、好朋友、伙伴、同事和孩子。他们不仅会明确指出你的错误，而且还会向你提供所需的帮助。

2. 给自己录音或录像

要想提升你的练习效果，可以将你练习演讲的过程录下来（录像或录音），通过观看录像或听录音会给你最直接的反馈，帮助你找到自己演讲的优缺点。

（二）演练控制时间

如果你要做一个短时间的演讲，那么试着通过练习来控制你的演讲时间，通过调整内容来控制演讲时间。

严格遵守时间限制真的非常重要。当你参加集体活动时，超时相当于偷窃在你之后出场嘉宾的时间。按时结束演讲不仅能避免使其他嘉宾以及大会主办方抓狂，而且关乎你能否发表精彩的演讲。在令人疯狂的注意力经济时代，人们欢迎简洁有力的演讲，而对拖沓冗长的演讲毫无耐心。例如，亚伯拉罕·林肯著名的盖茨堡演说只有短短两分多钟的时间，排在他之前的演说持续了两个小时，但其演说内容却早已被人们遗忘。

真正演讲的那天，你最不希望拖延时间。为了避免这个问题，可以利用排练时间进行调整。必须删减内容，直到你确信能在规定时间内从容地完成演讲，这会给观众留出笑的时间和出现一两个小差错的时间。在演讲当天，如果你知道能按时完成，就会全身心地投入演讲，充满激情地阐述你所信奉的思想。

口头语言艺术家里夫斯有一个很好的指导原则：演讲的参考时间是可用时间乘以0.9。要准备在 9/10 的规定时间内完成演讲：1 小时＝54 分钟，10 分钟＝9 分钟，18 分钟＝16.2 分钟。当你走上舞台、忘掉时间时，你将会有足够的空间放慢节奏、停顿、加速或享受观众的掌声。此外，你的文字会更加精练，而且会比那些卡着时间结束演讲的嘉宾做得更好。

（三）熟记你的演讲稿

丘吉尔是世界上最伟大的演说家之一。他用 6 周的时间准备在英国国会下议院的第一次演讲，并对演讲内容了然于胸。演讲的第一步是朗读，要大声朗读演讲稿。演讲的第二步是记忆，对主题、框架、结构以及主要观点要做到了然于胸，最终从念稿演讲转变为脱稿演讲。

为什么说脱稿演讲效果更好呢？有脑、眼、手、框等四个方面的理由。

1. 好在脑

常言说：心无二用。说的是人在一个时空点上脑子只能想一件事。读稿时，需要高度集中注意力在文字上，念字发声，害怕念错，就不容易出现形象生动的画面，所以读出来的语言就容易平淡，不生动。脱稿演讲时，大脑在组织语言时能形成生动形象的画面，有画面，就会触景生情，语言自然容易生动形象，抑扬顿挫。

2. 好在眼

读稿，眼睛要一直看着文稿，无法和观众进行视觉交流；脱稿演讲，眼睛不用看稿子，能够一直看观众。眼睛看观众有三个好处：一是可以让眼睛说话，眉飞色舞，表达自己的喜怒哀乐；二是可以和观众进行眼神交流，传达自己对他们的关注和善意；三是可以观察观众反应，及时调整自己的思路和语言。

3. 好在手

读稿要用手拿稿子，双手就无法手舞足蹈，没办法做出丰富有力的肢体动作；脱稿演讲则可以解放双手，手舞足蹈。演讲时要遵守二八规则，即视觉效果占八，听觉效果占二。眼不能看观众，手不能做动作，80% 的效果就没了。

4. 好在无框

写出文字稿，讲究结构严谨，语言准确，并且有字数限制，不能超时。一旦你要读稿时，文字稿就形成了一个框框，框住了思维和语言。而脱稿演讲时，要有个提纲，在讲的时候可以现场调整思路和时间，还可以结合现场情况增减讲话内容。如果你只是为了讲话不出错，你可以读稿；但如果你想让自己的讲话声情并茂、吸引人，那么就要脱稿。当然，从读稿到脱稿，这就要经过刻苦的训练和反复的排练。

五、寻求"试听者"的反馈

我们眼中的自己和别人眼中的我们永远不同。如果仅仅依靠自己的想法来准备和评判你的演讲或演说，那么演讲势必会缺失重要内容。好的反馈价值千金，它们可以帮助我们极大地改善自己的演讲效果。比尔·盖茨认为，我们都需要别人给予反馈意见，帮助我们进步。为帮助演讲者更好地收集听众反馈意见,我们将《听众反馈表》附后。

反馈意见很重要,它可以让我们:从不同的角度审视自己的演讲;收获你从未想到的观点和看法;知道演讲的哪些部分效果好;发现演讲的哪些部分效果不佳;发现改善演讲的方法。

我们都需要别人给予反馈意见,帮助我们进步。

(一) 收集反馈意见

1. 内容

信息是否清晰明确?

2. 结构

演讲的顺序和流程是否合理?

3. 视觉辅助手段

你的幻灯片能否发挥作用?

4. 演讲风格

你能否展现足够的能量?你的语音语调和肢体语言是否到位?

即使是只言片语的反馈意见,也能帮助我们改进演讲。

(二) 决定向谁征求反馈意见

向普通人和专家征求意见。显然,专家的意见极具价值,但是,那些对我们个人及演讲主题不熟悉的人的意见也非常重要。

在《演讲的力量》一书中,克里斯·安德森分享了演讲人雷切尔·博茨曼的经验。她认为,演练时只请了解她或了解她的工作的人来当听众是错误的。在她看来,如果有人"能指出你演讲中的问题",那么他们提供的才是最好的反馈意见。

牛津大学讲师、作家、TED演讲者雷切尔·博茨曼说过:"要面对对你的工作一无所知的人进行排练。"同时,向单个听众以及群体听众征求反馈意见也是有效的。因为单个听众可以提供深度反馈,而一定数量听众可以模拟现场情况,所以能够给予我们不同的反馈意见。

(三) 在各个关键阶段征求反馈意见

1. 早期

我们仍在准备演讲内容并且演讲的内容都没有完全确定的时候,此阶段我们需要主要征求关于演讲内容和演讲结构的反馈意见。

2. 中期

我们仍可以对演讲内容进行调整的时候,此阶段我们需要进一步征求反馈意见。

此时,演讲的内容和结构已经建构完毕,但仍有时间做出修改。此阶段应该针对内容、结构、视觉辅助手段和演讲风格,从四个方面征求反馈意见。

3. 临近演讲时的演练

临近演讲时,演练的已经是完整的演讲了,此时并不适合再接受针对演讲主体的反馈意见,除非确实有重大错误,否则只需要重写演讲的部分内容。此阶段需要做的是些许微小的调整。同时,在此阶段主要征求针对演进风格的反馈意见,当然也要对内容、结构以及视觉辅助手段等方面的意见持开放态度。

4．在演讲之后

如果要反复进行同样的演讲,那么这个阶段的反馈意见依然非常重要。

(四) 收集口头和书面的反馈意见

如果可能,尽可能多地收集口头和书面的反馈意见,以最大限度地获取改进演讲的机会。

(五) 收集两种类型的反馈意见

请听众从两个方面提出反馈意见:一方面,指出演讲中哪些部分效果较好;另一方面,指出我应该做出哪些改进。

我们都喜欢听到他人的称赞,比如称赞演讲棒极了。然而,这样的称赞太过笼统,并没有说明演讲哪些部分非常出色,因而这类评价很难提供帮助。相反,应该请听众具体说明,比如说明他们听到或看到的内容,并且请听众尽量反馈意见具体些。

(六) 反馈意见的注意事项

虚心倾听——不要辩驳,对意见持开放态度。

理解清晰——通过向听众提问或者要求听众举例,彻底理解反馈意见。

观点比较——比较别人对演讲的看法与自己的看法是否相同。

心态积极——明确收集反馈意见的目的是帮助自己进步。

表示感谢——对测试对象表示诚挚的感谢,要给出反馈意见绝非易事。

做出选择——可能会按照反馈意见对演讲做出修改,也可能维持原样。

通过记录以下内容,你可以提升演讲技巧,改进某次演讲:

(1) 我们最希望得到的反馈意见是什么?

(2) 最好向谁征求反馈意见?

(3) 何时向他们征求意见?

【案例赏析与思考】

在《我是演说家》栏目中,俞敏洪进行了名为《摆脱恐惧》的精彩演讲。俞敏洪提到自己大学四年无恋爱经历和源于心底的自卑,并告诉大家要勇于尝试,因为自卑的人比自傲的人更糟糕。演讲语言简洁,用词恰当,让在场的观众,都留下了非常深刻的印象。请你结合演讲视频和演讲稿全文,回答下方的三个思考题。

摆脱恐惧

俞敏洪

亲爱的同学们,亲爱的朋友们,大家晚上好!

当有人站在这么一个舞台上,我们很多同学都会羡慕。同学们也会想:也许我去讲,会比他讲得更好。但是,不管站在台上的同学是面对失败还是最后的成功,他已经站在这个舞台上了。而你，还只是一个旁观者，这里面的核心元素——不是你能不能演讲，不是你有没有演讲才能，而是你敢不敢站在这个舞台上来。我们一生有多少事情是因为我们不敢所以没有去做的。

曾经有这么一个男孩，在大学整整四年没有谈过一次恋爱，没有参加过一次学生会、班级的干部竞选活动。这个男孩是谁呢？他就是我。

在大学，难道我不想谈恋爱吗？那为什么没有呢？因为我首先就把自己看扁了。我在想：如果我要去追一个女生，这个女生可能会说："你这头猪，居然敢追我，真是癞蛤蟆想吃天鹅肉。"要真出现这种情况，我除了上吊和挖个地洞跳进去，我还能干什么呢？所以这种害怕阻挡了我所有本来应该在大学发生的各种感情上的美好。

其实现在想来，这是一件多么可笑的事情，你怎么知道就没有喜欢猪的女生呢？就算你被女生拒绝了，那又怎么样呢？这个世界会因为这件事情就改变了吗？那种把自己看得太高的人我们说他狂妄，但是一个自卑的人，一定比一个狂妄的人还要更加糟糕。

因为狂妄的人也许还能抓到他生活中本来不是他的机会，但是自卑的人永远会失去本来就属于他的机会。

因为自卑，所以你就会害怕，你害怕失败，你害怕别人的眼光，你会觉得周围的人全是抱着讽刺打击侮辱你的眼神在看你，因此你不敢去做。所以你用一个本来不应该贬低自己的元素贬低自己，使你失去了勇气，这个世界上的所有的门，都被关上了。

当我从北(京)大(学)辞职出来以后，作为一名北大的快要成为教授的老师，马上换成穿着破军大衣，拎着浆糊桶，专门到北大里面去贴小广告的人，我刚开始内心充满了恐惧。我想："这可都是我的学生啊！"果不其然，学生就过来了。"哎，俞老师，你在这贴广告啊。"我说："是，我从北大出去自己办个培训班，自己贴广告。"

学生却说："俞老师，你别着急，我来帮你贴。"我突然发现，原来学生并没有用一种贬低的眼神在看我，学生只是说"俞老师我来帮你贴"，而且说"我不光帮你贴，我还在这看着，不让别人给它盖上"。逐渐我就意识到了，这个世界上只有你克服了恐惧、不在乎别人的眼光，你才能成长。也正是有了这样慢慢不断增加的勇气，我有了自己的事业，有了自己的生活，有了自己的未来。

……

当我们要有勇气跨出第一步的时候，我们首先要克服内心的恐惧，因为这个世界上，只有你往前走的脚步你自己能够听见。

所以我希望同学们能够认真地想一下：我内心现在拥有什么样的恐惧？我内心现在拥有什么样的害怕？我是不是太在意别人的眼光了？因为这些东西，我的生命质量是不是受到影响；因为这些东西，我不敢迈出我生命的第一步，以至于我生命之路再也走不远。如果是这样的话，请同学们勇敢地对你们的恐惧和勇敢地对别人的眼神，说一声：No! Because I am myself.

谢谢大家！

请赏析《摆脱恐惧》演讲视频和演讲稿，并回答下方的三个思考：

1. 请分析俞敏洪在讲到"因为自卑，所以你就会害怕，你害怕失败……"这一段内容时的身体模式，并思考为什么他选择了这种身体模式，如果你来演讲这段，你的身体模式会是怎样的?

2. 请分析俞敏洪是如何使用心灵之眼来表现出自信,具体是演讲中的哪些部分?

3. 演讲中展现了俞敏洪老师从自卑到自信的信念转变,在讲述这种转变时,俞敏洪老师的情绪也有较大的转变,请尝试分析他的这种转变。

《摆脱恐惧》
演讲人:俞敏洪
音频来源:哔哩哔哩视频平台
发布人:B站用户"火式"

【本章实训】

1. 请自拟演讲稿,与同伴相互进行演讲,记录对方展示出的好的身体模式及其有待提高的部分。

2. 请选择积极向上的名人经典演讲稿,尝试使用该演讲稿进行演讲,揣摩演讲者当时如何展现自信,调动观众的积极情绪。

3. 请选择你感兴趣的主题写一篇演讲稿,选择合适的演练方式进行脱稿演讲,演讲后使用听众反馈表收集听众意见。

本章小结

本章主要讲述了有四个核心要素会影响演讲的状态,分别为身体模式、心灵之眼、我们的信念以及反复演练。状态是我们感知的方式,是指当我们走向聚光灯或者打开会议室大门的那一刻,我们的心理、生理以及情感所达到的状态。演讲状态比语言更重要,要进入演讲状态,必须从四个要素出发:一是我们需要调整身体模式,让自己拥有积极情绪,迅速进入演讲的状态;二是演讲前,问自己一系列带预设前提的问题;三是转变信念,用积极的故事和信念来解释现实;四是反复演练,寻找适合自己的演练方式并不断打磨。当我们演讲时,我们可能会产生紧张、疲倦或者发怒等情绪。但是,我们必须时刻调整自己的状态,时刻处于驾驶员的位置,掌控自己的情绪,不被情绪牵着鼻子走。

附件：

听众反馈表

| 演讲时间：_____ 演讲地点：_____ |
| 演讲人：_____ 听众：_____ |

谈话、演讲或陈述的标题：

优点：

需要改进的地方：

感谢您的意见与建议。

拓展篇

第七章　多样化的演讲类型

【学习目标】

① 认识演讲的类型,理解掌握各类演讲的特征与要求。
② 学习如何在特定的场合选择适当的演讲类型展示自己的口才魅力。
③ 理解各类演讲中的道德要求和责任。
④ 了解各类演讲中的听众心理,掌握引起听众兴趣和保持关注的技巧。

【引导案例】

林语堂是我国现代著名的语言学家,也是著名的幽默大师。有一次,他到一所大学参观。参观后,校长请他到餐厅和学生们共进午餐。校长认为,这是一次难得的机会,就临时请他和学生们讲几句话。林语堂很为难,无奈之下,就讲了一个笑话。

林语堂说:罗马时代,皇帝残害人民,时常把人投到斗兽场中,给猛兽吃掉。这实在是一件惨不忍睹的事!可是,有一次皇帝又把一个人丢进斗兽场里,让狮子去吃。这个人胆子很大,看到狮子并不怎么害怕,径直走到狮子身旁,在狮子耳边讲了几句话,那狮子掉头就走,不吃他了。皇帝觉得很奇怪,狮子为什么不吃他呢?于是又让一个人放了一只老虎进去,那人还是毫无惧色,又走到老虎身旁,也和它耳语一番。说也奇怪,老虎也悄悄地走了,同样没有吃他。皇帝诧异极了!怎么回事?便把那个人叫出来,盘问道:"你究竟向狮子和老虎说了些什么,竟使它们不吃你?"那人答道:"陛下,很简单,我只是提醒他们,吃我很容易,可吃了以后,你们得演讲一番!"

林语堂说罢就坐下了,"哗",顿时全场雷动,林语堂的故事得了一个满堂彩,校长啼笑皆非。

根据演讲活动的性质和特征,按照不同的分类标准可以把演讲分成不同的类别。从演讲内容来分,主要有政治演讲、生活演讲、法律演讲、学术演讲、教育演讲、军事演讲、商业演讲、公共关系演讲、宗教演讲和外教演讲。

从演讲形式上分,有命题演讲、即兴演讲和辩论演讲;从演讲目的上分,有说服性演讲、鼓动性演讲、传授性演讲、娱乐性演讲等;从演讲场合上分,有集合演讲、课堂演讲、法庭演讲、教堂演讲、战地演讲、广播演讲和电视演讲等;从演讲表达方式上分,有叙述性演讲、议论性演讲、说明性演讲、抒情式演讲等;从演讲的情调上分,有激昂性演讲、生成性演讲、严谨性演讲、活泼性演讲等。

演讲的类型多种多样,它的分类没有固定不变的规定,但每次分类都必须从同一个角度出发,采用同一个标准。探讨演讲的分类,了解各种演讲的性质和特点,各类演讲之间的区别和联系,是演讲学研究的一个重要课题,对人们参加演讲实践具有一定的指导意义。

本章分别介绍几种类型演讲的特征和要求:第一节从命题演讲的含义、特点、演讲技巧等方面介绍命题演讲;第二节从即兴演讲的定义、特点、技巧等方面介绍即兴演讲;第三节从辩论演讲的内涵、类型、特征等方面介绍辩论演讲;第四节从沟通型演讲的类型(如自我介绍、节目主持等)展开介绍。

第一节 命题演讲

命题演讲是根据指定的主题或限定的演讲范围,经过准备后所做的演讲。这种演讲包含两种形式:全命题(统一题目)演讲和半命题(自拟题目)演讲。

一、命题演讲的含义

全命题演讲的题目一般是由演讲组织部门来确定的。比如,某单位拟定以"学习雷锋精神 践行服务宗旨"为演讲题目,组织一场演讲比赛。全命题演讲的优点是主题鲜明,针对性强;不足之处是局限性大,有时与演讲者的生活认识有差距,难以讲得深入、透彻。

半命题演讲是指演讲者根据演讲活动组织单位限定的范围,自己拟定题目进行的演讲。即主办单位只提出演讲的主题要求,题目由演讲者自定,但演讲内容必须符合主办单位有关主题的要求。这就便于演讲者根据自身的特点和听众的情况,从不同的角度拟定题目,从而发挥自己的优势。各种竞赛性演讲大多采用这种形式。

二、命题演讲的特点

(一)严谨性

命题演讲是一种较严肃的演讲,通常涉及政治上重要的、为大众所关注的、关乎民众的迫切问题的主题;同时,命题演讲就是要回答人们普遍关心的、急于想得到答案或急需澄清的一些现实问题。因此,命题演讲须注重宣传真理、传授知识、陶冶情操、启迪心灵,而这些就必须要本着认真、求实和严肃的基本态度。命题演讲应有较充分的准备,无论是主题的确定、材料的选择以及演讲稿的设计,还是演讲过程都是经过周密安排的。

（二）针对性

命题演讲总是会瞄准一些社会热点问题，如国家政治、经济、文化、教育等引发的相关话题，涉及理想、人生观、道德观等思想观念问题，许多问题也是听众最为关心和急于澄清的现实问题。因此，演讲者在演讲中针对性越强，演讲的效果就越好。

（三）鲜明性

命题演讲要求演讲主题鲜明。所谓鲜明，是指演讲主题要突出、论证要深入且全面，并以理服人。主题是否鲜明是衡量命题演讲能否成功的重要标准之一。

（四）稳定性

命题演讲一般是演讲者就主题和范围做了深思熟虑之后进行的演讲。在临场演讲时，演讲者一般都照着写好的演讲稿讲演，它所受时间的限制较少，演讲过程不会出现大的起伏，只需要将自己准备的内容完整地向听众呈现出来即可。因此，从演讲内容上讲，命题演讲具有稳定性。从社会历史过程上看，演讲产生的影响是深远的，随着岁月的流逝，很多事物都可能被淡忘，但一些成功演讲中的精辟语句、独特的演讲方法等却被人们永久地传颂，虽历经多年，但仍然感召人们努力奋斗。现存的古今中外许多演讲名篇，无不被人津津乐道、争相效仿。从历史的角度看，也具有稳定性。

（五）完整性

命题演讲事先确定了演讲的范围和题目，演讲者又做好了充分的准备，诸如怎样开头、怎样结尾、什么时候高亢急促、什么时候低沉缓和等，体现在结构层次安排上是完整而缜密的。

三、命题演讲的准备

美国演说家戴尔·卡耐基说过："演讲应该是一段有目的的旅程，必须事先绘好行程图。一个人不知从哪里开始，通常也不知在何处结束。"因此，演讲如果有所准备，就有了通往目标的大方向。

我们接触的命题演讲中大多数是半命题演讲。对全命题演讲来说，则可以直接围绕主题进行材料的收集和准备。而半命题的演讲，则需要根据拟定的演讲范围确定演讲题目。可按照以下流程和要求做演讲前的准备工作。

（一）主题和题目的选定

1. 拟定题目

拟定题目时要注意：一是题意要明朗，不要含蓄，不要委婉，更不要含糊。美国著名演讲理论家查尔斯·格鲁纳提出了选择题目的法则："自己熟悉"、"听众感兴趣"和"有教益或有娱乐性"，即选择适合自己、适合听众同时又要有用的题目。二是题目用字要新颖易读，艰深晦涩、读起来拗口的题目是无法让人提起兴趣倾听的。

2. 确立主题

主题是演讲的灵魂，确定一个正确而有意义、有价值的主题是关键。查尔斯法则指出，关注当前社会生活中亟须回答的问题，选择既是听众想解答的，又是自己有真知灼见的主题。此外，还要是积极正面的，代表正义、真理，反映真、善、美的主题，这样的主题才是有价值的主题。

（二）材料的搜集

1. 围绕主题目标尽可能多地搜集材料

选择什么主题就必须搜集什么样的材料，对什么人讲就要尽可能多方面地寻找相关的"养料"。例如，有趣的事实，真实的故事，确凿的数据，相关的民谣谚语，格言名句，正面的材料，反面的材料，等等。

2. 搜集第一手、第二手材料

第一手材料即自己亲身经历的，自己耳闻目睹的材料，其新鲜、真实、可信，用在演讲中最容易感动他人。第二手材料即通过书本、杂志、报纸、电视、广播、网络等途径获得的材料。

（三）有效利用试讲彩排

演讲稿定型后，在没有真正上台演讲之前，需反复练习演讲。必要时，可以用手机或者摄像机把实况拍摄下来，从中寻找缺点和不足，然后加以改正。如果是演讲比赛，这种方法就更需要试试，因为比赛是受时间限制的。

（四）充分的心理准备

俗话说，有备无患，是指做好充分的准备很重要。演讲者的心理素质决定其演讲是否成功。首先，一个演讲者首先要对自己有信心，相信自己可以做得最好，要反复地在这方面给自己鼓励；其次，要诚实坦荡，确认自己所讲的都是可信的，对数据和材料都做了最大限度的核实；最后，要从内心深处发出友善的信息，让听众觉得自己和演讲者是一个群体，彼此之间没有距离。要做到这一点，最好的做法是准备一个友善的开场白，以消除彼此之间的距离感。

（五）明确训练要领

命题演讲的训练要领有四个W法则。

1. Who

演讲时我是"谁"？我的身份是什么？——强化身份意识，说符合自己身份的话。

2. Whom

我对"谁"演讲？他们的身份、年龄、文化修养、情绪等如何？——强化对象意识。

3. Why

我演讲的目的是什么？是宣传、鼓动，还是劝说、批驳？——强化目的意识，说话要有的放矢。

4. Where

我在什么场合演讲？是庄重、严肃、正式的，还是宽松、随意、非正式的？——强化场合意识，演讲要"到什么山上唱什么歌"。

四、命题演讲的技巧

（一）演讲步骤技巧

1. 凤头

能在最短的时间里吸引听众的演讲开头就是好开场，在演讲中起着至关重要的作用。

历来著名的演讲家都煞费苦心,希望在演讲的开头就能牢牢抓住听众,为自己的演讲奠定成功的基础。

2. 猪肚

演讲要求具有强烈的鼓动性,产生巨大的宣传效应;其内在的根本动力源自演讲要有令听者情绪波澜起伏或渐入高潮的感染力,能唤起听众强烈的共鸣。事例最能说服听众,即"事实胜于雄辩"。而经典事例因其蕴含丰富、深刻的情感或哲理内蕴,往往一两例就能感动听众,使其折服。

尤其演讲高手,更能就地取材,即兴发挥,利用身边切题典型素材,借助现场氛围为自己的讲演服务,这可以出人意料地创造震撼人心的轰动效应。成功的演讲者总能借此强调观点、升华感情,将其真诚的思想感情表现得淋漓尽致,把听众的情感不断引向高潮,把听众带到心潮澎湃、热血沸腾的佳境。情感一旦被激发,便使人精神振奋,全身心都处于高昂的状态,进而产生一种不可估量的能动作用,影响听众的意识,促成听众的行为。

3. 豹尾

演讲不能虎头蛇尾,而要有一个坚实有力的"豹尾"。因为演讲的结尾,是演讲结构中的重要部分。好的结尾,可以使演讲意味无穷,为演讲增添光彩。成功的演讲者,都希望结尾时再给听众留下一个精彩的印象,都会在结尾处下功夫,避免演讲功亏一篑。

(二) 控场应变技巧

演讲时,常常会出现一些意想不到的事情:忘了演讲词,讲了错话,听众被其他的突发事件干扰而不再听你的演讲,或对你的演讲不满意、不感兴趣,等等。面对这样的状况应该怎么办?这就需要具有灵活机智的应变技巧,做到处乱不惊、转危为安,从窘迫的困境中解脱出来,使演讲继续进行下去。

1. 失误应变

忘词时,千万不要紧张,不要惊慌失措,而是要快速联想回忆这部分演讲词。如果几秒后还是回忆不起来,就应该立刻放弃回忆,否则现场就会乱起来。这时,你要抛开那些忘记了的内容,接着讲你没有忘记的内容,用这些新的内容稳定自己的情绪,重新吸引听众。

说错了话,可以立刻纠正,毫不迟疑。这种纠正并不是要你向听众检讨一番,而是用正确的话重复一遍刚才的内容即可,听众就会听明白你的正确意思了。而变通方式则可通过提问等技巧加以掩饰。例如,小李在一次讲话中,由于失误,说错了一句关键性的话。话音未落,他便觉察到了,于是他就自问自答地说了一句:"这句话是对的吗?不对。"然后他说了一遍正确的。这种纠正失误的办法反映了讲话者的应变能力。

2. 兴趣转换

在讲话中,或由于时间、环境的原因,或由于内容方法的原因,讲话难以引起听众的兴趣,会场上出现困倦、溜号、交头接耳,甚至开小会的局面。这时,讲话者切不可一意孤行地讲下去,而是要根据具体情况采取应急措施。例如,听众对你讲的某一部分不感兴趣,那可以采取一些吸引听众的措施,设置一些悬念,激发听众的兴趣,调动听众的情绪。又如,用"这是为什么呢?""这个问题得怎么解决呢?"等提问方法促使听众产生积极的思维活动,使听众注意听讲。

（三）口语表达技巧

演讲既要"演"，又要"讲"，是以口语表达为主、态势语表达为辅的一门艺术，尤其在口语表达时要把握以下七个技巧。

（1）多用简洁的短句。使用通俗易懂的词汇，语言要清楚明白、生动形象。

（2）多用流行的口头词语。不同的时期有不同的流行语，在演讲中恰当地选择使用，会使演讲更接近现代生活。

（3）多用能表明个人倾向的词汇，不要模棱两可。演讲中，演讲者要明确告诉听众自己主张什么、批评什么、赞成什么、反对什么，就要使用能表明个人倾向的词汇，如"因此，我认为""在我看来""显而易见""坦率地说"等，这样能给人以坦诚、果敢的印象。

（4）适当使用重复。演讲中使用重复，就是对主要观点或主要信息的强调，目的是让听众加深印象，以引起注意和思考。因此，适当使用重复能够提高演讲效果。

（5）适当使用简略语。演讲中使用一些简略语，可以使演讲简练活泼一些，比如公共关系可以简称为"公关"，质量检查报告可以简称为"质检报告"，中央电视台简称"央视"，南方航空公司简称为"南航"等。

（6）适当使用数字。数字是很好的论据，适当使用可增加演讲的说服力。使用数字时，可用约数，如 9 900 元可说成近万元。

（7）多用俗语。演讲中多使用常用成语、惯用语、谚语、格言、歇后语等，会使演讲更通俗。

第二节　即兴演讲

一、即兴演讲的定义

即兴演讲又称为即席演讲或即时演讲，是指演讲者在某种特定的景物或某种特定的人物、气氛的激发下，兴之所至，在事先没有准备或没有充分准备的情况下有感而发的临时性演讲。

即兴演讲可分为两类：一类是命题竞赛式即兴演讲；另一类是聚会场景式即兴演讲。前者是指在比赛或带有测试性质的场合，由演讲者临时抽签得题，并根据题意而旋即发表的一种演讲。聚会场景的发言是我们日常生活中最经常遇到的一种即兴演讲情况，聚会演讲词包括：总结、感想、感言、欢迎词、倡议词、告别词、答谢词、祝酒词、凭吊词等，出席的场所有：各种家庭宴会、公司联欢会、茶话会、颁奖会等各种聚会场所。

二、即兴演讲的特点

即兴演讲的特点是：毫无准备，演讲者必须快速展开思维，并以最快的速度找出恰当的语言来表达自己的思维。这就需要演讲者具备敏捷的思维能力和敏锐的语言感应能力。

即兴演讲是锻炼思维和口语表达能力的最有效的演讲形式。

1. 篇幅短小精悍

即兴演讲是临时起兴,毫无准备,不能长篇大论,而要求在最小的篇幅里能够阐明一个道理。虽不像命题演讲那样讲究布局谋篇,但是也要结构合理、详略得当。要有快节奏风格和一气呵成的气势,切忌颠三倒四、离题万里、拖泥带水、重复拉杂。另外,即兴演讲的场合多是生活中的一个场景,或答辩,或聚会,演讲者只是表达一下自己的心意和看法或者情感。

2. 时境感强

即兴演讲现实性非常强,到什么山唱什么歌,什么场合说什么话。因此,即兴演讲一定要切合现场的气氛,或严肃,或诙谐,或喜庆,或伤感,等等,时境感相当强烈。

3. 就事论事,有感而发

即兴演讲必须从眼前的事、时、物、人中找出触发点,引出话头,然后将心中的所思所想说出来,因此即兴演讲都是真实思想的流露,言为心声。

4. 形式自然,灵活多变

即兴演讲形式灵活,可以采取多种形式,就事论事,或引发一个故事分享,或发表一段感言,或就某个问题进行辩论,或来一段即兴点评等,形式不限,只要有感而发能表达自己的某种感受或是观点就行。

如2008年5月8日,时任国家主席胡锦涛开启"暖春之旅",在日本早稻田大学出席了中日青少年友好交流年日方开幕式,他和有"瓷娃娃"之称的奥运选手福原爱展开了一场"激烈"的乒乓球比赛,随后发表了一番即兴演讲。

1984年,我曾参与接待3 000多名日本青年访华。1985年又率领中国青年代表团访日。近年来还经常会见访华的日本青年代表团。在推动两国青少年友好交流方面,这二十多年我一直持之以恒。因为我深信两国青少年代表着两国关系的未来和希望。今天我们播撒下友好的种子,今后一定会成长为中日友好的大树。我衷心希望中日两国人民世世代代友好下去,衷心希望中日战略互惠关系发展得越来越好。

胡主席的即兴演讲,即景生情,缘情而发,就听众最感兴趣、最关心的问题直陈己见。主旨鲜明,充满哲理,体现了政治家的睿智,勾画了中日关系发展的蓝图,激起了在场听众的强烈共鸣。

三、即兴演讲的技巧

1. 保持警觉,选准话题

无论参加什么会议,都要始终保持全神贯注。要掌握会议的主题,讨论的具体题目,争论的焦点,要有很强的警觉和思想准备。一旦即兴演讲,也绝不会心慌意乱。有思想准备后,还必须寻找一个好的话题,而准确的话题源于对会议有关情况的熟悉与掌握。要注意在什么时间、什么场合,对谁讲话。

2. 抓住触点,组合材料

所谓触点,就是可以由此生发开去的事或物。即兴演讲需要因事起兴,找到了触点就找到了起兴的由头,就有话可说了。先从由头慢慢地边思考边说下去,就容易打开思路。因为即兴演讲现场没有充裕的时间去准备,所以必须尽快地选定话题,然后将平时积累的相关材料围绕主题,进行快速组合,甚至边讲边思考,进而紧扣话题精心组织材料进行论证。即兴演讲无法在事先做充分准备,完全依靠即兴抓取材料:一是平时的知识积累,二是眼前的人和事,又应以后者为主。例如,过多引用间接材料,往往失掉即兴演讲的现实感和针对性,起不了应有的作用,只有多联系现场中的人和事,才能紧紧抓住听众的注意力。

3. 情感充沛,以情动人

要使听众激动,演讲者自己首先要有感情和激情。演讲者动了真情,才能喜怒哀乐分明,语言绘声绘色,从而感染听众,达到交流情感的目的。即兴演讲的开头应从沟通与听众的感情入手,选择与听众息息相关或最为听众所接受的话题,引发听众与自己在心理上的共鸣。

1914年,英国首相丘吉尔在美国圣诞节的即兴演讲就是这样开头的。

我的朋友,伟大而卓越的罗斯福总统,刚才已经发表过圣诞前夕的演说,已经向全美国的家庭致友爱的献词。我现在能追随骥尾讲几句话,内心感到无限的荣幸。我今天虽然远离家庭和祖国在这里过节,但我一点也没有在异乡的感觉。我不知道,这是由于本人的母亲血统和你们相同,抑或是由于本人多年来在此所得到的友谊,抑或是由于这两个文字相同、信仰相同、理想相同的国家,在共同奋斗中所产生出来的同志感情,抑或是由于上述三种关系的综合。总之,我在美国的政治中心——华盛顿过节,完全不感到自己是一个异乡之客……

丘吉尔在这里采用了感情沟通法,把罗斯福总统视为自己的朋友,在心理上缩短了演讲者与听众之间的心理距离,开场白取得了良好效果。

4. 言简意赅,生动活泼

演讲要言简意赅,关键在于能够紧紧抓住主题,围绕主题选材,组织结构,争取做到言有尽而意无穷,令人回味无穷。同时,根据听众的知识结构和文化修养,选用不同风格的语言。对一般群众的演讲可选用朴素的语言,而对文化素养较高的听众则可选用高雅的语言。这就要求演讲者平时要善于学习人民群众中生动活泼的语言,吸收外国语言中有益的成分,学习古人语言中有价值的东西。

四、即兴演讲的训练方法

即兴演讲应用十分广泛,要求演讲者头脑清醒、思维敏捷,能迅速、准确地将自己的思想、感情转换成口语,做到出口成章。因此,从有备演讲到即兴演讲,这是一个难度较大的转变,要攀上这个台阶,需要培养即兴意识,掌握一定的技法,不断提高心理素质、应变能力、语言水平和文化修养。只要我们愿意开口,做演讲的有心人,经过一段时间的训练,一定能取得好的效果。

(一) 发散思维法

1. 敏捷型

(1) 红砖的用途

你能在一分钟内说出 10 种以上吗? 例如,砌房子、铺地面、砌炉灶、砌桥梁、砌水坝、砌烟囱、做武器、垫桌腿、磨成红粉和上水刷标语、烧烫了用布裹起来治关节炎。

(2) 茶杯的用途

除与"装""盛"有关的之外,你一分钟之内能说出 5 种以上吗? 例如,当圆规用来画圆、灌上热水焐手、罩在口琴上当共鸣器、当量器、做敲打乐器。

2. 联想型

将下面在表面上看来不相干的概念(词),经过中间一两个至多四个概念(词)把它们联系起来。

(1) 玻璃与粥

例如,玻璃—杯子—饭碗—粥。

(2) 天空与茶杯

例如,天空—土地—水—茶杯。

(3) 战争与科学

例如,战争—武器—科学。

(4) 闹钟与妇女工作

例如,闹钟—手表—实用与观赏—妇女工作(注意内心美形象美)。

(5) 农村漂亮宽敞的住房与城乡一体化

例如,农村漂亮宽敞的住房—农村优于城市之处(空气清新、蔬菜新鲜)—农村不如城市之处(医疗条件、教育质量、文化设施)—城乡差异—城乡一体化。

3. 连接型

戴尔·卡耐基的《口才训练妙诀》一书中介绍了一种即席演讲的训练方法——故事接龙。游戏程序是:将学生两两分组,进行一场与某个话题(可以任意选择,只要大家感兴趣,比如旅游)有关的演出。每组的两个成员一人为 A,一人为 B,被称为 A 的人是这场游戏的演员,被称为 B 的人是 A 的台词提示者。B 挨着 A 站着,当轮到自己的角色说话时,就会把台词告诉 A,并拍一下 A 的肩膀;而扮演 A 角色的成员的任务就是接受 B 提供的台词,在此基础上再加以发挥,把戏演下去;A、B 要密切配合,依次进行。

4. 连点型

将下面散点连缀成一段即兴演讲(散点顺序不论),每题时间控制在 3 分钟以内。

(1) 关键词:校友、咖啡、遭遇

在一次校友会上,我们几个老同学聚在一起聊天,主人问我喝什么饮料,我说:"来杯咖啡吧。"咖啡加点糖,甜中有苦,苦中有甜,两者混在一起有股令人回味无穷的滋味,我想这正好与我们这代人的经历遭遇相似,分别几年了,我们都已经走向了不同的岗位,回想起来真是有苦有甜啊!

(2) 关键词:蘸水钢笔、一副老花眼镜、一根正在燃烧的蜡烛

这极平常的三样东西使我想起一位乡村教师。他至少五十多岁,经常手握陈年的蘸水钢笔,架着老花眼镜,在一丝不苟地批改作业。乡村供电不正常,突然灯光灭了,他摸索着找到火柴点亮了蜡烛。在昏暗摇曳的烛光下,他批改到一位大有长进的孩子的作业,欣慰

地笑了。啊,烛光是知识之光,照亮了孩子的心田;烛光是生命之光,是人民教师用心血点燃的,人民会永远记住教师的功绩!

(3)关键词:动力、毅力、能力

一个人要想成功:首先,要有"崇高的理想",这是动力,因为伟大的力量来自崇高的理想;其次,要有坚强的"毅力",否则必然是"心比天高,命比纸薄";最后,还要有"能力"。否则,光有动力和毅力,但没有能力,"有的无矢"也很难获得成功。

(二)借题发挥法

(1)以"金子"为题,谈谈"21世纪青年人的形象"

此即兴演讲可从"金子"一旦蒙上尘土则无法发出耀眼的光泽谈起,引出"21世纪青年应具备的形象"。

(2)以"树"为题,谈谈青年人要重视学习

此即兴演讲可从"一棵枝叶茂盛、果实累累的树木,如果树根烂了,就无法继续生长下去(树根理论)"开始,引出"人才的竞争关键是学习力的竞争"的道理。

1945年5月4日,云南大学、中法大学等校的大学生在操场上举行纪念"五四运动"大会。会议开始不久,天突降暴雨。一些学生离开会场避雨去了,会场秩序大乱。这时,闻一多迎着暴雨站在台上高呼:"热血的青年们过来!继承'五四'精神的热血青年站起来!怕雨吗?我来讲个故事:今天是天洗兵!武王伐纣那天,陈师牧野的时候,军队正要出发,天下大雨。于是领头人说:'此天洗兵。'把蒙在甲胄上的灰尘洗干净,好上战场攻打敌人。今天,我们集合起来纪念"五四运动",天下雨了,这也是天洗兵,不怯懦的人上来,走近来!勇敢的人走拢来!"

闻一多这段即兴演讲的开场白,成功地借用了"景(雨)"和"情(热血与坚强)",引发出武王伐纣的故事,"天洗兵"的壮志豪情,进而号召青年们继承"五四"光荣传统,经受暴雨的洗礼,做一个坚强的民主革命战士。这段开场白既切景、切情,又切合大会的宗旨,颇具鼓动力、号召力。由此来看,即兴演讲的开场白要想取得好效果,要善于借题发挥,才能精彩纷呈。

(三)提纲挈领法

(1)以"生命在于运动,资金在于流动"为题,谈谈当前的市场竞争。此即兴演讲可以从"产供销"还是"销供产",或者"友谊加需求"等营销策略方面谈,也可从"创新思维"角度来谈。

(2)以"失败是正常的,气馁是不必要的,重复失败是危险的"为题,谈谈一个人、一个企业要善于总结经验,不断进步。可以着重谈"失败"与"成功"之间的辩证关系,强调人的主观能动性。

(四)平中见奇法

(1)以"知足者常乐"为题,反其道而言之,谈谈"不知足者常乐",可以从"满招损,谦受益"角度去考虑。

(2)为"当官在于活动"赋予新的解释,指出关键是"当什么样的官",怎样"活动",可以强调奉献、如何当"好官"。

(五) 三步法
(1) 以"拼搏"为题,提出什么是拼搏,为什么要拼搏,青年人应该怎样拼搏。
(2) 以"精神文明"为题,提出什么是"精神文明",为什么要提倡"精神文明",怎样进行"精神文明"建设。

(六) 四步法
(1) 开头吸引听众。
(2) 指出与听众的利害关系。
(3) 举例说明。
(4) 对听众提出希望。

五、聚会场景即兴演讲

生活场景中最常见的即兴演讲是各类聚会演讲,需要注意以下问题。

(一) 聚会演讲的原则

首先,应避免长篇大论和空洞的说教,发言内容必须与场面气氛相符。有些聚会比较正式,就必须用正式的致辞方式;有些聚会比较轻松活泼的,就必须带有喜庆的语气。

其次,需遵循一定的礼仪,要听从主人或主持人的安排。聚会场面通常会有主持人主持,所以发言的次序必须根据主持人的安排。同时,发言中要遵守现场的礼仪,根据情况的不同,有些需起立站在原位,有些需站在主席台前,发言中要保持高度的礼节性。

最后,避免冲突和对抗性的发言。聚会是大家相聚的场所,气氛融洽,发言时应避免冲突和对抗性的发言,如有意见和建议可以在会后再沟通。

(二) 聚会演讲的万能公式

如何在聚会发言时能够做到条理清晰、张口就来,而且恰到好处呢?纵观聚会演讲中的众多嘉宾感言,我们总结发现了一种神奇的"万能公式",相信很多人都非常熟悉,这就是六字箴言:感谢+回顾+愿景。

(1) 感谢

首先要保持一定的礼节性,一开始常常会用感谢的话来开头,常用话语为:感谢主持人给我这次发言的机会;感谢主人的盛情邀请和款待;感谢各位亲朋好友的光临;感谢各位嘉宾在百忙之中能够来赴宴;感谢评委、各位朋友等。

(2) 回顾

简单回顾一下以往的事例:回顾我和某某的交往;回顾新郎新娘相识的那段时间;回顾公司去年的发展;回顾我们筹建公司当初的艰难;回顾我们大家相识的经过;回顾创业以来,回顾去年……

(3) 愿景

表示畅想、祝贺、表决心、祝愿等:最后,我代表公司向大家表示最美好的祝愿;我向大家保证,在以后工作中,我一定更加努力;祝愿新郎新娘白头偕老,幸福万年;愿公司越办越好,越来越红火;祝愿某某福如东海水长流;祝愿在座的各位新年大吉。

如果从时间方面来看这个公式,感谢代表的是现在,回顾代表的是过去,而愿景则代表了未来。一些领导人物的即兴发言,也都以此为多见。掌握此种方法要领,在聚会场合都可以迅速组织词语,大方得体地即兴发言。

万能公式虽然万变不离其宗,但需要注意的是,也应做到活学活用,不可完全死记硬背照搬。因为这个框架公式也可以不断地变化,我们还要向里面填充大量的内容,所以我们要用心揣摩、去训练运用公式,这样才可以避免一下子大脑一片空白、语无伦次的尴尬局面。下面请欣赏一段生活中的即兴演讲。

在外甥十周岁生日晚宴上的即兴讲话

姐姐、姐夫、我的小外甥:

今天是外甥十周岁生日,俗话说:到生日吃面,当舅舅的我首先奉上三个蛋、一碗面。

这第一个蛋叫"德",思想好,像个石头蛋,扎扎实实的。在学校里要尊敬老师、尊重同学,在家里要孝敬父母、热爱劳动、艰苦朴素、文明举止,在公共场合要遵守规则,遵守秩序,不要做一个人人讨嫌的坏蛋。

这第二个蛋叫"智",学习好,像个五彩蛋,兢兢业业的。在学习上要保持谦虚谨慎,要争当第一名,要像钉子一样发扬"钉"和"钻"的精神,切忌马马虎虎,草草了事,做一天和尚撞一天钟,更不要考几个"大鸭蛋"给大家下酒。

这第三个蛋叫"体",身体好,像个铁蛋蛋,壮壮实实的。身体是革命的本钱,头疼脚痒不是真正男子汉,要经常注意身体的锻炼,像运动员那样具有强壮的体魄,不要做一个经不起风吹浪打的软蛋。

至于这一碗面嘛,大家看看,这面长长的,像理顺的头绪,象征着一切事情都有个开头。这就是说,要吃到这三个蛋就要从现在开始,从现在努力!外甥,你说呢?

第三节　辩论演讲

一、辩论的内涵

辩论又叫作论辩,辩就是辩解,论就是议论。辩论是参与谈话的双方对同一问题持不同的见解,用阐述作为基本方式,以彰显真理,以明辨是非作为基本目的,为批驳对方而展开的针锋相对的语言交锋。辩论是质疑和论争的过程,是对某个辩题做出合理判断的追求。

在辩论演讲的定义中,其内涵至少有三层意思:首先是同一辩题。辩论各方必须有一个共同的辩论对象,否则将无法辩论。其次是不同的立场或观点。辩论各方都必须"站在不同的立场"或"持不同的观点",否则即使是同一辩题,也无法进行辩论。最后是辩论形式。辩论各方都必须坚持本方观点之正确,他方观点之错误,并由此导致一场你来我往、唇枪舌剑的言语交锋。如果某方虽然认为本方观点正确,他方观点错误,但是却不去坚持本方观点,批驳对方观点,则也无法形成辩论。

有人说:没有辩论的世界是个冷清的世界,没有辩论的理论是僵化的理论,没有辩论的人物是个平庸的人物。辩论不仅在批驳谬误,探求真理,而且对于拓展知识面、交流信息、提高情操,以及对于提高人们的思维能力和语言表达能力,也具有重要意义。

辩论的原则是大事不能不辩,小事应讲风格,不必去辩。

二、辩论的类型

1. 日常争辩

日常争辩是为了某种效果目的而发表不同的意见、看法、主张。如庄子与惠子游于濠梁之上的鱼乐之辩,已被奉为流芳千古的经典箴言。

庄子曰:鲦鱼出游从容,是鱼之乐也。

惠子曰:子非鱼,安知鱼之乐?

庄子曰:子非我,安知我不知鱼之乐?

惠子曰:我非子,固不知子矣;子固非鱼也,子之不知鱼之乐,全矣!

庄子曰:请循其本。子曰"汝安知鱼乐"云者,既已知吾知之而问我,我知之濠上也。

2. 专题辩论

专题辩论包括决策辩论、法庭辩论、外交辩论、谈判辩论、竞选辩论、论文答辩等。

3. 赛场辩论

赛场辩论是有组织,按一定规则、一定程序所开展的竞赛活动。

三、辩论演讲的特征

辩论演讲是带有辩护和辩驳性质的演讲,其主要特征如下。

1. 论点突出,态度鲜明

在辩论中,爱什么、恨什么,赞成什么、反对什么,都不能有半点含糊。

2. 论据充实,以理服人

俗语说"事实胜于雄辩",所以我们在辩论中,要强调摆事实,讲道理;不能强词夺理,胡搅蛮缠。罗曼·罗兰说了:"在争辩中是不分高低贵贱的,也不管称号姓氏的,重要的只是真理,在它面前人人平等。"

3. 论证机敏,逻辑严密

辩论演讲,只有正确的论点和充实的论据是不够的,还应注意论点与论据之间的内在联系,同时反应机敏,使之具有足够的逻辑力量。

4. 辩词有力,针对性强

有针对性的、强有力的辩词,它能使辩论演讲理直气壮、义正词严,而"气壮""词严"才能使"真理"和"正义"得到更好地伸张。

四、赛场辩论

赛场辩论即辩论赛,是指辩论双方分别组队就同一个辩题,站在不同的立场或持不同的观点进行的一种辩论比赛。它既是对真理的探讨,又是一种高水平、高技巧、有规则的智力游戏,也是群众自我教育的一种好形式,是语言、思想、知识的综合竞赛。

(一) 辩论赛的特征

(1) 辩论赛的主要目的不仅是探求真理,而且要通过辩论来训练和提高队员们的思辨能力,因此双方都永远不可能被对方所说服。

(2) 辩论赛以获胜为主要目的,在辩词上只要能自圆其说即可,双方的言论并不一定是自己平时的观点。

(3) 辩论赛的胜负决定于评判员的评判,所以双方辩论队员的关键在于说服评判员,而不是说服对方辩论队员。

(4) 辩论赛是一种竞赛,为了体现竞赛的公平合理性,辩论必须事先制定一套严格的比赛规则。其中包括对辩题的选择,对双方人数的限制,对辩论程度、时间的规定,对赛场主席、评判员和评分标准的要求等。

(二) 辩论赛的选题

辩论赛的选题直接关系到辩论赛收获的大小与成败,辩论赛的组织者对辩题要做认真的挑选和精心的设计。辩题的确定应该遵守以下几个原则。

(1) 辩题要有意义

一般来说,要选择现实需要的"热门话题",既要能引起听众的兴趣,又要有教育意义。

(2) 辩题要适合辩论

辩题必须是尚无定论的问题,使正反双方都有话可说,且难易相当。如正方的立场是:人性本善;反方的立场是:人性本恶。

(3) 辩题要单纯明确

辩题的概念鲜明,表述准确,才能使辩论双方针对同一问题,发表不同看法。例如,"西方比东方进步"这一辩题中"西方""东方"的概念模糊,"进步"是指物质文明,还是精神文明也不清楚,无法辩论。

(4) 辩题要适合辩手水平

辩手的文化、年龄、职业和阅历等不同,辩题的性质、难易也应有所不同,做到有的放矢。例如,大学生的辩题用"环境问题是科学问题,不是社会问题";中学生的辩题用"中学生异性交往利大于弊";小学生的辩题用"爱玩的孩子不是好孩子"就比较合适,反之辩论难以收到好的效果。

(5) 双方辩题必须用判断句,不能用疑问句

如有这样几组命题:① 正方——当今的就业优势是专业技能;反方——当今的就业优势是综合素质;② 正方——女大学生就业难是社会问题;反方——女大学生就业难是自身问题;③ 正方——网络的发展拉近了人与人之间的距离;反方——网络的发展疏远了人与人之间的距离。

(三) 辩手的分工

辩论赛是有组织的合作行为,不仅要求辩手素质好,表现优秀,而且要求辩手之间合理分工,相互配合。一般来说,应具备四位辩手,其辩词分别为起、承、转、合,形成有机的整体,表现出良好的团队精神。具体分工如下:

第一辩手的主要任务是"起",即对辩题的内涵加以界定并从理论上阐明本方立场。要做到提纲挈领、条理清楚、观点简明。既要让听众和评委了解本方主要观点,又不能将本方的战略全部暴露在对方辩手面前,有些问题可以由本方其他队员做进一步论证。

第二辩手的主要任务是"承",从宏观和微观方面进一步展开论证。要做到论据充实,论证有力,使听众信服。

第三辩手的主要任务是"转",此时,双方已有两个回合的交锋,三辩手除了针对对方前几位辩手出现的谬误和矛盾发起攻击之外。还要尽可能做到从新的思维角度论证,巧妙地使出"杀手锏",打他个措手不及。

第四辩手的主要任务是"合",承担总结陈词的任务。要根据辩论的情况,选择有利的条件,在原有的基础上,对本方的观点做新的概括,并罗列对方观点中的谬误、矛盾和不合情理之处,通过对比,进一步证明本方观点之正确,对方观点之错误。

整体配合除了辩手们合理分工,明确职责之外,还应该注意辩手之间的相互补充、相互配合,因为一个辩手的思维能力是有局限性的,这就要依靠辩手们的集思广益和团队精神了。

(四) 辩论技巧

在辩论过程中,被动是赛场上常见的劣势,也往往是败北的先兆。下面介绍几种辩论演讲的语言和逻辑上的技法,若能融会贯通,便能反客为主,变被动为主动。

1. 借力打力

武侠小说中有一招数,叫作"借力打力",即内力深厚的人,可以借对方攻击之力反击对方。这种方法也可以运用到辩论中来。正方之所以能借反方的例证还施彼身,是因为他有一系列并没有表现在口头上的、重新解释字词的理论作为坚强的后盾。

2. 移花接木

剔除对方论据中存在缺陷的部分,换上对我方有利的观点或材料,往往可以收到"四两拨千斤"的奇效。我们把这一技法喻名为"移花接木"。移花接木的技法在辩论理论中属于强攻,要求辩手勇于接招,勇于反击。因此,它也是一种难度较大、对抗性很高、说服力极强的辩论技巧。诚然,实际临场雄辩滔滔,风云变幻,更多的是"移花接木",需要辩手对对方当时的观点和我方立场进行精当的归纳或演绎。

3. 顺水推舟

表面上认同对方观点,顺应对方的逻辑进行推导,并在推导中根据我方需要,设置某些符合情理的障碍,使对方观点在所增设的条件下不能成立,或者得出与对方观点截然相反的结论。

4. 正本清源

所谓正本清源,本书取其比喻义而言,是指出对方论据与论题的关联不紧或背道而驰,从根本上矫正对方论据的立足点,把它拉入我方"势力范围",使其恰好为我方观点服务。较之正向推理的"顺水推舟"法,这种技法恰是反其思路而行之。

5. 釜底抽薪

刁钻的选择性提问是许多辩手惯用的进攻招式之一。通常情况下,这种提问是有预谋的,它能置人于"两难"境地,无论对方做哪种选择都于己不利。对付这种提问的一个具体技法是,从对方的选择性提问中,抽出一个预设选项进行强有力的反诘,从根本上挫败对方的锐气,这种技法就是釜底抽薪。

当然,辩场上的实际情况十分复杂,要想在辩论中变被动为主动。一方面,掌握一些反客为主的技巧;另一方面,反客为主还需要仰仗于非常到位的即兴发挥,而这一点却是无章可循的。

6. 攻其要害

在辩论中,常常会出现这样的情况:双方纠缠在一些细枝末节的问题、例子或表达上争论不休,看上去辩得很热闹,实际上已离题万里,这是辩论的大忌。一个重要的技巧,就是要在对方一辩、二辩陈词后,迅速地判明对方立论中的要害问题,从而抓住这一问题,一攻到底,以便从理论上彻底地击败对方。例如,"温饱是谈道德的必要条件"这一辩题的要害在于:在不温饱的状况下,是否能谈道德?在辩论中,只有始终抓住这个要害问题,才能给对方以致命的打击。因此,人们常常有"避实就虚"的说法,偶尔使用这种技巧是必要的。

例如,当对方提出一个我们无法回答的问题时,假如强不知以为知,勉强去回答,不但会失分,甚至可能闹笑话。在这种情况下,就要机智地避开对方的问题,另外找对方的弱点攻过去。然而,在更多的情况下,我们需要的是"避虚就实""避轻就重",即善于在基本的、关键的问题上打硬仗。如果对方一提问题,我方立即回避,势必会给评委和听众留下不好的印象,以为我方不敢正视对方的问题。此外,如果我方对对方提出的基本立论和概念打击不力,也是很失分的。善于敏锐地抓住对方要害,猛攻下去,务求必胜,乃是辩论的重要技巧。

7. 利用矛盾

由于辩论双方各由四位队员组成,队员们在辩论过程中常常会出现矛盾。即使是同一位队员,在自由辩论中,由于出语很快,也有可能出现矛盾。一旦出现这样的情况,我方就应当立刻抓住机会,竭力扩大对方的矛盾,使之自顾不暇,无力进攻我方。比如,在与剑桥队辩论时,剑桥队的三辩认为法律不是道德,二辩则认为法律是基本的道德。这两种见解显然是相互矛盾的,我方乘机扩大对方两位辩手之间的观点裂痕,迫使对方陷入窘境。又如,对方一辩起先把"温饱"看作人类生存的基本状态,后来在我方的凌厉攻势下,又大谈"饥寒"状态,与先前的见解发生了矛盾,我方"以子之矛,攻子之盾",使对方于急切之中,理屈词穷,无言以对。

8. 引蛇出洞

在辩论中,常常会出现胶着状态:当对方死死守住其立论,不管我方如何进攻,对方只用几句话来应付时,如果仍采用正面进攻的方法,必然收效甚微。在这种情况下,要尽快调整进攻手段,采取迂回的方法,从看起来并不重要的问题入手,诱使对方离开阵地,从而打击对方,在评委和听众的心目中造成轰动效应。

9. 李代桃僵

当我们碰到一些在逻辑上或理论上都比较难辩的辩题时,不得不采用"李代桃僵"的方法,引入新的概念来化解困难。"李代桃僵"是指,引入一个新概念与对方周旋,从而确保我方立论中的某些关键概念隐在后面,不直接受到对方的攻击。

10. 缓兵之计

在日常生活中,我们可以见到如下情况:当消防队接到求救电话时,常会用慢条斯理的口气来回答。这种和缓的语气是为了稳定说话者的情绪,以便对方能正确地说明情况。俗话说:欲速则不达。在时机不成熟时仓促行事,往往达不到预期目的。辩论也是如此,"慢"在一定条件下也是必需的。"以慢制胜"法实际上是辩论中的缓兵之计,缓兵之计是延缓对方进兵的谋略。当辩论局势不宜速战速决或时机尚不成熟时,应避免针尖对麦芒式的直接交锋,拖延时间等待战机的到来。一旦时机成熟,就可后发制人,战胜论敌。

辩论中的"快"与"慢"也是一种对立统一的辩证关系。兵贵神速,"快"当然好。可是,有时"慢"也有"慢"的妙处。缓动慢进花的时间虽长,绕的弯子虽大,然而在很多情况下却是取得胜利的捷径。

当然,辩场上的实际情况十分复杂,要想在辩论中变被动为主动,掌握一些反客为主的技巧还仅仅是部分因素,反客为主还需要仰仗非常到位的即兴发挥,而这一点却是无章可循的。

总之,辩论是一个非常灵活的过程,可以施展以上比较重要的技巧。经验告诉我们,只有使知识积累和辩论技巧珠联璧合,才可能在辩论赛中取得较好的成绩。

第五节 沟通型演讲

在竞争日趋激烈的当下,形象竞争已经成为组织竞争的重要内容,因为良好的组织形象是组织和个人发展的推动力。而在社会组织塑造形象的过程中,沟通协调是不可或缺的重要手段之一,因为良好的沟通是展示组织形象、协调各方矛盾、成就组织知名度与美誉度的必要过程。因此,为了更好地塑造形象,很多社会组织都会借助一些重要活动来实现这一目的,如庆典活动、颁奖典礼、新闻发布会等;而在这些重要活动场合中,必不可少地需要一个良好的对外沟通表达,这个表达便是沟通型演讲。如今,沟通型演讲已经成为协调塑造组织形象的一个重要载体。因此,不论是社会组织还是个人,要想适时有效地发挥这一载体的作用,必须做好沟通型演讲。

一、自我介绍

在社会交往日益频繁的今天,需要自我介绍的场合非常多。根据首因效应,成功的自我介绍就是良好的第一印象。在现实生活中,每个人的性格都有多元性,获得的成就也是多方面的,如何在大量的信息中,挑取有用的信息,在短时间内将个人形象鲜明准确地展示出来,这是自我介绍的关键。因此,在自我介绍之前需要把握几个问题。

(一)介绍前的准备

在做自我介绍时,一般会有两种情况:一是生活沟通,二是工作沟通。无论哪一种沟通,其目的都是寻求倾听者的接纳和认同。

1. 寻找共同点

不论是个人交往还是工作交往,交往的目的就是在众多的不同之中找到相同点,使交往可以继续发展。而不是自顾自地介绍自己,不顾介绍的效果,这样会让自我介绍失去意义。

(1) 人际交往

人际交往中,相同的故乡、相似的生活经历、共同的专业背景等都可能成为交往的一个切入点,这些共同点可以形成一个彼此相熟的气场,一个相同背景的文化氛围。这样的氛围就能为接下来的沟通营造一个良好的平台。

(2) 工作交往

有位学者型的官员,在他的身上有两张名片:一张是应对学者的名片,另一张是为了行政工作而用的。这种有针对性的沟通,为顺利地开展工作起到了积极有效的作用。

(3) 组织交往

与社会组织打交道的时候,个人与组织之间的共同点也会成为彼此接纳的一个重要前提。比如,个人价值观与对方组织企业文化的相同或相似;个人专业方向和企业主营方向的相同或者相近等。俗话说:这个世界上没有完全相同的两片树叶,但是大致相似的是非常多的。沟通就是要找到这些大致相似的切入点。

我是一个性格外向的人,毕业于××大学营销专业。开朗的性格让我体会到了友谊的快乐。同时,我热爱体育,喜欢很多体育项目,诸如足球、乒乓球、网球等,尤其喜爱篮球,是校篮球队的一名成员,每年暑期都会到当地的体育用品专柜做导购,良好的业绩为我在营销方向的求职发展打下了基础,也增添了信心。另外,我非常认可李宁企业文化所表达出的理念:崇尚运动、诚信、激情、求胜、创新、协作。这一理念既是体育的精神,又是一个社会人不可或缺的一种优秀的素质。在大学里,不论是学习还是社会实践,我都以诚信、激情、求胜、创新、协作作为自己的座右铭,并从中获益良多。求职李宁公司是我的理想,我相信在李宁公司的团队里我会有一个更好的感悟和提高。

这种在众多个人信息中找寻与沟通对象的共同点的做法,可以在对方心中产生共鸣,为自我介绍的成功奠定基础。总之,交流需要在一个求同存异的理念下展开,因而共同点的找寻就显得至关重要。

2. 寻找关注点

个人交往中,还可以通过介绍自己与对方相互关注、共同感兴趣的话题来进行友好沟通,以得到对方的接纳,如热爱文学、关注军事、喜欢演讲等。一旦了解了对方的关注点,那么接下来的交流就会有话可说,沟通就会顺利展开。

2003年3月18日,国务院总理温家宝在十届全国人大一次会议新闻发布会上这样自我介绍。

我在中南海工作了18年,这是我们国家现代化建设十分重要的一个时期。我亲眼目睹了在邓小平同志和江泽民同志的领导下,中国改革开放和现代化建设所取得的巨大成就,中国面貌发生的历史性变化。中国的建设事业是非常伟大也非常艰巨的,惟有在党的领导下,坚持改革开放,走有中国特色社会主义道路,国家才能繁荣富强;惟有民主、科学、负责任的精神才能实现我们的目标。全国2 500个县区,我跑了1 800个。这使我更深的了解了国情和人民的状况,我深知人民的期待,我绝不辜负人民的期望。一定要以人民给我的信心、勇气和力量,忠实地履行宪法赋予我的职责,殚精竭虑,鞠躬尽瘁,不负众望。

从基层到中央的丰富经历、对改革切身的感受以及对民生的关注和对今后工作的信心,每一个内容都是众人关注的焦点,这些问题的交流让人们直观准确地认识了这位新总理,也非常自然地接纳了这位与民众同呼吸共命运的总理。

总之,知己知彼,百战不殆。在自我介绍过程中,了解对方的共同点和关注点是自我介绍必备的功课。

(二)介绍的语言要求

1. 篇幅短小,言简意赅

人际交往中,没有人愿意在长篇大论的言语中接纳一个啰嗦的人,而言简意赅的自我介绍更能体现一个人思维的干练以及表达的准确。因此,在自我介绍中尽量避免出现大段重复性文字,可以改用概述性较强的文字。

2. 描述客观,避免夸饰

在自我介绍中,客观表达胜于主观描述,因为客观表达能体现自我介绍的真实、真诚。而真实客观又是一种有利于听者的表达方式,不会给听者留下夸饰的感觉。因此,介绍中,避免使用"非常""特别"等这些极度的修饰语。

3. 逻辑严密,格调高雅

在自我介绍中,话题的推进需要有一个严密的逻辑思维,而不是假大空、不着边际;如果沟通语言思维跳跃太大,是在挑战听者的审美情趣。

我虽然读的不是师范生,但是我的长辈几代都是老师,看到家人辛苦付出的同时更能感受到他们桃李满天下的幸福。为了能实现自己成为一名教师的愿望,我自修了"教育学"、"心理学"等相关课程,并利用寒暑假参加了支教活动。在教学相长的过程中,让我越发享受这个职业对我在学习上的促进和在人生方面的引领,同时每一堂课都能让我享受到自我价值实现的快乐。所以,我愿意以教师为我的职业。

这段表述,客观简洁,逻辑合理,使人接受轻松自然。

4. 重点突出,亮点醒目

在自我介绍时,大量的个人信息中有许多值得表达的闪光点,而这些闪光点很多是通过自己长期努力实现的,带着个人的审美情趣和价值取向。对个人来说,这是一份值得欣慰的收获。但是,如果这些收获不是对方关注的,说出来往往吃力不讨好,不能实现当下自我介绍的目的。这好比"不是所有的珠宝都要在一个时间戴在一个人身上"一样。

有时候,为了准确地给自己的品位、价值观、审美情趣做一个定位,可以选取一个名人名言以达到点缀个人形象的效果。但这种引用要符合逻辑,真实合理,且不宜过多;否则,会导致审美疲劳,个性不突出。

5. 理念时尚,体现修养

社会在不断发展变化,新的理念也在不断产生,一个与时俱进的人能得到社会大多数人的认可。比如,终身学习、以人为本、团队配合、尊重多元、积极主动等这些社会倡导的理念是交往中人们非常看重的。

(三) 介绍的语言技巧

1. 处理劣势话题

在一些社交场合的介绍中,一般劣势话题简单回避就可以了。但是,如果是求职,还需要正视自己的不足,因为这可能恰是对方关注的部分,这样的介绍更客观、更能在交流中争取主动性。

如直接面对:

作为中文专业背景来到贵单位,税务知识水平是我的短板。但是,我的大学在教会了我知识的同时,还教会了我学习的能力。在这个终身学习的社会里,咱们这个学习型组织里,我会积极努力在短时间内提升我的税务专业知识,更好地发挥我求职的这个岗位的价值。

不回避问题而是提出解决问题的办法,这是赢得认可的一个很好的技巧。

2. 注意介绍语气

由于现在很多场合都需要自我介绍,因而自我介绍的风格也变得丰富多彩,有诗词型、搞笑型、抒情型、哲理型等。很多自我介绍人都希望通过这些风格来突出自己的特点,引起大家的关注。需要注意的是,不是所有的场合都适合这些独特风格的。一些娱乐性场合可以添加生动活泼的元素,但是正式场合(比如竞选、求职等场合)还是要以正规、严肃、庄重为主。

总之,自我介绍是社交场合的一张言语通行证。空洞无物、个性不鲜明的介绍如同一张污损的名片,其主人被关注的程度也会随之下降。

二、会议与节目主持

很多社会组织的形象沟通是通过举办一些专门性活动展开的。活动中,主持人将起到贯穿全局、营造气氛、拾遗补缺等作用。因此,主持人对于活动的成功举办起到重要的作用。

(一) 会议主持

1. 主持人的素质和水平

(1) 确定会议议题和议程。会议议题和议程是保证会议顺利圆满举办的前提。因此,作为主持人,了解议题的设计、参与议程的设置是非常重要的,这样可以保证主持人积极、主动地介入活动始终。

(2) 准时召开会议。主持人把握着会议的时间和进度,在与会者和主要参会人员到齐的情况下,主持人会准时宣布会议的开始。

(3) 保持良好的会风。由于会议议题和会议的程序以及参会人员等诸多原因,会议中难免会出现一些变数,而此时的主持人就像是法庭的法官,对整个会议有着操控的责任。这样即使活动中途产生一些变数,主持人也都可以积极、有效地应对,保持会风的和谐。

(4) 主持人言行举止要得体。会议主持人既是场上的灵魂人物,同时又是一个配角,因此准确的出现、恰到好处的穿插引导、及时应变的现场调控是主持人必须具备的重要素质。同时,不可喧宾夺主是主持人需要把握的分寸。

(5) 控制会场,把握时间。有效控制会议的进程,把握会议的时间,对主持人来说是个人能力的体现,毕竟会议过程有着动态的变化,这需要主持人掌握会议的主题和预期的目的,适时决定会议终止时间。

(6) 归纳、总结,提出要求。为了体现会议的目的,会议结束时需要以总结的方式展示会议的收获。这就需要主持人善于对会议进行总结概括,发现重点,突出亮点,并且会议主持人可以在总结之后发出倡议和号召,使会议的意义和作用得以充分展示和强调。

2. 主持人的语言

(1) 语言流畅,开宗明义。主持人代表活动主办方,流畅自然的语言体现了活动主办方积极和认真的态度。同时,开宗明义会议的精神,对突出会议主题意义重大。

(2) 言简意赅,紧扣主题。要言不烦是主持人言语的特点,把会议发散的讨论用恰当简洁的话语引到会议的主题上也是主持人必须把握的分寸,彰显主持人引导梳理的作用。

(3) 随机应变,临危不乱。应变能力就是积极应对紧急情况下的事态非正常发展的一种能力。主持人要用应变的言语来应对会议现场可能出现问题。一个好的应变常常是以四两拨千斤,达到化险为夷、化紧张为轻松、化尴尬为自然的效果。

3. 会议主持词模式

(1) 称谓。

(2) 开场白(提出要求)。

(3) 介绍来宾(表示欢迎)。

(4) 正式开始。

(5) 从第 1 位到第 N 位。

(6) 归纳、总结,提出要求。

(二) 节目主持

节目主持人是节目现场的灵魂,他(她)掌控着节目现场的一切。因此,巧妙机智的扭转、举重若轻的启发、救场如救火的应急、同悲共喜的分享都是观众对主持人的期待,也是主持人提升沟通表达的努力方向。

1. 独特的语言风格

作为主持人,每天要用至少一种语言说着不同的言语。语言是一种社会现象,而言语是一种心理现象。因此,语言只是言语的工具,主持人在语言表达时使用的是具有个人心理特点的言语(在汉语中,言语多半被约定俗成为"语言"来表达),有着很强的个人色彩。而正是因为其浓烈的个人色彩,有着独特个人语言风格的主持人才容易被观众接受。

2. 稳定的掌控能力

社会的多元化决定了我们面对的人和事也是多元的。因此,为了引领观众,主持相关话题的时候,需要主持人具备对这类话题的掌控能力。而这种掌控能力一方面是技巧的问题,还有一个非常重要的方面,就是相关知识的掌握。通常我们说一个人擅长语言表达,并

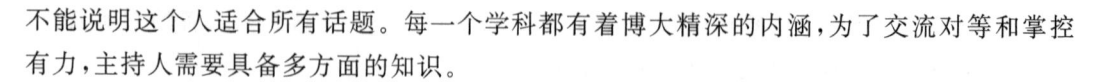

不能说明这个人适合所有话题。每一个学科都有着博大精深的内涵,为了交流对等和掌控有力,主持人需要具备多方面的知识。

3. 多元的包容能力

在主持现场,主持人要担当起组织者的角色,发挥协调、控制的功能,以保证节目有序、精彩,并以尊重多元的心态来客观地面对遇到的人和事,而不是充满言语暴力的歧视。

2009年12月23日晨上海电台动感101"音乐早餐"直播节目中,主持人某君和小某在播放音乐间隙,用上海话聊天逗乐听众。一名听众给节目热线发来一条短信:"求你们不要说上海话了,我讨厌你们上海人!",小某在节目中语调认真地说:"……这位听众,请你以一种团成一个团的姿势。然后,慢慢地以比较圆润的方式,离开这座让你讨厌的城市,或者讨厌的人的周围。"

以上是一个典型的反面例子,应引以为戒。主持人作为一个公共场合的语言表达者,应该以一种平和的姿态面对出现的不同心态的多元状况,而不是"以暴制暴"。否则,有损自身形象的同时,也影响所代表的媒体的形象。

4. 应变的智慧

在主持现场,节目主持人就是一个指挥家。当一个节目现场展开时,主持人与嘉宾以及主持人与观众的互动常常因为充满不确定性而变得非常好看,但这种不确定性对主持人来说也存在着极大的挑战。

一般情况下,一说到应变能力,很多人会立即想到巧舌如簧。其实,如果没有丰富的知识储备,所谓巧舌的应变就是无来头无逻辑的饶舌,因为聪慧机敏的应变需要大量的知识作为应对的元素。

5. 恰当的情感调动

白居易曾说:动人心者莫先于情。不管是欢情还是悲情,在主持现场都需要有一份情感在观众、嘉宾和主持人之间展开。而这个情感的调动就要求主持人具备以下能力:

(1) 开场热得快

参加活动的来宾的情绪被主持人操纵着,主持人需要在节目一开始,甚至还没有开始就以暖场的方式调动来宾的情绪,使节目不至于出现前冷后热的现象。

(2) 中场触景生情

节目主持中,话题、嘉宾等相关因素都可以成为情感调动的由头。一个好的情感调动,应该是不温不火,恰到好处;过分煽情会使观众无法安放自己的感情而产生不愉悦的感觉。

6. 良好的心理素质

俗话说:不做错事的人,是不做事的人。主持人在主持节目时,常常也会出现失误,要想积极地化解失误,必须具备良好的心理素质。作为一个在公共场合出现的人物,要敢于面对一切可能出现的不测。

主持人就如同厨师,他(她)需要搭配各式食材,加上自己的厨艺,把一盘盘美味佳肴献给观众。主持活动考验着主持人的综合素质。

三、就职演讲

随着以人为本,执政为民的思想不断深入,越来越多的管理者努力通过就职演讲来凝聚人心,展示个人形象。因此,就职演讲出现的频率越来越高。就职演讲的成功与否,对提振团队的信心以及提升个人的魅力至关重要。

(一)强调重点,切中要点

上任一个新的职位就意味着要面对一个新的挑战。优势与劣势,现状与未来,危险与机遇,这些问题都是公众所关心的话题。就职演讲中重点指出这些问题会给听众一种积极介入的良好印象,并且此刻也是统一思想、统一认识、凝聚人心、共赴重任的绝好时机。对此,原云南省委副书记、省政府代省长李纪恒的就职演讲做了很好的诠释。

坚定不移地贯彻落实中央对云南工作的明确要求,切实抓住和用好国家实施新一轮西部大开发战略和支持我省建设面向西南开放重要桥头堡等重大历史机遇,围绕实现"十二五"规划确定的目标任务,不动摇、不懈怠、不折腾,解放思想、开拓进取、扎实工作,努力在推动科学发展、和谐发展、跨越发展、可持续发展上有新作为。坚持立足省情,尊重发展规律,积极寻找中央精神与云南实际的结合点,创造性地开展工作,努力做出经得起实践、历史和人民群众检验的业绩。

……

多年来,我坚守这样的信念:躬身做官、挺腰做人、言必信、行必果。我将始终牢记"两个务必",严格遵守党员领导干部廉洁从政准则和廉洁自律的各项规定,牢固树立正确的世界观、权力观、事业观,切实加强党性锻炼和修养,坚守为官从政的"底线",倍加珍惜组织对自己的信任,倍加珍惜为人民干事创业的机会,倍加珍惜自己的前程和家庭,敬畏党纪国法,敬畏权力,敬畏人民群众,敬畏社会舆论,为民、务实、清廉,表里如一、心口如一、对上对下如一,清白做人、干净干事,秉公用权、廉洁勤政,永葆人民公仆的政治本色。

对于省长来说,未来,工作是重点,反腐是要点,两个都是关乎工作成败也关乎百姓利益的大事,是民众希望听到的一份郑重的承诺。

(二)求真务实,作风干练

求真务实的作风惠及的是工作对象,提升的是组织形象,锻炼的是工作团队,这是一个社会共同的审美。因此,对这一工作作风的推崇是很具有审美价值的。

(三)逻辑严整,个性鲜明

演讲的真实性决定了演讲者的发言具有独特的个人魅力。在演讲现场,听众最关注的就是你怎么说。同样是做好工作,关心群众,类似的话语如果用一种模式化的腔调来表达,就会给人一种走过场打官腔的感觉;因此,发挥个人的智慧和魅力,用自己独特的思考和非同寻常的言语表达自己的观点,让听众听到的是换了别人就不能这么说的独特的个性化语言。

在这里,我代表新一届中央领导机构成员,衷心感谢全党同志对我们的信任。我们一定不负重托,不辱使命!全党同志的重托,全国各族人民的期望,这是对我们做好工作的巨大鼓舞,也是我们肩上沉沉的担子……我们的人民是伟大的人民。在漫长的历史进程中,中国人民依靠自己的勤劳、勇敢、智慧,开创了各民族和睦共处的美好家园,培育了历久弥新的优秀文化。我们的人民热爱生活,期盼有更好的教育、更稳定的工作、更满意的收入、更可靠的社会保障、更高水平的医疗卫生服务、更舒适的居住条件、更优美的环境,期盼着孩子们能成长得更好、工作得更好、生活得更好。人民对美好生活的向往,就是我们的奋斗目标。人世间的一切幸福都需要靠辛勤的劳动来创造。我们的责任,就是要团结带领全党全国各族人民,继续解放思想,坚持改革开放,不断解放和发展社会生产力,努力解决群众的生产生活困难,坚定不移走共同富裕的道路。

习近平同志这段履职演讲,阐明中央领导机构对民族、对人民、对党肩负的重大责任。内容充实,语言质朴,条理分明,备受好评。

(四) 生动简明,情感真挚

就职演讲中有一个不可回避的问题,就是将以什么样的态度开展工作。而这种态度的表达既可以给公众以信心,同时也是将来验证其工作态度的一个参照。而这部分的内容需要回避假大空的套话,要用真情实感感召听众。

1998年3月19日,刚刚当选为共和国总理的朱镕基面对中外记者庄严表示:"不管前面是地雷阵还是万丈深渊,我都将一往无前、义无反顾、鞠躬尽瘁、死而后已。"

2003年3月19日,温家宝总理对中外媒体也郑重宣誓:"我绝不辜负人民的期望,一定要以人民给我的信心、勇气和力量,忠实地履行宪法赋予我的职责,殚精竭虑,鞠躬尽瘁,不负众望。"

事实证明,在改革的第一线,在地震的最前沿,两位总理践行了他们就职时的诺言。

总之,在这个求真务实、追求个性的时代,就职演讲和其他任何演讲一样,需要避免通稿式的讲话方式,让沟通变得更接近听众,体现个性,彰显责任。

四、总结发言

由于人类的每一个实践活动都能总结出可供后人借鉴的经验,所以人类社会就是在前人不断总结成败的基础上进步的。总结是与团队分享成绩,汇总经验,探讨解决问题的一种方式。一个好的总结是下一步工作的开始,要想使得工作达到一种螺旋式上升,总结是其中的重要环节之一。

(一) 总结发言的分类

总结的分类有很多,包括思想总结、学习总结、工作总结等。从功能上分,有先进事迹总结、失败原因总结等。从范围上分,有小组总结、部门总结、公司总结;综合总结、专项总结等。从时间上分,有月度总结、年度总结。以上总结,不管是哪一类,首先都需要在成绩中找到特点。因此,总结不仅是归纳,而且是提高。

(二) 总结的写作

1. 客观概括

由于总结发言是在完成工作的基础之上的,因而对工作取得的成绩与不足需要有一个客观的表述。由于是客观分析,因此语言力求简洁质朴、实事求是、全面准确、条理清晰,注重数据在总结中发挥的作用,尽量避开描绘性的文学语言,有话则长无话则短。

2. 主观分析

不同的总结其侧重点也不同:一类总结侧重于总结成绩,淡化问题分析;另一类总结注重成绩之外存在的问题及其对它的分析。这类针对问题的总结发言,其分析要做到有理论依据,用事实推理,在严谨的逻辑下归纳出事物发展的规律性,使之成为今后工作中具有指导意义的经验。更多的总结是将客观概括与主观分析有机地结合在一起,这样既有表象的概括,又有深度的剖析,使总结真正达到提高的目的。

(三)总结的禁忌

1. 报喜不报忧

不论是对上级还是下级,总结都应该客观、真实、全面地反映问题。报喜不报忧,不能真正解决工作中的问题,无法提高工作效率。尤其是在求真务实的当下,报喜不报忧的总结会给领导指导工作带来麻烦,起到负面作用。

2. 文字华而不实

夸夸其谈,贪大家之功为己有的总结,在夸大个人的同时,消解了团队的作用和战斗力,不利于今后工作的开展。

3. 语言理性不足

感性文字有余、理性表述不足的总结,给人有失客观公允的感觉;态度随意,也使总结有失严肃性。

以下是××杯校园歌手大赛活动总结。

××杯校园歌手大赛此次举办已经是第五届,此次活动由校团委和百灵社团共同策划实施,报名参加人数283人,通过三轮选拔,进入决赛的有15名选手。此次活动从策划到实施,有很多体会,也发现不少问题,特总结如下:

一、活动开展情况

(1)宣传力度大,参加人数多。此次活动通过校园网、校广播站、班级QQ(社交软件)群和学校户外宣传栏广泛传播,这种全方位多角度的宣传覆盖,使得此次活动参与人数空前。

(2)网络投票,观众积极性高。本次活动初赛阶段我们通过学校网络电视台上传各位参赛选手的一分钟视频,参与投票的同学热情高涨,为宣传活动的知名度起到了很积极的作用。同时,我们也开拓了网络推广的新经验。

(3)添加公益积分,提升活动亮色。与以往活动不同的是:本次活动,每位选手的总成绩有10%是公益积分,即每位选手通过自己的公益视频介绍参加公益活动的感受。这项内容的引进,使选手在德艺上都得到了一个较全面的考评,提升了活动的美誉度,受到了广泛好评。

二、活动存在的不足

(1)此次活动由于节目审查不严,导致在才艺环节,原本规定只有动作或者语言两类,结果有两位选手还是以歌唱类节目展示才艺,与第一项比赛内容重复。

(2)活动实施阶段,背景喷绘悬挂太迟,导致现场喷绘彩墨的气味过大,给前排评委、领导和同学带来了不适的感觉。

(3)三号无线耳麦效果不好,断断续续,影响了个别选手的比赛效果。

三、解决办法

(1)以后类似活动,审查组一定要发挥作用,对审查出的不符合活动规范的节目给予事前提醒,保证活动顺利规范地进行。

(2)活动现场背景喷绘方案应提前设计制作,制作完毕后应该放置一段时间,释放气味。

(3)活动前,检查耳麦的好坏,并制定合理方案,高效使用功能好的耳麦。

连续五届的歌手大赛,在丰富校园文化的同时也成为了校园的一个品牌活动,相信在大家齐心努力下,这个活动会为校园文化增添异彩。

在上述总结中,成绩与问题都有涉及,客观概括与主观分析并存,言语客观平实,问题与办法之间逻辑关系清晰,是一篇能够反映问题且提出了解决办法的总结范例。

【案例赏析与思考】

刘媛媛在《寒门贵子》中讲述了身处寒门的人最终获得成功的故事。可以说,每个人的命运都是掌握在自己手中的,如果我们没有先天的资本,那么就要靠后天的努力。

寒门贵子

刘媛媛

在这个演讲开始之前,我先问现场的大家一个问题:你们当中有谁觉得自己是家境普通甚至出身贫寒将来想要出人头地只能靠自己?你们当中又有谁觉得自己是有钱人家的小孩?起码在奋斗的时候可以从父母那里得到一点助力。

前些日子,有一个在银行工作了十年的资深 HR 他在网络上发了一篇帖子,叫作《寒门再难出贵子》,意思是说:在当下我们这个社会里,寒门的小孩,他想要出人头地、想要成功,比我们父辈的那一代更难了。这个帖子引起了特别广泛的讨论,你们觉得这句话有道理吗?先拿我自己来说,我就是出身寒门,我们家都不算寒门,我们家没有门。我现在想想,我都不知道当初我爸跟我妈,那么普通的一对农村夫妇,他是怎么样把三个孩子(我跟我两个哥)从农村供出来上大学、上研究生的。我一直都觉得自己特别幸运,我爸跟我妈都没怎么读过书,我妈连小学一年级都没上过,她居然觉得读书很重要,她吃再多的苦也要让我们三个孩子上大学,我一直也不会拿自己跟那些比如说家庭富裕的小孩去做比较,说我们之间会有什么不同,或者有什么不平等。但是我们必须要承认,这个世界是有一些不平等的,他们有很多优越的条件我们都没有,他们有很多的捷径我们也没有。但是我们不能抱怨,每一个人的人生都是不尽相同的。有些人出生就含着金钥匙,有些人出生连爸妈都没有,人生跟人生是没有可比性的,我们的人生是怎么样,完全决定于自己的感受。你一辈子都在感受抱怨,那你的一生就是抱怨的一生;你一辈子都在感受感动,那你的一生就是感动的一生;你一辈子都立志于改变这个社会,那你的一生就是一个斗士的一生。

英国有一部纪录片叫做《人生七年》,纪录片中访问了12个来自不同阶层的7岁的小孩,每隔七年再回去重新访问这些小孩,到了影片的最后却发现:富人的孩子还是富人,穷人的孩子还是穷人。但是,纪录片里有一个叫尼克的贫穷的小孩,他到最后通过自己的奋斗变成了一名大学教授。可见,命运的手掌里是有漏网之鱼的。而且现实生活中,寒门子弟逆袭的例子更是数不胜数。所以,当我们遭遇失败的时候,我们不能把所有的原因都归结到出身,更不能去抱怨自己的父母为什么不如别人的父母,因为家境不好并没有斩断一个人他成功的所有的可能。当我在人生中遇到很大的困难的时候,我就会在北京的大街上走一走,看着人来人往,我那时候我就想:刘媛媛,你在这个城市里面真的是依无所依,你有的只是你自己,你什么都没有,你现在能做的就是单枪匹马的在这个社会上杀出一条路来。

这段演讲到现在呢,已经是最后一次了,其实我刚刚问的时候就发现了,我们大部分人都不是出生在豪门,我们都要靠自己,所以你要相信,命运给你一个比别人低的起点,是想告诉你,让你用你的一生去奋斗出一个绝地反击的故事。这个故事关于独立、关于梦想、关于勇气、关于坚韧,它不是一个水到渠成的童话,没有一点点人间疾苦;这个故事是"有志者,事竟成,破釜沉舟,百二秦关终属楚";这个故事是"苦心人,天不负,卧薪尝胆,三千越甲可吞吴"。

请赏析《寒门贵子》演讲视频和演讲稿,并回答下方的三个思考:
1. 请思考身处寒门的人最终获得成功,需要什么样的过程和努力?
2. 刘媛媛演讲中运用了什么语言技巧和演讲主题达到了感动大家的效果?

《寒门贵子》演讲视频
演讲人:刘媛媛
资料来源:哔哩哔哩视频平台
发布人:B站用户"MicroNick"

本章小结

本章结合多种类型的演讲实例,在帮助学生了解、熟悉并能够掌握各种类型演讲特点、要求、语言特色以及特殊技巧,提升大家在日常工作与学习生活中的演讲水平。同时,融入人文素养、爱国主义情怀、社会责任感等文化思政元素。具体分为四节:

第一节介绍命题演讲。命题演讲是根据指定的主题或限定的演讲范围,经过准备后所做的演讲。这种演讲包含两种形式:全命题(统一题目)演讲和半命题(自拟题目)演讲。

第二节介绍即兴演讲。即兴演讲的特点是:毫无准备,演讲者必须快速展开思维,并以最快的速度找出恰当的语言来表达自己的思维。这就需要演讲者具备敏捷的思维能力和敏锐的语言感应能力。即兴演讲是锻炼思维和口语表达能力的最有效的演讲形式。

第三节介绍辩论演讲。辩论演讲是带有辩护和辩驳性质的演讲,其主要特征如下:① 论点突出,态度鲜明;② 论据充实,以理服人;③ 论证机敏,逻辑严密;④ 辩词有力,针对性强。

第四节介绍沟通型演讲。在竞争日趋激烈的当下,形象竞争已经成为组织竞争的重要内容,因为良好的组织形象是组织和个人发展的推动力。为了更好地塑造形象,很多社会组织都会借助一些重要活动来实现这一目的,如庆典活动、颁奖典礼、新闻发布会等;而在这些重要活动场合,必不可少地需要一个良好的对外沟通表达,这个表达便是沟通型演讲。沟通型演讲已经成为协调塑造组织形象的一个重要载体。

第八章　多场合的情境演讲

【学习目标】

① 掌握求职面试表达、竞聘演讲的特点和技巧。
② 掌握就职演讲、述职演讲的特点和技巧。
③ 熟悉了解发布会、表彰会、同学会、宴会等会议致辞的技巧。
④ 熟悉了解开工奠基仪式、项目剪彩仪式、毕业典礼等庆典仪式的演讲技巧。

【引导案例】

在职场以及各种社会交往中,要让别人在短时间内认识你,发现你的才能,演讲是最快捷的途径。下面我们看看小沈参加竞聘演讲的案例。

小沈的竞聘演讲

小沈工作于中国银行 A 市分行,每年年初银行都要举办处级干部竞聘,其流程序为:报名—笔试—公开竞聘。其中报名、笔试主要是资格审核,竞聘是主要的竞争手段,其分数占 60％以上的比例,因此岗位竞聘异常激烈,且重要。竞聘的流程是个人演讲 10 分钟,随机从 15 道必答题中抽取一题回答,评委提问。今年竞争非常激烈,只有一个支行的副行长的业务岗位可供竞聘岗位,小沈在经过报名、笔试以后,还有 7 人竞争。

小沈认为,要在竞聘中获得好成绩,必须做好以下几方面的工作:一是要进行受众分析,也就是对评委进行分析;二是要对竞争对手进行分析,找出自己的特色;三是要根据这些分析,做好演讲准备。

小沈经过调查后了解到竞聘的评委主要有分行行长、人教处处长、该支行行长、零售业务部处长、部分支行行长等,他们是演讲评分和提出问题的决定性人物。让小沈最担心的是,此次竞聘激烈程度史无前例,竞聘岗位虽然只有一个,参加本次竞聘的人员却有 7 人,且实力不弱,主要分为两类:一类是在基层工作多年,目前职务为见习副行长或行长助理,有3;另一类是在分行职能部门工作多年,职务是科长,共有4位(包括小沈)。

小沈对自己和这些竞争者之间的竞争优劣势进行了分析。他觉得自身的优势在于有一定的工作业绩,曾经"获得多项奖项",而且有十多年的职能部门工作经验,具有较强的宏观意识和丰富的管理经验;与分行行长接触较多、在分行职能部门人缘较好。但反过来看,这些也可以是他的劣势:缺少基层管理经验,没有具体的基层业务操作经历。可以说,在4位竞聘的科长中,在资历、能力、学历上,小沈完全占优势,但是在职务、基层工作经验上有所欠缺。另外,供竞聘岗位的支行本身有1位见习副行长、1位行长助理参加竞聘,其成功概率较大。

当然,让小沈感到欣慰的消息也有:面试的领导大多数与小沈熟悉,主持竞聘的副行长是小沈所在部门的前处长;目前竞聘过程相对透明,尤其是演讲这一关,对行内公开,有很多人旁听,如果表现出众,在民意上会取得优势。

竞聘演讲前,小沈主动联系了一些平时关系较好的往届评委和相关领导,征询他们对自己如何竞聘的意见,得到下列信息和建议:① 不要谈到位后的具体工作,强调自己副手的作用;② 在回答问题时从内部和外部两方面回答;③ 评委提问可能更侧重于宏观层面,而不会涉及微观操作;④ 脱稿演讲给评委带来的效果会更好。

根据这些建议,小沈结合自己的一些想法准备演讲稿以及一些模拟问题。在演讲稿中,小沈主要谈了三部分内容:一是谈自己的经历;二是谈自己的特点;三是谈自己对岗位的理解。此外,小沈将演讲稿背了下来,还参考了一些竞聘方面的书籍,准备了一些题目,再就必答题与关系较好的专家讨论,准备了较专业、较深层次的答案。通过这些准备,可以说在演讲前小沈已经成竹在胸了。

在演讲中,小沈卖了一个关子。在谈到小沈对岗位的理解时,小沈说:"由于演讲时间所限,就不展开介绍了。"小沈设想这样可以在评委提问时,诱导他去提这方面的问题。果不其然,在最后自由提问时,有评委就提了这方面的问题,小沈当然回答得头头是道。

根据小沈事后从别人那里了解的一些到场人员的看法,都认为小沈的表现应该是排在前两位的,可以说演讲是成功的。最后,经过多个环节的综合评价,小沈竞聘有了较好的结果,被派到另一家支行做挂职副行长。

演讲的形式和技巧很多,需要演讲者根据不同场合和情境进行灵活运用。本章主要阐述求职面试、竞聘、就职、述职、会议、庆典等几种常见场合下情景演讲的特点和表达技巧。

第一节 求职面试表达

求职面试是指在特定的时间和地点,由面试官与求职者按照预先设计好的目的和程序进行面谈,相互观察和沟通的过程。招聘单位可以通过面试全面了解求职者的表达能力、个人经历、知识素养和思维能力,而求职者也可以了解招聘单位的情况以及自己在该单位未来的发展前景,并将个人期望与现实情况做对比之后找到合适的结合点。

一、求职面试的特点

1. 求职者与面试官双向沟通

在面试过程中,面试官与求职者之间是一种双向沟通,面试官可以通过观察和谈话来了解、并评估其能力,而求职者也可以通过面试官的行为来判断面试官的价值判断标准、态度偏好,评估自己对面试官的满意度和面试官对自己的满意度等,从而不断调整自己在面试中的表现。同时,求职者还能通过面试了解招聘单位和意向职位的情况,以决定自己是否接受该单位的聘用。

2. 面试应具有明确的目的性

求职者和面试官在面试时都有着明确的目的,求职者想要通过面试了解招聘单位及工作的情况,并通过语言和行为向面试官表达自己的能力和意愿,说服面试官自己能胜任工作,从而获得入职;而面试官的目的是了解求职者的工作能力,看其是否能胜任求职岗位,并将该求职者与其他求职者做比较,以确定最合适的人选。

3. 面试应按照特定程序进行

面试一般是按照预先设计好的程序进行的,如表 8-1 所列。

表 8-1　面试的特定程序

面试的特定程序	说　明
准备阶段	本阶段包括确定面试目的,科学设计面试问题,确定面试的时间和地点等。面试官事先确定面试的议程和范围,了解求职者的资料
开始阶段	面试官先从求职者熟悉的问题开始提问,如询问求职者的工作经历、教育经历等,再过渡到其他问题中,这样可以消除求职者的紧张情绪,营造和谐的面试氛围,客观地了解求职者
正式阶段	此时面试官会采用灵活的提问和多样化的形式来交流信息,所提的问题一般是根据简历或应聘申请表中发现的疑点提出的,先易后难
结束阶段	面试官在问完问题之后,询问求职者是否有问题要问,是否有要补充或修正的地方
评估阶段	面试官会在面试结束后根据面试记录表评估求职者,对求职者的不同侧面进行深入评价,同时横向比较,以确定是否录用

二、求职面试时自我介绍的技巧

"介绍一下你自己"通常是面试过程中的第一个环节,决定了面试官对求职者的第一印象。很多求职者,尤其是刚毕业的大学生,都没有在意面试时自我介绍的技巧,在自我介绍时千篇一律,都遵循了这么一套逻辑:姓甚名谁,哪里人,学什么专业,做过什么等。这种介绍不能很好地展现自己,不能给面试官留下深刻的印象。

其实,面试时自我介绍的内容在简历中大都体现出来了,用人单位之所以还要让求职者做自我介绍,就是要考察求职者的语言组织能力、临时应变能力以及自我展示能力。所以,面试演讲中的自我介绍看似简单,却考验了求职者多种能力。因此,求职者要重视面试中的自我介绍环节,掌握正确的自我介绍技巧。

1. 举止大方,充满自信

求职者在自我介绍之前要先礼貌地向面试官表示问候,举止要得体、自然,态度要大方,面带微笑,充满热情,这样不仅可以表示对面试官的尊重,还能吸引他们的注意。

在进行自我介绍时,求职者的眼睛不要东张西望、游移不定,否则会给面试官一种漫不经心、做事不认真和注意力不集中的感觉。求职者的目光要专注,与面试官保持目光接触,但也不要目不转睛地盯着面试官。自我介绍时,求职者的语调要自然,语速正常,发音清晰,切忌用背诵、朗读的口吻介绍自己,对于准备好的表述内容不要一味背诵,尽量做到让话语自然地说出来。当然,要做到这些,需要你在面试之前进行角色扮演练习,可以让自己的老师、同学、朋友或家人扮演面试官,你要试着在他们面前自如表达。

2. 控制时间,重点突出

自我介绍应当内容精练,重点突出,一般在2~3分钟就可以表述清楚。自我介绍的重点内容一般包括:① 个人基本信息和专业特长;② 与意向职位密切相关的实践经历,如校内活动经历、实习经历、社会实践等;③ 与意向职位相关的个人业绩,如校内活动成果、校外实践成果等;④ 自己的职业目标和理想,包括自己的意向职位、对行业的看法、职业生涯规划,对工作的热情和兴趣等。

3. 客观介绍,陈述事实

有的求职者为了给面试官留下良好的印象,在自我介绍时堆砌了很多夸赞自己的话语,这种自吹自擂和夸夸其谈的介绍只会给面试官留下负面印象。招聘单位很注重求职者的真实本领,与其说那么多空话,不如实实在在地举出在工作中的实际案例,以此来证明自己的工作能力。事实胜于雄辩,用工作经历作为论据,要比一串空洞的形容词更有说服力,更容易获得面试官的信赖和认可。

4. 服饰得体,职业着装

服饰能够体现出一个人的文化层次、修养和气质。求职面试中,恰当的穿着本身就是一种很好的礼仪,能让求职者在面试官心目中产生良好的"第一印象"。虽然一个服饰协调、举止优雅的求职者并不一定能在面试中得高分,但服饰不协调、举止不雅的求职者肯定不可能获得面试官的好评。

对于求职者来说,服饰讲究的是与其年龄、身份、气质和体形等条件相协调。不同的职业对其业内人士的服饰都有特定要求,求职者的服饰是否符合职业要求,自然也会影响到面试官对求职者的评价。一般而言,选用简单得体的职业套装是不会出错的。如果不考虑职业特点的要求,片面追求款式新奇、色彩华丽和名贵,反而会影响到面试的效果。每一个求职者都应当清醒地意识到,应聘面试的目的是找工作,并不是一个展示自我个性和形象的场合。

大学生求职中的自我介绍

尊敬的各位领导、各位评委:大家好!

非常荣幸能有机会参加贵公司的面试,感谢贵公司领导给我这个机会。

首先,请允许我做自我介绍。我叫刘娟娟,来自××,××年出生,现就读于××大学××专业,将于××年6月毕业。为了心中的理想,探索生活的真谛,凭着对知识的渴望,人生的追求,我孜孜不倦,不骄不馁,终于迎来了新的起点。

光阴似箭,在四年的大学生活中,我对所学的××专业怀有很高的热情,取得了良好的成绩,且在其他各方面表现良好,被评为优秀团员、三好学生等。通过在校的理论学习,我掌握了一定的操作能力,养成了严谨的学风和端正的学习态度;具有较强的创新能力,参加过××创新创业大赛,获得团队三等奖;有较强的组织能力,在大学时担任过学生会干部,组织过各种社团活动,比如校园歌手大赛、××演讲比赛等,从活动策划、方案准备、到宣传推广、组织联络,再到现场控制,我都亲自参与。另外,我在课外积极参加社会实践,丰富课余生活,且有很强责任感,能吃苦耐劳,敢于迎接新的挑战。

面对新的环境、新的起点和新的挑战,我将进一步充实和提高自己。如果有幸成为贵公司的一员,我必将以满腔的热情投入到工作中,用我的汗水、知识和热情报答贵公司的赏识。

最后,我衷心希望贵公司能给我一个展示才华的舞台。我坚信,您的信任与我的实力将为我们带来共同的成功!

三、求职面试时应答的技巧

尽管面试是求职者与面试官之间的双向沟通,但求职者在面试过程中仍然以应答为主,以提问为辅。面试官的风格各异,面试程序和模式也不尽相同,但有些问题是面试官普遍要问的,求职者要对这些问题准备充分,灵活应对。

面试官一般会提出两种问题,即规定性提问和自由性提问。规定性提问是指面试官早就准备好的、对每一位求职者都要问的问题;自由性提问是指面试官随意穿插的问题,往往范围宽泛,十分灵活,面试官可以从求职者的应答中发现他们的能力或不足之处。不管是哪一类问题,求职者在应答时都要掌握以下基本技巧。

1. 未雨绸缪,有备而来

准备面试过程中,还应当对面试中可能遇到的问题做好怎样回答的准备。当然,招聘单位不同、招聘职位不同、面试官不同,提出的问题肯定不同,求职者要试图做到预先准备好一切可能的答案是不可能、不现实的。然而,一般面试中可能遇到的问题大致可以分为两大类:一是有关求职者的个人信息、个人要求、个人经历,以及求职者对应聘组织和应聘职位的认识和要求等一般性问题;二是针对当前职位的面试而专门设计的考查求职者能力的特殊问题。

面试官最经常问到的5种问题

一是与求职者受教育背景有关的问题。面试官需要据此评价和衡量求职者是否接受了足够的职业培训；求职者所接受的教育及结果是否能证明他有能力在应聘的职位上取得成功。

二是与求职者工作经历有关的问题。面试官希望确认求职者之前是否从事过与应聘职位相关的工作；求职者能否证明自己有能力胜任所应聘的职位；求职者的工作经历所体现的工作风格；求职者与他人合作的经历和表现。

三是关于求职者职业目标的问题。招聘单位需要了解求职者目标是否明确；他的职业目标是否与组织的目标相一致。

四是与求职者个性和性格特点有关的问题。面试官要通过求职者的行为举止和态度，来评价和判断求职者是否具备良好的工作习惯和社交技巧。

五是关于求职者对招聘单位和职位了解程度的问题。面试官要了解求职者对招聘单位和职位是否有充分的了解，求职者是否相信自己能在该公司和职位内愉快工作，取得良好业绩。

2. 条理清晰，把握重点

求职者在回答问题时要先说出结论，然后再发表议论。回答问题要简洁明了，有理有据，突出重点，切忌长篇大论，让对方不得要领。

3. 具体明白，避免抽象

面试官总是会问一些有关求职者的具体情况，求职者切不可简单地以"是"或"否"来应答，应根据问题的不同，或解释原因，或说明程度。如果不说得具体明白，而是过于抽象，就很难给面试官留下具体的印象。

4. 确认提问内容，避免答非所问

求职者在面试中，如果对面试官提出的问题摸不着头脑，不知从何答起，或难以理解对方问题的含义，可以请面试官将问题复述一遍，并谈一谈对问题的理解，请面试官澄清问题以确认内容，这样才会有的放矢，不至于答非所问。

5. 见解独到，具有特色

面试官在考核求职者时会问到很多相似的问题，也会听到很多相似的回答，因此面试官难免会有乏味、枯燥的感觉。只有求职者发表独到的个人见解和具有个人特色的回答，才会引起面试官的兴趣和注意。

6. 实事求是，切忌不懂装懂

求职者在遇到自己不知道、不会回答的问题时，一定不要默不作声或不懂装懂、牵强附会，而应当诚恳地承认自己的不足之处，这样反而会赢得面试官的信任和好感。

第二节 竞聘演讲

竞聘演讲又称为竞职演讲,是为了得到某一职位而进行的演讲。通过竞聘演讲,竞聘者可以全面地展现自己的基本情况和素质,向观众展示自己。因此,竞聘演讲是竞聘者能否被聘用的重要依据。

一、竞聘演讲的特点

作为演讲的一种类型,竞聘演讲具有口语性、时限性、临场性和交流性等演讲的一般特征。然而,因为它是针对某一竞争目标而进行的,所以也具有以下特点。

1. 目标的明确性

目标的明确性是竞聘演讲与其他演讲最主要的区别。一方面,竞聘者一上台就要鲜明地表达自己的竞聘目标,如主任、秘书、经理等;另一方面,竞聘者选用的一切材料和运用的一切方法都是为了让评委或观众投自己一票,从而使自己竞聘成功。其他类型的演讲则不同,不论是命题演讲,还是即兴演讲,尽管都有目的,但目标有一定的模糊性和概括性,都不太具体。

2. 内容的竞争性

在其他类型的演讲中,内容涵盖的范围相对广泛,演讲内容一般不是凸显自己的长处。但竞聘演讲不同,它的全过程就是让评委或观众在竞聘者之间进行比较和筛选。竞聘者如果过度谦虚,不好意思展示自己的优点,甚至说自己能力一般,就不可能战胜其他竞聘者。

竞聘者必须各显其能,不管是讲述自身所具备的条件,还是讲述自己的履职构想,都要尽可能地凸显出"人无我有"、"人有我强"和"人强我新"的优势,甚至把本来是劣势的某个方面转换成优势。

竞聘者在演讲时不仅要考虑个人的情况,还要认真分析竞争对手的优劣势,通过比较选择对自己有利的条件和项目并加以表现,从而展示出自己更具有竞争性的方面。

3. 表述的针对性

竞聘演讲是针对某岗位而展开的,因此,写作前必须到招聘单位了解情况。可以通过调查摸底、群众访谈等方式,切实弄清楚单位的历史、现状,尤其对于当前存在的焦点、难点问题及其存在的根本原因要问清查透,力争找到解决问题的最佳途径,以便在演讲时击中要害,战胜对手。

二、竞聘演讲的技巧

好的演讲口才可以展现竞聘者的优势和潜力,提升观众的信赖感,使竞聘者在众多竞争对手中脱颖而出。要想做好竞聘演讲,竞聘者需要掌握以下技巧。

1. 准备充分,展现自信

竞聘演讲是竞争性较强的演讲,一次成功的竞聘演讲无一例外都是精心设计、认真准备的结果,没有充分的准备,演讲是不可能成功的。演讲的准备包括明确演讲目的、分析演讲听众和竞争对手、确定演讲主题、准备演讲内容和进行模拟演讲演示等方面。

充分准备是展现自信、避免怯场的最有效办法之一。经过充分准备的演讲者都会感到自己胸有成竹,就能克服怯场的情绪。竞聘者在演讲前要做好积极的心理建设,相信自己一定可以成功,克服紧张的情绪。观众不仅能听到演讲本身的内容,还能感受到竞聘者通过谈吐所表现出来的自信。竞聘者在演讲时不要说出"可能""也许"等模棱两可的词汇,因为这些词汇会展现出内心的不自信。

2. 展现专业性和价值

在竞聘时,竞聘者所阐述的内容属于自己工作的领域,所以竞聘者一定要事先做好功课,深入研究所在行业的专业知识,以表达对所在行业和职位的深刻理解,展现出自己的专业性和价值。

3. 见解独到,展示独创性

为了更好地展示个人的才能,每位竞聘者的演讲都要根据个人特点展示出独创性。因此,竞聘者在演讲时,不论是对个人基本情况的陈述,还是对工作的设想和安排,都要展现出个性化特征。只有具备一些独到的见解和创新,观众才会有耳目一新的感觉。

4. 用故事表达观点

讲故事具有容易引发共鸣、指明问题、明确给出解决方法的优点。虽然竞聘者在演讲时要有逻辑、有激情地表达自己的优势,但如果直接说出来就很容易给人自吹自擂的感觉。因此,竞聘者要结合以往的成功案例,用一定的数据作支撑,并把自己的优势融入故事中,从而让人信服。

5. 条理清晰地阐述措施

竞聘者在陈述自己的措施时要条理清楚,主次分明。为了让措施条理清楚,竞聘者可用列序号的方法表示,如"第一点……第二点……第三点……或"一是……二是……三是……",并且在点和点之间要用过渡语承上启下,使上下贯通,浑然一体。

竞聘客户经理的演讲

尊敬的各位领导,各位同事:

你们好!首先感谢各位领导的支持与帮助,也感谢各位同事对我的关怀,因为有了你们的信任与支持,才有我站在台上的机会,衷心地向你们说一句:谢谢!

今天,我要竞聘的岗位是客户经理,能站在这里与这么多优秀人才一起竞争,我感到十分激动,同时也倍感压力。激动是因为我有幸与大家同台竞技,证明我的能力已经得到了大家认可;压力则是来自以后,因为无论我是否竞职成功,这一次的经历都将是我今后工作的标尺,激励我不断前进,并且要做得更好。

入职三年以来,我主要从事的岗位是银行前台柜员。这份工作不仅丰富了我的人生阅历,也让我在日常工作中不断得到锻炼,更让我积累了足够的工作经验。我相信,这些工作经验将为我今后的工作指明方向,帮助我更加高效地做好工作,为我行的发展贡献一份绵力。

每个人都有一颗乐观向上的心,我也不例外,即便当前的岗位能让我获得锻炼与提高,但是我想争取更大的舞台来展示自己。客户经理一直都是我梦寐以求的职位,我有足够的信心将这份工作做得更好,因为我认为自己符合这个岗位的优点有三点:一是高度责任心;二是高度自信心;三是高度细心。

如果我竞聘成功,在新的岗位中我将做好以下工作:

一是更好地为客户解决难题,为他们提供更温馨的服务。客户是上帝,更是我们的衣食父母,有了他们的支持才有了我们的发展壮大。因此,当我走上这份向往已久的岗位时,我将督促自己更热忱、更温馨、更贴心地为顾客服务。

二是配合好上级工作,以上级领导的指示作为标准,努力完成上级下达的任务,攻坚克难,为我行发展添砖加瓦。

三是不断学习,不耻下问,不断提高。我们的工作是服务性质的,为了适应银行新的发展要求,我们要不断地进行自我提高。因此,当我走向这份岗位时,我将督促自己不断地进行学习,学习同事的优点,学习领导务实的工作态度,学习本行的服务精神,不耻下问,全方位提高自己的业务技能。

四是要有更强的责任心。这个岗位意味着更大的责任和更多的压力,我虽然并不是各位竞聘人选中最优秀的,但我有足够的信心胜任这份岗位,接受这份工作的所有挑战。

当然,如果这次竞职没有成功,我也会坦然面对,以更饱满的工作激情去做好自己的本职工作,并且在工作中不断完善自己、提高自己。

最后,我有一句话与大家共勉:失败不可怕,可怕的是你不再向前,让我们扬起自信的风帆,在工作中自由翱翔!

我的演讲完毕,谢谢大家!

第三节 就职演讲

就职演讲是就职者面对下属的第一次亮相,就职者通过演讲抒发志向抱负,展示自身素质,同时凝聚整个团队的力量。

一、就职演讲的特点

1. 目的性

发表就职演讲的目的是让观众了解就职者任职期间的工作目标和管理措施,了解就职者的任职态度,为就职者有效地组织员工向既定目标奋斗奠定基础。因此,就职者提出的目标要具体、现实,让观众有一个清晰的思路,这样才能调动起观众的积极性。

2. 承诺性

郑重的承诺是就职演讲的重要内容。就职者在明确地提出了自己的工作目标之后,还必须以郑重的态度立下承诺,告诉观众将如何贯彻自己的管理措施,如何履行自己的职责,确保工作目标的实现。

3. 激励性

就职者提出自己的工作目标和管理措施,但工作目标的实现必须依靠团队成员的共同努力。因此,就职者在演讲时必须用自己的激情和使命责任感来激励员工。

二、就职演讲的技巧

1. 对症下药

就职者对工作中最需要解决的问题发表见解,矛头一定要指向工作中的热点和焦点问题,不要模棱两可。另外,就职者在演讲时要抓住观众的心理需求来说话,不要回避问题。观众的心理需求往往由他们的一些希望构成,就职者要明确观众的希望并做出适当的承诺。只要做到这一点,观众是不会吝啬掌声的。

2. 感情真挚

就职者要在就职演讲中注入强烈而真挚的感情,并以适当的方式表现出来,从而产生强大的感染力和号召力,让观众感觉特别亲切、自然、平易近人。因此,就职演讲的语言要真切、朴实,切不可卖弄文采、矫揉造作。

3. 语言简洁

就职演讲是新就职的人在特定的环境中对观众的一次正式亮相和表态,所以演讲的时间一般比较短,这就要求就职演讲的语言简洁、明快,主题集中、突出,层次少而有条理,让观众一听就能理解,切忌夸夸其谈、拖泥带水。那种借机"全面展示才华"、漫无边际的演讲,容易让观众心烦意乱。简短、干脆利落的演讲给人一种准备立即投入工作的干练的感觉,不仅能加深观众对就职者的良好印象,还能调动观众的工作积极性。

4. 不要与竞聘演讲相矛盾

就职演讲有时难免要重复竞聘演讲时提到的内容,当再次涉及时,就职者可以适当加以改进或修正,但不要与竞聘演讲有太大的出入。如果就职者在竞聘演讲时为争取支持做了某些承诺,但在就职演讲时又以某些理由否定这个承诺,或者这两次演讲让观众感觉大不相同,那么观众会觉得自己受到了欺骗。

公司副经理的就职演讲

尊敬的公司各级领导:

刚才××宣布我任公司副经理,我深感荣幸,也非常激动,在此首先感谢公司各级组织和领导对我多年的培养和信任,以及广大职工一直以来对我的支持和帮助。虽然我在之前的管理岗位上已经工作了几年,积累了一些经验,但要履行副经理的职责,还存在很多不足。因此,在以后的工作中我会更加努力地尽职尽责,不辜负大家对我的期望!

我将尽最大努力做好以下几项工作。

(1) 加强学习。提高学习的积极性和自觉性,不断学习理论知识,提高对公司各项方针和政策的执行力,努力让自己的言行和公司的发展保持一致。

(2) 做好管理。协调好分管部门的工作,及时掌握和分析分公司的经营信息,提出恰当的措施,为经理提供决策依据,让本部门做出的决策既符合公司的利益又能兼顾员工的意愿。在管理工作中,我会做到尽职不越权,帮忙不添乱,补台不拆台。

(3) 维护团结。我会一直记得分公司领导多年以来给我的培养和支持,在今后的工作中我会更加尊重他们,向他们学习,并自觉服从组织领导,做事讲原则,遇事勤沟通,与同事互相关心、互相支持。

(4) 做好表率。我的成长不仅有领导们的培养,也离不开广大职工对我的支持,所以在今后的工作中我会力求身先士卒,做好表率,杜绝违反规定的行为,努力做一名让领导放心、让职工满意的优秀管理人员。

总之,我会在今后的工作中继续尽心、尽力、尽职,为分公司的可持续发展做出自己的贡献,不辜负各级组织和领导对我的信任,不辜负同志们对我的支持,谢谢大家!

第四节　述职演讲

述职演讲是述职者本着实事求是的原则,就自己任职以来履职的成绩、问题、经验、教训以及今后的打算,向本单位领导和同事所作的演讲,是职场中人人都应掌握的一门演讲艺术。

一、述职演讲的特点

1. 限定性

述职演讲的内容和材料应限制在述职人一定的任职期限和职责范围内。述职人要围绕自己的岗位职责和目标展开演讲;否则,述职演讲就容易变成一般性的工作总结和工作汇报。

2. 客观性

述职人的演讲内容要客观真实、实事求是。由于述职人工作的固定性和观众的固定性,述职人和大多数观众属于同一单位,双方长时间共事,彼此相知,如果述职人演讲的内容存在虚假信息,就很容易被发现。因此,述职人不要夸大自己的业绩,以虚充实,编造成果,而应当有一说一。

3. 总结性

述职演讲能否引起领导和同事的共鸣,关键在于能否把所做的工作上升到理性层面去认识。例如,成功后要讲清成功的原因,总结出经验供他人参考;如果失败了,就要讲清楚失败的原因,总结出教训和需要规避的问题,让他人少犯类似的错误。

4. 鉴定性

一般来说,述职人在演讲完以后就要回避,然后同事配合上级领导进行分组讨论,鉴定述职内容的正确性和客观性,然后把鉴定的意见和述职人的述职报告一并交给上级主管部门审核和评估,以作为升职、降职、调整、留任等决定的重要依据。

二、述职演讲的技巧

对于述职演讲来说,照本宣科的照读式演讲和以背诵为基础的备忘录式演讲并不能取得良好的效果,这两种演讲方式会让述职人把注意力都集中到演讲稿上,无法与观众很好地进行交流和互动。

与这两种演讲方式相比,即兴式演讲不受具体演讲稿的束缚,述职人可以根据实际情况灵活地发挥生动的口头语言和得体的身体语言的优势,在激情、联想的作用下,让整个演讲更充实、生动和形象,且更具有针对性。因此,即兴式演讲是可取的述职演讲方式。

1. 务实少虚

务实少虚是指多讲述实际的经历或成果,少说理论的认识。领导和同事在听述职演讲时在乎的是述职人完成了哪些工作,是否实现了任职期间的目标,获得了哪些效益。因此,述职人一定要在"实"上下功夫。

2. 通俗易懂

演讲的观众个性不同、情况各异,要想让所有观众全都听懂演讲的内容,就必须具有通俗性。即便是专业性、学术性很强的内容,述职人也要尽可能准确地用口语的方式讲述。

3. 语言精练

一般述职演讲的时间在15～20分钟,要在这有限的时间里把自己一定时期内的主要成绩和经验教训较完整、系统地表达清楚,就必须语言精练。因此,述职人在演讲时要准确措辞、详略得当,不啰嗦、不重复、不带口头禅。

4. 总结规律

虽然述职演讲要求务实少虚,但"虚"的内容也必不可少。述职演讲不能只把已经发生过的事实简单地罗列出来,还必须对搜集来的现实、数据和材料认真地进行归类、整理、分析和研究,从而找出其中的规律,得到公正的评价。如果不能把感性的现实上升到理性的高度,述职演讲就无法作为未来行动的向导。

述职演讲是否具有理论性和规律性的认识是衡量述职演讲好坏的重要标准。当然,述职演讲中规律性的认识是从实际出发的认识,实践性很强,不需要很高的思辨性。述职演讲的目的是总结经验教训,使未来的工作能够在前期工作的基础上有所进步和提高。

公务员年终述职演讲

尊敬的各位领导:大家好!

自从我加入咱们这个大家庭,已有一年多的时间了。在这期间,各位领导和同事无论是在生活中,还是在工作上,都给了我无微不至的关怀。正是因为这些我才得以迅速成长,在这一年多的时间里,我兢兢业业在做好本职工作的同时,不忘学习更多的知识。这一年中既有成绩,也有失败,现将这一年多的思想、工作情况汇报如下:

一、认真学习,态度端正,努力提高自身素质和业务水平。我深刻地理解了"理论是实践的先导"这句话的深刻含义。在平时,我积极主动学习各种政治理论知识,自觉塑造和提升自己的世界观、人生观、价值观,坚持用先进的理论武装思想和指导实践。同时,我也认真学习书本知识,积极学习新出台的法律法规,提高了自身素质,增强了业务技能,能够在思想上、政治上和行动上与上级保持高度一致,为努力完成上级布置的各项任务打下坚实的基础。

二、求真务实、开拓进取,在用先进的理论武装思想的同时,我也坚持用先进的理论指导实践。在党政办秘书岗位上能严格按制度办事,按程序办事,保证了办公室正常、有序、高效运转,认真做好机关服务,做好后勤保障工作;在信息统计岗位上,积极完善全员信息和流动人口建档的工作,使××底数更加清晰。及时提供领导所需要的有关数据,并进行数据分析,供领导决策参考。

三、恪尽职守、廉洁自律,树立公务员的良好形象。我始终坚持以一名优秀公务员的标准来严格要求自己,牢记党的宗旨,自觉加强自身修养和党性锻炼。在工作中,我严格要求自己,努力实践"脑勤、手勤、脚勤",积极进村入户,与村民谈心交心,了解群众的所想、所盼与所怨,明确工作的热点、难点和重点。坚持依法行政,从没利用工作职权之便,吃、拿、卡、要,做出有损群众利益和公务员形象的行为。

四、遵规守纪、作风严谨,自觉服从组织安排。认真执行党的路线方针政策,自觉抵制形式主义、官僚主义、享乐主义等腐朽思想的侵蚀和诱惑。能服从组织安排,当需要加班加点、安排新任务或新岗位时,我均能自觉服从,从不计较个人得失。

当然,我还存在许多不足之处,比如政治理论水平有待提高,工作能力不足,工作方法有待改进,实践经验还不够等。但是多岗位的锻炼,能使我的工作能力不断提高,我也相信,在今后的工作学习生活中,一定能取得更好的成绩。

祝大家身体健康,工作顺利,阖家幸福,万事如意!

谢谢大家!

第五节 会议演讲

会议,既是工作需要,也是社交需要,如今会议的名目繁多,发布会、招商会、座谈会、研讨会、培训会、表彰会、同学会、联谊会、宴会……要在这些会议上出彩,树立好形象,你穿什么牌子衣服,开什么车不重要,重要的是你要会说话,能让自己的声音成为一张名片。本节阐述发布会、表彰会、同学会、迎宾宴会等几种会议演讲或致辞的方式技巧。

一、在产品发布会上的演讲

发布会,又叫作产品发布会、产品推介会,是企业联络、协调与客户之间关系的一种重要手段。其常规形式是由某一商界单位或几个有关的商界单位出面,将有关的客户或潜在客户邀请到一起,在特定的时间和特定的地点举行一次宣布新产品的会议。在发布会上,除了推销企业的产品，获得投资者或是合作伙伴的认可，增强他们的信心，消除顾虑，而且也是展示企业文化、形象的一个平台。通过发布会上的演讲，可以吸引行业或媒体的注意力，与他们达成良好的合作关系，为企业以后的发展奠定一定的社会基础。

1. 注意演讲内容的层次递进性

新品发布会的目的在于推出新产品，所以发布会的主体内容为演讲者对新产品的介绍。具体来说，新品发布会演讲大体要遵循以下的内容结构。

（1）阐述产品理念。演讲者在一开始可以阐述产品的理念，向观众传达产品的精神品质，为整场发布会奠定一个较高的格调。

例如，在 iQOO 手机的新品发布会上，演讲者向观众表示问候之后这样说道："iQOO 是一个倡导热爱、探索、积极、健康长远的科技品牌。一路走来，我们坚信，永远坚持做有思想、有情感的产品，将思想和情感融入每一个细节，每一个产品都会更具生命力。作为一个新晋的品牌，我们也坚信，iQOO 品牌的生命力就在于不断地向未知的数字世界探索和突破，要不断地给你们带来新的惊喜。"

（2）回顾产品以往的成绩，引出新品。为了先声夺人，吸引非"粉丝"群体或巩固"粉丝"群体的黏性，演讲者可以在发布会的一开始回顾产品以往的成绩，赢得现场的热烈掌声。回顾完产品以往的成绩之后，演讲者一般会引出新的产品，这是新品发布会的重头戏。新品发布会的演讲者一般是公司的首席执行官（CEO）或创始人，也可让其他演讲者（如设计师、开发者、产品经理等）来介绍新品的具体功能、设计风格、性能等优势。

（3）指出用户的痛点。凸显新品优势的一大方式就是在提出用户的痛点之后再立即提出解决方案。用户痛点往往是用户遇到的但迟迟没有得到完美解决的问题。只要产品能解决用户的痛点，演讲者就要自信、完整地提出来，表达产品的独特性。

（4）说出产品的使用场景。对产品的使用场景，演讲者要详细阐述，这样可以让观众更充分地认识到产品的优势。一旦产品的使用场景与观众的预期一致，就很容易满足观众对产品的期待，增强产品的说服力。

（5）讲述产品的体验感。演讲者这时可以对产品的外观设计、使用体验进行详细阐述，进一步提升观众对产品的认知和期待。目前很多新品发布会有了线上形式，在演讲者说完以后，可以把活动转移到第二现场。这样用户不仅有更多的视听体验，还可以更好地了解产品。

2. 讲故事引起观众的兴趣

人人都爱听故事，故事满足了人们对于理想和美好人生的向往。在演讲中穿插讲一两个小故事，更容易让观众对新品产生深刻的印象，并形成对产品的长久记忆。由于故事大多是通俗易懂的，利于观众对演讲主题的理解，有助于演讲质量的提高。讲故事还可以有效地活跃现场气氛。

3. 让观众参与互动

研究表明，学习效果在30％以下的几种传统方式都是个人学习或被动学习，如听讲、阅读、视听、演示等，而学习效果在50％以上的都是团队学习、主动学习和参与式学习，如参与讨论、实践、教授给他人等。也就是说，不管演讲多么精彩，想传递的内容有多高的价值，如果不让观众参与进来进行互动，观众最后或许只能记住演讲的一小部分内容。

演讲是一种价值和想法的传递过程,要让观众最大化地吸收演讲者表达的内容,演讲者就一定要让观众参与互动。在演讲之前演讲者就要考虑,哪些地方可以进行互动。

4. 善用PPT和多媒体来提升演讲效果

震撼人心的演讲总会让人回味无穷,但要让演讲具备影响力和冲击力,将演讲者的情绪传递给客户,这并非全部依赖演讲者的口才。一份精美的PPT也能让客户感受到演讲者的真诚。

为了降低认知上的负担,让观众感觉更轻松,新品发布会PPT中要提高有效内容的比例,例如,使用纯色背景,这不仅可以减少观众注意力的分散,还能增强发布会整体上的正式感和严肃感,让人感受到产品的高端;文字要简洁,内容要压缩,主要放关键句或关键词,然后演讲者围绕关键句或关键词来讲。同时,合理使用视频。视频可以展示产品的美感、实用性,以及其他客户使用产品的感受等,非常具有说服力。但要注意的是,视频的长度一般不超过一分钟。

董事长在产品推介会上的发言

尊敬的各位来宾,各位朋友:大家好!

在这春意盎然、万物生长的季节,××科技有限公司举办××产品推介会,有幸邀请到××等地区的业界精英汇聚于此,首先我代表××科技有限公司向各位的到来表示衷心的感谢和热烈的欢迎。

承蒙各位朋友的关爱与支持,××品牌经过多年的发展壮大,保持了在同行中稳步不移的地位,我们的产品在市场竞争中越来越受到农民朋友们的欢迎,知名度和销售量逐年上升,通过××严格的质量把关和周密的销售终端控管,产品在市场中竞争力日益增强。"××,××"的企业使命;"××、××、××"的经营理念,先进的管理技术,雄厚的人才实力,完善的质量保证及售后服务体系,确立了××在农资行业的稳固地位。

引用墨子的话,"国有贤良之士众,则国家之治厚"。在全国各地区,××得到如此多优秀的经销商和农民朋友的支持,××销售业绩节节攀升,前景喜人。一分耕耘一分收获,这些成绩的获得,离不开广大经销商的支持,是与广大经销商的辛勤劳动和各位××人的忠诚敬业分不开的,我们用智慧和汗水共同创造了今天的辉煌。在此,我向大家再一次表示衷心的感谢!

让我们团结协作,同舟共济,奋力开拓,共同创造美好的明天!最后,祝各位财源广进,生意兴隆,万事如意。谢谢!

二、在表彰会上的致辞

表彰,是表扬并嘉奖的意思。表彰大会,顾名思义,就是表扬并嘉奖有功人员的大会。每年,不少机关、企事业单位都会召开这样的会议,从精神层面表彰先进,并激励、带动更多的人。作为单位领导,这时讲话一定要得体。比如,怎么以领导的身份致辞,该先表彰谁后表彰谁,怎么说话更激励人心等。

在表彰会这种场合发言,除了表达敬意、祝贺之外,一定要注意以下三点。

（1）体现公平、公正的原则。在表彰会上要多站在单位的角度说话，不要掺杂个人喜好与情感。如"我觉得""我认为""我更倾向于"等，这种说法就不妥，类似这些体现个人情感与喜好的字眼尽量不要用。

（2）说话要有根据。表彰某员工，要让其他人看到这名员工的贡献与成绩，这样大家心服口服才行。如果只是说"小刘这月的表现非常优秀"，这样的说法就很笼统，他优秀在哪里，用事实与数据说话，更有说服力。

（3）肯定其他人员。这一点很关键，尤其在公开场合，表彰优秀人员的同时，也要顺带肯定其他人的贡献与付出。许多人都忽略了这一点，表彰完相应的人员后，就没了下文，显得不够完满，也容易影响他人的士气。

公司领导在优秀员工表彰大会上的发言

各位同事：大家上午好！

值此春节即将到来之际，我们欢聚一堂，举行优秀员工表彰大会，我谨代表公司董事会向参加此次会议的全体员工，以及坚守在工作岗位上的同事们致以最真挚的祝福和崇高的敬意。

××年，全体员工历经了日日夜夜和风风雨雨的奋战，大家群策群力，克服了种种困难，取得了不错的成绩，公司正以崭新的姿态呈现在众人面前。看到今天的成绩，我深感大家没有辜负公司对你们的期待，你们在平凡的岗位上不辞辛苦，展现了你们的聪明才智和创新精神，用双手和智慧创造了一个又一个不平凡的业绩，我为你们的努力而感到自豪。

今天受表彰的优秀员工和优秀中层干部是全体员工中的佼佼者。我们要号召全体员工向他们学习，学习他们顾全大局的意识，敬业奉献的精神，学习他们爱岗敬业、勤恳钻研的工作态度，更要学习他们善待顾客、细致周到的服务理念。我坚信，我们的团队是一个团结协作的优秀团队，我们有一批敬业奉献的优秀员工，有了大家的努力，在新的一年里，我公司的发展将迈向更高的台阶。

新年新气象，俗话说：一年之计在于春。希望全体员工在新的一年里时刻以"敬业乐业、团结进取、分工协作"的团队精神为指导，希望你们在不同的岗位上发挥不同的作用，更希望你们在不同的岗位上都展现出优异的表现。请你们相信：××美好的将来将是你们迈向成功事业的奠基石。你们才是公司真正的主人，没有你们就没有公司的今天，让我们携手合作，展望未来、放飞理想，为××的明天共同努力！

最后，给各位员工及家人拜个早年。

祝大家春节快乐，家庭幸福，身体健康，万事如意！

谢谢大家！

三、在同学会上的致辞

每逢小长假，也是同学聚会的高峰期，老同学见面虽然可以畅叙友情。但一提到同学聚会，有些人会皱眉头：同学会就是名利场，炫富攀比让人不爽。为什么有这样的感受？就是大家说话的方式——情分谈少了，名利谈多了，所以心理距离也就远了。

那在同学聚会中,如何说话受人欢迎呢?既不要过分高调张扬,也不要畏畏缩缩躲在人后,不喜欢说话可以多做事,喜欢说话就多念旧情,把眼前的名、利、钱、房放一边,不要盲目攀比和炫耀。

聚会是十分让人开心的事情,因为可以和许久不见的同学、朋友见面、叙旧。但是千万不要因为不恰当的言辞和动作而让你期待已久的聚会不欢而散。在同学聚会上,说话要把握住下面几点。

(1)既要有旧情怀,又要用新眼光。有人说,同学聚会最美好的地方,就是可以回到当初。假如同学聚会变成了以交换人脉为目的的交友会,那就失去了同学聚会的意义。所以,光谈现在而不谈过去,对于很多同学的情感来说是不体贴的。同时,只谈过去而不谈现在也是不现实的,因为人总要回到当下。然而,当下生活有了巨大变化,人也变成老同学,渴望得到同学的认同和接纳,感到自己依旧是这个集体的一员,被这个集体所喜爱。这样的一种归属感,才能促进更深的情谊,让人觉得有同学真好、聚会真好。

(2)既不能自卑,又要避免高调。聚会不是比较,不要因为自己在某些方面比别人差就心生自卑,也不要因为自己境况好就说大话,看不起这个,瞧不上那个,言辞中充满鄙夷。如果别人在谈一些很世俗的话题你听不下去时,可以借口离开或换个话题。

(3)既要带动气氛,又要融入氛围。在各奔东西之后,大家其实已经习惯了分散行动,所以聚会的时候应该把集体的感觉找回来。假如看现场气氛比较冷淡,应该找一些大家都聊得来的话题,活跃一下气氛。其他同学聊得热闹,自己没话找话也要参与其中。

毕业20周年同学聚会演讲

亲爱的老师、亲爱同学们:大家好!

悠悠二十载,绵绵同学情。在阔别20年后的今天,我们再次相聚,相聚在冬季的十一月。在此,请允许我代表全班同学,向为本次同学会付出辛劳的同学说一声:"辛苦了,谢谢你们!"对在百忙中前来参加这次活动的老师、同学们,表示最热烈的欢迎和最衷心的感谢!也感谢你家人的支持。同时,也要向因故未能到场的同学们道一声珍重,祝福他们在异地他乡生活幸福、安康!

二十年的分别,二十年的牵挂,给了我们足够的相约相聚的理由。同学会虽然不能改变你我的命运,但能够让我们感受友情的温馨;同学会虽然不能带来功名利禄,但能够让我们互通南北信息,沟通你我情感。忆往昔,恰同学少年,风华正茂,青春飞扬。曾记否,教室里,我们埋头苦学;操场上,我们奋力拼搏;课堂上,老师对我们的谆谆教诲;课间里,留下我们的欢声笑语;××的校园里,留下我们成长的足迹……这些都是我们完美的回忆。

回首二十年的风风雨雨,回望我们曾一起走过的青春岁月,冲淡的是我们所经历的人生坎坷、悲欢离合,浓郁的却是我们从容平淡、不拘于功名利禄的同窗情谊。二十年的思念和盼望,酿成了一坛浓香的美酒。今天,让我们大家一起共同分享!

同学聚首,有说不完的话题。回忆你我快乐的往事,互诉你我思念的煎熬,描绘你我完美的憧憬。我衷心地期望:在这欢庆的时刻,我们洒下的是笑语,倾诉的是衷肠,珍藏的是友谊,淡忘的是忧伤,收获的是人生经历,释放的是情绪!

虽然时光能够带走青春韶华，却带不走深厚的同窗情谊。虽然我们分布在四面八方，为生活奔波，为事业忙碌，每个人的经历不尽相同，境况各异，但是请记住："我们永远是同学，我们永远是××学校××班的一员！"人近中年，岁月悠悠，在今后的人生道路上，让我们加强沟通和联系，互相激励，互相帮忙，共同健康，一齐创造快乐的健康生活！

"海内存知己，天涯若比邻。"亲爱的同学们，让我们共同祝愿：友谊长存，激情永在！让我们记住这完美时光，相约来年再相聚！

最后，预祝这次聚会圆满成功！恭祝各位老师和同学身体健康、阖家欢乐、幸福安康！

谢谢大家！

四、宴会致辞

宴会致辞是我们日常生活中经常遇到的一种即兴发言，如答谢宴会、庆功宴会、欢迎宴会、欢送宴会、婚宴等。宴会致辞除了要遵循一定的礼仪，发言内容必须与场面气氛相符。如有些宴会比较正式，就必须使用规范的致辞方式，有些宴会场面比较轻松活泼，就多使用喜庆的语气。宴会是大家相聚的场所，气氛融洽，发言时应避免冲突和对抗性的语言，说出的话一定要有助于营造喜庆的气氛，体现应有的礼节。

欢迎宴会，一般是为重量级人物的到访准备的，相对比较高端。然如，各国的领导人出访时，东道国都会设宴款待，表示热情的欢迎。同样，非常有名望的人到访某地时，或者企业的核心客户来访时，东道主也会安排欢迎宴会。按照惯例和程序，在欢迎宴会上，东道主一方会有人出现致欢迎辞，有时也会安排来宾致辞。因此，撰写一篇合乎规范的欢迎词是筹备欢迎宴会过程中一项不可忽视的细节工作。

欢迎宴会的致辞一般要包括以下内容：

首先，表示欢迎。欢迎词正文的开头部分一般要用简洁的文字交代下背景，即什么活动开幕了，然后用热情的话语对来宾表示欢迎，也可以向来宾或者有关方面（人士）兼表祝愿和感谢。

其次，阐释意义。为什么要举办欢迎宴会，目的何为，意义何在，这是欢迎词应当交代的。

再次，展示优势，即树立形象，这是欢迎词正文的重心所在。当下利益重要，长远利益更重要。

最后，表达祝愿。这是致欢迎词的结尾部分，用简洁的句子祝愿活动圆满成功，或者祝愿来宾生活愉快，并提议干杯，将宴会活动推向了高潮。

以下以东道主的迎宾致辞为例说明宴会致辞的规范和技巧。

东道主的迎宾致辞

尊敬的各位领导、各位来宾：

宝地迎宾至，秋风送客来。

在这天高气爽、秋意渐浓的美好时刻，我们非常荣幸地邀请来了各位领导和各位书画艺术家。"有朋自远方来，不亦乐乎。"在此，我谨代表××、××以及××对大家的到来表达热烈的欢迎和诚挚的谢意！对"人文××，绿色家园"我省书画名家××采风创作行的顺利启动表达衷心的祝贺！××是个山清水秀，资源丰富，物华天宝，人杰地灵的好地方，欢迎大家来××采风、传艺、送宝、做客，欢迎各位领导来××指导工作，欢迎各位有识之士来××共谋发展；感谢老朋友对我们一如既往的厚待和友谊，感谢新朋友对我们的热情厚爱，感谢各位对我们各项事业蓬勃发展的关心和支持！

为了迎接各位的到来，使大家共同享受这个美好的时刻！现在我提议：

为××悠久、古老的文明；

为××美好、繁荣的明天；

为我们今天的雅集、盛会；

为各位工作顺利、万事如意；

干杯！

第六节　庆典演讲

庆典是社会组织为了引起公众的关注，扩大自身的知名度，最终获得更大的经济效益和社会效益，围绕重要节日或自身重大值得纪念的事件而举行的庆祝活动。常见的庆典有工程奠基仪式、剪彩仪式、大会或活动开闭幕式、开学典礼、毕业典礼等。

一、开工奠基仪式致辞

奠基仪式是各类庆典活动的形式之一。在一些建筑物动工修建之初，采用完整无损、长方形石料作为搭建材料而举行的庆贺性活动。在奠基仪式现场，一般由主要领导人发表奠基讲话以及来宾致辞道喜。

在奠基仪式上，包括施工方、建设方、监理方以及政府相关部门的负责人都可能到场讲话，他们讲话的角度不同，侧重点不同，但是讲话的思路都是相同的。

（1）热烈祝贺。首先要对奠基仪式表示祝贺，如"我们举行隆重的奠基仪式，热烈祝贺工程胜利开工建设"。这是必不可少的内容。

（2）郑重承诺。如果是施工方，可以这样讲"我公司将严格遵守国家工程建设规范、技术规范和政府的有关规定，我方愿意根据招标文件的规定，承担此项工程的施工任务……"如果是其他单位，在承诺时根据自身承担的责任调整一下角度。

（3）衷心祝愿。在讲话临近结束时，要送上美好祝愿，如"希望这项工程早日高标准完工"。

领导在迁建工程开工奠基仪式上的讲话

各位领导、各位来宾、同志们、朋友们：

今天，我们在这里隆重聚会，举行××中学迁建工程开工奠基仪式。在此，我代表××、××向××中学迁建工程的开工奠基表示热烈的祝贺！向辛勤工作在教育战线上的广大师生表达崇高的敬意！向学校工程建设人员、监理人员致以亲切的问候！

　　百年大计，教育为本，教育是民族振兴的基石。启动××中学待迁建工程是××、××全面贯彻落实党和国家教育方针的具体体现，是××着眼优化教育布局，整合教育资源，推动城镇化进程的一项德政工程、民心工程，是我县教育事业发展进程中的一件大事。它的开工建设，标志着我县十大重点项目工程、校舍安全工程又迈出了新的步伐。同时对加快××新区建设，提升城区文化品位和文明程度，满足人民群众对优质教育的需求，促进我县经济发展和社会进步都具有极其重要的意义。

　　今天，××中学迁建工程正式开工奠基，借此机会，就工程建设问题提几点希望和要求：

　　一要确保工程质量达标。要严格按工程建设基本程序办事。工程建设和监理单位要坚持"百年大计，质量第一"的方针，建立严格的质量管理制度。要坚持"政府监督，社会监理，企业保证，公众评价"的质量监督体系，实行质量领导责任制、项目法人责任制和质量终身追究制，确保工程质量。

　　二要突出安全施工。安全责任重于泰山。要时刻绷紧安全施工这根弦，加强日常安全检查，严禁违规作业及时发现并整改安全隐患，确保安全施工无事故。

　　三要加快工程进度。按进度服从质量的要求，在保证质量的前提下，抢抓时间，取争速度，保证项目如期竣工。

　　四要强化优质服务。涉及工程建设的相关单位，特别是工程的责任单位，要各司其职，积极配合，全力为工程建设提供优质高效的服务。

　　最后，祝××中学迁建工程开工大吉！早日竣工！祝同志们身体健康，事事如意！

　　谢谢大家！

二、项目剪彩仪式致辞

　　剪彩，是指在仪式上剪断彩带。剪彩不仅是买卖开张时要举行的仪式，而且连工程开工、落成等许多事情也都要剪彩。近年来，隆重的剪彩仪式在我国也随处可见。剪彩仪式开始后，主持人应向全体到场者介绍到场的重要来宾。接下来就是来宾发言，发言的顺序依次应为：东道主单位的代表、上级主管部门的代表、地方政府的代表、合作单位的代表等。剪彩仪式档次的高低，往往也同来宾的身份密切相关。

　　剪彩仪式由许多环节组成，来宾发言只是其中的一个环节。因此，发言时间不宜过长，以两三分钟左右为宜。讲话的内容要侧重三个方面：介绍、道谢和致贺。介绍，就介绍这次剪彩活动的来宾以及剪彩的缘由，如"开张剪彩""大厦落成剪彩"等。道谢，就是感谢合作伙伴以及其他提供支持与帮助的人员或单位。致贺，即庆贺开业或庆贺圆满完工等。如果讲话者的身份比较显贵，也可以再提出一些希望。

在剪彩仪式上的讲话

　　尊敬的××先生、各位来宾：

　　今天，我们与××有限公司在这里隆重举行援建××中学沼气项目彩仪式活动，这是我镇教育事业上的一件喜事，对于振兴我镇教育事业，推动我镇农村精神文明建设工作以及更好地宣传发展沼气,保护生态环境具有十分重要的意义。

在此,我谨代表××镇党委、政府对该项目的成功启用表示热烈的祝贺!向长期以来关心支持我镇经济和教育事业发展的××有限公司表达衷心的感谢!并向前来参加仪式的各位来宾表示热烈的欢迎!

捐资助学是一项功在当代、利在千秋的事业,是中华民族扶危济困传统美德在新形势下的发扬光大。保护生态,利国利民,这也是社会主义市场经济条件下经济行为同道德行为相结合的一个善举,它所产生的积极影响是广泛而深远的。××有限公司秉承"可持续发展"理念,以科学方式管理,促进了当地的福利水平,并保护了本地的生态系统,得到了广大群众的支持与厚爱。××有限公司在做大、做强自己事业的同时,心系山区,心系教育。捐资助学,用实际行动真心回报社会,为贫穷地区教育的发展献爱心、做实事,用实际行动继承和发扬了中华民族扶贫济困的传统美德,也为光大教育事业树立了榜样。

我们希望能有更多的企业及仁人志士像××有限公司的领导和员工们一样,关心我镇的教育事业和扶贫帮困工作,为加快我镇经济发展给予更多的关心与支持。

最后,我们真诚地祝愿××有限公司在市场经济的大潮中,一帆风顺,兴旺发达!

祝各位领导、各位来宾工作顺利,身体健康,万事如意!

谢谢大家!

三、学校毕业典礼致辞

毕业典礼是学生学习期满,达到规定要求、结束学习并即将离校时,由学校主持举行的一种比较隆重的离校仪式,也是学生离校前接受思想熏陶的一次重要活动。有意义的毕业典礼,对升入高一级学校或将要踏上社会的学生很重要,会给他们留下美好、难忘的印象。不同的学校举行毕业典礼的步骤和内容不同,但都包括校领导以及教师代表、学生代表致辞这样一个环节。

校长在毕业典礼中的致辞

亲爱的同学们、老师们、朋友们:大家上午好!

今天我站在这里,看着同学们一张张充满喜悦和激动的脸庞,不禁想起四年前的我,和你们一样,内心涌动着收获的喜悦和激动,充满着对未来的无限憧憬,也夹杂着离愁别绪。今天是你们毕业的日子,你们又是我在××大学送走的第一批毕业生,作为校长我有很多话想跟大家讲,但十余分钟的时间使我只能把最重要、最想表达的话对你们说。

首先我要表达我的祝贺。正所谓"天道酬勤",通过几年的付出和努力,你们在××大学顺利完成学业,你们的收获也是学校的收获,所以今天的欢聚一堂就是在庆祝我们共同的丰收。在此,我谨代表全校全体师生向20××届毕业生表示最热烈的祝贺和最美好的祝愿!

其次,我要表达我的谢意。谢谢你们选择了××大学,并一直信任、支持和热爱这所学校,你们为学校增添活力;谢谢你们将勤勉、欢乐和朝气播撒在了教学楼、运动场和清水河畔,你们让学校更有添魅力;谢谢你们在学业、在科研、在社会实践、在创新创造等方方面面取得的不俗成绩,这让学校更有实力。正如我经常强调的,学生是学校的根本,学校的声望和影响力来源于学生,没有你们的卓越,就没有××大学的发展。所以我要衷心地感谢你们,谢谢大家! 同时,请同学们不要忘记,你们每一次取得的成功,除了自身的努力之外,都离不开老师的悉心教导、家长的无私爱护和同学朋友的热心帮助。在此,请你们和我一起,用最诚挚的掌声向你们的老师、家长和朋友们,表达最衷心的感谢!

以上是一篇校长在毕业典礼上的讲话稿,与许多领导讲话的特点相似,都是站在相对较高的角度与层次来谈问题,虽然有时显得空洞、客套,但是在那种场面,也只能追求这种效果。如果是学生代表致辞,就要避免大而全,从学生的角度说话。不管是谁在毕业典礼上讲话,都要围绕以下三点展开。

(1) 紧扣主题。短短的几分钟时间,不宜泛泛而谈,要抓住一个点来组织语言,这个点就是主题。例如,可以围绕"感恩和励志"为主题进行演讲,也可以围绕"同学缘""师生谊""母校情"等主题进行演讲,这样才会让人印象深刻。

(2) 语言不用很华丽,但要有共鸣。致辞不是演讲比赛,不需要刻意展现演讲技巧,字斟句酌,但在这个时候一定要能引起大家的情感共鸣。如可以回忆一下过去最感动的人与事等。

(3) 送上美好祝福。最后,除了要说一些感谢的话,还要送上满满的祝福,如"祝愿老师们身体健康,祝愿同学们工作生活顺利。梦想成真,祝福母校兴旺发达,祝福××学院蒸蒸日上、再创辉煌"。

【案例赏析与思考】

通过竞聘演讲来获得班级或社团的某一个职务,这是同学们在大学生涯中经常要面对的一个挑战。一个成功的竞聘演讲活动,首先要准备好一篇精彩的演讲稿。下面我们来欣赏一篇范文《大学竞选班长的演讲稿》。

大学竞选班长的演讲稿

尊敬的老师、亲爱的同学:

今天我怀着激动的心情来竞选一个令我激动的职务。在我心中,班长不只是一个称号、光环,而是一份责任与热心。选择了它,就选择了承担的责任与义务,但我愿意承担责任与义务。

卡耐基说过:"不要怕推销自己,只要你认为自己有才华,你就应该认为自己有资格担任这个或那个职务。"我高中的时候当过两年班长、一年团支部书记,我有我的经验与体会。我敢于站出来带领大家,在各种活动中我也会积极主动地筹备与开展。我曾在高中主持过班会,并且牵头组织过班级足球赛和班级文艺晚会等活动。在我们几周前的军训活动中,我担任班级里的联络员,而能够被评选为联络员则是大家对我最大的肯定了。军训期间,我一直都非常细心地为我们这个集体服务。进入大学,大家刚刚相识,有很多地方还是有所不同的,所以这段时间的融合也是非常重要的。我也尽量去帮助我们这个集体进行融合,让大家变得更加团结,成为一个真正的集体。

我们的班级很棒,优秀的同学很多,我觉得自己的优势是:在事情面前,我不会畏首畏尾,总是沉着应对,我会在该站出来的时候站出来。今天,如果我在你们的支持下当上班长,我会在今后的学习生活中成为老师们的得力助手,也会成为同学们的热心伙伴,我相信自己的能力。

在我当上班长以后,我会以一种谦逊的态度对待大家,以一种积极的态度对待老师,更以一种尽职的态度对待我们的班集体。我会全心全意地投入集体活动中,大家需要我帮忙,我会竭尽全力为大家提供帮助。作为班集体的重要一员,我会发挥领头雁的作用,在方方面面高标准严格要求自己;在思想品德和学习生活方面,处处率先以身作则,以不辜负老师和同学们的希望。这是一种压力,但更是一种动力。大一的班长是一种挑战,我会在经验中寻找适应,在适应中寻找提高,在提高中补充经验。我会虚心接纳同学们的意见建议,努力改正自己的错误,使我做得更好。作为班长,我将努力提升我班干部的工作积极性,增进同学之间的友谊,使我班成为精神抖擞、斗志昂扬的优秀班集体。

以上是我当班长后能为大家做的,如果没有当选,虽然我会有点遗憾,但我仍旧会以百倍的热情投入到今后的学习生活中,当一个好学生,做同学们的好伙伴。

也许我的发言不是最精彩的,但这一定是最真诚的,希望大家都能给我投出信任的一票,请大家支持我,谢谢!

请结合本章所学以及上述演讲稿思考以下问题:

1. 该演讲稿体现了竞聘演讲的哪些特点?
2. 你觉得竞聘演讲与就职演讲、述职演讲相比较,最大区别是什么?
3. 精彩的演讲既能展示出演讲者的独特性,又能引发观众共鸣,你觉得案例中的演讲做到了吗?

【本章实训】

实训一:求职面试训练

1. 学生三人一组,其中两人扮演面试官,一人扮演求职者。
2. 演练求职面试的情景,如求职者向面试官打招呼,求职者自我介绍,面试官向求职者提问和求职者应答等。
3. 表现出求职者的举止动作,同时配合语言表达。
4. 教师和其他学生点评。

实训二:竞聘演讲训练

1. 设想自己是学生会的一名干事,工作业绩突出,想要通过竞聘获得某个理想的职位。
2. 拟定主题,准备好演讲大纲,上台演讲。
3. 教师和其他学生点评。
4. 辅助训练:学会总结工作,培养自己归纳、总结和即兴演讲的能力。

实训三：就职演讲训练

1. 设想自己是一名刚刚竞聘成功的管理者，有着雄心壮志，要在就职演讲中做出规划。

2. 全班分组，三人一组，组内先练习就职演讲，着重练习内容的措辞和说话的语气、语调，体现就职者的高昂意志和达到目标的信心。练习完毕之后，选一名代表到台上作就职演讲。

3. 所有代表演讲完毕后，教师做出点评。

实训四：述职演讲训练

1. 设想自己是学生会或某社团负责人，在岗位上兢兢业业，带领下属取得了显著的成绩。这次你要站在台上做述职演讲。

2. 分别使用照读式演讲、备忘录式演讲和即兴式演讲三种方式来演讲，体会三者之间的区别。

实训五：产品发布会演讲训练

1. 学生们自由分组，一组人在网络上寻找/搜集公司产品发布会的演讲稿，以及该公司的概况，然后组内的每个人根据这些内容制作PPT。

2. 组内讨论，评价谁的PPT制作得更好。

3. 根据讨论结果优化自己的PPT，以提升制作PPT的水平。

4. 学生在教师指导下练习演讲技能，并结合招商演讲PPT的内容尝试演讲。

5. 熟练以后，学生们延续之前的分组，分别派代表上台演讲。

6. 教师点评学生的演讲，并分析哪里需要改进。

本章小结

本章主要阐述求职面试、竞聘、就职、述职、会议、庆典等几种常见场合下情景演讲的特点和表达技巧。前四种情景是典型的职场演讲活动，也是本章阐述的重点内容。求职面试是进入职场首先要面对的活动，具有明确的目的性、程序性和双向沟通的特点，求职者要重视面试中的自我介绍环节，掌握正确的自我介绍技巧。竞聘演讲是针对某一竞争目标而进行的，演讲时应强调准备充分，展现自信，表现出竞聘者的专业性和独特性。就职演讲和述职演讲则应体现出务实少虚，通俗易懂，语言简练，情感真挚等技巧。

会议演讲的场景和形式很多，本章主要阐述了新品发布会、表彰会、同学会等几种常见会议的演讲技巧，强调通过讲故事引起观众的兴趣、让观众参与会议现场的互动、善用PPT等多媒体来提升演讲效果；会议演讲除了表达敬意和祝贺之外，应注意体现公平公正、说话有依据，注意营造融洽气氛、避免冲突和对抗性语言、体现应有的礼节。

庆典是社会组织围绕重要节日或自身重大值得纪念的事件而举行的庆祝活动，常见的庆典有工程奠基仪式、剪彩仪式、大会或活动开闭幕式、开学典礼、毕业典礼等。对开工奠基仪式和剪彩仪式的致辞，应重点体现出对活动项目的祝贺和衷心祝愿、对来宾、合作伙伴及相关部门和人员的衷心感谢；毕业典礼的演讲，应该注意紧扣主题、语言不用很华丽但要有共鸣、送上美好祝福。

第九章　多目标的口才应用

【学习目标】

① 了解不同目标口才应用的区别。
② 掌握主要目标口才应用的基础知识。
③ 理解不同目标口才应用的原则。
④ 掌握主要目标口才的思维策略和口才技能。

【引导案例】

演讲的类型多种多样,不同的演讲类型目标也不同,对口才的要求也不同。比如社交目的的演讲,贺喜、宴请、凭吊等各类礼仪性场合发表的讲话,谈判场合的发言,职场中的讲话等,说话的场合不同,面向的对象不同,所需要达到的目的不同,对口才表达技巧的要求也是大不相同的。

一位衣着时髦的白领小姐为购买一件时装而迟疑不决时,年轻的女营业员忙上前说道:"这件衣服品位高雅,销路很好,今天早上就卖出好几件。"可那位小姐听后立即走了。一会儿,一位中年妇女来了,准备买一件新潮的马甲,那位营业员吸取了刚才的"教训",便说:"这件马甲很气派,一般人穿着还压不住它,从进货到现在还没有卖出一件,看来只有你最适合了。"这位中年妇女听了气呼呼地走了。

上面这位女营业员说话不看对象,没有思考面向不同的对象要达到的不同目标,结果惹得顾客一肚子的不高兴,自然不会买她的衣服。作为白领,追求与众不同的效果,如果自己穿的衣服大街上到处都能看到,那是有失品位的。而对于中年妇女,最怕别人都穿不了的衣服自己才能穿,说明自己老了,赶不上潮流了。由此可见,口才的表达需要关注场景和目标,在不同场景下与不同的人需要掌握不同的交流方式与技巧,否则可能会事与愿违。

本章将介绍多目标场景下的口才应用。第一节介绍社交口才的基本原则、要求与实用

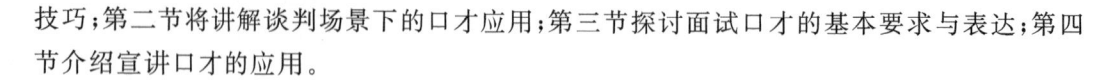

技巧；第二节将讲解谈判场景下的口才应用；第三节探讨面试口才的基本要求与表达；第四节介绍宣讲口才的应用。

第一节 社交口才

社会交往是人类社会生活中的重要组成部分，每个社会人都必然参与社会交往。尤其在现代社会，社会化程度越来越高，人们时刻在进行着各种各样的社会交往，交谈、接待、应对、赞美，还包括拜访、拒绝、道歉和批评等。通过这些交际活动，一个人与他人与社会构成人际关系，满足个人的心理需要、增强认知能力、塑造自己的个性、展现自我的价值。而语言是社会交往的重要工具，任何人际关系的建立、发展、改善都要依赖一定的社交口才。

一、社交语言的基本原则

（一）尊重平等的原则

在语言交际中，尊重平等是基本原则。

尊重是礼仪之本，也是待人接物的基本美德。在语言交际中，首先要求的是口语要保持主体自尊、自爱，一个人不讲自尊，就不可能得到别人的尊重；其次要尊重交往对象。因此，在社交过程中，我们要善于把尊重用语言恰到好处地表现出来。

平等是指人与人之间的交往必须在政治上、经济上、法律上、人格上处于同等的社会地位，享有同样的权利。社交语言只有遵循平等的原则，与人交往只有以平等的姿态出现，不盛气凌人，不高人一等，才能促进人与人之间的心理相容，带来愉悦、满足的心境，建立和谐的人际关系。

（二）真诚礼貌的原则

真诚礼貌，是指在社交活动中，口语交际体现出的以诚相待、诚心诚意的特征。从公共关系角度讲，语言是社会组织和公众之间得以交流沟通的最重要的媒介。"诚于中而形于外"，社会成员心理上、态度上的真诚礼貌形之于语言就表现为一种能使人感到和蔼可亲、真实可信的语言品质。是否有这种品质，对于社交的效果来说往往有天壤之别。中外古今，真诚礼貌总是人们用以评价语言运用，进而衡量人品质好坏的标尺之一。因此，真诚礼貌成了一切有良知的人们在语言运用上孜孜以求的目标。

"您好""请""谢谢""对不起""没关系"等已经成了人际交往中最基本最普通的礼貌用语。在社交场合，这些词语不仅表达了它的理性意义，同时也带有感情色彩，随着时代的发展，已成为人们广泛接受和使用的常用语。如今，许多服务型社会组织，为了提高服务质量，在激烈的竞争中争取到顾客，要求服务人员岗上作业必须使用文明礼貌语，甚至有的服务型社会组织不但明确文明礼貌语的具体内容，而且还规定了哪些是服务中不准使用的禁忌语。

（三）得体适度的原则

得体适度是社交语言的基本原则之一，包括两个方面：一是内容得体，二是形式得体。得体适度原则是指在语言交际中话语内容得当，有声语言和态势语言等表现方式得体。得体的语言交际来源于知识、修养、阅历以及由此产生出来的智慧等。

语言交际的得体原则应根据语言环境和交际目的等，充分运用此时、此景，以最佳的方式来传达最适当的信息。在语言交际中，既要考虑自己，又要考虑交际对象等诸多因素，说话要掌握分寸。像做事一样，不说不及或过头的话，而过头的话往往比不及更糟糕。

（四）互利合作的原则

语言是为了交际，而交际的最终目的在一定程度上都是为了合作。合作原则是人们在语言交际中尽量要遵守的重要原则，它要求交际者在语言交际过程中要尽量配合对方。合作精神和礼貌态度不同，有的交际困难、缺少形式上的礼貌却有诚意要合作，有的交际礼貌有加，却是不合作的态度。合作不仅体现在语言上，有时还表现为一种姿态，一种内心的倾向。

互利原则即互惠互利原则，人们在社交中考虑双方的共同价值和共同利益，满足共同的心理需要，使彼此都能从交往中得到实惠。但互利原则，不应只看作物质等价交易性质，高尚的道德观和人情、友谊同样是社交中的重要交换砝码，正如老话讲的"买卖不成情义在"。因此，在交际中交往双方不能只顾自己的利益需要。

二、社交语言的基本要求

社交语言的发生的场景和目的很多，种类也很多，但无论出于什么目的的社交活动，语言的表达都是为了让交流的双方获取信息、感到舒服、达到满意。因此，对于社交语言有一些基本要求。

（一）交际目的明确

人际交往时往往带有一定的目的，即便是街坊邻居偶遇打招呼，也是一种礼节和人际连接。人们出于沟通彼此之间的感情，创造和谐友好的气氛，都依靠这些看似平常的招呼，比如我们常说"吃饭没有""今天天气挺好"。至于其他目的的社交活动，目的性就更突出了。在表达自己的观点、宣传组织的主张、向对方介绍情况或向别人发出某种请求等目的下，交际的目的就更明确了。这就要求我们在具有明确目的的社交活动中，语言流畅、逻辑严谨、重点突出，对方能很快了解此次交谈的目的。

（二）社会角色定位准确

我们每个人在社会生活中同时扮演着多重角色，对于父母，我们是子女；对于子女，我们又是父母；一家单位的领导回到家中，又是隔壁住户的邻居等。由于交际双方的特定身份，往往会引导双方按照自己所期望的心愿去理解对方的话语，做出自己的特定表达。因此，在语言交际中把握好自己与交际对象的特定关系非常重要。

英国女王维多利亚与其丈夫阿尔伯特相亲相爱，感情和谐。有一天，维多利亚处理完公务，深夜回到卧房，见房门紧闭，就敲门。房内的阿尔伯特问道："谁？"

女王："我是女王。"

门没有开。女王再次敲门，阿尔伯特又问道："谁？"

女王:"维多利亚。"

门还是没有开。女王徘徊半晌,再敲,阿尔伯特仍问道:"谁?"

女王:"你的妻子。"

门开了。阿尔伯特伸出双手把她拉了进来。

女王第一次回答"我是女王"的这个称谓,表现的是她乃一国之君的身份,这个身份属于国家,属于臣民,但不属于家庭,不属于阿尔伯特。女王第二次回答"维多利亚",这个称谓虽比"女王"柔和些,且少了一种高高在上的感觉,但"维多利亚"只是个姓氏,它适合维多利亚整个家族,也不只属于阿尔伯特,没有体现出"一家一妇"的身份和夫妇的亲密关系。因此,前两次都没有敲开门。女王第三次回答"你的妻子",称谓体现了她作为一个家庭成员的身份,没有丝毫的"行政干扰",完全符合维多利亚女王回到家中的身份,所以她敲开了门,也敲开了丈夫的心扉。

此外,不同文化程度也影响着人们对语义的理解,是否切合听众对象的文化水准,决定着交际是否取得成功。由于交际对象的经历和文化修养不同,对话语的识别能力、理解水平也不一样,因而需要在语言交际中,根据社交对象的不同,应用"什么山上唱什么歌"的说话方式。

(三) 时空场合匹配

社交过程是否顺利,目的能否实现,不仅与自身修养和文化水平有关,还取决于社交场景的时空条件。在课堂上,有的学生对于专业知识可以和老师很好地进行对话,但到了课外,却不知如何与老师进行日常交流。这主要是因为学生还不能适应时空环境的变化,不具备把握社交语言的基本技能。

不同的人在同样的时空背景下,表现出来的交际水平,并不能完全反映他们实际的交际能力。语言交际过程中一定要注意与时空场合进行匹配。

在一次公务员面试中,一位毕业生在学校是学生会主席,各方面条件都很不错,当场的自我介绍也很成功。接下来面试官问他一个问题:1+1=? 这位毕业生稍加思索便十分自信地说:"你需要等于几,就能等于几。"结果他被淘汰了。事后这位学生很不服气,说:"我的一个同学前几天去一家企业应聘经理面试官考的也是这个题目,他就是这样回答的,被顺利地录取了,我按照他的方式回答,为什么就不对呢?"其实道理很简单,这位毕业生忽视了他和那位同学应聘的职位和部门性质差异,两家单位的工作需求不同,对人才的素质和技能也不相同。自己应聘的是公务员,而人家应聘的是企业部门经理,企业老板希望自己招聘的部门经理一年能创造上百万元的利润,要求具备一定的创造力,这样回答显示出他的同学思维很灵活。但该生应聘的是国家公务员,公务员的基本素质和要求之一是实事求是,在这种特定的语境下他的回答显然是不得体的,因而必定是失败的。

(四) 话题选择得当

"话不投机半句多",社交场合选择话题一定要慎重,不可信口开河。往往不受欢迎的交际者都是犯了低级趣味、自高自大、冷嘲热讽的禁忌。特别是在开启话题时,首先要选择一些对工作、学习、生活有帮助的积极意义的话题,让听众有兴趣有共鸣,对话才能继续。其次在表达话题时,切莫为了表现自己,用不得体的玩笑话招致反感。同时,日常交谈的话题不打听、不揭短,这是基本的社交礼仪。

三、社交语言的实用技巧

（一）自我介绍

1. 巧报姓名

姓名是一个人的代号，自我介绍时巧报姓名能让对方很好地记住自己的名字。每个人的名字也许普通，也许有谐音，或者姓氏和名里有生僻字，无论哪种情况，都可以根据具体情况的富有个性和创意的姓名介绍，体现出自己的语言风格。

2. 自我评价

自我介绍的时候不仅需要对自己的基本情况进行客观陈述，还包含着自我评价。因此，自我评价的时候应该做到自信、谦虚和得体。自信是对自己的优点和特长要敢于肯定，不要回避，通常自信的自我评价可以快速给人以深刻印象。谦虚是指即便自己有优点和特长，也要明白"山外有山"的道理，自己的能力一定不是最好的，更不是唯一的。得体是指在内容上应该客观评价，做到实事求是，赢得对方的信任。

3. 繁简适度

很多场合都需要进行自我介绍，让对方知道自己的身份和基本情况。自我介绍的内容需要视具体情况而定，姓名、年龄、就读学校或工作单位、职务、籍贯、特长爱好等，不论是简单还是详细，介绍的信息都要有利于接下来的交谈。比如，礼仪性的自我介绍应客气有礼，内容越简单越好；交友的时候则需要一边介绍、一边穿插在故事里介绍自己的基本情况。

（二）居间介绍

居间介绍是指介绍者作为第三者为他人介绍，将不相识的人或者把一个人引荐给其他人相识沟通的一种交际活动。作为第三者，在介绍他人时，应该注意以下几点。

1. 介绍的顺序

在社交礼仪中，总的原则是受尊敬的一方优先了解对方的情况。国际通行的介绍顺序是：先把男士介绍给女士，如"陈小姐，这位是我的同学张先生"，再把女士介绍给男士；先把年轻者介绍给年长者，再把年长者介绍给年轻者；先将地位低者介绍给地位高者，再把地位高者介绍给地位低者。当然，在实际的社会交往中，遇到两难的情况时，需要灵活运用这一原则。

2. 介绍的内容

要选择双方都感兴趣的内容进行介绍，才能引起双方的注意，从而促使双方的结识。此外，还应根据被介绍双方的情况来定，有所侧重地介绍双方的爱好和特长，尤其是双方有共同爱好时更应如此。例如，"他也很喜欢钓鱼，有机会你们可以切磋切磋。"这种介绍对于开启共同话题非常有帮助，有利于促进双方了解、建立友谊。

3. 语言技巧

居间介绍时要热情诚恳、面带微笑，落落大方、充满自信。即使遇到意外情况，也不要慌乱，从而造成一种融洽的交际气氛，给被介绍的双方留下难忘的印象。介绍的方法要灵活，随机应变。面对长者或领导，要使用尊称，如"请允许我向您介绍××"；在朋友之间，可以用轻松活泼的方式。只有三个人的情况下,介绍人不应马上离开,尤其当被介绍者是异性时,避免双方因初次接触而感到尴尬。

特别注意的是,介绍时切忌语言不冷不热,说话吞吞吐吐,或夸大其词,或故弄玄虚,避免留下不诚恳的印象。

(三) 拜访与接待

1. 拜访

拜访主要有公务拜访和私人拜访两种形式。公务拜访大多与国家、社会的政治、经济、文化等密切相关,或者是与组织、部门或单位相联系,是一种严肃正式的交际活动,一般需要事先进行联系后精心安排。私人拜访有三类:礼仪性拜访、事务性拜访和随意性拜访。礼仪性拜访大多是一种人情往来,在于融洽人际关系;事务性拜访的目的性强,多是为解决某些具体事务,如委托、邀约等;随意性拜访在社会生活中发生的频率最高,属于常见的社交活动,如邻里之间的串门、亲友之间的拉家常、好朋友的聊天谈心等。本节重点介绍私人拜访。

不同形式、不同目的的拜访语言形式会有所不同,但语言结构也存在共性,拜访语分为进门语、寒暄语、晤谈语和辞别语四个部分。

(1) 进门语。到了亲友家,一般先敲门,即便门开着,也要同时礼貌地问一声:"请问,××在家吗?"得到回应后再进入。见面后要立即打招呼,打招呼的方式根据拜访对象和内容而定,初次到访、多次到访、回访、礼节性拜访、事务性拜访、随意性拜访的进门语各不相同,总的原则是热情有礼、谦虚得体。比如回访答谢时,可以说:"上次托您帮忙,一定给您添了不少麻烦,今天特地登门拜谢。"在祝贺金榜题名时的礼仪性拜访时,可以说:"听说你的儿子被某某大学录取,特地赶来祝贺!"而随意性拜访则可不拘一格,双方关系密切,进门语不必刻意讲究。

(2) 寒暄语。寒是寒冷,暄是温暖,兼顾嘘寒问暖两个方面。在社交活动中,寒暄是双方见面叙谈家常的应酬语言,带给人们的是关心、亲切的温暖之情。往往在进门之后或见面之后但未进入正式话题前的交流,能拉近双方的距离,增加亲切感。

这种叙家常式的寒暄语在社交活动中非常重要。不同国家、不同民族的寒暄语往往有所差别,如西方国家的寒暄语往往以探讨天气引入,而中国以是否吃饭引人的较多。但总的来说,寒暄的内容比较多,如对方家里老人的身体健康状况、小孩的健康状况和学习状况以及天气的冷暖变化等都是常用的寒暄语。当然,走进对方的空间中,将对方家里的装修、摆设等如对方家中挂着的字画、书桌上放的书籍以及家里在播放的音乐等作为话题引入,都是拉近双方距离的寒暄话题。例如:

客:这副对联是你自己写的吗?写得真不错!

主:你过奖了。我不过是跟某老师学过一段时间。

客:你也是某老师的学生,我也曾跟他学过。

主:太好了!看来我们应该称师兄弟了。

这段寒暄语话虽不多,贵在求同。建立认同心理是主人和客人都要善于挑选对方都有兴趣或都有共同感受的话题,以求得心理上的接近与趋同。这样可以沟通感情,为双方进一步交谈创造一个融洽、和谐的气氛。

寒暄语的内容还应注意：话题应自然引出，避免生拉硬扯；寒暄内容一定要符合情境、习惯，不可以随心所欲，避免犯禁忌。

（3）晤谈语。晤谈即交谈的主题，可要根据交谈目的进行安排，但在晤谈过程中一般应注意以下几个方面：

晤谈的内容：在简短的寒暄之后，客人应选择适当的时机，自然引入晤谈的主题，表明来意。言语要做到条理清晰，避免夸夸其谈。一般情况下，拜访的时长以半小时为宜，因此，及时引入正题并做真诚晤谈，不仅能避免因话语过多而耽误主人时间的问题，同时也能防止出现言多必失的情况，影响拜访目的的实现。

晤谈体态语：主人对客人的印象来自听觉和视觉。首先，要学会使用微笑语，给人以愉快之感；其次，要注意晤谈过程中的自身形象，如坐姿、手势等；最后，晤谈时不可时不时看表，也不可做一些多余且不雅观的动作，如搔头发、挖耳鼻、摆弄手指、打呵欠等。

晤谈音量：晤谈时应尽量保持适度的音量，不可放开声音说话，这样会扰乱主人及其家人的安静生活，而且更严重的是可能会引起他们的反感。

（4）辞别语

拜访结束时的辞别语，可以同进门语相呼应，比如再次祝贺主人家孩子金榜题名，并再次送上祝福。还应对主人的热情款待表达感谢，用"留步吧""请回吧"等敬语表示再见。客人告辞时，还可以邀请主人及其家属来自己家做客，并大致约定时间，以示诚意。

2．接待

与拜访相对的社交活动是接待，接待来人一定要真诚热情，这是社交的基本原则。好的接待能让来访者放松，从而使谈话变得轻松愉快，否则来访者如坐针毡，十分尴尬。

（1）注重礼节、热情好客。接待方首先应对来访者的进门语及时做出热情礼貌的应答，如果在家中接待，则可以说"欢迎欢迎，快请进"或"今天总算把你请上门了"。如果是单位的商务接待，那么在礼节上则特别重要。接待人员一定要举止大方，口齿清楚，如客人要找的人不在时，则应及时告知，如接待方由于种种原因不能马上接见时，则应向来访者说明等待理由及时间，并及时提供休息场所和茶水等，如"真不好意思，某某刚好在开会，您先喝杯茶稍坐一会"。同时，在公务接待中接待人员应有礼节地引导来访者到达目的地，在长走廊中要不时回头引导客人，在转弯处及上下台阶时要及时提醒并等候客人，比如用"请跟我来""您往这边走""注意台阶"等语言和必要手势进行引导。

（2）谈话要因人而异。在接待中，谈话的内容和方式都要因人而异。如果来访者是单位的重要客户或领导等人，则应热情请进会客室就座或亲自引领客人到达目的地；如果来访者是推销员，则最好打电话给相关部门，询问有无事先预约。如果没有预约，则可委婉地让他们把材料留下；如果是不速之客，则应请对方报上姓名、单位和来访目的等基本资料，请示领导决定是否会见。同时，在接待过程中也应随着来访者的年龄、性别、文化层次、职业等的不同而有所不同。例如，与老人交谈，声音则可适当放大；与小朋友交谈，声音则应相对柔和些；与普通的老百姓交谈，语言上用词尽量浅显一些；与文化层次较高的人交谈，则应尽量使用文雅的语言。

（3）电话接待。电话接待已经成为社会交往活动中的一个重要组成部分，很多单位对于负责电话接待的工作人员进行了专门培训和制定了用语规范。一般来说,电话交谈应使用标准普通话,注意对准话筒,语调热情,声音悦耳,精神饱满;发音要清晰,重要内容可放慢语速,重复表达或问询对方是否听清,保证通话质量;注意倾听和反馈,多说"请"和"谢谢",使对方愿意继续交流。

人们对于如何接电话非常敏感,所以,我们在接电话时要做到礼貌、热情、诚恳和亲切。接电话要迅速及时,尽可能在铃响第二遍时就拿起话筒立即打招呼,并让对方知道你是谁。有时候替别人接电话,你可向对方做充分的解释,并不要让来电话的人久等。如果受话人正忙着,应告诉来电话的人留言,注意留言要准确,记下日期、来电话人的单位、姓名及电话号码,为了准确无误,可将这些内容在电话里复述一遍。在不确定对方意图和身份的情况下,要愉快而谨慎地回答问题。

(四) 赞美与批评

"良言一句三冬暖,恶语伤人六月寒"。一句赞美的话,能给予支持和鼓励,满足人们出于尊重的心理需要,适时地给予别人真诚的赞扬和夸奖,能让人心情喜悦,感到你的善意。人人都喜欢表扬、称赞,批评总是令人难堪,但是"人非圣贤,孰能无过"。指出别人的缺点,并讲清危害就是批评,怎样批评才能让人接受,需要掌握一定的技巧。因此,批评是社交中最难把握的一种表达方式。

1. 赞美

常言道:人性深处最大的欲望,莫过于获得外界的认可与赞扬。对赞美的渴求,是人的本性中的一个重要方面。在生理层次上,每个人都愿意听别人赞美自己漂亮、年轻;在人际关系中,每个人都希望与别人和睦相处,得到亲朋好友的尊重和认可;事业上,每个人都渴求在社会上谋得一席之地,实现自我价值。对赞美的渴望源于人的本性,也是一种重要的交际手段,它能瞬间沟通人与人之间的感情。然而,绝大多数的人并非赞美的高手,他们仅知道赞美的重要,却不谙赞美的技巧。在社会交际过程中,只有懂得赞美技巧的人,才能受到交往对象的欢迎。赞美应遵循以下几个原则。

(1) 实事求是。赞美他人应当实事求是,令人心服口服。这就要求将赞美建立在客观事实的基础上。特别是当领导的,如果是在公开场合称赞某个人或某个单位,一定要经过认真考察,全面了解,深思熟虑,力求客观公正。

(2) 真心实意。赞美要发自内心,出语真诚,让别人觉得你是真心地夸赞,不虚伪、不客套。卡耐基说过:"赞美和恭维有什么区别呢? 很简单,一个是真诚的,一个是不真诚的;一个出自内心,另一个出自牙缝。"没有诚意的赞美无异于阿谀奉承或者讽刺嘲弄,不可能取得理想的效果。例如,有的人夸奖他人:"你真是才高八斗,学富五车,貌比潘安,才如子建啊!"这类话像是背古书,使人感到是应付敷衍,缺少诚意。

(3) 具体明确。赞美他人不仅要基于事实,还应具体明确,不能太过含糊笼统。"你人真好""你好漂亮哦"等话语就不易感人。通过列举一些具体事实,分析一些道理,并运用对比的方式进行赞美便会使人印象深刻。

1975 年 3 月 4 日,风靡全球达半个世纪的喜剧演员卓别林,以 85 岁高龄在英国白金汉宫被伊丽莎白女王封为"爵士"之尊荣。在封爵仪式中,女王对兴奋的卓别林说:"我观赏过许多你的电影,你是一位难得的好演员。"事后,有人问卓别林受封的感想,他有点遗憾地说:"女王陛下虽然说她看过我演的许多电影,并称赞我演得好,可是她没说出哪部电影的哪个地方演得最好。"由此可见,赞美必须说出具体事实,尽量针对某人做出某件事进行赞美,才会发挥最好的效果。

2. 批评

"忠言逆耳利于行"这句话经常被用来告诫人们要虚心接受批评,不应计较批评的方法。作为批评者,要使自己的批评为被批评者所接受,做到忠言不逆耳,是需要讲究批评的语言技巧的。批评是一种有效的沟通信号,也是一种重要的激励方式,并在领导实践中发挥着重要作用。

(1) 幽默含蓄

幽默含蓄,是批评劝说的有效手段,也是批评的最高境界。幽默式批评词义婉转,出语诙谐,在轻松巧妙的表达后面,隐藏着批评规劝的内涵,因而常常可以起到意想不到的效果。例如,有一次,上级组织派人到地方某单位考察,想了解某干部的表现,结果当地群众是这样评价他的:

他表现不俗,在我们单位起了三大作用:看戏时,他总是坐在前排,起带头作用;看电影时,他常常坐在中间,起核心作用;参加大会时,他多半坐在后排,起推动作用。

这些话表面上看是表扬,实际是批评,但风趣幽默,更显针砭之意。

(2) 模糊

有经验的管理者在"表扬与批评"的问题上都明白一个基本原则:表扬须明确、批评宜模糊。表扬优秀人物、先进事迹时一定要讲得明确具体,提高表扬的效力。批评以及给别人提意见则恰恰相反,顾及到对方的自尊,批评应以治病救人为出发点。因此,在批评手机干扰会议的行为时说:

今天开大会,好像又有人不关手机,虽然你可能是事出有因,虽然铃响没几声,但上次是张三响,今天是李四响,这会场纪律还要不要了?你响两声,他响两声,还要不要顾及其他人的感受了?

这几句批评的话语很讲究策略,运用"好像""可能""没几声""张三""李四"等模糊语。既告诫了不注意会场纪律的人,又避免了直接点名训斥容易引发的抵触情绪;既达到了批评的目的,又维护了不遵守纪律者的自尊。

(3) 恰到好处

在批评别人时,一定要注意场合,顾其颜面,保护其自尊,应尽可能避免在大庭广众之下公开批评,否则还有可能火上浇油,无助于解决问题。要取得批评的最佳效果,除了要注重批评的场合外,还须把握好批评的最佳时机。在实际工作中,待双方冷静下来再批评往往能取得较好的效果。一方面,批评者自身冷静下来,语言上则会避免偏激;另一方面,被批评者也有时间冷静地思考,比较客观、公正地反省自己并认识自己的错误。一般而言,不管采用哪种方式,人们对批评都是比较敏感的。所以批评的话语应该点到为止,解决问题即可。

(五) 说服与拒绝

1. 说服

人在社会生活中常常会产生各种各样的矛盾,说服工作成为解决矛盾的重要方法。在准备说服他人之前,首先需要搜集相关资料,选择说服时机进行准备。同时,还需要讲究一定的技巧。

(1) 说服的方法。说服的基本方法是晓之以理、动之以情。要想把道理讲得透彻明白,讲到对方心里去,让对方心服口服,有一个重要因素即说服者语言必须具有严密的逻辑性。被劝者因为矛盾冲突可能对劝说者存在一种反抗的心理,因此劝说时语言一定要委婉,切忌以势压人。而且讲道理时,被劝者一般不喜欢别人讲大道理,所以说服者还应选择特定的角度和层次,深入浅出,从抽象到具体来慢慢说服对方。通情才能达理,以事比事,将心比心。运用饱含感情的语言,讲述熟人的故事及其经验教训,让人感到亲切可信,以此引发被劝者情感上的共鸣,从而达到说服的目的。

同时,还要讲清楚利害关系,使对方改变态度,做出理性判断。趋利避害是人的本性,有些人用道理很难说服他,用感情也很难打动他,有时"衡之以利"是切实有效的办法。

(2) 说服的技巧。① 善用比喻。生动形象的比喻,不仅能使深奥的道理变得浅显明了,还比较容易让对方接受。比喻运用恰当,还会使人受到极大的鼓舞和有力的鞭策。例如,《邹忌讽齐王纳谏》中,邹忌就以周围人对自己形貌评价的不同做比喻,让齐王意识到自己存在的问题并非常乐意地接受了他的观点,广开言路,从而能够很好地治理国家。② 巧借名言。名言警句准确精辟、言简意赅,用之于劝说,可以起到以少胜多的效果。名言警句文字虽少,却蕴含着丰富的哲理,教人如何正确对待生活中的挫折,如何认识事物的本质,如何处理生活中各种复杂的关系等,有很强的启发性,因此借用名言警句具有很强的说服力,如"良药苦口利于病,忠言逆耳利于行""己所不欲,勿施于人"等。③ 激将说服法是指利用反常规的语言去刺激对方,通过一定的语言手段刺激对方,激发对方的某种情感,使对方的心态产生变化,使对方下决心去做我们希望他去做的事情。激将法适合现实生活中那些"敬酒不吃吃罚酒"的人,强烈的反向刺激,反而能取得意想不到的效果。

2. 拒绝

(1) 委婉含蓄。对于一般性的拒绝,最好不要轻易说"不",这样会伤害他人的自尊心,而采用间接的、委婉的方式比较合适。委婉含蓄的方式比较普遍地适用于有人为某事向我们求情,而我们在原则上又不能答应的情况。

清代的郑板桥在做潍县县令时,查处了一个叫李卿的恶霸。李卿的父亲李君是刑部的官员,得知此事后急忙赶回潍县为儿子求情。李君以访友的名义拜访郑板桥,郑知道李的来意,故意不动声色地看李君如何扯到正题。李君看到郑板桥房中有文房四宝,于是向郑板桥要来笔墨纸砚,提笔在纸上写道:"燮乃才子"。郑板桥一看,人家是在夸自己,自己也应该礼貌回应,于是也提笔写道:"卿本佳人"。李君一看心里一亮:

李:郑兄,此话当真?

郑:君子一言,驷马难追!

李:我这个"燮"字可是郑兄大名,这个"卿"字……

郑:当然是贵公子的宝号啦!

李(心里高兴极了):承蒙郑兄关照,既然我子是佳人,那就请郑兄手下留情。

郑:李大人,你怎么糊涂了?唐代李延寿不是说过"卿本佳人,奈何作贼"吗?

李君一听,只好拱手作别了。

郑板桥巧妙地利用李卿的"卿"与典籍中的"卿本佳人,奈何作贼"的"卿"字相同的关系,委婉含蓄地拒绝了李卿父亲的求情,既坚持了原则,又没有让对方太难堪。

(2) 直接拒绝法。办事都要讲究原则,不符合原则的事坚决不能办。如果有人向你提出的要求是不符合原则的,你就不答应,这就叫作坚持原则。不论什么样的关系,该拒绝的一定要拒绝。要勇于向对方说"不",并且果断说"不",有时这也是保护自己的一个很好的方法。当然,直接拒绝时应特别注意的是要避免态度生硬、说话难听。同时,需要把拒绝的原因表述清楚,以免引起不必要的误会,以此表明自己的真诚。

拒绝除上述方法外,还有诸如沉默、推诿等其他方法。不管使用什么方法,也不管怎样"委婉"地拒绝别人,必然会让对方感到失望与不快。我们所要做的,就是把由于拒绝而造成的失望与不快控制在最低程度之内。

第二节　谈判口才

在社会生活中,谈判作为一种常见的交流协调方式,使得每个人都充当着谈判者。为了满足各自所代表的大小不同的需求而不断地进行你一言我一语的交涉,国与国之间的贸易谈判、公司与公司之间的合作谈判、个人与组织之间的工作谈判等,包括菜市场买菜的讨价还价也是一种谈判。谈判是智慧的较量,谈判双方必须借助语言这一重要工具,使谈判过程成为一个合作、利己且不断互动的过程。谈判时既要争取己方利益,又要顾及对方的需求,从而实现双赢。因此,了解掌握谈判语言的特征,运用好谈判语言以及谈判语言运用时的各种策略和技巧,是谈判成功的基本条件。

一、谈判的含义

(一) 谈判的定义

谈判,由谈和判两个字组成。谈是指双方或多方之间的沟通和交流,判则是指对一件事作出决定。只有在双方相互的沟通和交流基础上,才能了解对方的需求和具体内容,从而作出相应的决定。简单来说,谈判是谈判双方或多方为了协调彼此之间的关系和满足各自的需要,通过协商争取达到意见一致的行为和过程。谈判就是一系列共同决策的代名词——过程决策。谈判是否成功的标志是谈判双方是否达成了各自都会保证履行的协议。

(二) 谈判的特点

很多人认为谈判是一项激烈的竞技比赛,过程充满着对抗。事实上,谈判并非人们理解的一种竞赛或智力大比拼,而是一种合作和协商以及智慧和艺术的展现。谈判活动之所以会发生是由于各方受到一些共同利益的驱使,结果往往也是"共享""共赢"的局面。这样就要求在谈判过程中除了努力为自身利益据理力争外,还应彼此站在对方立场上考虑;从而在谈判结果上谋求一致、使谈判双方达到最大限度上的共鸣。谈判绝不是通过施展各种诡计和手腕,争个你死我活或两败俱伤。

还有人认为,谈判是口才的较量。在众多的经典谈判场景中,我们往往为其中辩才所折服。然而,言语只是谈判时的一种外在表现,支撑言语的内在因素是个人的知识深度和广度、思维品质、心理品质、品行修养等。谈判时的语言很多都不能够提前进行周密的计划和安排,是一种双边的交流活动,在其中会出现许多你所没有预见的情况。这就要求谈判者具备第一时间调动整合大脑储备的所有信息,因为仅有好口才是远远不够的。通常情况下,一个谈判者必须具备良好的语言表达能力、观察注意力、记忆力、判断力、应变能力、决策能力。具体来说,应该具有正确的谈判意识、丰富的社会经验和广泛的理论知识、机智幽默和随机应变的水平、礼让温存胸怀坦荡的风度,勤于学习,善于思考,敢于负责。

因此,谈判既是竞争手段,又是斗争艺术。尽管谈判形式多样,谈判内容丰富,谈判过程复杂,谈判技术多变,但谈判是有规律可循的。

1. 在"合作"与"冲突"中实现双赢

由于各方都希望自己能从谈判达成的协议中获得尽可能多的利益,因而谈判各方必然要处于利害冲突的对抗状态中。由此可见,任何一种谈判均含有一定程度的合作和一定程度的冲突,谈判是双方合作与冲突的对立统一。

为使谈判能达成对双方都有利的协议,各方必须持有一定程度的合作诚意,不能容忍对方利益的谈判者是不能顺利或持久地获得自己利益的。即谈判各方在谈判过程中相互合作,只有各自做出相应让步,才能达成一致。否则谈判失败,双方都无所受益。

谈判是一种互动过程,单方面的让步或单方面的接受都不能算作是一种谈判。谈判涉及到双方或多方,所寻求的是各方互惠互利的结果。即各方的部分或全部需要得以满足和实现,是一种"我赢你也赢"双双获利的结果。这是贯穿于谈判全过程的基本原则。

有位老板想付3万元年薪雇用A先生在他公司任职,A先生提出5万元年薪的要求。老板并没有说出"就3万元,接不接受随你便"的话,因为这是很无理、不尊重的表达方式。老板说:"你想得到你所要求的,这是合理的。只是在这个级别的薪酬等级中,我所能提供给你的薪水是2.8万~3万元,你想要多少?"A先生说:"我想要3万元。"老板略加抵抗地回答:"2.9万元,你认为怎么样?"A先生坚持说:"不,3万元。"老板叹了口气:"好吧,既然你坚持,我只好答应了,就3万元吧。"

原本就是老板的意见,最后竟成了谈判对手争取的目标。这样一次简单的薪酬谈判结束了,老板雇用到满意的员工,员工也拿到他能接受的薪水。这就是谈判的基本特点,在"冲突"与"合作"中实现了双赢。

2. 利益的非均等性

谈判是互惠的双赢的,同时又是不均等的。谈判时双方通过不断调整各自的需求和利益而相互接近、争取共识,最终达成一致意见,由于各方都对对方有所要求,如果谈判结果只是一方获利、一方失利,即非互惠的,谈判就会破裂,甚至根本不可能坐下来开展谈判。只有双方都能从对方的承诺中获得自己的利益,谈判才会真正取得成效。但是,这并不意味着,各方的利益是绝对平等的,反而总是不平等的,即一方可能获利多,另一方获利少。这主要取决于谈判各方的实力、客观形势和谈判策略技巧的运用,以及谈判人员的素质、能力、经验、心理状态、感情等众多因素。谈判的这一特点使得谈判的艺术性和技巧性在谈判中占据了重要的位置。

二、谈判的思维策略

谈判活动中,为了达到某个预定的目标,根据形势的发展变化所采取的计策和谋略。谈判者所处的谈判条件在不断变化,因此谈判时的思维策略种类繁多,作用各异。下面将归纳总结劣势条件下、优势条件下和均势条件下的通用谈判思维策略。

(一) 坚守思维底线

谈判是彼此做出一些妥协和让步的决策活动。作为谈判者,涉及国家主权与尊严、组织利益和其他原则性问题时,必须坚持一个坚定的立场,不允许妥协和让步,不给对方可乘之机。这是作为谈判者需要坚守的思维底线。

1995年,中美关于知识产权问题谈判时,美方代表侮辱地说:"我们是在和小偷谈判。"我方代表——时任对外贸易经济合作部部长吴仪义同志义正词严地说:"我们是在和强盗谈判。你看你们的博物馆里有多少从中国掠夺来的东西。"痛斥得美国人哑口无言,不得不佩服中国的女部长。

只有明确自己在谈判中要争取的基本要求和首要条件以及次级要求分别是什么,这样才能在谈判中灵活把握必须保证的是什么,可以舍弃和让步的是什么。存在多种要求时,需要对各种需求按照重要程度进行排序,在谈判过程中时刻做到心中有数。

(二) "主动—被动"交替思维

谈判中各方的条件往往会有优势、劣势变化的现象,这是正常的。通常情况下,处于劣势条件下的一方会处于被动立场,被对方牵着鼻子走。对方问什么,己方就回答什么,这样持续下去会丧失提问的意识和机会,失去控制全局的能力,缺乏把握谈判方向的思维意识,对于己方的谈判是非常不利的。商务谈判中,实力较强的一方往往咄咄逼人,表现出居高临下、先声夺人的姿态;而处于劣势的另一方则可采取疲惫策略,消磨谈判对手,同时使己方从不利和被动的局面中扭转过来,变被动为主动,反守为攻,迫使对方做出让步。

三位日本商人代表日本航空公司来和美国一家公司谈判。会谈从早上8点开始,进行了两个半小时。美国代表以压倒性的准备资料淹没了日方代表,他们用图表解说、电脑计算、屏幕显示等各式的数据资料来回答日方提出的报价。而在整个过程中,日方代表只是静静地坐在一旁,一句话也没说。终于,美方的负责人关掉了机器,重新扭亮了灯光,充满信心地问日方代表:"意下如何?"一位日方代表斯文有礼,面带微笑地说:"我们看不懂。"美方代表的脸色忽地变得惨白,说:"你说看不懂是什么意思?什么地方不懂?"另一位日方代表也斯文有礼,面带微笑地说:"都不懂。"美方发言人带着心脏病随时将发作的样子问道:"从哪里开始不懂?"第三位日方代表以同样的方式慢慢答道:"当你将会议室的灯关了之后。"

美方代表松开了领带,斜倚在墙旁,喘着气问:"你们希望怎么做?"日方代表异口同声地回答:"请你再重复一遍。"美方代表彻底丧失了信心。谁有可能将秩序混乱而又长达两小时半的介绍重新进行回答?美国公司终于不惜代价,只求达成协议。

(三) 关注长远利益

中国有一句古训:人无远虑,必有近忧。谈判中的利益有的是短期利益,有的是长远利益,作为一个有智慧的谈判者,他更应该关注的是长远利益。

谈判中处于劣势时,在衡量了自己的长期利益和短期利益、局部利益和整体利益之后,可以采取以退为进的策略,形式上满足对方的需要,实际上则保护了自己的基本利益,乃至扩大自己的长远利益。这个策略从表面上看,谈判一方退让、妥协或委曲求全,但实际上退却是为了以后更好地进攻或实现更大的目标。因此,以退为进策略的着眼点有两个方面:一是要保证自己的基本利益不受损害;二是要为将来的发展创造必要的环境和条件。这种策略如果运用得当,效果十分理想。采用这一策略时,要认真考虑后果,既要考虑退一步后对自己是否有利,同时也要考虑对方的反应如何,没有十分把握,不要轻易使用这一策略。

(四)坦率真诚策略

"知己知彼,方能百战百胜",只有明白对方需要什么,谈判时才能够在允许的范围之内进行从容的进退。同时,谈判人员在谈判过程中,诚恳坦率地向对方吐露己方的真实观点,客观地介绍己方情况,真诚提出己方要求,是一种开放思维策略,能够保证自己站在对方的立场上思考,了解对方的期望值,对谈判进行整体的认识,以更广阔的思维空间和视野全盘考虑,使整个谈判过程更多地呈现其合作的性质。这样才能够获得对方的尊重,从而为你的利益的考虑,保证谈判的顺利进行,使谈判的结果令各方满意。

在广交会上,一位美国商人欲采购糖果。由于是第一次参加广交会,各种糖果样品琳琅满目,且都集中在一个展区,使这位商人一时难以决定与哪家供货商洽谈购买。当他正徘徊不定时,深圳天天糖果公司的谈判人员看穿了他的心思,于是上前开诚布公地问道:"看得出来您对糖果感兴趣,如果不介意的话,请到我公司的展台看一看谈一谈。"客户欣然前往。看完糖果样品和价格后,客户兴趣很大,并有成交的想法。该糖果公司的人员却建议他:"您不妨到其他糖果贸易公司比较一下报价,这对您是有利的。说实话,我公司糖果质量比较好,但价格稍微贵些,俗话说,货比三家不吃亏。"于是这位商人也真的去了其他几家经销糖果的贸易公司观察和比较,但最后还是回到了天天糖果公司的谈判桌上,毫不犹豫地凭样品签订了一单糖果合同。

此外,不管何种程度的开放,绝不能像"竹筒倒豆子"一样毫无保留,谈判人员应从不同侧面对对方的资信情况和作风进行了解和调查,再决定是否使用开诚布公的策略以及如何使用,要善于根据对手的实际表现和进展情况,适当地调整"开放"程度。

三、谈判的语言技巧

谈判者获得成功的关键因素除了正确的立场、观点,理论水平、专业知识和经验外,还需要在谈判过程中根据对方的处境、心理变化,灵活运用语言技巧,针对性地使用各种语言表达技巧说服对方。

(一)有声语言要求

1. 表情达意明确规范

在谈判中,要用准确、规范的语言陈述自己的观点。要求说话清楚、吐字准确、措辞得当,语言完整,逻辑层次明晰,使用的语言没有歧义,概念的运用准确无误。同时,要尽量避免话中有话的语句,能够根据自己表情达意的需要正确处理语句的停顿、重音、节奏和速度,让对方能够明确把握你所表达的意思。

谈判中的语言运用还要注意表情达意的修辞效果,不仅要将话语说对,还要说得好,说得让人容易入耳。

西方有位教士询问主持:"我们祈祷的时候可以抽烟吗?"主持听后大动肝火,批评他不虔诚,竟然在祈祷的时候还想着抽烟。过了几天,另一位在祈祷时想抽烟的教士问主持:"我们在抽烟的时候可以祈祷吗?"这一次,主持不仅没有批评他,反而大加赞扬,因为他认为这位教士在抽烟的时候都不忘记祈祷。

从上面的例子中我们可以看出说话技巧的重要性。

2. 态度真诚语气委婉礼貌

谈判各方应该是一种平等对话的关系,谈判者怀着真诚的态度,只有做到说话时不温不火、不卑不亢,才能赢得对方的尊重。要注意说话距离的保持,多用礼貌用语,泰然自若、从容自信,话语逻辑有条不紊。

委婉礼貌是谈判中的语言原则。为了做到这一点,谈判语言的语速、音量、节奏等都应该控制在中度状态,过快、过重、过慢、过轻都不利于谈判。特别是在不同意或不明白对方的观点时,也不能用气势汹汹或者不屑一顾的语气,而应该用委婉礼貌的语气阐述自己的看法。比如,直接发问"你的要点到底是什么?"就显得不礼貌和沉不住气,不妨换一种语气说:"刚才所论述的问题听起来并没有引起大家的关注。我们是否可以考虑重新表述下?"

在谈判中要以理服人,不能过于亲昵,也不能咄咄逼人。当然,有时根据谈判的具体情况可以通过增强语势、长时间停顿、突然放慢速度等与原先完全不同的方式,提醒大家注意你的态度的变化,以引起大家对你所谈及的问题的高度关注。

(二) 态势语言要求

态势语言即指人的身体语言,也称为无声语言。在谈判中,态势语言运用得好,将会给谈判带来意想不到的效果。

坐姿:两脚着地,膝盖成直角,身子适当前倾,不能靠在椅背上,坐沙发时双脚侧放或稍叠放。在谈判过程中,可以随着讲话人的内容不断调整自己的姿势以表示对其话语的兴趣。值得注意的是,女士就座时不能跷二郎腿,更不可以将腿叉开。走姿:双肩平衡,目光平视,面带微笑,双臂伸直放松、自然摆动。

倾听对方谈话时双眼注视对方,可以边听边在记录本上做些记录以示重视;可将双手合拳按在前额或下巴表示沉思;也可以点头表示赞成,微微摇头表示不赞成。

厌倦或愤怒时表现出眼神不专注,左顾右盼,皱眉,人往椅背上靠,整理案前材料,看表,把玩身边的小物件,画一些不相干的图画,做出欲离开的样子等。

整体上看,谈判中的态势语言应很好地体现出谈判者的人格修养,这对谈判结果将起到重要的作用。

有一次,曾任美国第16届总统的林肯作为被告的辩护律师出庭。原告律师将一个简单的论据翻来覆去地陈述了两个多小时,听众听得早已不耐烦。好不容易才轮到林肯辩护,只见他走上讲台,一言不发,先把外衣脱下来,放在桌上,然后拿起玻璃杯喝了口水,接着重新穿上外衣,然后又喝水,这样的动作重复了五六次,逗得听众笑得前翻后仰。这时,林肯才在笑声中开始了他的辩护。

林肯与其他听众一样,对原告律师啰啰嗦嗦、翻来覆去的发言极为不满,却又不便直言指责。于是,他上台之后进行了一系列体态动作的表演,以此来代替有声语言嘲弄原告律师,抒发自己心中的不满,收到了此处无声胜有声的表达效果。

当然,在正式的谈判场合,态势语言一般是短暂的,表意也是明确的,无须持久和深刻,但其在口语表达中的替代作用是显而易见的。

(三)语言表达技巧

1. 开场白

开场白是双方交锋前表达我方观点的语言,要注意将己方观点清晰明确地进行阐述。一般来说,首先用一句话概括核心内容,接下来谈及具体的观点,数量不宜过多避免分散听众注意力和中心问题不突出,结束开场白时,要对自己的发言进行总结,尤其要突出希望引起对方关注的观点。开场白的表达,要有明确的语言提示内容的转承。还应特别注意语气的果断自信、从容不迫。

2. 引出话题

谈判中的主题往往比较多,各方关注的话题又有可能存在差异,此时需要巧妙地提出你所想谈判的中心话题。话题的引出方法包括三种:直接引出,即开门见山地说出自己的观点;间接引出,在其他问题的交谈中引出话题;循着谈判的具体进程适时引出。

3. 提问的技巧

提问是谈判过程中一个非常重要的环节,不仅可以决定谈判的发展方向,同时也关系到对方对你的水平的估计,从而会促使他们改变谈判策略。谈判中的提问一般包括以下两类:

封闭式提问,是指简单判断式的问题,即只需要对方回答"是"或"不是"、"对"或"不对"的问题,在封闭式提问时要注意对对方思维的引导,例如用"您说是不是?"来结尾提问。封闭性提问还可以对信息进行证实和建议,也就是将对方的表述进行重复后发问,或用"请您考虑是否……"来提问。

在谈判中,应该多提开放性的问题。开放性问题往往给对方提供了较为开阔的思维空间,也能够使对方认真考虑你的问题并不能回避,必须给予回答。

4. 回答问题的技巧

在谈判中,往往对于对方提出的问题可能心中不太清楚,或者觉得没有必要回答,或者对方的态度让你不愿意回答,此时如何回答就显得很重要了。在这情况下,必须坚持的一个原则是避免冲突,给自己留下回旋的余地,通过思考后再给予答复。一般可运用变通迂回的方法通过各种方式为自己赢得回旋的时间和机会。比如,在回答持反对意见但又不便明说的时候,可以这样说:"这件事我需要请示一下领导。"

5. 重复表述

重复表述包括两方面的内容:一是谈判者不断重复自己的意见;二是谈判者重复对方的意见。

谈判者可不断重复自己的意见,引起对手的重视,实现自己的目的。在谈判中使用重复的方法,最重要的是有耐心和锲而不舍的顽强态度。只要问题一天得不到解决,就一天天地去重复表明要求,不管对方以什么样的理由、态度对待你的要求,都应置若罔闻,绝不能被对方的言辞所困扰。当对方不耐烦,甚至大发雷霆时,绝不可被对方吓倒或激怒只要你不急不火、心平气和,坚决地"按既定方针办",使对方认识到你的要求是无法回避的,必须高度重视、认真对待。这样,目标就有可能达到。

在对方发表不同意见后,谈判者可用自己的话将对方的意见重复一遍,但这种重复是把它变成自己的话,并在重复时削弱甚至改变了异议的实质,使一个十分尖锐的反对意见变成一个普通的问题,从而使得对方的意见变得比较容易对付。

6. 妥协和争取

在谈判前必须事先就哪些可以让步、哪些应该争取做好全局考虑;而在谈判中,如何争取却有语言技巧在其中。

美国前国务卿基辛格说过:"任何成功的谈判都必须建立在一种相互均衡让步的基础上,但如何达到这种均衡却是一个复杂的过程。做出让步的先后顺序是关系重大的,如果在对方相应的让步明朗化之前,自己一方坚持一步不让,而不是把每一让步作为全局的部分来看,那么谈判就有可能失败。"

(1) 趋重避轻法。正如前面所说的,在谈判诸问题中有核心问题也有次要问题。很多时候,我们可以在次要问题上做些让步,并以"做了妥协和让步"的名义,要求对方在其他的对于我们来说是核心的问题上满足我们的要求。

(2) 激将法。激将法就是通过一定的语言手段刺激对方,激发对方的自尊心和荣誉感,使对方发生情绪波动和心态变化,促使他采取一种不同寻常的行为,朝着自己所预期的方向发展,使其下决心去做某种己方希望他去做的事。激将法最适合在那些经验较少、容易感情用事的对象身上使用。

广州佛山一家商行一直订购福建德化瓷厂的茶具,可是一段时间商行生意不景气,恰巧又更换了新经理,于是瓷厂与商行的业务往来出现了危机。这时,瓷厂厂长亲赴佛山同新上任的经理洽谈。瓷厂厂长说:"……我十分理解你们商行的处境,说句心里话,我真想继续同贵行建立长期业务联系。可是,目前商行生意不景气,您虽然年轻有为,但'升'不逢时,所以……"话未说完,新经理觉得受到了瓷厂厂长的轻视,于是夸耀般地向厂长介绍了他新的经营之道、上任后的宏伟目标以及要使商行重新兴隆的新措施,并表明商行还将继续保持同瓷厂长年业务联系等。瓷厂厂长巧妙地运用激将法,激起了对方的自尊火花,使谈判达到了理想的效果。

当然,在使用激将法的时候,一定要注意语气的平和、态度的友善,不然会适得其反。

运用激将法一定要因人而异,对自卑感强、谨小慎微、性格内向的人,不宜使用此法,对那些老谋深算、富于理智的"高手",也不宜使用这一方法,因为他们一眼就会看穿,根本不会就范。

(3) 先发制人。

先发制人要在谈判一开始就显示出我方的优势,使对方基于事实不得不接受我方的要求。

1984年,中国煤炭机械进出口总公司根据我国煤炭发展的需要,拟从美国 M 公司进口

L-1000型电动轮装载机。在谈判中,我方采用了先发制人的策略,避开了我方代表对该设备的机械性能、生产效率以及使用的有关技术资料知之甚少的弱项,一开始就介绍我国煤炭工业的发展规划和实施步骤并因之而产生的对这类设备的巨大需求量和广阔的市场前景,满怀诚意地希望继续与美国公司合作,创造了轻松愉快的谈判氛围,使对方欣然接受了我方的方案。

（4）分析利害法。对方如果在我们的合理要求之下不让步的情况下,我们可以取之于义、晓之以理、动之以情,使对方放弃固执己见的态度。比如,进口商品的质量问题已经成为目前人们普遍关注的问题,在这类商品质量纠纷谈判中,外方往往在赔偿数额上与我方提出的、所能够接受的最低数额相距甚远。这时,我们可以就两国未来的合作利害关系进行分析,迫使他为了长远利益接受眼前的谈判要求。

（5）欲速则不达。不把想说的意思直接说出来,而是先谈一些貌似与主题无关,令对方感兴趣、能接受的话题,然后由小及大、由少到多、由浅入深、由远及近、由轻到重、由易到难地一步一步引入正题。有时,"欲速则不达",不妨多花点时间,先绕个弯子,说点别的,让紧张的谈判气氛缓和下来,与对方建立了心理相容的关系,然后一步步引出主题,让对方接受。在使用绕弯法的语言技巧时,必须选择对方既感兴趣又和自己主旨有潜在联系的话题,在谈话中慢慢地、自然地使这种潜在关系明朗化,最终让对方自愿地接受自己的主旨。

（6）赞美法。赞美法是指在谈判过程中,用语言极其明确地赞赏对方,给他人带来美好的感受,使受称赞者在情感上对称赞者产生好感,软化对方的谈判立场。当然这样的赞美应该是真诚的,应该与被赞美者的实际的业绩相联系,做到取信于人,从而获得较好的效果。

汉高祖刘邦问名将韩信道:"我能统领多少军队?"韩信回答:"在下不过能带10万兵马。"刘邦接着问:"那你呢?"韩信回答:"我多多益善。"刘邦又问:"既然你多多益善,为何还被我所用呢?"韩信回答:"陛下不能带兵,而善于带将,这就是臣为陛下效力的原因。"能够带兵的人,已属人中豪杰了,而能够带这些人中豪杰的,更应是举世少见的伟人。韩信的话,既表明了自己的才干,更道出了刘邦真命天子的气概,刘邦听了怎么会不高兴呢?

第三节　面试口才

面试是求职必不可少的一个重要环节,和其他目的的社交活动一样,是以语言传递、互相沟通的社会行为,是应试者与用人单位相互了解、传递信息的最基本工具。和求职简历不同,面试时的言谈举止能够更全面反映一个人的自身素质、工作能力、专业水平以及个性品质等,最直观的就是口才的表现。

一、面试语言基本要求

（一）简明扼要

面试主要是求职者和考官面对面的交谈。一般来说,面试的时间不会很长,长则半小时或一小时,短则几分钟。要使考官在短短的几分钟之内了解你、欣赏你,求职应答就要简明扼要、重点突出。因此,求职者在有限的时间内要用最少的语言传递最多的信息,突出重点地介绍自己,避免重复啰嗦,否则会给人留下办事不干练的印象。面试时间有限,非常讲究效率。回答问题一定要抓住要点,开门见山,尽可能用"第一、第二、第三"来说明,这样能给人以头脑清晰、干脆利落、思维能力强、办事精明可靠的印象。

(二) 真诚朴实

用人单位很看重求职者是否具有诚实的品质。在面试中,如果主考人员问到超越自己知识水平的问题,不要不懂装懂,说些一知半解或道听途说的话,主考人员一追问,局面会很尴尬。最好就是坦然承认。直接回答不会,并做出合理的解释反倒会留下诚实、坦率的好印象,变不利为有利。同样,如果主考人员发现了自己的不足之处,最好不要回避,也要坦然面对。必要时,也要为自己的不足做出合理的解释,并表示今后要改进的决心。

(三) 扬长避短

"金无足赤,人无完人",人人都有短处,如果对方有意揭短,或遇到自己根本不懂的问题时,就应勇敢地承认。如果对方没有发现你的短处,就应扬长避短。从某种意义上说,求职面试既要"真诚朴实"又要"扬长避短",两者不但不矛盾,反而相辅相成。每个用人单位都在寻找那些能力强的求职者。如果一个求职者反复表示自己能力不强,那么招聘者又怎么会考虑录用他呢?

(四) 谦恭有度

求职面试谈到自己的基本情况和所长所短,不可一味地只谈自己,而应该不忘站在对方的立场上来谈自己,做到谦恭有度。求职者既要展示自己的才华和优势,又不要让对方觉得你是在自吹自擂,既要让主考者觉得你是为了对方的利益而来求职,又要适时提出自己的愿望和要求。

谦虚是一种美德,面试时对谦虚的把握要注意分寸。

二、面试语言表达技巧

(一) 常见问题的回答技巧

尽管不同的单位面试的程序和模式会有所不同,面试考官的风格各异,但是有些问题是面试中一定会涉及的,有些问题是大多数考官比较喜欢问的。知己知彼,百战不殆,即将走上求职竞聘之路的大学生们如果能对一些常见问题做些准备,那么面试成功率会大大提高。下面我们对大学生求职竞聘面试中经常遇到的一些问题做一些分析。

1. 请和我们谈谈你自己

这是个开放性问题。从哪里谈起都行,但是滔滔不绝地讲上一两个小时不是面试官所希望的。这样的问题是测验你是否能选择重点并且把它清楚、流畅地表达出来。提问者想让你把你的背景和想要得到的职位联系起来,可以介绍求学和工作经历,强调专业优势和职业技能优势,结合自己的理想和应聘岗位的满意之处。

2. 你最喜欢的大学课程是什么

有时候求职者过于诚实,单纯告诉对方自己喜欢的课程,却忽略了求职的目的。最好的回答是与你应聘的职位相关的课程。一方面，可以说明你的专业对未来的工作有益；另一方面，可以表现出你对应聘工作有兴趣。比如，应聘公务员的职位时，你可以回答喜欢的课程是"公共关系学"，当然前提是真实学过此类课程。

3．你参加过什么社会实践活动

一般来说，用人单位对有工作经历的应届毕业生评价较高。因此，假期的专业实习和社会调查重点说，家教经历、短期打工也可以提及，最好还能说出你在这段工作中得到的成长和体会。

4．你有哪些主要的优点和不足

从辨证的角度看，优点和缺点是可以相互转化的，有些优点对某些工作来说可能恰恰是缺点。在面试之前，应了解自己拟应聘的岗位的职责和素质要求，你的回答应当首先强调你已具有的技能和专业知识有利于该岗位，如有的岗位要求的素质是"独立工作能力强"，有的是"具有团结协作的精神"，在回答时就要视具体情况把你的优点告诉面试考官。另外，"我的学习能力、适应能力很强""人际关系很好"等都是可提出的优点。

对于缺点和不足，回答问题时的态度比回答的内容更重要。对正要走向工作岗位的毕业生来说，有些普遍性的缺陷是无法掩盖的，如缺乏实践经验、社会阅历较浅、知识结构不甚合理等。对这些缺陷要坦然承认，实事求是地回答，并表示你有进步的愿望。

5．说说你一次失败的经历

也许你真的一帆风顺，但不能用"我一直很顺利，没有失败过"来回答，面试官不会因此认为你能力、才干过人。有时失败的经历也是一种成长，一些大公司甚至愿意最早淘汰那些没有体验过失败的求职者，因为他们可能担心一旦遇到挫折和失败，这些人将缺乏承受能力，无法从挫折和失败中迅速走出。恰当回答应该是，先介绍一次不太严重的失败经历，然后强调你因此得到了很好的锻炼和成长。

6．你的老师、朋友对你的评价如何

通过这个问题面试考官想知道你的人际关系怎么样，是否容易相处等。回答时突出自己的人品可靠，踏实稳重，注意既真诚得体，又需扬长避短，避免夸夸其谈。

7．为什么你要应聘我们的公司

回答好这个问题需要求职者提前做好功课，增加对面试单位的了解，让对方感到你应试的决心与信心。回答问题时要显示你对公司的兴趣及你对该岗位的认识，客观地说一说你的印象，自己的专业知识、职业技能、个人素质等与该岗位的契合程度以及将对公司的贡献等。

8．你如何规划自己未来的事业

很多没有经验的应聘者会回答"管理阶层"来展示自己的雄心壮志，其实面试官是在考察你的工作动机，想知道你的计划是否与公司的目标一致，是否可以信赖你把工作长久地干下去，而且干得努力、踏实。最好的回答可以是"我希望在今后几年中，成为一名内行的专业人士。到那时，我未来的发展目标应该会清晰地显露出来。"

9. 你有何业余爱好

这个问题看似很简单随意,但往往有更深一层的意义,面试官不仅想知道业余爱好和工作的关系,还想知道你的生活态度。如果你告诉对方没什么爱好,那么他可能认为你是缺乏情趣和格调的人。在回答这类问题时,既要显示自己的情调与修养,又能展现自己的事业心,以此为原则说明实际的情况。面试者可以这么回答:"我平时喜欢和大家一起打篮球。"

(二) 挑战性问题的回答技巧

许多单位不仅要求应聘者具有基本业务能力和一般的素质,还要求能从容自如地面对各种困难,积极妥善地解决比较棘手的问题。因此,常别出心裁地出一些富有挑战性的偏题、难题、怪题,有意"刁难"应聘者,通过"察言观色"考察一个人的品质、潜能、创造性、快速反应能力以及特殊情况下的应变能力等。面对这类问题,最重要的是要透过现象看本质,只有弄清出题者的本意,才能比较圆满地回答问题。

1. 沉着冷静机智反问

一个求职者去应聘一家电视台的记者一职,面试中考官指出:"你说你爱好写作,可是我看了你填的报考表,在'自我评价'栏中居然出现了三处语法错误,现在没有多余的表格,也不准涂改,你怎么办?"该应聘者听后吃了一惊,心想写自我评价时自己是字斟句酌的,怎么会有三处语法错误呢?但面试时不允许他多想,他思索了一下,镇定地回答:"为了弥补失误,我可以在表后附一张更正说明,上面写着:'某某地方出现了三处语法错误,实属填表人的粗心,特此更正,并向各位致歉。'不过——"他顿了一下说:"在发出这份更正说明之前,我想知道是哪些错误,因为不能无的放矢,错误地发出一份更正说明,我不愿再犯这种错误。"

听到他的机智反问,面试考官笑了。事实上,他的自我评价中并没有错误,这只是考官设下的一个圈套,他用沉着机智的回答证明了自己的自信和敏锐的反应能力,赢得了考官的赞赏。

2. 你明天要去旅游,机票已订好,公司突然要求你去加班,你怎么办

有不少求职者不假思索地回答:"我肯定是明天去加班。"以此来获得面试官的好感。最佳的答案应该是根据具体情况作答,可以这样回答:"我可以先问一下:这个加班是不是非常重要?是不是对公司的业绩影响很大?是不是非得我去?其他同事可不可以代替?如果不可以,我只能将飞机票退了,去加班。"

3. 如果录用你,你能长期工作,不跳槽吗

公司都喜欢稳定的员工,如果回答"会跳槽",那么肯定不会录用你。如果回答"我不会跳槽",这样不仅把自己给套住,而且易给人造成业务能力不强的错觉或不真实的感觉。可以回答:"如果找到了自己满意的工作,有能发挥自己才能的环境和丰厚的收入,我将为它献上我全部的心血。"这样既表达了愿望又回答了问题,巧妙而得体。

4. 你的学历太低,达不到我们的要求;你的经历太单纯,我们需要经验丰富的人

这些问题很可能是故意给你施加压力,看你的自我控制能力、情绪稳定性如何,以及是否有足够的自信。因此遇到这类问题要顶住压力,迅速调整自己的心态,沉着、自信地回答面试考官。而对"你的经历太单纯,我们需要经验丰富的人"之类的问题,你可以这样回答:

"对于刚刚走出大学校门的我来说,在工作经验上的确欠缺,但是我的专业知识扎实,而且我相信我的勤奋一定会弥补这方面的不足。"对"你的学历层次太低,达不到我们的要求"这样的答复,你可以告诉面试官,你很愿意在该公司的支持下通过进修获得所需的学历。

(三)提问语言技巧

求职者要珍惜提问的机会,只有掌握提问的技巧,才能做到敢于提问和善于提问。

1. 注意问题边界

有的求职者会问"你们是合资企业,请问董事会成员里中外方各有几位""公司未来五年的发展规划如何"这类问题,显然超出了求职者应当提问的范围,突破了自身的身份边界,使面试官心生不悦。一般来说,所提问题要与求职有关,不宜突破此边界。比如,该职务所需人员的知识结构、能力结构与素质要求等都是可问之列。

2. 注意提问的时机

面试提问有一定的顺序,有的问题可以在一开始就提出,有的可以在谈话进程中提出,有的则应在快结束时再提出。例如,待遇问题、录用情况等,如果求职者想问的话,就不能操之过急。因此,要把不同的问题安排在面试谈话不同的阶段提出,避免毫无目的地乱提问。

3. 注意提问的方式和语气

有的问题可以直截了当地提出,而有些问题则应委婉、含蓄地提出。例如,了解工资待遇等问题,如果直接就问"你们打算给我开多少工资?"这样的语气就很不礼貌,好像是在谈判,很容易引起主考官的不快和敌视。而应婉转地说:"贵公司这样级别的岗位薪酬区间是多少?"或者根据自己的条件如实说出你的期望值的上限。在提问时,一定要注意语气,要给对方诚恳、受到尊重的感觉。

4. 注意提问的深度

面试官希望通过求职者提出的问题来考察其知识水平、思维方式、价值观等,求职者决不可信口开河,提出一些肤浅的、幼稚可笑的问题,而应提一些有水平有深度的问题。

第四节 宣讲口才

宣讲是演讲者在特定的时空环境中面对听众发表的讲话,主题明确,目的是向听众传递宣讲内容。因此,宣讲时的论题要与演讲场合气氛相协调,即时间、背景、组织和听众等因素。

一、宣讲的选题和选材

(一)选题原则

特定目的的宣讲更像是"命题作文",但如何确定具体的选题,需遵循一定的原则。

1. 体现时代精神

宣讲的目的在于宣传、鼓动和激励听众。因此,选题一定要有时代意义,必须紧紧抓住听众普遍关心的问题,抓住社会现实中的热点、焦点问题。例如,思想政治方面的重大问题,与现实社会息息相关的社会风气和道德修养问题以及反映科学文化发展动态、推动科学文化事业发展的问题等。要讲出时代感,讲出新意,对所讲问题给予科学的分析和全面的解释,从而解决人们普遍关心、急于得到回答的问题。

2. 符合听众要求

宣讲是讲给人听的,听众听得懂、喜欢听才能有助于演讲目的的实现。听众渴望了解的是他们关心的问题,对其工作生活有指导价值的知识和信息,因此演讲者的选题应从听众的心理需求出发,来缩短演讲者与听众之间的心理距离。由于民族不同、性格和职业有别、年龄差距,以及生活环境和文化修养不同,听众存在着很大的心理差异、风格差异、感情差异等。选题时应考虑不同类型听众的需要,根据不同民族、不同职业、不同层次的听众的知识水平、兴趣爱好、风俗习惯等来确定。例如,企业代表到高校进行招聘宣讲,要注意听众为在校学生,所处的环境是校园,时间背景是毕业季,那么主题应是介绍企业和人才需求。

3. 切合自身实际

首先,演讲者必须选择自己熟悉的、有兴趣的论题来讲,只有熟悉、感兴趣才有话可说,才能展开深入的分析。其次,演讲者必须选择切合自己的年龄、身份、气质的论题讲。如果演讲者是个企业家,就不适合进行政治主张的宣讲,由于受限于理论水平,很难从容自信地达到宣讲目的。

4. 考虑时空场合

演讲是演讲者在特定的时空环境中面对听众发表的讲话,因此演讲的论题要与演讲场合气氛相协调,即适合演讲现场的布置,演讲的时间、背景、组织和听众等因素。例如,优秀学生代表在毕业典礼和开学典礼上的演讲内容肯定是不一样的,因为场合变了听众变了,演讲的内容也要相应地变化。

(二) 材料选择

1. 选材要"真实"

虽然演讲材料的来源十分广泛,但无论以何种渠道获得、何种方式获得,都必须谨慎论证,去伪存真,以求确凿。只有真实的材料才最具有说服力和感染力;只有那些反映生活本质和主流的材料,才能使演讲的主题立于无可辩驳的牢固基础之上。任意臆造和虚构的材料势必与事实发生冲突,势必会被人揭穿。因此,演讲者在选取材料时一定要严格把关,切忌以讹传讹,更不可任意捏造。

2. 选材要"严格"

选材严格,是指选材既要切合主题需要,也要满足听众的需要。演讲中引用材料是为了更好地表达思想、说明观点、阐述道理和深化主题。因此,所用的材料都要紧紧围绕演讲的主题来进行,使道理自然地寓于事例之中,让人听后感到顺理成章,而不是牵强附会。同时,演讲者还要针对不同听众选择不同材料,只有选择听众理解的材料,听众才能接受;只有选择与听众密切相关的材料,听众才会感兴趣。

3. 选材"型"

典型材料就是具有代表性的材料,这类材料最能反映事物特征,最能揭示事物的本质。演讲材料的选择在于精而不在于多,事物的本质和规律,总是通过个别的、特殊的事实表现出来的,但并不是任何事实都能反映事物的本质,只有那些能够集中体现事物的本质,在同类事物中最有代表性的典型材料才能更好地论证演讲的主题,增强演讲的表现力和说服力。因此,写演讲稿时应从众多的材料中选择那些最有表现力和感染力的典型材料。

4. 选材要"新颖"

选取材料,不但要真实、自己熟悉,而且还要追求新颖。演讲所选材料新颖与否,对表达主题影响极大。主题深刻而选材陈旧,令人听来枯燥乏味,主题的表达也会受到影响。只有新颖的材料,才能表现出新鲜的思想,才能打动听众。因此,演讲者应善于捕捉社会生活中层出不穷的新事物、新问题,并善于总结,以此作为材料。同时,也可以选择那些自己最熟悉而恰好又是别人忽视的问题作为材料,或者对人们熟知的、自己却有了新认识或新体验的材料,这些都可以给听众以清新感。

二、宣讲语言的组成

(一) 开头

演讲稿的开头又叫作"开场白",它虽然不是主体,却起着非常重要的作用。卡耐基认为,任何形式的演讲,开头总是关键。在宣讲开始后的几分钟或几十秒,听众往往根据对演讲者留下的第一印象来决定是否接受演讲,是否听下去。本节介绍几种常见的开头方式。

1. 提问式

以提问方式开头,可以引起听众的注意力,引导听众积极地思考问题,参与到演讲的议题中去,而不是消极被动地听演讲。例如,闻一多的《最后一次讲演》的开头:

这几天,大家晓得,在昆明出现了历史上最卑劣、最无耻的事情!李先生究竟犯了什么罪,竟遭此毒手?他只不过用笔写写文章,用嘴说说话,而他所写的,所说的,都无非是一个没有失掉良心的中国人的话!大家都有一支笔,有一张嘴,有什么理由拿出来讲啊!有事实拿出来说啊!为什么要打要杀,而且又不敢光明正大地来打来杀,而偷偷摸摸地来暗杀!这成什么话?

演讲稿刚一开头,闻一多先生便直截了当地连连发问,问题一提出,听众就不由自主地进行思考,并急于想知道答案,于是把注意力都集中到演讲者的身上。而且问句中又夹带着感叹句,势不可挡,一开始就把气氛推向了高潮。

2. 悬念式

北宋词人李之仪在《卜算子·我住长江头》一词中,用"我住长江头,君住长江尾。日日思君不见君,共饮长江水"的词句来表达思念之情。如果是现在,李之仪绝不会再写出"共饮长江水"的词句了,为什么呢?

——摘自网络文章《我们的后代喝什么?》

在听众还毫无心理准备的情况下,就提出一个悬念,调动听众的好奇心,激发听众的兴趣,使听众带着问题急切地想听下面的内容。

3. 故事式

爱听故事是人的天性,听众尤其喜欢听演讲者述说自己亲身经历的故事。但讲故事只是实现演讲的手段,而不是目的本身。通过故事跌宕起伏的情节,将听众引入一种忘我和共情的境界中,并将自己的思想观点不动声色地融入故事中,展开演讲的内容,起到"润物细无声"的作用,从而达到讲故事的目的。

4. 揭题式

揭题式开头是开门见山,直截了当地揭示演讲主题。这种开头方式的优点是干脆利索、中心突出,使听众一听就明白演讲的主旨是什么,达到讲者与听者的心灵共鸣。

有人曾预言,中国是一头睡狮,就这样我们被人家当了一百年睡狮,我们也把自己当睡狮自我陶醉了一百年。狮子是百兽之王,但一头酣睡的狮子能称得上是百兽之王吗?一只睡而不醒的狮子,一个名义上的百兽之王并不值得我们为之骄傲。如果我们为这样一个预言而陶醉,就好比陶醉于"人家说我们祖上也曾阔过"一样,真是脆弱而又可怜。我们不要伟大的预言,我们只要强大的实力,我们不要做睡狮,只要我们觉醒着、前进着,就比做睡着的什么都强!

——摘自网络文章《我们不愿做睡狮》

(二) 主体

1. 主题鲜明突出

一般来说,写演讲稿,首先要确定主题。但有了主题还不够,还得将主题表现得突出鲜明才行。为使主题鲜明突出,可以通过只讲一个中心,反复解释要点,加强综合性的阐述等方法来实现。

2. 内容充实有说服力

在演讲中,演讲者只能引导听众接受观点,而不能强迫听众接受观点,所以必须依靠演讲内容的丰富、精彩,来吸引打动听众,获得演讲成功。在演讲中,空谈大道理是无说服力的,"事实胜于雄辩",永远是一条颠扑不破的真理。

3. 层次清晰

演讲稿层次的安排要注意通篇格局,统筹安排,给人以整体感;要主次分明,详略得当,给人以稳定感;要互相照应,过渡自然,给人以匀称感。同时,演讲稿是讲给人听的,转瞬即逝的,因而结构层次不能太复杂,要给人以明朗感。演讲稿的层次排列形式,主要有纵进式、横列式、纵横交错式等三种形式。

4. 精心设置高潮

演讲中的高潮,是演讲者就某一论题,经过一番举例、分析、说明、论证后,对于肯定什么、否定什么所作出的最鲜明的回答。它体现出三个特点:一是思想深刻,态度鲜明。二是感情强烈,演讲者的爱憎、喜怒在此得到了尽情的宣泄。三是语句精练。这三个特点的组合,使演讲具有强大的感染力。

(三) 结尾

俗话说:编筐编篓,重在收口;描龙画凤,难在点睛。演讲的结尾,就是演讲的"收口""点睛"。演讲的成败在相当程度上取决于演讲的结尾。演讲结尾的类型和方法多种多样、不拘一格。以总结归纳的方式结尾要求用极其精练的语言,对演讲内容和思想观点做一个高度概括性的总结,以起到突出中心、强化主题、首尾呼应的作用。提出希望,发出号召的结尾是演讲者对听众的理智和情感进行呼唤,或提出希望,或发出号召,或展示未来,以激起听众感情的波涛,使听众产生一种蓬勃向上的力量。演讲本身是一种思想和激情的燃烧,用抒情怀、发感慨的诗情画意的语言结尾,最易激起听众心中感情的浪花。通过引用名言、警句、谚语、格言、诗句等作为结尾,可以使语言表达得精练、生动、富有节奏和韵律。除了某些较为庄重的演讲场合外,利用幽默结束演讲可为演讲添加欢声笑语,使演讲更富有趣味,给听者留下一个愉快的印象。

演讲结尾的方式灵活多样,但都应干脆有力、短小精悍。演讲者可根据演讲的对象场合等多方面的因素选择恰当的结尾方式。

三、态势语言的作用

作为人类以有序的声音为物质材料的信息载体,口头语言在宣讲过程中是主要工具,而态势语言则在宣讲时为口头语言增加了有序的面部表情、体态语言、空间距离、服饰装束等物质材料,能够发挥其特有的表情达意的作用。因此,在进行宣讲目的的口头语言表达时,态势语言所起的作用不容忽视。

英国前首相丘吉尔在一次演讲中说:"我们现在的生活水平比历史上任何时期都高,我们现在吃得很多。"讲到这里,他故意停了下来,看着听众好一会儿,然后他盯着自己的大肚皮说:"这是最有力的实证。"

丘吉尔在这段演讲中首先巧妙地使用停顿,"看着观众好一会儿",将听众的注意力吸引到他自己身上,然后运用"盯着自己的大肚皮"的体态语,恰到好处地对自己所表达的有声语言观点进行论证,带来了轻松、妙趣横生的演讲效果。

毛泽东主席在《第一次全国人民代表大会第一次会议开幕词》报告结尾时,用激情澎湃、坚定有力的声音说:

我们的目的一定要达到!(掌声)

我们的目的一定要能够达到!(掌声)

毛主席每讲完一句,就伴随着一个向前推进的有力的手势。这个手势,强调了"我们的目的一定要达到"的革命坚定性和"我们的目的一定能够达到"的胜利必然性,给全党全军和全国人民以极大的鼓舞和鞭策。

由此可见,态势语言是宣讲口才的不可或缺的组成部分,它可以帮助演讲者更具说服力地传达信息,并与观众建立互动和联系。同时,态势语言的运用还可以帮助演讲者更准确地传达情感,通过面部表情、手势和声音调控,演讲者可以让观众分享他们的情感体验,更好地沟通共鸣。态势语言可以增强演讲的效果,使演讲更具影响力和吸引力。

【案例赏析与思考】

2022年,内蒙古自治区举办了"'理响新征程'内蒙古自治区理论宣讲大赛"。在决赛现场,选手张琳以有深度的内容、有力度的说理、有温度的讲述获得第一名。请赏析该案例,并思考本章节习题。

振奋中国人的精气神　走好民族复兴新征程

张琳

各位评委、老师、同志们、朋友们,我宣讲的题目是《振奋中国人的精气神走好民族复兴新征程》。

还记得去年9月25日吗?这一天,晚舟归航,经过1 028天的非法拘押,中国公民孟晚舟身着一袭红衣,哽咽地说:"祖国,我回来了!"无数网友为之感动泪奔,也看到了电子镣铐在她脚腕上留下的瘀青。

晚舟归航昭示着:任何镣铐都锁不住中国人民深沉爱国之心,任何打压都压不住中华民族伟大复兴之志,任何风雨都挡不住中国巨轮破浪前行之路!当今中国,中华民族伟大复兴战略全局和世界百年未有之大变局交织叠加,形势环境变化之快,改革发展稳定任务之重,矛盾风险挑战之多,都前所未有。

新征程上,中国人该以怎样的精气神接续奋斗?习近平总书记号召我们要增强做中国人的志气、骨气、底气,谆谆话语,情真意切,为我们指明了前进方向:

第一,要用理想和信念增长民族复兴的志气。中国人的志气是什么?是一种心系人民、胸怀天下的理想信念,它熔铸在中华民族的血液中,是"士不可以不弘毅,任重而道远",百年潮涌,一心追梦。毛泽东说:"为有牺牲多壮志,敢教日月换新天。"邓小平说:"我是中国人民的儿子,我深情地爱着我的祖国和人民。"习近平说:"我将无我,不负人民。"正是心怀家国大爱,领袖们砥砺前行,团结带领党和民族,书写了中华民族几千年历史上最恢宏的史诗,"向往你的向往,幸福你的幸福"。怀揣着这份报国之情、强国之志,哪怕牺牲最宝贵的生命,都在所不惜。戍边卫士陈祥榕宁洒热血,不失寸土,将年轻的生命永远定格在了19岁。他说:"清澈的爱,只为中国。"天下兴亡,匹夫有责。我们每个人的志气,从来都与国家民族的未来和荣光休戚与共,息息相关。当危机来临,西方的神话是诺亚方舟,而我们的精神是精卫填海、愚公移山。百年未有之大变局波诡云谲,但不变的是我们矢志不渝"走好自己路,办好自己事"的志气啊!未来,更需要每个人用志坚的信念走好第二个百年奋斗目标新的赶考之路。

第二,要用拼搏和斗争增强民族复兴的骨气。中国人的骨气是什么?是一种刚强不屈、迎难而上的品格、坚如磐石的定力,是敢于担当、善于斗争,是"富贵不能淫,贫贱不能移,威武不能屈"。在白山黑水间,杨靖宇将军傲骨挺立,面对敌人高官厚禄的诱惑和大规模残忍剿杀,将军拼死抵抗,壮烈殉国时,他的胃里只有树皮、棉絮和草根。新中国百废待兴,身在美国的钱学森面对名利诱惑乃至死亡威胁,不为所动。回国后,陈赓大将问他,中国人搞导弹行不行?钱学森干脆地说,中国人怎么不行?外国人能搞的,难道中国人不能搞?日本人不会明白,本可以锦衣玉食的中国军人在坚守什么,美国人也不会明白,前程似锦的中国科学家在坚守什么,他们坚守的是作为中国人的骨气!历史告诉我们,中华儿女从来没有被困难、威胁所击垮过。在攸关民族存亡和国家发展的各个关键时刻,总有那么一群人迎难而上,以身许国,要为中国人争一口气。中华民族伟大复兴绝不是轻轻松松、敲锣打鼓就能实现的。我们必须以稳健的定力走好必由之路,以强大的骨气用好有利条件,赢得主动,赢得历史,赢得未来。

第三,要用自信和奋斗增强民族复兴的底气。中国人的底气来源于团结、自信和实力,是盛世昌荣,勠力同心,是"山登绝顶我为峰",是"犯我中华者,虽远必诛"。这幅被刷屏热议的对比图令人记忆犹新。从1901年《辛丑条约》签订到2021年中美高层战略对话,同是辛丑年,今天的中国已不是百年前的中国,你们没有资格在中国的面前说,你们从实力的地位出发同中国谈话,中国人不吃这一套。这底气,源于中华民族5 000多年绵延不绝文明史的深厚底蕴,源于全心全意为人民服务百年大党的坚强领导,源于新中国成立以来不断积累的强大综合国力,来源于中华民族一家亲凝聚起的磅礴力量,源于"请党放心,强国有我"的新时代青年,来源于无数个普普通通的你和我。

你的样子就是中国的样子!红日初升,其道大光,河出伏流,一泻汪洋。中国特色社会主义道路、理论、制度、文化焕发着强大生机活力。奇迹正在中华大地上不断涌现。党的二十大即将召开,我们风劲帆满,蓄势待发。只要我们在坚定信念中长志气,在敢于斗争中强骨气,在持续奋斗中增底气,将小我融入大我,以奋斗追寻梦想,就一定能够共同遇见一个更好的中国!

谢谢大家。

请结合本章内容,思考以下问题:

1. 这篇宣讲体现了哪些选题原则和选题特征?请结合教材内容具体分析。

2. 请结合教材内容,分析这篇宣讲稿的开头、主体和结尾分别使用了哪些方式和技巧,这些技巧起到了什么作用?

3. 请观看该宣讲的原视频,观察宣讲人在宣讲过程中使用了哪些态势语言?这些态势语言对本次宣讲所起的作用是什么?请具体分析。

《振奋中国人的精气神 走好民族复兴新征程》宣讲视频
演讲人:张琳
资料来源:哔哩哔哩视频平台
发布人:B站用户"同心昆区"

【本章实训】

实训一:社交口才训练

1. 学生自由分成小组,每个小组选择一个社交场合来模拟,如介绍、拜访与接待、聚会等。
2. 每位学生轮流扮演主持人、进行社交互动的嘉宾和观察员的角色,进行社交互动。
3. 观察员观察并记录参与者的社交口才表现,包括言语、态势语言、眼神接触等。
4. 每个小组结束后,观察员提供反馈和改进建议,教师进行点评。

实训二:谈判口才训练

1. 学生进行两两分组,每组学生在一项虚拟或实际问题上进行模拟谈判,例如合作项目的分工、价格协商等。
2. 学生准备自己的谈判计划和目标,并在模拟中尽力达成协议。
3. 每位学生对谈判过程和结果进行反思,并分享他们的经验和教训。

实训三:面试口才训练

1. 学生准备一份简历,并参加模拟面试。
2. 教师或同学可以扮演面试官的角色,提出典型的面试问题。
3. 面试结束后,面试官提供反馈,指出学生在面试中的表现,包括口才、表达能力、仪态和自信程度等。

实训四:宣讲口才训练

1. 学生被要求选择一个他们感兴趣或关心的主题,并准备一个短暂的宣讲演讲。
2. 学生在课堂或小组中进行演讲,要求他们使用有效的演讲与口才技巧,包括宣讲语言的组成、态势语言的运用等。
3. 听众同学提供反馈和建议,教师进行点评。

本章小结

本章基于口才表达与应用的多目标性,深入探讨了如何发展和运用不同类型口才来应对各种情境和挑战;并结合丰富的案例和历史名人的口才典故,在传递理论知识的同时,还体现了社会主义核心价值观教育、中华优秀传统文化教育等内容。本章具体分为四节:

第一节介绍社交场景中的口才表达与应用。包含社交语言的基本原则,如尊重平等、真诚礼貌、得体适度、互利合作等;社交语言的基本要求,如交际目的明确、社会定位准确、时空场合匹配以及话题选择得体;典型社交场景下的实用技巧。

第二节讲解了谈判口才,包括:谈判的含义与特征;谈判中应遵守的坚守思想底线、"主动—被动"交替思维、关注长远利益、坦率真诚的思维策略;最后介绍了谈判时应注意的有声语言、态势语言以及表达技巧。

  第三节探讨了面试口才的要求与技巧。首先介绍了在面试中应注意简明扼要、真诚朴实、扬长避短、谦恭有度等要求;其次针对面试中的常见问题介绍了表达技巧。

  第四节介绍宣讲口才的应用。包括宣讲口才的选题与选材、宣讲语言的组成与注意事项以及态势语言在宣讲中的作用,帮助学生掌握成功的宣讲所需要的要素。

第十章　数字时代的演讲与口才

【学习目标】

① 了解数字时代演讲与口才的机遇与挑战。
② 掌握数字时代演讲的特点与技巧。
③ 了解数字时代口才的发展状况,掌握数字时代口才的表达技巧。

【引导案例】

数字时代的到来,让人们语言习惯同步发生改变,语言习惯改变的同时,对于口才也有了新的要求,作为口才展示方式之一,演讲也同步发生着变化。下面请看国际知名演讲团队 TED,如何运用互联网展示演讲,使演讲在互联网时代重获活力。

2005 年 11 月,当 TED 团队伙伴提议 TED 演讲尝试在线播放时,创始人克里斯·安德森觉得这是一个疯狂的想法:如果在网络上可以在线看的话,还会有人花大价钱第一时间来现场参加大会吗?另一方面,这样做将是推动 TED 为公共利益分享思想非营利使命的重要一步。

于是,2006 年 6 月 22 日,首批 6 场 TED 演讲在每天大约只有 1 000 位访客的官网(ted.com)亮相了。第一天,演讲视频的观看量大约有 1 万人次。三个月后,这个数字变成了 100 万人次。

同时,免费的网络传播并没有让 TED 演讲大会变得廉价,反而让许多人因此成为 TED 的粉丝。据悉,2006 年,TED 将大会的票价提高了 50%,但门票依然在一周之内被抢购一空,还有 1000 多人申请了加票。

"2007 年 3 月,我们再一次在网站上播放了 100 场演讲。从此,TED 不再只是致力于传播有价值的思想的媒体公司所举办的一年一度的大会。"据克里斯·安德森说。截至 2015 年年底,TED 演讲大约每月拥有 1 亿人次的观看量。

"TED 的关键在于通过公众演讲的形式让思想得以传播。TED 的(观看量)增长证明,作为人类最古老的艺术之一,演讲在互联网时代重获活力。"安德森说。

为何演讲会在互联网时代重获活力?创始人克里斯·安德森给出了答案:知识经济时代不同于工业化时代,因为计算机几乎可以完成一切专业性的任务,人们不再需要非常专业化的知识,而需要掌握更加广泛的背景知识,了解事物是如何相互联系的。这就需要各种资源知识的融合,需要各领域之间相互学习、相互启发。

数字时代的来临,突破了时间空间的客观限制,打破了人与人之间的交流壁垒,让各领域的人产生思想的碰撞。TED团队已经用实际行动证明了演讲可以在互联网时代重获生机。由此可见,作为表述思想的途径,口才尤为重要。数字时代给演讲与口才带来了哪些机遇与挑战?数字时代演讲的特点与技巧有哪些?数字时代口才是怎样发展的?怎样进行口才的表达?

本章第一节将介绍数字时代,明确数字时代演讲与口才的机遇与挑战;第二节分析数字时代演讲的特点与所需的技巧;第三节通过介绍数字时代口才的发展,明晰数字时代口才的表达方式及特点;第四节从实践案例出发,提炼数字时代演讲与口才表达的注意事项,帮助掌握如何在数字时代进行有效表达的技巧。

第一节 数字时代演讲与口才的机遇与挑战

一、数字时代语言的特征

当今时代,以信息技术为代表的新一轮科技革命和产业变革加速推进,形成了以数字理念、数字发展、数字治理、数字安全、数字合作等为主要内容的数字生态,对经济社会发展、人民生产生活和国际格局产生了广泛影响,给社会生产方式、生活方式和治理方式带来深刻变革。数字时代的到来,为人们沟通交流提供了前所未有的便利,也突破了许多语言文化交流障碍。

数字技术的快速发展,为语言的数字化发展和语言应用的数字化创新实践提供了良好环境和广阔空间,也使语言呈现出与数字时代相辅相成的新特征,并成为推动人类语言发展和人类社会进步的重要动力。数字时代的语言特征主要有以下几点。

(一) 全球化

数字时代语言的全球化特征,源于数字化技术要素的全球化配置。在数字时代,世界各国人民运用互联网等现代信息技术手段,在数字空间发布和获取信息、交流思想,实现国际贸易无纸化和便利化,推动服务贸易和数字贸易创新发展。数字技术已经势不可挡地融入并深刻改变着人类的语言生活,包括数字化社交网络、电子阅读、在线教育、网上影音、视频点播、电子商务等。数字时代的语言本身及相关应用,均呈现出显著的全球化特征,在跨时空、跨国界、跨文化的数字空间里产生重要而深远的影响。

(二) 智能化

语言是人类思维的重要载体和沟通交流的工具。在语言分析、语言生成、语义理解等语言计算理论研究的基础上,以人工智能、大数据、云计算等为代表的前沿信息技术,使人类语言与机器语言实现深度融合。通过对人类语言的深度学习和灵活运用,智能化的计算机系统在语言学习、语言识别、语言翻译、语言交互等方面不断取得新进展。当前,智能翻译已经使人们感受到空前丰富的多语言交互体验。智能化的语言翻译系统已经成为数字空间的重要基础设施。在数字时代,人与机器之间,甚至机器与机器之间基于人类自然语言的交互交流将成为现实。

(三) 虚拟化

数字空间的构建和运行离不开现实世界的物质条件支撑。互联网、元宇宙等都是建构在现实的数字信息基础设施之上的,包括智能通信终端、电信光缆、路由交换设备、移动通信基站、分布式数据中心、卫星通信系统等。相对于现实的物理空间而言,数字空间是一个全球性的虚拟空间。而语言则成为贯通现实世界与虚拟世界的关键要素,成为在数字空间实现数字主体互联互通的必要条件。数字时代改变了人们的信息获取方式、生产行为方式和互动交流方式,人们越来越多的社交活动在虚拟的数字环境中进行。虚拟化,成为数字时代语言的重要特征。

(四) 数字化

这一特征主要体现在语言载体、实现路径、语言输入/输出接口、语言信息存储传递手段以及语言发展保障等方面。数字空间成为人们重要的日常生活场景和生产生活空间,数字产品和数字应用成为数字时代语言新载体,信息技术成为语言数字化发展的现实路径。数字时代的关键信息技术,提升了语言信息处理能力,促进了语言技术成果转化及推广应用,加快了语言数字化的进程。语言在数字空间以数字形式记录和表达,以数据形式存储和传输。各种数字接口助力语言实现高效、便捷地输入/输出,数字化手段不断提升语言信息的存储能力和传递效率。语言信息的数字化形成了海量数据,而语言数据正在成为广受关注的新型战略资源。

(五) 多元化

数字时代的语言形式多样,拓展了口头语和书面语的内涵,包括文字信息、绘本图画、表情符号、网络数字语言等;语言资源丰富,包括文本语言、有声语言、肢体语言、视觉语言、听觉语言等;语言情境灵活,不受时空限制,如多语种间、多语态间的信息交互和表情达意等。在数字时代,使用多种语言传播的信息资讯,为人们观察认识世界、理解世界事务提供了多元化视角。

(六) 普惠化

这一特征主要体现在语言受众、语言服务、语言扶贫和语言赋能等方面。例如,语言服务依托先进信息技术,融入语言保护、语言数据采集、语言技术研发应用等公共服务领域;语言技术为语言扶贫提供全方位、宽领域、多维度的支持,帮助语言学习者掌握必备的语言能力。数字通信终端的多样性使世界各地的人们得以使用不同种类、不同品牌、不同性能的终端设备接入开放的数字空间,从而使各种语言信息不断汇聚交融,使语言超越了语言认知和应用的传统局限,为全世界人民带来更多语言红利。

(七) 便捷化

在数字时代,近乎无限的信息通道随时随地可及可用。语言信息的流动越发灵活高效、畅通无阻,其获取、传递和转换能够突破时间与空间的约束,借助数字技术的创新应用,打破不同语言之间交流的屏障。例如,有声输入、语音转写、智能翻译等数字技术产品和服务,使数字时代语言交流呈现速度快、效率高的优势。

(八)立体化

这一特征主要体现在不同语言类型的信息转换。例如,文字语言与不同感官语言的互相转换。在数字时代,以人工智能、全息影像等前沿技术为支撑,语言的立体化特征凸显。当前,信息技术的发展已经实现了声音转文字和文字转声音的应用模式,正在朝着实现抽象语言(意象图式)、视觉语言、听觉语言、肢体语言与文字语言之间转换的目标迈进。人们通过语音、文字、图像等立体化方式,共建共享数字时代的全球语言生态体系。

(九)创意化

数字时代的语言新内容、新表述、新形式层出不穷,使人们在数字空间的沟通交流呈现鲜明的创意化特征。语言创意化特征的背后,是世界语言资源与文化资源的多样性和丰富性。无论世界语言格局如何改变,数字时代的人类都将顺应时代潮流,在语言实践中展现出语言创造力,坚持保护和促进语言表现形式的多样性,在维护语言和文化安全的基础上,使世界语言和文化更加丰富多彩。

(十)规范化

数字时代的语言红利通过各种语言产品和服务得以实现,并在此过程中集中体现出规范化特征。例如,在书面语言的数字化转换方面,部分机构在知识产权合规前提下,将历史上重要的书籍、报刊和杂志等语言资源扫描为数字化图像,推进语言资源的保护、开发和利用,从而在更大范围内促进语言资源要素的科学配置和开放共享。研制、完善、实施数字空间语言活动的规范标准,关乎数字时代语言发展应用的未来。

探索把握数字时代语言新特征,不断完善数字时代语言治理路径,营造数字时代良好语言生态,将有助于推进数字时代语言治理体系改革和建设,共同绘制开放包容、交流交融、合作共赢的世界语言生活图景。

二、数字时代演讲与口才的机遇

在数字时代,演讲与口才以另一种形式被呈现,具体可以概括为:通过视觉、听觉资料向听众提出演示者的想法、主张,或说明演示者的理论、提案,或发出邀请等的行为,此类行为可以被统称为多媒体发表。人人都能通过社交媒体进行多媒体发表,在这个数字时代,越来越多的人感受到演讲的重要性。那么,数字时代究竟给演讲者带来哪些机遇?

1. 娱乐化

随着千禧一代新生儿的成长,他们赋予网络活力,对他们而言不管是工作还是生活,既要有意义,更要有意思,他们不想活得太累,他们需要放松,不管做什么事都要追求娱乐。所以大部分数字时代演讲都需要紧扣这个特色,在演说中加入娱乐的元素能够帮助演说者赢得年轻一代的认同。

2. 小众化

数字时代是一个"个性张扬"的时代,随着时代的发展,听众对于个性化的演说者也将更为推崇。听众们会厌倦那些千篇一律的陈词滥调,也不会欣赏那些一板一眼的演说者,那些灵活多变、个性鲜明的演说者则会受到青睐。实际上,如果演讲者的演说内容不够吸引人或风格过于单一,那么听众并不会在演讲者身上浪费太多时间。与传统的演说不同的是,在互联网时代,听众有了更多的选择,并且获得了随时"离席"的权利。因此,虽然互联网演说的听众更加多元化,但演讲者却需要将自己的演说"小众化",找到自己擅长的话题和风格,走差异化的道路。

3. 直通化

数字时代,演讲者与听众虽然不一定面对面,但相互的距离实际上却缩短了,演讲者和听众可以通过网络直接沟通,获得反馈。也就是说,听众将有机会对演讲者施加影响,甚至改变演讲的进程。因此,演讲者不仅要提升演讲技巧,还需要学会与听众沟通,增强应变能力,才能更好地把握演讲进程。

4. 网红化

互联网演讲有一个最大特点:具有不可限制的引爆力。一不小心,演讲者就成"网红"了。曾经,网红并不是一个"光荣"的词汇,因为过去大部分网红都是通过"猎奇"或"审丑"而诞生的。但今天,网红的外延被极大地扩大,老百姓、明星、企业家都纷纷加入了网红的行列。新的网红几乎都是语言表达的高手,擅于通过视频这一与演讲密不可分的传播载体,让自己的"IP"影响最大化。未来优秀的演讲者必然都是网红,即使演讲者本身并非有意,这是由当下信息传播的路径和方式所决定的。

罗翔2020年百大获奖感言

非常感谢,确实诚惶诚恐。

这个奖项啊,非常的沉重。我感觉我有一点搬不动,可能得千千万万的人才能把它举起来。我不过用我的视频,拨动了大家的心弦,大家被自己心中的正义感所感动,将不配有的荣光投射给我,草船借箭,所得真的是不配。这一切都让我感动,也(让我)感恩,让我在大家身上看到了中国法治的希望。我能够感(受)到,法治所倡导的公平和正义依然是人们心中最深的渴望。这个世界并不美好,所以美好是值得我们去追求的。人生有很多的哭泣,所以笑看人生才是值得去努力。这个冬天非常的寒冷,所以愿我们B站的小伙伴都能够抱团取暖,温暖自己,也温暖我们身边的人。

同时,这个奖杯又比较轻,其实一只手就能够拿动。所以这也许提醒我,所有的奖项都跟花一样,也跟草一样。花容草貌终究是会枯萎的,当我拿到这个奖杯时,它就已经成为了过去式,所以最重要的,还是每天能够活在一种从容笃定和盼望之中。

我时常问我自己:罗翔,你那些自我感动和感动他人的言语,是不是只是一场表演,是不是巧于辞令和自我欺骗,你能不能够有相应的行动能够彰显出来?所以我真的希望有一种力量能够帮助我诚实地面对自己,认识到自己的有限,自己的愚蠢,自己的幽暗,能够靠着这种力量,能够每天能够活在一种坦然和不羞愧之中。在自己的使命中,能够超越这种虚荣和虚无,勇往直前,一无所惧。谢谢各位,谢谢B站的小伙伴们,谢谢!

《罗翔2020百大获奖感言》演讲视频
演讲人：罗翔
资料来源：哔哩哔哩视频平台
发布人：艾米快乐每一天

三、数字时代演讲与口才面临的挑战

机遇往往伴随风险挑战，数字时代演讲与口才面临巨大机遇的同时，演讲者也迎来较多挑战。那么，如何应对数字时代演讲与口才的挑战呢？

1. 学习辅助工具

伴随数字时代出现的还有大量影像设备及办公软件，演讲者需要投入大量精力学习所需设备使用方法及软件操作流程，部分演讲现场甚至需要演讲者可以与虚拟影像配合完成展示。这十分考验演讲者的新事物接收能力及学习能力。

2. 谨慎言行，透明公开

在网络时代，信息变得透明化，演讲者所说的信息也会得以迅速传播，听众相较于以往拥有了更多的话语权。因此，演讲者在演讲的过程中，一方面要注意自己的论据及相关数据的准确性；另一方面也要谨慎言行，尤其是通过网络演讲推广产品时，不应传递虚假和夸大的信息，否则产生的效果可能会事与愿违。

3. 内容为王

互联网的核心精神中少不了创新，互联网时代的演讲也离不开创新。演讲者应当充分了解当下网络的流行语言和热门事件，并合理运用到演讲当中。注意，互联网时代更受网民欢迎的语言风格在情感上是非正统的、调侃的；在句式上，多用较强的感叹和疑问句式及排比，常用加强语气吸引听众注意；在态度倾向上，则多持批判态度。当然，对于网络语言的应用应当视场合和主题是否适合而定。此外，演讲者也应该推陈出新，如果能够根据互联网传播的特点，对演讲内容进行修饰，加入更多有助于演讲传播的"段子"，对于扩大演讲影响范围，提升演讲者知名度至关重要。

第二节　数字时代演讲的特点与技巧

一、数字时代演讲的发展历程

从洞穴壁画到高架投影仪再到PPT软件，演讲者用来辅助演讲的工具可以追溯到很久以前。

（一）利用简介图（Briefng Chart）的演讲发表

简介图是在三脚架上贴上板子固定之后，利用一沓纸固定在上端来进行的演讲发表。在这里，Brieing Chart是指在固定在板子上的纸上用马克笔（Mark pen）来写字或画图形成的产物，也被称为活动挂图（Flip chart）。严格来说，这里的挂图是指挂在墙上的图，也指的是挂在挂图钩子上的挂图。

利用简介图的演讲发表，在计算机出现之前被用于全世界的各种领域，是当时交流和沟通的重要手段。

这种演讲发表形式起初被军事部队广泛采用。部队在开作战会议等紧要会议时，往往多人一起看简介图来发表意见或指示，进行紧要的演讲。利用简介图发表演讲不仅局限于政府各部门，还用于机关或团体等，如业务状况报告、事业计划发表等；利用简介图发表演讲也流行于企业，如业务现状报告、经验战略发表、事业计划发表会、新产品发表会、投资说明会等，特别是各种紧急情况和大规模的工程现场；利用简介图发表演讲还经常用在中高等学校的物理、化学、生物课程中，其理由是只利用语言和文章来说明相关图片和科学现象有局限性，为了帮助说明和学生理解，老师们喜欢利用简介图来阐述。他们在用简介图进行演讲发表时通常采用指示棒（教鞭），也就是细长的棍子。

在简介图流行时，简介图不是任何人都可以做的，而是有专门的制作师。制作师是可以用马克笔写出漂亮文字的人，所以在那时利用简介图的演讲发表对一般人而言是陌生的。

（二）利用胶片和幻灯机进行多媒体发表

这个幻灯机其实是胶片幻灯投影仪，其原理是把拍摄的胶片放进幻灯机里，将光投影到幕布上从而获得影像。

幻灯机所用的胶片与一般胶片不一样，不是底片（Negative）胶片，而是正片（Positive）胶片。底片胶片的影像与被摄体和背景色的颜色是互补的，比如它会将红色变为互补的绿色，这样的色彩是观众无法接受的。因此，在利用幻灯机投影到幕布的正片胶片时，需要把底片胶片通过编辑作业转为正片胶片，这样才能在多媒体发表时使用。

胶片幻灯的制作困难，并且一旦做成就无法修改，使用起来不方便，对场地还有光线亮度方面的严格要求。因此，由于制作和场地方面的原因，使用胶片幻灯机的多媒体发表形式没能被普及，而仅局限于医学界的学术发表等领域，它与简介图几乎同时被使用，后来随着OHP的出现慢慢淡出社会。

（三）利用OHP进行多媒体发表

OHP（Over Head Presentation）：将一个非常亮的灯泡跟散热的风扇同在一个大箱子里，这个箱子上有一个比较大的抚平光线的镜头，如果把透明胶片（Transparency）放在这个镜头上面，就能形成文本、插图、图表等并能投影在银幕上。这个装置就是OHP。

OHP的特点是在明亮的环境下也可以看清楚射到银幕上的图像，所以被普遍使用。最初，它被用在警察厅，用于识别人脸的搜索，美军最早的使用记录是在1945年。之后到了1990年，它流传于各个学科领域，不过随着PPT的出现，OHP多媒体发表最终消失了。

（四）利用 PPT 的多媒体发表

1987 年美国圣何塞硅谷的 Forethought 的 Thomas Rudkin 和 Dennis Austin 为了能在电脑上更容易地做多媒体发表，发明了 Presenter 软件。同一年，微软公司买下了 Presenter。1989 年，电脑版的 PowerPoint 问世了。之后，微软公司不断地更新版本，直到将 Presenter 演变成今天的 PowerPoint。

如今，人们提到多媒体发表就会想到 PowerPoint，这也是有原因的。PowerPoint 的全称是 Microsoft PowerPoint。1989 年，微软在第一次介绍 PowerPoint 软件时，用了 PowerPoint Presentation 一词，从商业上诱导人们在制定多媒体发表方案时想到此软件；而在同一时期苹果公司的电脑上，则采用 Keynote 软件进行多媒体发表。

最初，PowerPoint 是工程师们与营销部门进行沟通时使用的软件，PowerPoint 的方便之处在于可以简化口头沟通，以此提高业务效率和各成员之间的能动性和互动性及时掌握市场。后来，随着电脑的普及，小学生们也可以利用 PowerPoint 来进行多媒体发表了。

PowerPoint 带来的进步是显而易见的，在没有 PowerPoint 的时代，大部分的多媒体发表都是事先把打印好的材料发给听众，听众把大部分的时间和精力都用在读资料上，反而疏忽了多媒体发表本身，这就影响了多媒体发表的效果。

二、数字时代演讲的特征

如今，演示技术领域比以往任何时候都更加多样化和复杂，部分原因是 COVID-19 大流行迫使全球的演讲者（包括 TED 俱乐部的演讲者）了解如何从面对面演示转向在线演示。只需环顾四周，您就会看到演讲者通过社交媒体渠道进行现场演示，与传统演讲相比，数字时代演讲具有以下特征：

（一）对办公软件的高度依赖

传统演讲者通过精心打磨演讲稿，反复练习，在最终演讲现场调动观众气氛，就可以完成一场成功的演讲。区别于传统演讲者，数字时代的到来，催生了大批办公软件，这些办公软件可以帮助演讲者打造更热烈的演讲现场，但也对演讲者提出了更高的要求：准备线上演讲所需的硬件设备、学习线上演讲所需软件、熟练掌握相关软件操作方法等。更优秀的演讲者甚至会考虑受众的使用设备展示效果，在演讲过程中通过多角度变化，达到更完美的演讲效果。

罗杰·库尔维尔（Roger Courville）是虚拟演示专家，他培训演讲者进行在线交流，也是《虚拟演示者剧本》一书的作者。他在培训新的虚拟演示者时使用一种练习，要求他们在电视上挑选任何节目，观看 10 分钟，然后计算摄像机"剪切"的数量，这是场景或摄像机角度的变化。

记住，观众将通过各种不同的屏幕尺寸观看幻灯片和其他视觉效果，并且越来越多地通过手机等移动设备观看。在线投影的幻灯片应始终具有较大的字体大小，并在前景和背景之间使用高对比度的颜色。对于需要确保会议室后面的参与者仍然可以查看幻灯片的面对面演示者也是如此。

"我自己拍了一部 17 分钟的纪录片，数了 301 个镜头剪辑，"库尔维尔接着说，"关键是当我们在网络上展示时，观众的参考点是电影或其他电视节目，它们总是让事情不断变化和移动。您的大部分演示屏幕将被幻灯片占据,因此您需要比您想象的更频繁地更改它们,以保持观众的兴趣。"

(二)在相机框架内有效呈现

为了吸引在线观众,你必须更有意地使用他们通过相机镜头看到的东西。像电影导演看待电影一样看待你的在线演示。

——帕蒂·桑切斯

演讲技巧培训公司 Duarte Inc. 的首席战略官帕蒂·桑切斯(Patti Sanchez)是《虚拟演示:与在线观众沟通和联系》一书的作者,他说:"当你从面对面演讲中的三维存在转变为在线的二维存在时,你需要进行调整以保持观众的兴趣和参与度。"

技术已经改变了我们认为的舞台,并且有一些技术适用于在线演示,这些技术不会对大舞台产生同样的影响。例如,2022 年世界公开演讲锦标赛第二名亚历山大·马特在 E. Matte 将他富有表现力的声乐多样性与强调他的面部表情,手势和整个演讲过程中框架内的运动相结合。

另一个示例是,网络研讨会演示者可能会离开镜头一段时间,同时他们为计算机屏幕上显示的幻灯片提供旁白。"在这种情况下,你的声音必须做更多的工作,而不是在面对面演讲中走动舞台时不使用肢体语言时,"公司总裁 Ken Molay 说,"这意味着你必须改变你的音调和节奏,并在你的声音中投入更多的精力。"

(三)在线受众的注意力持续时间较短

专家表示,在线演示通常需要比面对面版本短,以匹配更短的注意力持续时间和更高的分散虚拟观众注意力的倾向。研究表明,人们已经习惯于快速移动的视频或现场演示,并开始期待更短的内容。此外,由于提供的信息量庞大,注意力持续时间有所下降,人们在继续下一件事之前会在短时间内专注于选定的主题。

桑切斯工作的演示技能咨询公司杜阿尔特(Duarte)进行的研究发现,虚拟演示的最佳点长度取决于所涉及的观众互动水平。Duarte 还发现,对于没有观众互动的预先录制的线性演示,理想的时间跨度为 30 分钟或更短,而对于更具互动性的演示,如网络研讨会,约为 60 分钟。根据这项研究,对于更具协作性的在线会议,如培训研讨会(其中可能包括观众休息),参会者认为 90 分钟是可以接受的。

此外,为了确保让在线观众保持参与和兴趣,可以在演示文稿的各个章节中设置快捷键,当人们对某部分内容不感兴趣时,可以通过快捷键跳过,通过这样的方式,避免在线观众丧失耐心,并且能帮助他们迅速获取其所需要的信息。

三、数字时代演讲的技巧

(一)演讲资料的准备

1. 掌握听众的信息和需求

如果想通过多媒体发表向听众准确地传递信息,使他们能理解自己的意图,从而说服他们,就必须要准确地掌握听众的个人信息和他们希望从本次多媒体发表中获取的内容。这是《孙子兵法》中"知己知彼"在多媒体发表中的应用。调查并掌握包括听众的信息在内的信息以及他们"希望了解的内容",然后通过对调查掌握的资料进行分析并制定出相应的对策。

2. 资料的出处

在多媒体发表时,为了加大对信息的传达力度,提高说明的可信度,只提供文字材料或者数值数据是不够的,尤其是加工后的数据资料,只有提高实用性,听众才会喜欢。人们总是不喜欢数据资料本身,而喜欢那些将数据资料加工,然后制作出的视觉化材料。尽可能地确保多媒体发表的主题和细节内容中有符合内容的图表、图片和照片,包括可以激起人们好奇心的视频资料,当然也要对相关的理论、统计资料、图表等进行调查。即使在执行项目的过程中已经生成了特定的资料,或者已经有准备好的资料,也不能满足于这些已经在手的东西,而应该在更为广泛的视野中从不同角度继续进行更深入的调查。

3. 对材料的加工和归纳

经过收集和分析过程之后,资料被分类储存在不同文件夹里,这并不意味着可以立刻将收集的资料搬到PPT就算完成了发表资料的制作。如果想让资料和信息对听众来说具有可信度和说服力,还需要对所收集的资料和信息进行进一步的加工。这里的"加工"是指对资料和信息要点的归纳、整理。

对资料或者信息的要点进行归纳的时候,要从考察这些资料或信息相互之间的连接关系着手。同样,在整理加工资料和信息时,也要从它们之间的相互关系着手。另外,还要考虑到它们与发表主题、发表目的和其他细节的内容是否相互吻合,这样加工出来的资料才能有生命力。

对于那些照片或视频类的影像资料,如果按照收集来的状态直接用,大多数情况下会显得有些别扭和不协调。因此,大部分的视频、照片都需要再次加工。

对于视频可以使用视频编辑软件删除那些不需要的部分,只保存需要的部分以备使用。对照片的处理也是一样,对于里面不需要的部分可以将其截掉,还可以只截取照片中需要的部分,然后与其他的照片进行合成。若有必要,还可以截取照片中的某个细节部分进行放大。目前,普遍都采用 Adobe Photoshop 和 PowerPoint 去完成对照片的加工和编辑工作。

4. 预先录制的演讲

在录音演示中与个人交谈,而不是与小组交谈。在现场演讲环境中,我们习惯于说"我今天想欢迎你们所有人"。但在许多录制的演示中,演讲者基本上是在与坐在屏幕前的一个人交谈,没有成为人群中的一员的感觉。在这情况下,若进行英文演讲,注意使用单数而不是复数。

由于观众在观看预先录制的视频时注意力持续时间较短,可以将较长的视频分成较短的一口大小的片段(如果可能的话)。同样的建议也适用于实时视频录制,通过将一个更大的主题分解成一系列较短的视频,您将建立预期并保持观众的兴趣。如果在一小时内有10个关键点要做,问问自己这是否需要一个小时的视频,或者你是否可以把它分成10个6分钟的视频。

(二)演讲环境的准备

1. 测试演讲设备

测试麦克风:一定要事先熟悉开关麦克风的方法。试验麦克风时,不要对麦克风高喊"啊,啊",而在麦克风的尾部"嘟,嘟"地轻敲即可。如果麦克风正常,就会发出"砰,砰"的金属音。

测试激光笔:激光笔是可以发出红色激光指示屏幕的工具。当激光笔指向被投影的发表资料的特定部分时,被指示的部分就可以看到小的红点。激光红点的类型一般可分为圆形和半圆形两种。

激光笔的正确使用方法。使用激光笔的时候,只指向投影屏幕资料的特定部分激光笔适时适度使用效果会很好。在不对投影屏幕上的发表资料进行指示的时候,请把激光笔放在口袋里或是演讲台上。此时,两只手可以空出来,在需要配合动作的时候可以方便地做手势,而做手势则需要抓住相应的时机。

除此之外,还需要测试摄像头、音响、投影仪、翻页器等基础设施。

2. 现场灯光

投影 PPT 幻灯片内容的屏幕周围要布置得暗一些,而场地后半部分空间的灯光一定要打开。发表现场漆黑一片,听众看不到发表者,发表者也看不到听众。在这样的状态下,发表者和听众之间的交流就变得很困难。如果发表者的表情、手势,听众的各种瞬间反应等都被淹没在黑暗中,发表者和听众之间的交流就会变得异常困难。这样,不仅会使演讲的生动感大打折扣,就连准确的信息传达都会变得很困难。更严重的问题是,听众们会因此很容易感到困倦。如果是午饭过后进行的发表,困倦现象就会更加严重。因此,演讲的时间选择也非常重要。

(三)演讲的体态语言

1. 姿态

为了在说话时传达信心,请放开姿势并有目的地移动。如果演讲者正在以虚拟方式发表演讲或主持网络研讨会,请放置计算机,以便演讲者可以站起来发表讲话。保持摄像头与视线齐平,就像进行面对面演讲一样。站立可以提高演讲者的能量,并不断提醒演讲者处于公开演讲模式,即使演讲者看不到听众。

对于通过视频会议进行的会议和对话,请坐在结构化的办公室或餐椅上,而不是坐在可能影响姿势的舒适沙发或椅子上。使用手势来强化演讲者所说的内容,并记住避免发生分散注意力的紧张动作(点击笔、摇摆、在椅子上扭动、旋转头发)。当你使用有目的的动作时,确保它们在你的摄像头框架中(观众应该看到的不仅仅是你的头——胸部向上,比你的肩膀宽一点是理想的)。避免对着摄像头打手势;这会扭曲你的手的大小,看起来很尴尬。

如需展示幻灯片,演讲者不要正对着屏幕站立,可以站在屏幕的侧面。如果演讲者站在屏幕的正面挡住屏幕,听众们就会感觉非常郁闷,因为屏幕上投影的内容也会被演讲者挡住,不利于听众观看。此外,演讲者要紧贴着屏幕站立。避免让听众们的视线在自身和屏幕之间来回游移,导致注意力分散,进而就会导致听众跟不上演讲者发表的内容。

2. 声音

如果想听起来很自信,演讲者的声音必须很容易听到。这从良好的姿势开始(因而需要站立或坐在坚固的椅子上),并且需要在句子之间充分呼吸(因为声音来自声带上的空气运动),以缓慢而清晰的速度在自然范围的低端说话,所有这些都是最佳实践。但计算机作为声音传播中介会针对较低的声调进行开发和优化,并且具有失真和冻结的倾向。如果演讲者花费大量时间参加视频会议或促进会议或网络研讨会,演讲者应该投资购买高质量的麦克风。

3. 微笑

即使是严肃的专业人士,在谈论严肃的话题时,当他们有一张"明亮"的脸时,看起来会更放心——眼睛、脸颊和嘴角稍微抬起。柔和的微笑不仅会让演讲者的声音更悦耳,还可以掩盖演讲者可能正在经历的任何紧张,让演讲者显得友好、平易近人和热情。

演讲者希望在传递坏消息时使用其他面部表情,这样演讲者的语言和非语言交流之间就不会发生冲突。但对于好消息、中立信息或技术话题,请微笑。记住,在虚拟会议中,即使演讲者没有发言,每个人都可以在与会者画廊中看到演讲者的脸。因此,当演讲者在聆听时,也要保持柔和的微笑。

4. 沉默

当说话者避免停顿时,通常会导致句子中充斥着填充词,如"嗯""啊""你知道""有点""喜欢""所以"和"好吧"。过度使用,它们可能会分散注意力并破坏演讲者的信誉。与其默认使用这种口头拐杖,不如使用适当的停顿、提供沉默的声音来提升演讲者的演讲或演示。

虚拟演示者尤其容易出现填充词。如果没有听众面部的视觉反馈,毫无准备的网络研讨会主持人或虚拟演讲者更有可能产生"内心的喋喋不休"和紧张,这通常表现为填充词的使用。然而,与现场主题演讲者或培训师不同,虚拟演示者必须小心不要停顿太久;否则,观众可能会被沉默弄糊涂。

在会议中长时间停顿时,听众可能会错过演讲者打算继续发言的非语言提示,并可能打断演讲者的联系。为防止中断,请提前准备要点并列举它们(我支持此建议有三个原因)。如果有人打断了,演讲者可以更轻松地重新发言(我答应了三个原因,在我们继续之前,让我分享第三个原因)。

5. 景象

持久的眼神交流对于与听众建立融洽的关系和传达作为演讲者的信心至关重要。这在虚拟演示中也特别困难,因为演讲者需要正确定位设备并盯着计算机上的一个小彩色点或外部摄像头镜头,以便为虚拟听众提供接受眼神交流的体验。如果演讲者的笔记本电脑放在桌子上或膝盖上,演讲者将低头看着相机。

因此,首先将相机放置在与眼睛齐平的位置,把它放在几本厚厚的书上,或者放在桌子或桌子上的一个坚固的盒子上,让它与你的视线齐平。如果演讲者有台式计算机,则相机可能太高。因此,演讲者可能需要降低摄像头或抬起椅子才能达到视线水平。

诚然,很难用一件相机设备来保持你的目光。为了方便起见,演讲者可以在相机镜头正下方的计算机屏幕上排列虚拟听众图库,以便查看离相机更近的观众的图像。演讲者还可以在相机镜头上方或旁边贴上亲人或玩具雕像的小照片,以提醒演讲者看摄像头,让演讲者的虚拟听众看起来有眼神交流的感觉。

（四）演讲的互动

1. 提问和应答

提问和应答可以集中听众对发表内容本身的注意力，激发听众的兴趣和参与度。对于某些深入话题，通过提问和应答，演讲者可以把握和增强听众的理解程度，并以此为基础增强听众的理解程度；也可以把握听众的想法或其他信息，进而达到思想碰撞。

2. 减少在线暂停

虽然在面对面演讲中暂停可能是一种有效的技术，但在虚拟演讲场景中，它的使用可能会有不同的效果。当演讲者与观众在同一个房间里，使用暂停可能是有效的。但在线上演讲中，远程观众感觉不到同样的联系。演讲者的声音反而有助于保持"我们都在一起"的心理感觉。因此，当演讲者在播客等观众看不到演讲者的媒体中暂停时，可能会让人措手不及，就需要给观众一些提醒。例如，在主持网络研讨会时，演讲者可能会说要停下来喝水，然后投影一个有趣的视频供参与者在屏幕上阅读。当视频暂停时，观众就知道演讲者会回到他们身边。

第三节 数字时代口才的发展与表达

一、数字时代口才的发展

（一）数字时代表达沟通的环境：虚拟社区的传播网络

新媒体科技的发展将互联网公众带入了全新的虚拟社区时代，互联网公众通过表达沟通，形成了复杂的传播网络关系。虚拟社区指的是一群可能见过面，可能从未见面的人，通过电脑和网络来交换文字和思想的场所。在互联网上表达沟通的人们，因共同的兴趣爱好，或者出于不同程度的认识而进行交往，共享信息和知识，通过交流获得认同或归属感，这同时也为人际传播、组织传播和大众传播的延伸提供了可能。

虚拟社区具有以下特点：人们的聚集、理性的成员、未经人为组织的相互影响、社会变迁的过程和成员分享的目标、财产/身份或利益。有韩国学者根据本国的研究发现，虚拟社区中人与人之间的感觉包括以下三种标准：一是成员关系，人们都能感受到在虚拟社区中彼此的感情；二是影响，人们彼此间相互影响；三是沉浸，人们在虚拟社区的航行中能感觉到自己完全浸入的状态。

由此可见，虚拟社区和现实社会的社区有相似之处，人们通过信息共享，能建立起共同的信念甚至价值观念，并形成一定的文化和价值观。而在互联网中，对个人或团体来说，虚拟社区的动力还在于组织成员能将彼此之间的虚拟合作转化为线下的实际合作，个人或团体在虚拟社区的虚拟资本也有可能转化为现实中的社会资本。

互联网与现实社会的区别不仅在于社区本身的差异，还在于社区内传播网络的差异，虚拟社区的传播网络比现实社会的传播网络更为微妙。社会网络在产生原因、互动手段、大小强度、效果收益和稳定性等方面具有的五大特征。参照这五个参数,虚拟社区传播网络与现实社会传播网络的特征对比如下。

1. 产生原因

现实社会传播网络是社会化程度的产物,借由地缘、血缘、业缘、学缘而生成与扩展;虚拟社区传播网络大部分都借由共同的兴趣、爱好、情感、认知等生成与扩展。

2. 互动手段

现实社会传播网络是社会互动的结果,通过各种媒介手段的沟通进行社会互动;虚拟社区传播网络主要通过网络新媒体手段,最先是虚拟社会互动,后可能向现实社会延伸,由虚拟互动转向现实互动。

3. 大小强度

现实社会传播网络是社会关系的体现,传播网络的大小与强度和个人地位有关;虚拟社区传播网络的大小与强度和个人的社会地位关系不大,与个人在虚拟社区占用的时间、发表言论等因素有关,与个人在虚拟网络的虚拟社会地位有一定关系。

4. 效果收益

现实社会传播网络可以获取信息和情感需求、社会认知与认同;虚拟社区传播网络可以获取信息、情感需求和精神共鸣、社会认同、娱乐和休闲的效益。

稳定性:现实社会传播网络一旦形成,具有相对的稳定性;虚拟社区传播网络比较松散,稳定性不强,社区人员流动性强,还受到网络管理等因素的影响。

(二) 表达沟通的过程:动态变化的表达沟通

虚拟社区传播网络的状态是随时可能发生变化的。个人只有生活在更庞大的社会网络(利用符号交换信息和思想的动态交换结构)中,才能完成自身的社会化过程,成为社会系统的一分子。同理,互联网表达沟通的过程,也可以看成一种运动的过程。它不是静止的,哪怕在同一公共事件的发展过程中,个体在公众前后的表达动机和倾向也有可能截然不同,沟通的理性化程度也可能发生变化,因为虚拟社区是一个动态变化的传播网络。

互联网上的表达沟通是一个动态的过程,也是一个探索和完善的过程,不仅与社会环境和时代背景有关,还与网络法规的动态发展有关。政府对互联网信息服务的管理也在慢慢走向成熟。所有这些,决定了在不同时期,网络公众的表达和沟通状态各有差异。2000年9月20日,国务院第31次常务会议通过的《互联网信息服务管理办法》中,第十五条明确规定了互联网上言论表达必须禁止的内容。这保障了网络公众在言论表达时的个人隐私。从确定互联网应遵循的法律规范,到对互联网言论自由作用的肯定,到对互联网公民言论权益的保护,政策法规的变化让我们看到了互联网公众表达沟通的乐观前景。

另外,网络公众表达沟通的底线范围是动态变化的。网络公众发言内容如果过于敏感,将承担法律责任。然而,很多网络公共事件中言论表达的底线是无法用法律标准来衡量的。那么,应该怎么判断说话的底线在哪里呢?这有赖于网络公众探索底线、突破底线的勇敢行动。言论表达和沟通的行动到哪里,底线就在哪里,因为互联网的所有行为都以言论的自由表达和沟通为基础和灵魂。互联网是思想碰撞的场所,是实现民主、产生真理的平台。在虚拟的互联网上,公众自由而平等地表达自己的意见和观点,这有利于形成"观点的自由市场",就某一公共事件或某一观点与别人展开自由和平等的沟通和讨论,则有利于形成"自我修正过程"。因此,表达沟通的消极自由和积极自由在这里没有孰轻孰重、孰先孰后的区别,它们相辅相成、紧密相关、互为因果。

(三) 表达沟通的性质:弱关系下的连接式交往

互联网的虚拟社区传播网络中,网络公众进行弱关系下的社会交往,形成了表达沟通的三要素:言论表达者、公共议题和沟通交流者。言论表达者和沟通交流者是双向互动的传播关系,沟通双方的性格品质、表达方式、思维能力以及公共议题的属性特征等因素都会影响表达沟通的最终效果。

个体差异和议题差异既影响"自由市场"中言论表达的有效性、深刻性和反思性,又影响沟通协商中"自我修正"的互动性、理性和多元性。网络公众的表达沟通可以是粗糙的、拙劣的甚至是原始的,也可以随着探索和努力不断去粗取精,向更为成熟和完善的方向发展。同时,言论表达和沟通交流的互动交往是建立在具有共同经验基础上的,这个共同经验包括共同的知识认知、兴趣爱好和相似的人生观、价值观、道德观等。表达沟通的议题围绕公共事件和公共话题展开。针对不同的公共议题,网络公众的言论表达和沟通交流的各个要素在不同层面上具有不同的特征。

在网络公众的言论表达阶段,言论表达者在发表意见和观点的有效性、深刻性和反思性三个方面的不同层面有不同的表现。

1. 有效性

网络言论大多源自道听途说,缺乏真实可信性,表达的有效性差;网络言论经过认真的判断核实,更为真实、准确,有效性强,网络公众对言论的审慎态度体现表达沟通的诚意。

2. 深刻性

网络言论很少或没有涉及公共事件或者公共话题,无法体现共同利益,与现实社会的社会进程以及民主发展没有太大关系,缺乏深刻性;网络言论以公众的公共利益为基础,话题围绕公众热点或焦点议题展开,有利于引发公众的深刻思考和讨论。

3. 反思性

网络言论很少或缺乏原创性,只是对他人观点不加修改地简单复制,缺少个人观点的融入,表达缺少反思性;网络言论以个人原创性内容为主,或对他人观点进行批判性分析,并融入自己的观点之中,博采众长,具有反思性。

在网络公众的沟通交流阶段,言论表达者和沟通交流者之间进行观点和意见的交换互动,主要在互动性、理性和多元性三个方面的不同层面有不同表现。

4. 互动性

网络言论表达后无回应,或有回应但言论表达者未与沟通交流者进行进一步互动,无法促成公共议题的进一步讨论;网络言论表达者和沟通交流者能彼此交流想法,形成高频率的互动,不同观点间的撞击有利于个人观点的修正和真理的形成。

5. 理性

网络沟通互动未针对议题的中心主旨展开,未体现公共利益,论辩观点偏激,有谩骂成分,缺乏重点,是缺乏理性的表现;网络沟通互动针对性强,论辩有理有据,重点突出,并有助于产生新观点,提供新信息,是充满理性的交锋。

6. 多元性

网络沟通互动形成的观点单一,或者是两个观点之间极端对立,非此即彼,忽视其他声音;网络沟通互动更为宽容,允许不同声音和意见的百家争鸣,包容性更强,有助于展示观点的多元性。

二、数字时代口才的表达

基于口才在数字时代的发展,结合演讲人的个体差异,口才的表达在数字时代就显得尤为重要。如何在线上场景中更加清晰地表达自己的信息以及更好地理解他人通过数字语言传达的信息,增进沟通,避免误解,显得尤为重要。

(一)使用数字身体语言

在面对面的沟通过程中,重要的不仅仅是沟通的内容,还有沟通的方式,身体动作也在传递着很多微妙的信息。研究表明大概有60%到80%的面对面沟通不是通过语言来完成的,如说话节奏、停顿、手势和语气。所有这些线索为我们的信息带来能量和情感上的细微差别。

网络上沟通的时候,无法看到沟通双方表达的肢体语言,在沟通过程中会因为彼此身处的情景不同,对文字产生错误解读,造成误会。因此,需要数字身体语言辅助表达,但数字身体语言比物理身体语言更难把握和解释,所以很容易导致很多误解。下面介绍一些数字身体语言种类。

1. 表情包和标点符号

正确使用标点符号和恰当的表情包,是一种直观的数字身体语言。波浪线、问号、感叹号、破折号等标点符号的使用,可以让接收消息的人感受你的情绪状态,适合在相对正式的场合使用;表情包则能活跃沟通氛围,更适合非正式的沟通场合。此外,表情包最好选择有文字解释的类型,单纯的图片可能会使得彼此无法准确理解表情包想表达的情感,造成误解,增加沟通成本。

2. 回复时间

当暂时不想回答一个问题,或者还不知道一个问题的答案,但延迟回复会让你看起来对这个问题不感兴趣,有时候还会让你和对方都感觉到焦虑。这个时候,可以简单地发送一个简短礼貌的初步信息,表示会在适当的时候再给出更详细的回复。

3. 核对发出信息

确保信息的含义还有背后的情感、潜台词都尽可能清晰和适当,就能给省去很多时间和麻烦。如果发出的信息不适当,后续的补救工作会更花费时间。花时间核对信息,少一点匆忙,其实会让工作的效率变得更高。

4. 多表达赞赏

在面对面的沟通中,人们会通过握手、微笑这些身体语言表达感谢。但是在线上交流的过程中,我们难以通过身体语言去表达自己的感激。可以在线上会议后,发送一封后续邮件,明确表示你对某个人提出的感谢,或者是在给客户的邮件中抄送一位同事的邮箱地址,写他在项目中发挥的作用。这也会让你的客户和同事都知道你对他们的重视程度。

数字身体语言和其他任何技能一样,都需要练习。如果在通过文字交流的时候,如果对对方的情绪感到不确定,觉得事情有些不对劲的时候。建议通过电话直接向对方询问。有时候,打一个电话比来回发上百条信息更有效。

(二)快速表达自己的真实意图

1. 避免啰嗦,直达主题

简单问候两句,就应该把要讲的事情说出来,而不是东拉西扯。人的关注度会随着聊天时长逐渐下降,所以,开头就说出重点往往能让人印象深刻。比如,如果你想找朋友倾诉,可以直接告诉他,我想找你聊聊天,而不是扭扭捏捏地强行寒暄。如果你想问别人一件事,可以直接说"我想请教你一个问题"。

2. 控制语气词的使用

很多人把面对面聊天时的一些习惯带到了线上。面对面聊天时,会在一句话前加上各种各样的语气词,但语气词是面对面沟通或者音视频沟通时的特殊语言,文字聊天时,它就是多余的无效信息,尽量不要使用。某些语气词可能在文字聊天时产生歧义、词不达意等现象,所以尽可能控制语气词的使用,在发送大段文字前,反复默读几遍,看看是否会有歧义,之后再发给别人,避免出现误解。

3. 提高共情力

学会站在对方的角度思考问题。文字阅读速度远比听语音速度快,为了方便对方阅读,应该要尽量避免大段文字和语音轰炸。如果信息量很大,可以分点标清,分条发给对方。重要的事情一定要发文字,而不是语音,语言可能会因为噪音、发音等问题,干扰对方信息获取。对方如果在发送文字的过程中提出疑问,应当给出回应,而不是自顾自地继续说下去。同时,在发送完消息后,也应当停下来等待对方的反馈,不要看对方没有回应就急于转到另一个话题上去。

(三)调动别人的积极性

1. 保持信息对称

添加对方好友,和对方寻求帮助时,我们已经了解了对方的情况,但对方缺失我们的身份信息。为了沟通能够顺利,要主动进行自我介绍,这样交流可以引起两方互动,消除线上沟通时的障碍,保持对方与你的信息对称。另外,在话题开始之前,应该主动说出自己的诉求,明确沟通目的,这样别人才不会一头雾水,对你心存戒备,这也是一种最基本的线上沟通礼仪。

2. 建立思维认同,获取信任

尽量不要用语音去表达自己的诉求,多用文字和图片。如果觉得气氛有点僵硬,还可以使用表情包活跃气氛。如果提出的要求比较麻烦,一两句话说不清楚,可以事先组织语言,再分条理地发送,尽可能降低对方的理解成本,提高对你的好感度和信任感。不要贸然地打语音或视频电话,如果非要进行语音或者视频沟通,也要事先询问对方是否方便,得到肯定回复后再进行电话沟通。

3. 减少压迫感,留下缓冲余地

说完请求后,不要反复询问。"可不可以?""行不行啊?""你倒是说句话啊!"这样的话会让对方感觉到压迫,进而产生危机感,拒绝提供帮助。要留下余地,即使没有得到回复,也不要催促。如果间隔较久,可以再组织语言进行二次提问。如果对方已经明确表示为难,不要说"想想办法,克服一下"之类的话,更不要说"好吧""算了",也不要去发一些失望的表情。你可以说一句"嗯嗯,我理解,还是非常感谢你",效果会更好。

第四节 数字时代的演讲与口才实践案例分析

线上会议的频繁举行,让演讲者或听众可能会在短时间内参加多个会议,变得疲劳,因不断的视频通话而疲惫不堪,进而导致注意力降低,失去兴趣。此外,还会有一些计划外的事情干扰会议举行,比如预期会议因为特殊原因需要转为线上举办。此时,视频会议(或网络研讨会)的主持人或演讲者,有责任控制会议进展情况,确保活动准时并向前推进。演讲者是将整个活动凝聚在一起的黏合剂。演讲者是打开事件、在整个过程中弹出并结束程序的持续存在。接下来通过案例一起分析演讲者或会议主持人对于线上会议的重要作用。

2020年5月,91区(英国南部)即将举办年度地区会议,六个月前筹备工作就开始进行,本次活动计划在伦敦的一家著名酒店举行。然而,新型冠状病毒干扰了这项计划。当宣布封锁时,所有计划外糟糕的事件都发生了:门票销售暴跌,与会者要求退款,所有主题演讲者取消,预付费场地拒绝安排退款……

为保证会议顺利举行,在会议召开前的一个月,91区取消了线下会议活动,退还了注册费用,开始计划在线会议。最终,本次会议顺利举办,并获得了巨大成功:相较于线下会议,本次活动的规模没有缩小,反而增加到840名参会者,是原计划人数的3倍。不仅如此,参会者来自33个国家。

一个看起来注定要失败的会议最终取得了巨大的成功,工作团队如何转危为安,保证会议顺利举办?

(一) 与会者的价值放在首位

1. 选择相关主题

在设计工作程序前,需要明确以下信息:参会成员有哪些?他们喜欢什么?什么对他们有价值?如果参会人员混杂,同时存在新成员、非服务成员、分会官员和其他企业领导等,需要明确各类参会人员需求,组织会议并对每个参会成员产生价值。例如,如果一个活动参会成员是俱乐部成员和俱乐部官员,那么需要寻找更广泛的会议话题,如即兴交流,而不是举办一个关于增加俱乐部会员的研讨会。

保证研讨会的质量至关重要的原因是与会者需要感觉到活动将帮助他们成为更好的自己。寻找每个参会成员都感兴趣的话题:专业人士的公开演讲技巧、领导力、即兴创作、餐桌话题、辩论、幽默、网络、人际沟通等。只要确保会议主题以自我发展、沟通和领导力为中心，就可以为每个人创造最大的价值。本次91区会议共有11个研讨会和主题演讲，包括"如何回答棘手的问题""倾听的力量""如何利用网络实现梦想"等。

2. 保证质量

邀请知名人士。有很多知名人士愿意出现在拥有众多参会人员的研讨会上，即使他们不是演讲大师。根据不同研讨会主题，91区会议团队邀请众多知名人士参与本次会议并进行发言，如2001年世界公开演讲冠军Darren LaCroix等。但不能随意邀请，要以严格的标准筛选，保证会议质量，确保为参会人员带来最大的价值。

（二）重视社交媒体营销

积极运用社交媒体进行宣传，为了扩大会议知名度，91区会议团队使用了较多营销方法。例如，每个俱乐部拥有三名受邀成员，该俱乐部官员可以免费录制一次活动；任何向会员宣传活动的区领导均可免费获得门票；会议团队之外的志愿者参观俱乐部并推动会议，可以接受免费的专业培训，从Toastmasters专家那里帮助发展他们的演讲技巧。

（三）提高专业性

参会成员会根据各种细节对会议专业性进行判断。会议团队努力保持专业素养以建立信誉，如创建官方网站、提高图片质量、设计会议形象等。会议开始前，对应用程序、硬件设备进行反复测试，并让所有演示者提前检查。在91区会议举办前，为了确保没有人在会议上遇到技术困难，会议技术总监向所有演讲者和参赛者介绍会议演讲流程，并测试网络连接，检查麦克风，摄像头和照明设备。

直播两天近20个小时意味着有很多出错的机会，91区会议团队还进行大量彩排，确保每个人都充分意识到自己在当天的角色，还准备了多份紧急预案，防止出现意外。

（四）继续尝试

不要害怕尝试新的方法。在会议举办结束前，91区会议团队都无法确定本次活动是否会成功。当时，甚至没有可以参考的公开演讲在线展示的案例，也很少有人听说过的会议使用的在线程序，甚至不确定是否会发生网络拥挤，与会者惊慌失措，演讲者下台。在团队的不断尝试中，推出了新的营销活动，找到了新的演讲者，并为91区会议带来了新的活力，使其成为今年最令人难忘的91区活动。

【案例赏析与思考】

2020年Bilibili平台献给新一代青年的宣传演讲。国家一级演员何冰走上舞台，以青年宣言——《后浪》为词，认可、赞美与寄语年轻一代。在UP主们的青春混剪中，属于年轻人的光芒正在闪耀。"你们有幸遇见这样的时代，但时代更有幸遇见这样的你们"，该演讲视频被《央视新闻》《光明日报》《中国青年报》《环球时报》《新京报》《澎湃新闻》《观察者网》等媒体转载发布。

后浪

何冰

那些口口声声一代不如一代的人,应该看看你们,像我一样。我看着你们,满怀羡慕。人类积攒了几千年的财富,所有的知识、见识、智慧和艺术,像是专门为你们准备的礼物。科技繁荣,文化繁茂,城市繁华,现代文明的成果被层层打开,可以尽情地享用。自由学习一门语言,学习一门手艺,欣赏一部电影,去遥远的地方旅行。很多人,从小你们就在自由探索自己的兴趣,很多人在童年就进入了不惑之年,不惑于自己喜欢什么,不喜欢什么,人与人之间的壁垒被打破,你们只凭相同的爱好就能结交千万个值得干杯的朋友,你们拥有了我们曾经梦寐以求的权利,选择的权利。你所热爱的就是你的生活。

你们有幸遇见这样的时代,但是时代更有幸遇见这样的你们。我看着你们,满怀敬意。向你们的专业态度致敬,你们正在把传统的变成现代的,把经典的变成流行的,把学术的变成大众的,把民族的变成世界的。你们把自己热爱的变成了一个和成千上万的人分享快乐的事业。

向你们的自信致敬,弱小的人才习惯嘲讽与否定,内心强大的人从不吝啬赞美与鼓励。向你们的大气致敬,小人同而不和,君子美美与共,和而不同,更年轻的身体容得下更多元的文化、审美和价值观。有天我终于发现,不只是我们教你们如何生活,你们也在启发我们怎样去更好地生活。

那些抱怨一代不如一代的人,应该看看你们。就像我一样,我看着你们满怀感激,因为你们这个世界会更喜欢中国,因为一个国家最好看的风景就是这个国家的年轻人。因为你们这世上的小说、音乐、电影,就不再是忧伤、迷茫,而是善良、勇敢、无私、无所畏惧,是心里有火,眼里有光。不用活成我们想象中的样子,我们这一代人的想象力不足以想象你们的未来,如果你们依然需要我们的祝福,那么奔涌吧,后浪!我们在同一条奔涌的河流。

和1.3亿B站年轻人一起,表达自我,拥抱世界。

请观看该演讲的原视频,并结合本章内容,思考以下问题:

1. 这个演讲体现了哪些数字时代语言的特征?

2. 基于本案例,谈一谈数字时代演讲与普通演讲的异同,在数字时代想提升演讲能力,可以通过哪些方式达到?

3. 请问分析数字时代工具的辅助对演讲产生了哪些正向影响,这些工具的辅助是否存在负面影响?

《后浪》演讲视频
演讲人:何冰
资料来源:哔哩哔哩视频平台
发布人:B站用户"哔哩哔哩弹幕网"

【本章实训】

实训一：数字时代演讲训练

1. 请选择经典演讲案例，结合本章所学习的数字时代演讲的技巧，运用PPT（现场演讲）、视频（录视频）等多媒体表现形式，重新演绎。演讲结束后，分析两者的区别。

2. 请自选一些演讲案例，分析数字时代演讲的优劣势。

实训二：数字时代沟通交流实训

1. 分组研讨。通过线上会议的方式分享自己在本章学到的知识，并记录他人分享内容；分享结束后，随机选择一名同学概括本组同学分享情况。

2. 假定场景：现在需要和客户要一下资料，你需要的信息有：客户公司的宣传片、公司企业业绩、组织架构、未来发展方向等，同时为了防止文件过大，无法发送，还可以提供一下你的邮箱，这份资料你需要在你下班时候搞定，但是三个小时过去了，客户还没有回复，你需要适当催促一下。请结合本章所学知识，拟好两段对话。

本章小结

首先，本章开篇介绍了数字时代的特征，进而引出数字时代演讲与口才的机遇与风险。其次，从简介图、胶片和幻灯机、OHP、PPT的数字时代演讲发展历程，概括其特征，并从资料准备、环境准备、体态语言、互动等方面总结技巧。再次，结合时代背景，介绍数字时代口才的发展环境、过程及性质，并从数字身体语言、表达真实意图、调动积极性三个方面展示数字时代口才表达方式。最后，通过数字时代的演讲与口才实践案例分析，理论结合实践，详细说明数字时代演讲与口才的表达方式。本章通过丰富的案例，结合当代背景，在提高学生口语表达能力的同时，帮助学生认识数字时代特征。通过本章的学习让学生充分理解良好的口才在数字时代所能发挥的无穷魅力。

参考文献

[1] 高海霞.演讲与口才[M].人民邮电出版社,2021.
[2] 臧宝飞.演讲与口才:22堂自我训练课[M].中国国际广播出版社,2018.
[3] 达夫.图解演讲与口才[M].中国华联出版社,2018.
[4] 刘金来.TED演讲的技巧:18分钟高效表达的秘诀[M].中国纺织出版社,2018.
[5] 龚荒.人际关系与沟通:视频指导版[M].人民邮电出版社,2022.
[6] 臧宝飞.演讲与口才22堂自我训练课[M].中国国际广播出版社,2018.
[7] 臧宝飞.演讲与口才:22堂自我训练课[M].中国国际广播出版社,2018.